全国高职高专教育"十二五"规划教材

证券投资实务

主　编：冯之坦
副主编：张姝梅　何　颜

东南大学出版社
·南京·

图书在版编目(CIP)数据

证券投资实务 / 冯之坦主编. —南京：东南大学出版社，2013.8(2016.6 重印)

ISBN 978-7-5641-4469-2

Ⅰ. ①证… Ⅱ. ①冯… Ⅲ. ①证券投资—高等职业教育—教材 Ⅳ. ①F830.91

中国版本图书馆 CIP 数据核字(2013)第 198379 号

证券投资实务

出版发行：	东南大学出版社
社　　址：	南京市四牌楼 2 号　邮编：210096
出 版 人：	江建中
网　　址：	http://www.seupress.com
经　　销：	全国各地新华书店
印　　刷：	南京玉河印刷厂
开　　本：	787mm×1092mm　1/16
印　　张：	18.25
字　　数：	429 千字
版　　次：	2013 年 9 月第 1 版
印　　次：	2016 年 6 月第 2 次印刷
印　　数：	3001—5000 册
书　　号：	ISBN 978-7-5641-4469-2
定　　价：	33.00 元

本社图书若有印装质量问题，请直接与营销中心联系。电话：025—83791830

前言

目前,随着民众投资意识的不断增强和证券市场的日臻完善,证券投资活动在现代经济生活中的地位也越来越重要。证券业从业资格考试作为进入证券行业的一道门槛,要求从业人员必须掌握一定的证券投资相关知识,因此,证券投资学不仅是金融学专业的一门专业基础课,也是几乎所有经济类和管理类专业都要开设的课程。

为了适应现代高等职业教育的职业化教学改革要求,适应证券市场的发展,本书采取了任务驱动的组织方式,通过具体情境的具体任务来调控和导向教学过程,使学生完成知识点和能力点的学习。本书在编排形式上,每个项目都列出学习内容、知识目标、能力目标、项目背景、任务部署、相关资讯等内容。内容组织体现了以工作过程为导向、职业能力为核心的思想,坚持以学生为中心、能力为本位、就业为导向的原则。建议在组织教学时按项目课程设计教案,并实施形成性考核,达到能力目标。

证券投资是一门操作性很强的课程。因此,本书在内容的选取和组织安排上打破了传统学科型课程体系的束缚,按照证券投资工作的流程来设计本书的内容,本书的特色有以下几个方面:

一、职业性,即表现为根据证券投资工作的流程来安排教材内容,循序渐进地开展教学活动。

二、实践性,即表现为教材中每一个情景设置是以一名投资者参与证券投资活动为主线,将课程内容与证券投资活动有机结合起来,以完成特定的证券投资任务。

三、应用性,即表现为以当前的经济因素和市场行情作为教学内容,让学生具备证券投资分析的应用和应变能力,有效提高学生的投资操作能力和分析水平。

全书共分八个工作项目,由冯之坦担任主编,张姝梅、何颜任副主编,全书由冯之坦统稿。其中项目一至项目四由冯之坦主编,项目五和项目六由何颜编写,项目七和项目八由张姝梅编写。

由于编写时间仓促,加之编写人员水平有限,书中难免有不足之处,敬请广大读者批评指正。

编者

2013 年 7 月

目录

项目一 证券投资基础知识 1
  任务1 认识证券及证券投资 2
  任务2 认识证券市场 11

项目二 证券投资工具 26
  任务1 掌握证券投资工具——股票 27
  任务2 掌握证券投资工具——债券 45
  任务3 掌握证券投资工具——证券投资基金 60
  任务4 股指期货 76

项目三 证券交易及证券行情解读 92
  任务1 证券交易规则 93
  任务2 开立证券交易账户 102
  任务3 下载证券交易软件 109
  任务4 证券即时行情解读 115

项目四 宏观经济形势与证券市场运行趋势 128
  任务1 宏观经济形势分析 130
  任务2 宏观经济政策分析 145

项目五 行业分析 154
  任务1 上市公司行业分类 155
  任务2 行业的一般特征分析 159

项目六 公司分析 171
  任务1 上市公司财务基本素质分析 172
  任务2 财务报表分析 177
  任务3 上市公司重大事项分析 193

项目七 证券投资技术分析 ································· 203
任务1 证券投资技术分析基础 ····························· 204
任务2 绘制并分析K线图 ································· 208
任务3 分析K线图形态 ··································· 210
任务4 形态理论分析 ····································· 222
任务5 切线理论分析 ····································· 234

项目八 技术指标分析 ····································· 252
任务1 趋势性指标分析 ··································· 253
任务2 能量变化指标和市场动力指标分析 ················· 261

参考文献 ··· 282

项目一 证券投资基础知识

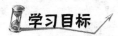

知识目标

1. 熟悉投资和证券投资相关概念。
2. 熟悉直接融资和间接融资两者之间区别。
3. 熟悉证券投资构成要素。
4. 认识证券投资的原则。

能力目标

能够把投资理念应用到实际生活中,并对现实中各种投资事件具有一定的分析和判断能力。

成为富豪有诀窍

2013年上半年,股市创出了10年的最低点,不时传出亏损和被套的消息,面对股市长期量价低迷,房市也不再是买房必赚的境况,中国大妈大量地购入黄金,还有些人炒蒜、炒药材、炒艺术品,一些人放起了自认为安全的高利贷。不过,很多人发现自己资产要么深陷泥潭,要么亏损,难以翻身。一些过于激进人的惨痛经历告诉我们,要想成为长久的富豪,还真不是件容易的事情。

很多人试图期望储蓄和筹集一大笔钱后,再来做一笔大生意或大投资,因为他们认为大的投入才能赚到真正的大钱,但往往事与愿违。太多不成熟的动机和思维方式最终都使他们的大量资本承担着巨大的风险,要么生意不成,要么惨痛地损失掉其中的大部分……那么,不理财而仅凭自己的一身本事,就会逐渐富有起来吗?因为很多人在面对理财、投资时,总会不成熟地认为有风险,总是认为把钱存在银行更稳一点。殊不知,正因为这样,他们失去了能逐渐成为一个富人的机缘,并且永远也富有不了,只能成为一个辛苦赚钱的工具,而非自由自在的享受生活的人。

当人们刚刚参加工作时,收入不多,只够自己的日常开销,这时,当然是穷人。几年后,工资涨到了四五千,他们会考虑攒点钱,付个首期,买个房子。再过几年,收入涨到万儿八千时,他们又会面临娶妻、生孩子、买车等更高的生活开销。

再经过几年的奋斗,工资涨到两三万甚至更多,也许真的可以称得上事业有成,但生活追求也变得水涨船高,房子要住更舒适点的,车子要开更高级的,孩子要上昂贵的双语幼儿园,旅游要去国外的度假胜地……总之,这种生活状况不仅出现在北京、上海,众多大城市里的白领,生活都是沿着这样一条道路展开的。看起来生活质量是越来越好,但高收入,并不代表他们就能进入富人的行列,因为每个月要付的账单越来越高,开销也越来越大,结果是他们对工作的依赖性也越来越强,连换工作也不敢想了,因为他们一旦离开了工作,就会手停口停,恢复穷人本色,同时已经水涨船高的生活标准也会成为他们沉重的负担。

所以许多人看起来是有钱人了,但是他们根本说不上是真正的富人,因此从科学理财的观念看,凭高收入和攒钱来实现富裕的思路完全是错误的。依靠攒钱,不仅多数人无法获得最终的财务自由,甚至不可能得到正确的理财观念。

如果你已经是富豪了,是选择将投资领域放在自己更加熟悉也更容易理解的本土,还是另有其他选择呢?在投资任何领域或理财产品之前,该如何了解其中的风险在哪里?要不要借助于专业的理财服务渠道,如私人银行、券商、信托公司、第三方理财机构呢?在选择渠道时,对于这些机构所具有的专业性、中立性、客观性又该如何考量呢?

任务1 认识证券及证券投资

王先生身边的很多朋友和同事都在谈论投资,有的投资股票,有的投资各种各样的银行理财产品,有的投资黄金等,通过这些来赚取工资以外的收入。王先生也想进入证券市场,进行投资,可是对相关的专业知识他一无所知。于是他找来了各种书籍、资料,开始了最初的学习,想了解证券及证券市场基础知识。那么,现在通过以下资讯,你来告诉王先生什么是投资,什么是证券及证券投资。

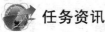 **任务资讯**

一、投资

投资这个名词在金融和经济方面有数个相关的意义。它涉及财产的累积以求在未来得到收益。技术上来说,这个字意味着"将某物品放入其他地方的行动"(或许最初是与人的服装或"礼服"相关)。从金融学角度来讲,相较于投机而言,投资的时间段更长一些,更趋向是为了在未来一定时间段内获得某种比较持续稳定的现金流收益,是未来收益的累积。

(一)投资的概念

投资指的是用某种有价值的资产,其中包括资金、人力、知识产权等投入到某个企业、项目或经济活动,以获取经济回报的商业行为或过程,是投资者当期投入一定数额的资金而期望在未来获得回报,所得回报应该能补偿。投资过程包括资金投入、资产增值、收回资金三个阶段。对任何经济社会和经济人而言,持续不断地进行投资是保持经济利益持续增长必不可少的前提条件,可以从以下几个方面来认识投资。

1. 投资是现在支出一定价值的经济活动。投资是现在垫支一定量的资金,是为了获得未来的报酬而采取的经济行为。

2. 投资具有时间性。即投入的价值或牺牲的消费是现在的,而获得的价值或消费是将来的,投资的时间可长可短,而未来的时间越长,未来收益的不确定性就越大,从而风险就越大。

3. 投资的目的在于得到报酬(利息、股息、资本利得)以及财富的保值或权利的获得。

4. 投资具有风险性,即投资收益的不确定与波动性。当前投入的价值是确定的,但是,未来可能获取的收益却是不确定的,这种未来收益的不确定性就是风险。

(二) 投资的分类

投资是一个多层次、多侧面、多角度、内容极其丰富的概念,因而可按许多方式进行归类和分类。

1. 按投资的对象可分为实物投资和金融投资

实物投资是指投资者将资金用于建造购置固定资产和流动资产,直接用于生产经营,并以此获得未来收益的投资行为。实物投资与证券投资的根本区别在于前者是社会积累的直接实现者,即通过实物投资最终完成和实现社会的积累,而后者只是一种间接的过程,投资者以最终获得金融资产为目的,至于这些资金怎样转化成实物形态则与证券投资者没有关系。

金融投资,也叫证券投资,是指投资者以获得未来收益为目的,预先垫付一定的资金并获得金融资产。投资者用自己的货币购买股票、公司债券或国债券等有价证券,然后凭有价证券获取收益,由有价证券的发行者去进行实物投资。由于投资者主要在金融市场上购买有价证券,又是以金融的方式进行的,所以称为金融投资。个人在银行储蓄的行为严格讲也是一种金融投资,其获得的存款凭证也是一种有价证券。

实物投资与金融投资对宏观经济的各个范畴,例如国民收入、储蓄、分配等的影响是不同的。

2. 按是否具有参与投资企业的经营管理权分为直接投资和间接投资

直接投资是指投资者直接将资本用于购买生产资料、劳动力或其他企业一定比例的股份,通过一定的经营组织形式进行生产、管理、销售活动以实现预期收益。直接投资可分为国内直接投资与国外直接投资。直接投资的方式主要有:①加入资本,不参与经营,必要时可派出技术人员和顾问,给予指导;②开办独资企业,即由一个国家的一个公司独立投资建立企业,独自经营,企业归投资者一家所有;③设立合资企业,由合作各方共同投资,并指派拥有代表权的人员参与经营;④买入现有企业股票,通过股权取得全部或大部分经营支配权。

间接投资通常是指投资者以购买他国或本国债券、股票的方式所进行的投资。间接投资者按规定收取利息或红利,但无权干预投资的具体运用,也不享有任何特权。

3. 按投资期限分为短期投资和长期投资

一般来说,投资时间在1年(含)以下的为短期投资,1年以上的为长期投资。严格说,

1~5年为中期投资,5年以上才是真正意义上的长期投资。选择短期投资还是长期投资,严格来说,是件很重要的事,直接关系到投资者的收益、资金周转速度和机会成本等问题。短期投资和长期投资相比,收益率较低,但是风险较小,资金周转快,也许会从再投资中获取新的收益。另外,长期投资和短期投资是可以相互转化的。如购买股票虽然是一种长期投资,无偿还期,但股票持有者可以在二级市场进行短线操作,卖出股票,这又变成了短期投资。

此外,按投资的地域划分,可分为国际投资和国内投资。按投资资金周转方式的不同,分为固定资产投资和流动资产投资。按投资在扩大再生产中所起作用的方式不同,可以分为外延性投资和内含性投资。另外按其他一些分类标志,还可以将投资做另外一些分类。

(三) 投资的"72法则"

你听说过"72法则"吗?如果听说过,那你成为富人的可能性就更高些,当我们在做财务规划时,了解复利的运作和计算是相当重要的。我们常喜欢用"利滚利"来形容某项投资获利快速、报酬惊人,比方说拿1万元去买年报酬率20%的股票,若一切顺利,约3年半的时间,1万元就变成2万元。复利的时间乘数效果,便是这其中的奥妙所在。把复利公式摊开来看,"本利和=本金×(1+利率)^期数"这个"期数"时间因子是整个公式的关键因素,一年又一年(或一月一月)地相乘下来,数值当然会愈来愈大。

虽然复利公式并不难理解,但若是期数很多,算起来还是相当麻烦,若是遇到需要计算复利报酬时,倒是有一个简单的"72法则"可以取巧。

所谓的"72法则"就是以1%的复利来计息,经过72年以后,你的本金就会变成原来的两倍。这个公式好用的地方在于它能以一推十,例如:利用5%年报酬率的投资工具,经过14.4年(72/5)本金就多出一倍;利用12%的投资工具,则要6年左右(72/12),就能让1块钱变成2块钱。

因此,今天如果你手中有100万元,运用了报酬率15%的投资工具,你可以很快便知道,经过约4.8年,你的100万元就会变成200万元。"72法则"同样还可以用来算贬值速度,例如通货膨胀率是3%,那么72÷3=24,24年后你现在的1元钱就只能买5毛钱的东西了。

总而言之,聪明的投资者在投资时,总是很注重明确的投资目标和目标收益,为了达成自己设定的目标时间和目标收益,他们会利用"72法则"算出自己应该投资复利率多少的投资品种,以便决定投资品种。

二、证券及证券投资概念

在现代社会中,证券投资是发达国家最重要的投资方式,是动员筹集和再分配资金的重要渠道。证券投资可使社会上的闲散货币转化为投资资金,可使储蓄转化为投资,对促进社会资金合理流动、促进经济增长具有重要的作用。

(一) 证券的含义

证券是对各种经济权益凭证的统称,用以证明持有人有权按其所持凭证记载内容取得应有的权益。从一般意义上来说,证券是指用以证明或设定权利而形成的书面凭证。它表明证券所有人或其第三者有权取得该凭证拥有的特定权利,或证明其曾经发生过的行为。

证券具有广义和狭义之分。广义的证券一般指财务证券、货币证券和资本证券。狭义的证券指资本证券。我国证券法规定的证券为股票、公司债券和国务院认定的其他证券。其他证券主要包括基金凭证、非公司企业证券、国家政府债券等。

一般说来,证券有两个方面的基本特征:法律特征和书面特征。前者指的是证券所反映的某种法律行为的结果,其出现、存在、使用及其所包含的特定内容都有法律规定并受法律保护,后者指的是一般采用的书面形式,具有一定的格式。

证券的票面要素包括四个方面:持有人,即证券为谁所有;证券的标的物,即证券上所载明的具体内容,它表明持有人权利所指向的特定对象;标的物的价值,即证券所表明的标的物的价值的大小。权利,即持有人持有该证券所拥有的权利。

根据证券所有人的收益性的不同,可以将证券分为有价证券和无价证券。无价证券是指证券本身不能使持有人和第三者取得一定收益的证券,如收据、借据、提单、保险单和购物券等。有价证券是指标有票面金额,代表一定财产所有权和债券的书面凭证,本身能为持有人带来一定收益的证券。

根据构成内容的不同,可以将证券分为财务证券、货币证券和资本证券。如货物提单等。货币证券是对一定量的货币拥有索取权的凭证,如支票、汇票、期票和本票等。资本证券是有价证券的主要形式,它是对一定量的资本拥有所有权和对一定的收益分配拥有索取权的凭证,如债券、股票等。有价证券有广义与狭义两种概念,广义的有价证券包括商品证券、货币证券和资本证券。狭义的有价证券是资本证券。

有价证券可以从不同角度、按不同标准进行分类:

1. 按证券发行主体分类

按证券发行主体的不同,有价证券可分为政府证券(中央政府债券、地方政府债券、政府机构债券)、金融证券和公司证券。

政府证券通常是由中央政府或地方政府发行的债券。中央政府债券也称国债,通常由一国财政部发行。地方政府债券由地方政府发行,以地方税或其他收入偿还,我国如今尚不允许除特别行政区以外的各级地方政府发行债券。政府机构证券是由经批准的政府机构发行的证券,我国如今也不允许政府机构发行债券。公司证券是公司为筹措资金而发行的有价证券,公司证券的包括范围比较广泛,有股票、公司债券及商业票据等。此外,在公司债券中,通常将银行及非银行金融机构发行的证券称为金融证券,其中金融债券尤为常见。

2. 按证券适销性分类

证券按是否具有适销性,可以分为适销证券和不适销证券。

适销证券是指证券持有人在需要现金或希望将持有的证券转化为现金时,能够迅速地在证券市场上出售的证券。这类证券是金融投资者的主要投资对象,包括公司股票、公司债券、金融债券、国库券、公债券、优先认股权证、认股证书等。

不适销证券是指证券持有人在需要现金时,不能或不能迅速地在证券市场上出售的证券。这种证券虽不能或不能迅速地在证券市场上出售,但都具有投资风险较小、投资收益确定、在特定条件下也可以换成现金等特点,如定期存单等。

3. 按证券上市与否分类

按证券是否在证券交易所挂牌交易,证券可分为上市证券和非上市证券。

上市证券又称挂牌证券,是指经证券主管机关批准,并向证券交易所注册登记,获得在交易所内公开买卖资格的证券。

非上市证券也称非挂牌证券、场外证券,指未申请上市或不符合在证券交易所挂牌交易条件的证券。

4. 按证券收益是否固定分类

根据收益的固定与否,证券可分为固定收益证券和变动收益证券。

固定收益证券是指持券人可以在特定的时间内取得固定的收益,并预先知道取得收益的数量和时间,如固定利率债券、优先股股票等。

变动收益证券是指因客观条件的变化其收益也随之变化的证券。如普通股,其股利收益事先不确定,而是随公司税后利润的多少来确定,又如浮动利率债券也属此类证券。

一般说来,变动收益证券比固定收益证券的收益高、风险大,但是在通货膨胀条件下,固定收益证券的风险要比变动收益证券大得多。

5. 按证券发行的地域和国家分类

根据发行的地域或国家的不同,证券可分为国内证券和国际证券。

国内证券是一国国内的金融机构、公司企业等经济组织或该国政府在国内资本市场上以本国货币为面值所发行的证券。

国际证券则是由一国政府、金融机构、公司企业或国际经济机构在国际证券市场上以其他国家的货币为面值而发行的证券,包括国际债券和国际股票两大类。

6. 按证券募集方式分类

根据募集方式的不同,证券可分为公募证券和私募证券。

公募证券是指发行人通过中介机构向不特定的社会公众投资者公开发行的证券,其审批较严格并采取公示制度。

私募证券是指向少数特定的投资者发行的证券,其审查条件相对较松,投资者也较少,不采取公示制度。私募证券的投资者多为与发行者有特定关系的机构投资者,也有发行公司、企业的内部职工。

7. 按证券性质分类

按证券的经济性质可分为基础证券和金融衍生证券两大类。股票、债券和投资基金都属于基础证券,它们是最活跃的投资工具,是证券市场的主要交易对象,也是证券理论和实务研究的重点。金融衍生证券是指由基础证券派生出来的证券交易品种,主要有金融期货与期权、可转换证券、存托凭证、认股权证等。

(二)证券投资含义

证券投资是指投资者(法人或自然人)买卖股票、债券、基金券等有价证券以及这些有价证券的衍生品,以获取差价、利息及资本利得的投资行为和投资过程,是直接投资的重要形式。

证券投资和实物投资是不同的,实物投资是指企业以现金、实物、无形资产等投入其他企业进行的投资。投资直接形成生产经营活动的能力并为从事某种生产经营活动创造必要条件。它具有与生产经营紧密联系、投资回收期较长、投资变现速度慢、流动性差等特点。实物投资包括联营投资、兼并投资等。

实物投资是对现实的物质资产的投资,它的投入会形成社会资本存量的直接增加,证券投资所形成的资金运动是建立在金融资产的基础之上的,对金融资产的投入增加,并不直接增加社会资本存量,而是属于一种信用活动。证券投资与实物投资并不是竞争性的,而是互补的。实物投资在其无法满足巨额资本的需求时,往往要借助于证券投资。

证券投资和储蓄存款也是不相同的,储蓄存款是指社会公众将当期暂时不用的收入存入银行而形成的存款。储蓄存款的存户一般限于个人。传统的储蓄存款不能开支票进行支付,可以获得利息。这种存款通常由银行给存款人发一张存折,作为存款和提取存款的凭证。储蓄存款的存折不具有流通性,不能转让和贴现。

证券投资和储蓄存款这两种行为在形式上均表现为:货币所有人将一定的资金交付给股份公司或银行机构,并获取相应的利益,但两者在本质上是根本不同的。我们拿股票投资和储蓄存款进行比较。

1. 性质不同

股票投资和储蓄存款都是建立在某种信用基础上的,但股票是以资本信用为基础,体现着股份公司与股票投资者之间围绕股票投资行为而形成的权利与义务关系;而储蓄存款则是一种银行信用,建立的是银行与储蓄者之间的借贷性债务债权关系。

2. 股票持有者与银行存款人的法律地位和权利内容不同

股票持有者处于股份公司股东的地位,依法有权参与股份公司的经营决策,并对股份公司的经营风险承担相应的责任;而银行存款人的存款行为相当于向银行贷款,处于银行债权人的地位,其债权的内容仅限于定期收回本金和获取利息,不能参与债务人的经营管理活动,对其经营状况也不负任何责任。

3. 投资增值的效果不同

股票和存款储蓄都可以使货币增值,但货币增值的多少是不同的。股票是持有者向股份公司的直接投资,投资者的投资收益来自于股份公司根据盈利情况派发的股息红利。这一收益可能很高,也可能根本就没有,它受股份公司当年经营业绩的影响,处于经常性的变动之中。而储蓄存款是通过实现货币的储蓄职能来获取货币的增值部分,即存款利息的。这一回报率是银行事先约定的,是固定的,不受银行经营状况的影响。

4. 存续时间与转让条件不同

股票是无期的,只要股票发行公司存在,股东不能要求退股以收回本金,但可以进行买卖和转让;储蓄存款一般是固定期限的,存款到期时存款人收回本金和利息。普通的储蓄存款不能转让,大额可转让储蓄存单除外。

5. 风险不同

股票投资行为是一种风险性较高的投资方式,其投资回报率可能很高,但高回报率伴随的必然是高度的风险;银行作为整个国民经济的重要金融支柱,其地位一般说来是稳固的,很少会衰落到破产的危险地步。尽管银行存款的利息收入通常要低于股票的股息与红利收益,但它是可靠的,而且存款人存款后也不必像买入股票后那样要经常性地投入精力去关注它的变化。

证券投资的目的是证券投资净额效用(即收益带来的正效用减去风险带来的负效用)最大化,因此,收益最大化和风险最小化是证券投资的两大目标。但是如前所述,证券投资收益与风险呈正向变动,收益高,风险大,收益低,风险小,一定的收益总是伴随着一定的风险与之相应。要想取得较好的投资效果,实现理想的投资目标,关键是投资者的决策水平。而决策水平的高低首先要求具备一定的条件与知识。

在证券市场上,投资者为了培养自身投资能力,必须掌握必要的证券投资知识,没有知识的投资行为只能是盲目的、投机性的。证券投资知识包括:证券的种类、证券的性质、证券的特点与收益、证券市场的结构和运行特征、证券的行市分析以及有关的法令条例和交易制度等。只有掌握了有效的证券投资知识,才能在复杂多变的证券投资中具备投资辨析能力,增强主动性,形成理性化的投资行为,这对于投资者躲避投资风险、提高风险防范能力等都有非常重要的意义。

证券投资是一次复杂的投资活动,要求投资者必须十分熟悉投资的程序,了解投资过程的每一个环节并严格遵循。证券投资程序大致可以分为准备阶段、了解阶段、分析阶段和决策阶段等四个过程。

1. 准备阶段。投资的先决问题,就是需要预先筹集一笔资金。在投资之前,必须确定能否筹集到一定数量的资金,然后才能考虑如何投资、投在何处等问题。

2. 了解阶段。一旦投资者将投资所需要款项筹措好,就必须深入了解投资的各个方面。首先应熟悉投资中的收益与风险。正视风险与收益的关系,树立正确的风险意识。其次,应广泛了解投资对象的收益与风险情况。再次,由于证券交易大都通过经纪商在证券市场上进行。所以必须进一步了解证券市场组织和机制、经纪商的职能和作用、买卖证券的程序和手续。

3. 分析阶段。投资者对于各种证券的性质及其收益与风险,市场上经营方式等各种情况大致有一般的认识和了解以后,在决策选择哪种证券之前,必须围绕该证券进行全面的宏观与微观经济分析。

4. 投资决策阶段。通过以上各个阶段和步骤,投资者有条件按照自己拟定的投资目标,针对个人对收益和风险的衡量,考虑到今后资金的需要和用途,预计未来经济环境及本身财务状况的变化等,作出合理的决策,决定将资金投入到何种证券上去。操作过程开始后,需要了解和严格遵守证券交易中的委托、成交、清算和交割的一系列程序,确保顺利地完成证券投资过程。

(三)证券投资要素

投资者在选择证券时,一般需要认真考虑以下基本要素:

1. 资金安全性。这里的安全性包含两层含义:

(1) 风险与收益的对称程度。在证券市场上各种证券的风险和收益有四种组合,即高风险高收益、低风险低收益、高风险低收益和低风险高收益。其中,前两种是正常的对称关系,后两种则是特殊的非常搭配。高风险低收益是最不可取的选择,而低风险高收益显然是最理想的选择对象。

(2) 风险性与投资者的适合程度。在证券市场上,不同的投资者由于其财力、能力的不同,风险承担能力也不一样。这就要求投资者基于对自身情况的充分了解选择风险适度的证券。财力微薄、初涉市场的投资者不能期望获得巨额的收益而选择高风险证券;同样,资力丰厚、富于经验的投资者选择低风险证券进行投资显然过于保守,风险较大但收益可观的证券经常是他们选择的对象。

2. 收益稳定性。对投资者来说,稳定的利息和股息收入是投资证券最可靠的收益。所投资的公司能定期分配利息和股息,投资者就得到稳定的收入。因此,投资时慎重考虑投资对象对以后的收益稳定具有重要意义。一般来说,收益性应当考虑几个因素:

(1) 收益率。证券投资的收益率是指投资收益占投入本金的比率,在风险程度相当的情况下,收益率越高越好,是投资者应该选择的投资对象。

(2) 股票价格。考虑这一因素主要是看证券发行公司已上市债券和股票的价格变动情况。

(3) 手续费。投资者委托经纪人购买证券需要支付一定的佣金,佣金的比率在有些国家是由政府或证券行业协会确定的,有些国家是自由的,这也要求投资者合理安排,降低投资成本。

(4) 税金。在证券市场上,各种证券的发行人不同,政府所规定的税率标准也不一样。由于税金是构成投资成本的重要内容。因此,它也是投资选择中所要考虑的重要因素。

3. 证券流动性。证券的流动性是指证券的变现能力。在没有二级市场的情况下,证券的流动性取决于证券的偿还期限,期限越短,流动性越强。

4. 证券的便利性。证券投资的便利性是购买证券所需要的时间、交割的期限、认购手续是否迅速方便、是否符合投资者的偏好等。一般说来,证券投资的便利性与证券市场的发达程度是相对应的。在国际证券投资中,投资者往往需要考虑这一因素。应该指出,在证券市场上,某种证券同时具备所有有利因素是不多见的,这就要求投资者权衡利弊得失,果断地作出抉择。

(四) 证券投资原则

为了进行有效的证券投资,将投资风险减少到最低程度,投资者一般应当遵循以下原则。

1. 效益与风险最佳组合原则

在进行证券投资时,如何妥善地处理好收益与风险的矛盾至关重要,一般来说,解决这一矛盾的方法只有两个可供选择:一是在风险已定的条件下,尽可能地使投资收益最大;二是在收益已定的条件下,力争使风险降低到最小程度。这是证券投资的一条最基本原则,它要求投资者首先必须明确自己的目标,恰当地把握自己的投资能力,从而不断培养自己驾驭风险的能力,从心理上确立自己的出发点和应付各种情况的基本素质。

2. 量力投资原则

对广大个人投资者而言能够从事证券投资的资金只能是家庭或个人全部货币收入中扣除必要消费的剩余部分。"量力而行"原则就是投资者要在投资前衡量个人的财力,即衡量是否有足够的闲置资金进行证券投资。

证券资产是一种风险性资产,证券投资是具有一定风险的投资行为。所以,投资者在做投资决策前,必须衡量自己承担风险的能力,绝对不能只想赢利的一面,而应对损失的可能性做充分的估计和必要的准备。

3. 理智投资原则

理智投资是建立在对证券的客观认识基础上并经分析比较后采取行动具有客观性、周密性和可控性等特点。理智投资强调独立思考,自主判断,稳妥决策,但这并非优柔寡断,相反,当投资者对行情作了客观的分析和科学的预测,就应抓住适当时机,选择恰当的证券,果断地作出投资决策,并据以采取行动。这样,投资才可能获得成功,此所谓有勇有谋。

4. 分散投资原则

分散投资原则也称"投资组合"原则,是依据不同证券的获利与风险程度,加之适当的选择,并按不同比例,合理搭配,投资于若干种不同风险程度的证券,建立理想的资产组合,从而将投资风险降低到最小限度的方法。分散投资一般包括两方面内容:

其一,是指投资于多种证券。如果仅对一种证券投资,如只购买一家公司的股票,一旦该公司经营不善甚至倒闭,就不仅得不到股息,还会赔本。显然,这种投资方法不可取。如果对多种股票或几家公司同时投资,即使其中一种或数种股票得不到股利分派,但其他股票并不一定也无收益分派,如果其他股份公司的收益较好,还可以得到一定程度的补偿,而不至亏损。

其二,是指进行多种证券投资时,应注意投资方向,进行合理的投资组合。证券投向的合理组合,可以分为证券品种的合理组合、时间地点的合理组合、风险等级和获利大小的合理组合以及期限合理组合。

(1) 证券品种合理组合。通常将证券投资分为进攻性投资与防御性投资两部分。前者通常是股票,后者则是指债券。因为通常股票投资利高且风险较大,债券投资则利低且风险小,相对说来,债券的风险比股票的风险要小得多,其投资安全性也相对好得多。将资金一分为二,并在股票及债券投资中进行合理选择搭配,这样,即使一种证券投资失利,还有其他证券盈利;即使股票投资失利,还有债券部分,从而不至于全盘皆输,无反手之力。在证券投资中,有种叫做最佳证券投资理论,就是指选择一组满足一系列假定条件的投资组合,这种投资组合能够在既定风险条件下实现最大的利润。其原则就是将收益既定的证券,经组合后,使其风险减少到最低程度,能够实现这种组合,就是最佳证券组合。当然,证券市场上的风险千变万化,投资组合的形式多种多样,并且随着市场情况的变化,组合也必须不断地调整。

(2) 不同企业以及不同时间、地点的分散组合投资。这里包括以下几方面:第一,企业种类的分散。不宜集中购买同一行业企业的股票和债券,以免遇上行业性不景气,投资者无法逃脱重大损失。第二,企业单位的分散。也不宜把全部资金集中购买某一个企业的证券,即使该企业业绩很好也是如此。第三,投资时间上的分散。投资股票前应先了解派息时间,按照惯例,派息前股价都会升高,即使某种股票因利率、物价等变动而一时遭受系统风险,还可以期待到另一种股票派息时获利。第四,投资区域分散。企业会受地区市场、法律、政策乃至自然条件等诸方面因素的影响,分区域投资,所谓"东方不亮西方亮",同样可收分散风险之效。

(3) 按风险等级和获利大小的组合投资。虽说投资风险变化莫测,但现代证券理论越来越倾向于对风险进行定量分析,即在可能的条件下将证券风险计算出来。例如:计算本利比,便可推算不同证券不同的风险等级。本利比越小,风险等级越低,投资风险越小。本利比越大,风险等级也越高,投资风险越大。另一方面,报酬率(收益率)也可加以测算,投资债券可以很容易按公式计算出年收益率,投资股票也可以根据公司的财务报表及股价变动记录,预测每年报酬率。最理想的组合形式,就是投资者在测定自己希望得到的投资报酬和所能承担的投资风险之间,选择一个最佳组合。例如,投资者希望得到的投资报酬率为20%,那么,应在报酬为20%的上市的证券中,选择风险最小的品种;如果投资者能承担的风险为20%,那么应在那些同样风险等级的证券中,尽量选择投资报酬较高的品种。

(4) 长、中、短线的比例组合投资。长线投资是指买进股票以后不立即转售,准备长期持有以便享受优厚的股东收益,持有时间起码在半年以上,主要对象是目前财务良好又有发展前景的公司股票;中线投资是指数月内暂时不用的资金投放出去,投资对象是估计几个月内即能提供良好盈利的股票;短线投资指那些股价起伏甚大,几天内可能有大涨大落的股票。投资者应将资金分成较长期内不会动用以待获利,中期内不用以及随时可能动用的三部分,分别用于长线投资、中线投资和短线投资。

任务2 认识证券市场

王先生在学习的同时,经常观看财经栏目,于是他听到了很多和证券相关的名词,比如说IPO、二级市场、证券公司、证监会、证券交易所、QFII等。王先生有些困惑,这些名词是什么意思,都是做什么的呢?请你根据以下资讯内容对证券市场进行分析说明,并解释相关名词。

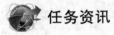 任务资讯

一、证券市场的特征

证券市场是有价证券发行与交易以及与此相对应的组织和管理体系的总和。证券市场作为股票、债券和基金等有价证券发行与交易的场所,连接了资金的供给者和资金的需求

者,使得有价证券的发行和流通能够顺利进行。

在发达的市场经济中,证券市场是市场体系的重要组成部分,不仅反映和调节货币资金的运动,而且对整个经济的运行具有重要影响,是国民经济运行的晴雨表。证券市场是资本市场的主体,资本市场是金融市场的重要组成部分,三者的关系如图1-1所示:

图1-1 证券市场与资本市场、金融市场关系

一般来说,按照金融工具标的物来划分,金融市场包括了货币市场、资本市场、外汇市场、黄金市场等。资本市场通常指的是期限在一年以上的资金融通活动的总和,包括有价证券市场与银行中长期信贷市场。

证券市场不同于一般商品市场和借贷市场,证券市场的特征如下:

1. 证券市场是价值直接交换的场所。有价证券是价值的直接代表,其本质上只是价值的一种直接表现形式。虽然证券交易的对象是各种各样的有价证券,但由于它们是价值的直接表现形式,所以证券市场本质上是价值的直接交换场所。

2. 证券市场是财产权利直接交换的场所。证券市场上的交易对象是作为经济权益凭证的股票、债券、投资基金券等有价证券,它们本身仅是一定量财产权利的代表,所以,代表着对一定数额财产的所有权或债权以及相关的收益权。证券市场实际上是财产权利的直接交换场所。

3. 证券市场是风险直接交换的场所。有价证券既是一定收益权利的代表,同时也是一定风险的代表。有价证券的交换在转让出一定收益权的同时,也把该有价证券所特有的风险转让出去。所以,从风险的角度分析,证券市场也是风险的直接交换场所。

二、证券市场结构

证券市场的结构是指证券市场的构成及其各部分之间的量比关系。证券市场的结构可以有许多种,但较为重要的结构有以下几种。

1. 层次结构。通常指按证券进入市场的顺序而形成的结构关系。按这种顺序关系划分,证券市场的构成可分为发行市场和交易市场。证券发行市场又称一级市场或初级市场,是发行人以筹集资金为目的,按照一定的法律规定和发行程序,向投资者出售新证券所形成的市场。证券交易市场又称二级市场或次级市场,是已发行的证券通过买卖交易实现流通转让的市场。

证券发行市场和流通市场相互依存、相互制约,是一个不可分割的整体。证券发行市场是流通市场的基础和前提,有了发行市场的证券供应,才有流通市场的证券交易,证券发行的种类、数量和发行方式决定着流通市场的规模和运行。流通市场是证券得以持续扩大发行的必要条件,为证券的转让提供市场条件,使发行市场充满活力。此外,流通市场的交易价格制约和影响着证券的发行价格,是证券发行时需要考虑的重要因素。

2. 多层次资本市场。除一、二级市场区分之外,证券市场的层次性还体现为区域分布、覆盖公司类型、上市交易制度以及监管要求的多样性。根据所服务和覆盖的上市公司类型,可分为全球性市场、全国性市场、区域性市场等类型;根据上市公司规模、监管要求等差异,可分为主板市场、二板市场(创业板或高新企业板);根据交易方式,可分为集中交易市场、柜台市场(或代办转让)等。

3. 品种结构。这是根据有价证券的品种形成的结构关系。这种结构关系的构成主要有股票市场、债券市场、基金市场、衍生产品市场等。

股票市场是股票发行和买卖交易的场所。股票市场的发行人为股份有限公司。股份有限公司通过发行股票募集公司的股本,或是在公司营运过程中通过发行股票扩大公司的股本。股票市场交易的对象是股票,股票的市场价格除了与股份公司的经营状况和盈利水平有关外,还受到政治、社会、经济等其他多方面因素的综合影响,因此,股票价格经常处于波动之中。债券市场是债券发行和买卖交易的场所。债券的发行人有中央政府、地方政府、中央政府机构、金融机构、公司和企业。债券发行人通过发行债券筹集的资金一般都有期限,债券到期时,债务人必须按时归还本金并支付约定的利息。债券是债权凭证,债券持有者与债券发行人之间是债权债务关系。债券市场交易的对象是债券。债券因有固定的票面利率和期限,因此,相对于股票价格而言,市场价格比较稳定。基金市场是基金份额发行和流通的市场。封闭式基金在证券交易所挂牌交易,开放式基金则通过投资者向基金管理公司申购和赎回实现流通转让。此外,近年来,全球各主要市场均开设了交易所交易基金(ETF)或上市开放式基金(LOF)交易,使开放式基金也可以在交易所市场挂牌交易。

衍生产品市场是各类衍生产品发行和交易的市场,随着金融创新在全球范围内的不断深化,衍生品市场已经成为金融市场不可或缺的重要组成部分。

4. 交易场所结构。按交易活动是否在固定场所进行,证券市场可分为有形市场和无形市场。通常人们也把有形市场称作为场内市场,是指有固定场所的证券交易所市场。该市场是有组织、制度化了的市场。有形市场的诞生是证券市场走向集中化的重要标志之一。一般而言,证券必须达到证券交易所规定的上市标准才能够在场内交易。有时人们也把无形市场称作为场外市场,是指没有固定交易场所的市场。随着现代通讯技术的发展和电子计算机网络的广泛应用,交易技术和交易组织形式的演进,越来越多的证券交易不在有形的场内市场进行,而是通过经纪人或交易商的电传、电报、电话、网络等洽谈成交。目前场内市场与场外市场之间的截然划分已经不复存在,出现了多层次的证券市场结构。很多传统意义上的场外市场由于报价商和电子撮合系统的出现而具有了集中交易特征,而交易所市场也开始逐步推出兼容场外交易的交易组织形式。

三、证券市场的功能

证券市场综合反映国民经济运行的各个维度,被称为国民经济的"晴雨表",客观上为观

察和监控经济运行提供了直观的指标,它的基本功能包括:

1. 筹资—投资功能。证券市场的筹资—投资功能是指证券市场一方面为资金需求者提供了通过发行证券筹集资金的机会,另一方面为资金供给者提供了投资对象。在证券市场上交易的任何证券,既是筹资的工具,也是投资的工具。在经济运行过程中,既有资金盈余者,又有资金短缺者。资金盈余者为使自己的资金价值增值,必须寻找投资对象;而资金短缺者为了发展自己的业务,就要向社会寻找资金。为了筹集资金,资金短缺者可以通过发行各种证券来达到筹资的目的,资金盈余者则可以通过买入证券而实现投资的目的。筹资和投资是证券市场基本功能不可分割的两个面,忽视其中任何一个方面都会导致市场的严重缺陷。

2. 定价功能。证券市场的第二个基本功能是为资本决定价格。证券是资本的表现形式,所以证券的价格实际上是证券所代表的资本的价格。证券的价格是证券市场上证券供求双方共同作用的结果。证券市场的运行形成了证券需求者和证券供给者的竞争关系,这种竞争的结果是:能产生高投资回报的资本,市场的需求大,相应的证券价格就高;反之,证券的价格就低。因此,证券市场提供了资本的合理定价机制。

3. 资本配置功能。证券市场的资本配置功能是指通过证券价格引导资本的流动从而实现资本的合理配置的功能。在证券市场上,证券价格的高低是由该证券所能提供的预期报酬率的高低来决定的。证券价格的高低实际上是该证券筹资能力的反映。能提供高报酬率的证券一般来自那些经营好、发展潜力巨大的企业,或者是来自新兴行业的企业。由于这些证券的预期报酬率高,其市场价格相应也高,从而筹资能力就强。这样,证券市场就引导资本流向能产生高报酬的企业或行业,从而使资本产生尽可能高的效率,进而实现资本的合理配置。

四、证券市场参与者

1. 证券发行人

证券发行人是指为筹措资金而发行债券、股票等证券的政府及其机构、金融机构、公司和企业。证券发行人是证券发行的主体。证券发行是把证券向投资者销售的行为。证券发行可以由发行人直接办理,这种证券发行称之为自办发行或直接发行。自办发行是比较特殊的发行行为,也比较少见。20世纪末以来,由于网络技术在发行中的应用,自办发行开始增多。证券发行一般由证券发行人委托证券公司进行又称承销,或间接发行。按照发行风险的承担、所筹资金的划拨及手续费高低等因素划分,承销方式有包销和代销两种,包销又可分为全额包销和余额包销。

2. 证券投资者

证券投资者是证券市场的资金供给者,也是金融工具的购买者。证券投资者类型甚多,投资的目的也各不相同。证券投资者可分为机构投资者和个人投资者两大类。

(1) 机构投资者

机构投资者是指相对于中小投资者而言拥有资金、信息、人力等优势,能影响某个证券价格波动的投资者,包括企业、商业银行、非银行金融机构(如养老基金、保险基金、证券投资基金)等。各类机构投资者的资金来源、投资目的、投资方向虽各不相同,但一般都具有投资的资金量大、收集和分析信息的能力强、注重投资的安全性、可通过有效的资产组合以分散投资风险、对市场影响大等特点。

(2) 个人投资者

个人投资者是指从事证券投资的居民,他们是证券市场最广泛的投资者。个人投资者的主要投资目的是追求盈利,谋求资本的保值和增值,所以十分重视本金的安全和资产的流动性。

3. 证券市场中介机构

证券市场中介机构是指为证券的发行与交易提供服务的各类机构,包括证券公司和其他证券服务机构,通常把两者合称为证券中介机构。中介机构是连接证券投资者与筹资人的桥梁,证券市场功能的发挥,很大程度上取决于证券中介机构的活动。通过它们的经营服务活动,沟通了证券需求者与证券供应者之间的联系,不仅保证了各种证券的发行和交易,还起到维持证券市场秩序的作用。

(1) 证券公司

证券公司,是指依法设立可经营证券业务的、具有法人资格的金融机构。证券公司的主要业务有承销、经纪、自营、投资咨询、购并、受托资产管理、基金管理等。证券公司一般分为综合类证券公司和经纪类证券公司。

(2) 证券服务机构

证券服务机构是指依法设立的从事证券服务业务的法人机构,主要包括财务顾问机构、证券投资咨询公司、会计师事务所、资产评估机构、律师事务所、证券信用评级机构等。

4. 自律性组织

自律性组织包括证券交易所和证券行业协会。

(1) 证券交易所

根据《中华人民共和国证券法》的规定,证券交易所是提供证券集中竞价交易场所的不以盈利为目的的法人。其主要职责有:提供交易场所与设施;制定交易规则;监管在该交易所上市的证券以及会员交易行为的合规性、合法性,确保中场的公开、公平和公正。

(2) 证券业协会

证券业协会是证券行业的自律性组织,是社会团体法人。证券业协会的权力机构为由全体会员组成的会员大会。根据《中华人民共和国证券法》规定,证券公司应当加入证券业协会。证券行业协会应当履行协助证券监督管理机构组织会员执行有关法律,维护会员的合法权益,为会员提供信息服务,制定规则,组织培训和开展业务交流,调解纠纷,就证券业的发展开展研究,监督检查会员行为,以及证券监督管理机构赋予的其他职责。

(3) 证券登记结算机构

证券登记结算机构是为证券交易提供集中登记、存管与结算业务,不以盈利为目的的法人。按照《证券登记结算管理办法》,证券登记结算机构实行行业自律管理。我国的证券登

记结算结构为中国证券登记结算有限责任公司。

5. 证券监管机构

在中国,证券监管机构是指中国证券监督管理委员会及其派出机构。它是国务院直属的证券管理监督机构,依法对证券市场进行集中统一监管。它的主要职责是:负责行业性法规的起草,负责监督有关法律法规的执行,负责保护投资者的合法权益,对全国的证券发行、证券交易、中介机构的行为等依法实施全面监管,维持公平而有秩序的证券市场。

五、相关知识

(一)直接融资和间接融资

1. 直接融资是间接融资的对称,亦称"直接金融"。没有金融中介机构介入的资金融通方式。在这种融资方式下,在一定时期内,资金盈余单位通过直接与资金需求单位协议,或在金融市场上购买资金需求单位所发行的有价证券,将货币资金提供给需求单位使用。商业信用、企业发行股票和债券,以及企业之间、个人之间的直接借贷,均属于直接融资。直接融资是资金直供方式,与间接金融相比,投融资双方都有较多的选择自由。而且,对投资者来说收益较高,对筹资者来说成本却又比较低。但由于筹资人资信程度很不一样,造成了债权人承担的风险程度很不相同,且部分直接金融资金具有不可逆性。

直接融资特征:

(1)直接性。在直接融资中,资金的需求者直接从资金的供应者手中获得资金,并在资金的供应者和资金的需求者之间建立直接的债权债务关系。

(2)分散性。直接融资是在无数个企业相互之间、政府与企业和个人之间、个人与个人之间,或者企业与个人之间进行的,因此融资活动分散于各种场合,具有一定的分散性。

(3)信誉上的差异性较大。由于直接融资是在企业和企业之间、个人与个人之间,或者企业与个人之间进行的,而不同的企业或者个人,其信誉好坏有较大的差异,债权人往往难以全面、深入了解债务人的信誉状况,从而带来融资信誉的较大差异和风险性。

(4)部分不可逆性。例如,在直接融资中,通过发行股票所取得的资金,是不需要返还的。投资者无权中途要求退回股金,而只能到市场上去出售股票,股票只能够在不同的投资者之间互相转让。

(5)相对较强的自主性。在直接融资中,在法律允许的范围内,融资者可以自己决定融资的对象和数量。例如在商业信用中,赊买和赊卖者可以在双方自愿的前提下,决定赊买或者赊卖的品种、数量和对象;在股票融资中,股票投资者可以随时决定买卖股票的品种和数量等。

2. 间接融资,是指拥有暂时闲置货币资金的单位通过存款的形式,或者购买银行、信托、保险等金融机构发行的有价证券,将其暂时闲置的资金先行提供给这些金融中介机构,然后再由这些金融机构以贷款、贴现等形式,或通过购买需要资金的单位发行的有价证券,把资金提供给这些单位使用,从而实现资金融通的过程。

间接融资特征：

（1）间接性

在间接融资中，资金需求者和资金初始供应者之间不发生直接借贷关系；资金需求者和初始供应者之间由金融中介发挥桥梁作用。资金初始供应者与资金需求者只是与金融中介机构发生融资关系。

（2）相对的集中性

间接融资通过金融中介机构进行。在多数情况下，金融中介并非是对某一个资金供应者与某一个资金需求者之间一对一的对应性中介；而是一方面面对资金供应者群体，另一方面面对资金需求者群体的综合性中介，由此可以看出，在间接融资中，金融机构具有融资中心的地位和作用。

（3）信誉的差异性较小

由于间接融资相对集中于金融机构，世界各国对于金融机构的管理一般都较严格，金融机构自身的经营也多受到相应稳健性经营管理原则的约束，加上一些国家还实行了存款保险制度，因此，相对于直接融资来说，间接融资的信誉程度较高，风险性也相对较小，融资的稳定性较强。

（4）全部具有可逆性

通过金融中介的间接融资均属于借贷性融资，到期均必须返还，并支付利息，具有可逆性。

（5）融资的主动权掌握在金融中介手中

在间接融资中，资金主要集中于金融机构，资金贷给谁不贷给谁，并非由资金的初始供应者决定，而是由金融机构决定。对于资金的初始供应者来说，虽然有供应资金的主动权，但是这种主动权实际上受到一定的限制。因此，间接融资的主动权在很大程度上受金融中介支配。

3. 直接融资和间接融资比较

（1）直接融资与间接融资的区别主要在于融资过程中资金的需求者与资金的供给者是否直接形成债权债务关系。在有金融中介机构参与的情况下，判断是否直接融资的标志在于该中介机构在这次融资行为中是否与资金的需求者与资金的供给者分别形成了各自独立的债权债务关系。

（2）在许多情况下，单纯从活动中所使用的金融工具出发尚不能准确地判断融资的性质究竟属于直接融资还是间接融资。一般习惯上认为凡是债权债务关系中的一方是金融机构均被认为是间接融资，而不论这种融资工具最初的债权人、债务人的性质。

（3）一般认为直接融资活动从时间上早于间接融资。直接融资是间接融资的基础。在现代市场经济中，直接融资与间接融资并行发展，互相促进。间接融资已构成金融市场中的主体，而直接融资脱离了间接融资的支持已无法发展。从生产力发展的角度来看，间接融资的产生是社会化大生产需要动员全社会的资源参与经济循环以及社会财富极大丰富的必然趋势。而直接融资形式的存在则是对间接融资活动的有力补充。

（二）IPO

首次公开募股（Initial Public Offering，简称 IPO）：是指一家企业（发行人）第一次将它的股份向公众出售（首次公开发行，指股份公司首次向社会公众公开招股的发行方式）。通常，上市公司的股份是根据相应证券会出具的招股书或登记声明中约定的条款通过经纪商或做市商进行销售。一般来说，一旦首次公开上市完成后，这家公司就可以申请到证券交易所或报价系统挂牌交易。

1. 基本审核流程

按照依法行政、公开透明、集体决策、分工制衡的要求，首次公开发行股票（以下简称首发）的审核工作流程分为受理、见面会、问核、反馈会、预先披露、初审会、发审会、封卷、会后事项、核准发行等主要环节，分别由不同处室负责，相互配合、相互制约。对每一个发行人的审核决定均通过会议以集体讨论的方式提出意见，避免个人决断。

2. 具体审核环节

（1）材料受理、分发环节

中国证监会受理部门工作人员根据《中国证券监督管理委员会行政许可实施程序规定》（证监会令第 66 号）和《首次公开发行股票并上市管理办法》（证监会令第 32 号）等规则的要求，依法受理首发申请文件，并按程序转发行监管部。发行监管部综合处收到申请文件后将其分发审核一处、审核二处，同时送国家发改委征求意见。审核一处、审核二处根据发行人的行业、公务回避的有关要求以及审核人员的工作量等确定审核人员。

（2）见面会环节

见面会旨在建立发行人与发行监管部的初步沟通机制。会上由发行人简要介绍企业基本情况，发行监管部部门负责人介绍发行审核的程序、标准、理念及纪律要求等。见面会按照申请文件受理顺序安排，一般安排在星期一，由综合处通知相关发行人及其保荐机构。见面会参会人员包括发行人代表、发行监管部部门负责人、综合处、审核一处和审核二处负责人等。

（3）问核环节

问核机制旨在督促、提醒保荐机构及其保荐代表人做好尽职调查工作，安排在反馈会前后进行，参加人员包括问核项目的审核一处和审核二处的审核人员、两名签字保荐代表人和保荐机构的相关负责人。

（4）反馈会环节

审核一处、审核二处审核人员审阅发行人申请文件后，从非财务和财务两个角度撰写审核报告，提交反馈会讨论。反馈会主要讨论初步审核中关注的主要问题，确定需要发行人补充披露、解释说明以及中介机构进一步核查落实的问题。

反馈会按照申请文件受理顺序安排，一般安排在星期三，由综合处组织并负责记录，参会人员有审核一处、审核二处审核人员和处室负责人等。反馈会后将形成书面意见，履行内部程序后反馈给保荐机构。反馈意见发出前不安排发行人及其中介机构与审核人员沟通（问核程序除外）。

保荐机构收到反馈意见后,组织发行人及相关中介机构按照要求落实并进行回复。综合处收到反馈意见回复材料进行登记后转审核一处、审核二处。审核人员按要求对申请文件以及回复材料进行审核。

发行人及其中介机构收到反馈意见后,在准备回复材料过程中如有疑问可与审核人员进行沟通,如有必要也可与处室负责人、部门负责人进行沟通。

审核过程中如发生或发现应予披露的事项,发行人及其中介机构应及时报告发行监管部并补充、修改相关材料。初审工作结束后,将形成初审报告(初稿)提交初审会讨论。

(5) 预先披露环节

反馈意见落实完毕、国家发改委意见等相关政府部门意见齐备、财务资料未过有效期的将安排预先披露。具备条件的项目由综合处通知保荐机构报送发审会材料与预先披露的招股说明书(申报稿)。发行监管部收到相关材料后安排预先披露,并按受理顺序安排初审会。

(6) 初审会环节

初审会由审核人员汇报发行人的基本情况、初步审核中发现的主要问题及其落实情况。初审会由综合处组织并负责记录,发行监管部部门负责人、审核一处和审核二处负责人、审核人员、综合处以及发审委委员(按小组)参加。初审会一般安排在星期二和星期四。根据初审会讨论情况,审核人员修改、完善初审报告。初审报告是发行监管部初审工作的总结,履行内部程序后转发审会审核。初审会讨论决定提交发审会审核的,发行监管部在初审会结束后出具初审报告,并书面告知保荐机构需要进一步说明的事项以及做好上发审会的准备工作。初审会讨论后认为发行人尚有需要进一步落实的重大问题、暂不提交发审会审核的,将再次发出书面反馈意见。

(7) 发审会环节

发审委制度是发行审核中的专家决策机制。目前发审委委员共25人,分三个组,发审委处按工作量安排各组发审委委员参加初审会和发审会,并建立了相应的回避制度、承诺制度。发审委通过召开发审会进行审核工作。发审会以投票方式对首发申请进行表决,提出审核意见。每次会议由7名委员参会,独立进行表决,同意票数达到5票为通过。发审委委员投票表决采用记名投票方式,会前有工作底稿,会上有录音。发审会由发审委工作处组织,按时间顺序安排,发行人代表、项目签字保荐代表人、发审委委员、审核一处、审核二处审核人员、发审委工作处人员参加。

发审会召开5天前中国证监会发布会议公告,公布发审会审核的发行人名单、会议时间、参会发审委委员名单等。发审会先由委员发表审核意见,发行人聆询时间为45分钟,聆询结束后由委员投票表决。发审会认为发行人有需要进一步落实的问题的,将形成书面审核意见,履行内部程序后发给保荐机构。

(8) 封卷环节

发行人的首发申请通过发审会审核后,需要进行封卷工作,即将申请文件原件重新归类后存档备查。封卷工作在落实发审委意见后进行。如没有发审委意见需要落实,则在通过发审会审核后即进行封卷。

(9) 会后事项环节

会后事项是指发行人首发申请通过发审会审核后,招股说明书刊登前发生的可能影响本次发行及对投资者作出投资决策有重大影响的应予披露的事项。存在会后事项的,发行人及其中介机构应按规定向综合处提交相关说明。须履行会后事项程序的,综合处接收相关材料后转审核一处、审核二处。审核人员按要求及时提出处理意见。按照会后事项相关规定需要重新提交发审会审核的需要履行内部工作程序。如申请文件没有封卷,则会后事项与封卷可同时进行。

(10) 核准发行环节

封卷并履行内部程序后,将进行核准批文的下发工作。

证监会有关部门负责人近日表示,从2012年8月起,在首次公开发行审核中,证监会对符合条件的西部企业给予优先安排。同时,在申报企业具备条件的前提下,均衡安排沪、深两市企业审核进度。

该负责人表示,上述举措是为了深入贯彻落实西部大开发战略,支持西部地区经济社会发展,充分发挥沪、深两市的经济服务功能。

(三) QFII

QFII(Qualified Foreign Institutional Investors)是合格的境外机构投资者的简称,QFII机制是指外国专业投资机构到境内投资的资格认定制度。作为一种过渡性制度安排,QFII制度是在资本项目尚未完全开放的国家和地区,实现有序、稳妥开放证券市场的特殊通道。包括韩国、中国台湾、印度和巴西等市场的经验表明,在货币未自由兑换时,QFII不失为一种通过资本市场稳健引进外资的方式。在该制度下,QFII将被允许把一定额度的外汇资金汇入并兑换为当地货币,通过严格监督管理的专门账户投资当地证券市场,包括股息及买卖价差等在内各种资本所得经审核后可转换为外汇汇出,实际上就是对外资有限度地开放本国的证券市场。

QFII是一国在货币没有实现完全可自由兑换、资本项目尚未开放的情况下,有限度地引进外资、开放资本市场的一项过渡性的制度。这种制度要求外国投资者若要进入一国证券市场,必须符合一定的条件,得到该国有关部门的审批通过后汇入一定额度的外汇资金,并转换为当地货币,通过严格监管的专门账户投资当地证券市场。2002年12月1日,中国证监会颁发了《合格境外机构投资者境内证券投资管理暂行办法》,标志着我们正式实行QFII制度。2003年7月瑞银华宝第一个拿到QFII资格,完成买入第一单。2013年7月份QFII和RQFII获批新额度,外管局7月31日公布数据显示,外管局在7月26日当日集中发放了14.9亿美元QFII额度和170亿元的RQFII额度,较6月份有显著提升。截至7月30日,QFII总额度、RQFII总额度分别增加至449.53亿美元、1219亿元人民币。这显示出境外机构投资者继续看好A股市场。

六、证券市场的产生与发展

证券的产生已经有很久的历史,但证券的出现并不标志着证券市场同时产生,只有当证券的发行与转让公开通过市场的时候,证券市场才随之出现。证券市场形成于自由资本主义时期,股份公司的产生和信用制度的深化,是证券市场形成的基础。

(一)证券市场发展阶段

纵观证券市场的发展历史,其进程大致可分为5个阶段。

1. 萌芽阶段

在资本主义发展初期的原始积累阶段,西欧就已有了证券的发行与交易。15世纪的意大利商业城市中的证券交易主要是商业票据的买卖。16世纪的里昂、安特卫普已经有了证券交易所,当时进行交易的是国家债券。16世纪中叶,随着资本主义经济的发展,所有权和经营权相分离的生产经营方式——股份公司出现,使股票、公司债券及不动产抵押债券依次进入有价证券交易的行列。1602年,在荷兰的阿姆斯特丹成立了世界上第一个股票交易所。1698年,在英国已有大量的证券经纪人,伦敦柴思胡同的乔纳森咖啡馆就是固有众多的经纪人在此交易而出名。1773年,英国的第一家证券交易所即在该咖啡馆成立,1802年获得英国政府的正式批准。这家证券交易所即为现在伦敦证券交易所的前身,最初主要交易政府债券,之后公司债券和矿山、运河股票逐渐上市交易。到19世纪中叶,一些地方性证券市场也在英国兴起,铁路股票盛行。

美国证券市场是从买卖政府债券开始的。在独立战争中,美国的战时国会、各州和军队都发行了各种各样的中期债券和临时债券。战争结束后,美国政府为了取信于民,就以发行联邦债券的形式承担了这笔8000万美元的债务。这项巨额债券的发行是依赖大量的证券经纪人兜售的。证券交易首先从费城、纽约开始,其后向芝加哥、波士顿等大城市蔓延,为美国证券市场的发展打下了基础。1790年成立了美国第一个证券交易所——费城证券交易所。1792年5月17日,24名经纪人在华尔街的一棵梧桐树下聚会,商定了一项名为"梧桐树协定"的协议,约定每日在梧桐树下聚会,从事证券交易,并订出了交易佣金的最低标准及其他交易条款。1793年,一家名叫"汤迪"的咖啡馆在华尔街落成,于是露天的证券市场就搬进咖啡馆经营。1817年,参与华尔街汤迪咖啡馆证券交易的经纪人通过一项正式章程,并成立组织,起名为"纽约证券交易会",1863年改名为"纽约证券交易所"。独立战争结束后,美国工业革命开始。受工业革命影响,证券市场上的公司股票逐渐取代政府债券的地位,运输公司股票、铁路股票、矿山股票纷纷出现在证券市场上,同时银行股票、保险公司股票及一些非金融机构的公司股票也开始露面,股票交易开始盛行。

2. 初步发展阶段

20世纪初,资本主义从自由竞争阶段过渡到垄断阶段。正是在这一过程中,为适应资本主义经济发展的需要,证券市场以其独特的形式有效地促进了资本的积聚和集中,同时,其自身也获得了高速发展。首先,股份公司数量剧增。以英国为例,1911~1920年建立了64 000家,1921~1930年建立了86 000家。至此,英国90%的资本都处于股份公司控制之下。与此同时,持股公司形成并获得了发展,而金融公司、投资银行、信托投资公司、证券公司等证券经营机构也获得了极大的发展。其次,在这一时期,有价证券发行总额剧增。1921~1930年全世界有价证券共计发行6 000亿法国法郎,比1890~1900年增加近5倍。

有价证券的结构也起了变化,在有价证券中占主要地位的已不是政府债券,而是公司股票和公司债券。据统计,1900~1913年全世界发行的有价证券中,政府公债占发行总额的40%,而公司股票和公司债券则占了60%。

3. 停滞阶段

1929~1933年,资本主义国家爆发了严重的经济危机,导致世界各国证券市场的动荡,不仅证券市场的价格波动剧烈,而且证券经营机构的数量和业务锐减。危机的先兆就表现为股市的暴跌,而随之而来的经济大萧条更使证券市场遭受了严重打击。到1932年7月8日,道·琼斯工业股票价格平均数只有41点,仅为1929年最高水平的11%。危机过后,证券市场仍一蹶不振。第二次世界大战爆发后,虽然各交战国由于战争的需要发行了大量公债,但整个证券市场仍处于不景气之中。与此同时,加大证券市场管制力度的呼声越来越强烈,使证券市场的拓展工作陷入前所未有的停滞之中。

4. 恢复阶段

第二次世界大战后至20世纪60年代,因欧美与日本经济的恢复和发展以及各国的经济增长大大地促进了证券市场的恢复和发展,公司证券发行量增加,证券交易所开始复苏,证券市场规模不断扩大,买卖越来越活跃。这一时期,世界贸易和国际资本流动得到了一定程度的恢复与发展。但由于人们对经济危机和金融危机会不会卷土重来仍心存疑虑,加之在此阶段许多国家面临着资本稀缺和通货膨胀的双重压力,对资本的流动实行了严厉的管制,因而,证券市场的发展并不十分引人注目。

5. 加速发展阶段

从20世纪70年代开始,证券市场出现了高度繁荣的局面,不仅证券市场的规模更加扩大,而且证券交易日趋活跃。

(二)我国证券市场的产生与发展

20世纪70年代末期以来的中国经济改革大潮,推动了资本市场的重新萌生和发展。在过去的20年间,中国资本市场从无到有、从小到大、从区域到全国,得到了迅速的发展。回顾改革开放以来中国资本市场的发展,大致可以划分为三个阶段。

1. 新中国资本市场的萌生(1976~1992年)

1978年12月,以中国共产党第十一届三中全会的召开为标志,经济建设成为国家的基本任务,改革开放成为中国的基本国策。随着经济体制改革的推进,企业对资金的需求日益多样化,新中国资本市场开始萌生。

20世纪80年代初,若干小型国有和集体企业开始进行多种多样的股份制尝试,开始出现股票这一新生事物。这一时期股票一般按面值发行,大部分实行保本保息保分红、到期偿还,具有一般债券的特性;发行对象多为内部职工和地方公众;发行方式多为自办发行,没有承销商。

1981年7月,我国改变传统"既无外债、又无内债"的计划经济思想,重启国债发行。1982年和1984年,企业债和金融债开始出现。随着证券发行的增多和投资者队伍的逐步扩大,证券流通的需求日益强烈,股票和债券的柜台交易陆续在全国各地出现,二级市场初步形成。伴随着一、二级市场的初步形成,证券经营机构的雏形开始出现。1987年9月,中国第一家专业证券公司——深圳特区证券公司成立。1988年,为适应国库券转让在全国范围内的推广,中国人民银行下拨资金,在各省组建了33家证券公司,同时,财政系统也成立了一批证券公司。

1990年,国家允许在有条件的大城市建立证券交易所。1990年12月19日和1991年7月3日,上海证券交易所和深圳证券交易所先后正式营业。同年10月,郑州粮食批发市场开业并引入期货交易机制,成为新中国期货交易的实质性发端。1992年10月,深圳有色金属交易所推出了中国第一个标准化期货合约——特级铝期货标准合同,实现了由远期合同向期货交易的过渡。总体上看,中国资本市场的萌生源于中国经济转轨过程中企业和公众的内生需求。在发展初期,市场处于一种自我演进、缺乏规范和监管的状态,并且以区域性试点为主;股票发行市场也一度出现过混乱;同时,对资本市场的发展在认识上也产生了一定的分歧。

1992年邓小平同志在南方视察时指出:"证券、股市,这些东西究竟好不好,有没有危险,是不是资本主义独有的东西,社会主义能不能用,允许看,但要坚决地试。看对了,搞一两年,对了,放开;错了,纠正,关了就是了。关,也可以快关,也可以慢关,也可以留一点尾巴。怕什么,坚持这种态度就不要紧,就不会犯大错误。"邓小平同志南方视察讲话后,中国确立经济体制改革的目标是建立社会主义市场经济体制,股份制成为国有企业改革的方向,更多的国有企业实行股份制改造并开始在资本市场发行上市。1993年,股票发行试点正式由上海、深圳推广至全国,打开了资本市场进一步发展的空间。

2. 全国性资本市场的形成和初步发展(1993~1998年)

1992年10月,国务院证券管理委员会(简称"国务院证券委")和中国证监会成立,标志着中国资本市场开始逐步纳入全国统一监管框架,区域性试点推向全国,全国性资本市场由此开始发展。

1997年11月,中国金融体系进一步确定了银行业、证券业、保险业分业经营、分业管理的原则。1998年4月,国务院证券委撤销,中国证监会成为全国证券、期货市场的监管部门,建立了集中统一的证券、期货市场监管体制。

中国证监会成立后,推动了《股票发行与交易管理暂行条例》、《公开发行股票公司信息披露实施细则》、《禁止证券欺诈行为暂行办法》、《关于严禁操纵证券市场行为的通知》等一系列证券、期货市场法规和规章的建设,资本市场法规体系初步形成,使资本市场的发展走上规范化轨道,为相关制度的进一步完善奠定了基础。

创建初期,国家采取了额度指标管理的股票发行审批制度,即将额度指标下达至省级政府或行业主管部门,由其在指标限度内推荐企业,再由中国证监会审批企业发行股票。在交易方式上,上海和深圳证券交易所都建立了无纸化电子交易平台。

随着市场的发展,上市公司数量、总市值和流通市值、股票发行筹资额、投资者开户数、交易量等都进入一个较快发展的阶段。沪、深证券交易所交易品种逐步增加,由单纯的股票陆续增加了国债、权证、企业债券、可转换债券、封闭式基金等。

伴随着全国性市场的形成和扩大,证券经营机构也得到快速发展。到1998年年底,全国有证券公司90家,证券营业部2412家。从1991年开始,出现了一批投资于证券、期货、房地产等市场的基金(统称"老基金")。1997年11月,《证券投资基金管理暂行办法》颁布,规范证券投资基金的发展。同时,对外开放进一步扩大,推出了人民币特种股票(B股),境内企业逐渐开始在我国香港、纽约、伦敦和新加坡等海外市场上市,期货市场也得到初步发展。

3. 资本市场的进一步规范和发展(1999年至今)

1998年12月,我国《证券法》正式颁布并于1999年7月实施,这是新中国第一部规范证券发行与交易行为的法律,并由此确认了资本市场的法律地位。

在这个阶段,中国围绕完善社会主义市场经济体制和全面建设小康社会进行持续改革。随着经济体制改革的深入,国有和非国有股份公司不断进入资本市场。2001年12月,中国加入世界贸易组织,中国经济走向全面开放,金融改革不断深化,资本市场的深度和广度日益拓展和扩大。自1998年建立了集中统一监管体制后,为适应市场发展的需要,证券、期货监管体制不断完善,实施了"属地监管、职责明确、责任到人、相互配合"的辖区监管责任制,并初步建立了与地方政府协作的综合监管体系。与此同时,执法体系逐步完善。中国证监会在各证监局设立了稽查分支机构,2002年增设了专司操纵市场和内幕交易查处的机构。2007年,为适应市场发展的需要,证券执法体制又进行了重大改革,建立了集中统一指挥的稽查体制。

中国证监会不断加强稽查执法基础性工作,严格依法履行监管职责,集中力量查办了琼民源、银广夏、中科创业、德隆、科龙、南方证券、闽发证券等一批大案、要案,坚决打击各类违法违规行为,切实保护广大投资者的合法权益,维护"公开、公平、公正"的市场秩序。

为了积极推进资本市场改革开放和稳定发展,国务院于2004年1月发布了《关于推进资本市场改革开放和稳定发展的若干意见》,为资本市场新一轮改革和发展奠定了基础。2005年11月,修订后的《证券法》和《公司法》颁布,并于2006年1月1日起实施。2007年新修订的《期货交易管理条例》发布实施;同年,《证券公司监督管理条例》和《证券公司风险处置条例》正式发布实施;有关资本市场监管法规和部门规章也得到了相应的调整与完善。在加强资本市场法律法规建设的同时,证券监管部门着力解决了一些制约证券市场发展的制度性问题,主要包括实施股权分置改革;通过完善上市公司监管体制、强化信息披露、规范公司治理、清理违规占用上市公司资金等方式全面提高上市公司质量;对证券公司进行综合治理,进一步健全发行制度,大力发展机构投资者,改善投资者结构等。我国资本市场发生了一系列深刻的变化。2006年,在众多历史遗留问题得到妥善解决、机构投资者迅速壮大、法律体系逐步完善的基础上,中国资本市场出现了一系列积极而深刻的变化。2007年年末,沪、深市场总市值位列全球资本市场第三;2007年首次公开发行股票融4595.79亿元,位列全球第一;日均交易量1903亿元,成为全球最为活跃的市场之一。

2006年6月30日,证监会发布《证券公司融资融券试点管理办法》(2006年8月1日起施行);2010年3月30日,深沪交易所通知融资融券交易试点3月31日正式启动。

2009年3月31日,《首次公开发行股票并在创业板上市管理暂行办法》出台,10月30日首批28家企业在创业板上市。

2010年4月8日,股指期货正式启动。4月16日,首批四个沪深300股票指数期货合约在中国金融期货交易所正式挂牌交易。

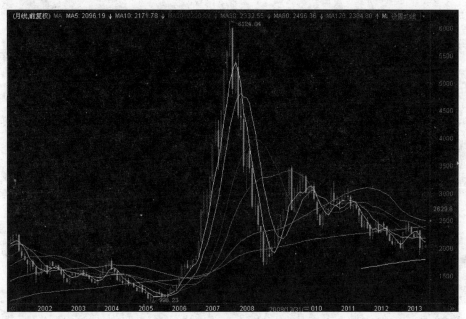

图1-2　上证指数(月线)走势图

任务拓展

1. 登录中国证监会网站 http://www.csrc.gov.cn/,查询了解我国证券市场参与者。

2. 登录上海证券交易所网站 http://www.sse.com.cn/,深圳证券交易所网站 http://www.szse.cn/,查询了解我国证券市场交易品种和市场层次构成。

项目二　证券投资工具

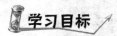

知识目标

1. 掌握股票概念、特点、种类。
2. 掌握债券概念、特点、种类。
3. 掌握投资基金的性质、特点以及类型。
4. 掌握股票、债券、投资基金之间区别。
5. 掌握股指期货的含义和特点。

能力目标

能够对股票、债券、基金、股指期货等工具进行分析，并指导自己的投资决策。

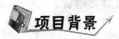

80后的理财故事：善用各种金融工具

作为一名80后，小蔡并不像大多数人那样属于月光族。因为在银行上班的关系，她很早就接触金融理财知识，现在她已经是一名专业的理财规划师了。尽早达到财务自由是小蔡的理财终极目标。

其实，小蔡刚毕业的时候曾经也是个月光族，秉持着钱就是用来消费的观念。但当她意识到财富节余必然是理财的起点时，她决定要养成储蓄的习惯，学会量入为出。也是因为工作关系，要想帮别人理好财，就必定要自己学会理财。于是工作不久的小蔡在25岁就为自己制定了一份理财规划。

"我每个月会对自己的薪酬收入列一个支出计划表，把满足必要支出后的部分节余用来定投基金，定投的扣款日即为发工资的后一日，从而强制使自己做好储蓄。"从2007年开始的每月投入500元，到2008年增加到1500元，再到如今每月2000元的月投入，小蔡根据自己的开支情况不断调整着投资金额。"选择基金定投，主要出于两个方面的考虑：一是从长期而言基金定投在平抑风险的同时可以获得较好的收益；另一方面，通过定投不同类型的基金，可以形成一小小的适合自己的稳定的投资组合，且通过网上银行、手机银行等途径就可以很方便地随时把握基金走势。"

在之后的时间里，小蔡又分别参与了股票交易、黄金T+0等操作。对于股票，她一直持谨慎态度,基本只要赚到10%的收益就见好而收。不过最近股市不好,她把重心都放在了黄金T+0上,比较看好黄金的中长期走势,另外操作时间也不会影响她的上班时间。在投资金额中,年终奖是她进行投资的主要资金来源。扣去孝敬父母的金额,她会将其中的一部分投入资本市场,其余则通过定期存款的形式留存为备用金。

虽然小蔡意识到了理财、储蓄、投资等方面的重要性,但她觉得这也不意味着要牺牲自己的生活品质,这其中的窍门就是要学会"善用工具"。小蔡有一个改善自己消费习惯的小方法,就是尽量只使用一家银行的信用卡,而且一般将透支额度调减至每月薪酬金额的2倍左右,只有在外出旅游等有大额消费需求时才会申请临时将额度调高。这样对控制开销非常有效。另外她也非常善于运用银行的融资方法来达成自己的心愿。"比如我在买车的时候就使用了银行的汽车消费贷款;平时在为自己充电上课时也借助精英教育贷款计划。这些银行提供的消费贷款使我的个人资金安排更为灵活,不会成为经济负担。"

小蔡理财的窍门就是要学会"善用工具"。在现实经济生活中,投资理财有哪些工具?小蔡投资的基金、股票……都有哪些特点?

任务1 掌握证券投资工具——股票

学习了一定的基础知识,王先生拿着闲置的8万元积蓄,准备投资到证券市场上。可面对证券市场上这么多有价证券品种,想投资又不知道该如何支配。朋友对他说:"投股票好,赚钱多。隔壁的小王一天就赚了好几万元呢!"炒股真的那么容易赚钱吗? 股票有什么特点,我国的股票有哪些种类?

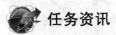
任务资讯

一、股票的特征和类型

(一)股票的定义

股票是是股份有限公司发行的、用以证明投资者的股东身份和权益,并据以获取股息和红利的凭证。因此,股票是股本、股份、股权的具体体现。股本是投资人为获得参与公司利润分配等权利投入公司的资金,将全部股本分成若干等份,每一份就是一股,股东就是获得上述公司权利的投资人;股权是股东按其股本在公司总股本中所占比重拥有的相应权利。股票一经发行,购买股票的投资者即成为公司的股东,股票实质上代表了股东对股份公司的所有权,股东凭借股票可以获得公司的股息和红利,参加股东大会并行使自己的权力,同时也承担相应的责任与风险。

股票作为一种所有权凭证,有一定的格式。从股票的发展历史看,最初的股票票面格式既不统一,也不规范,由各发行公司自行决定。随着股份制度的发展和完善,许多国家对股票票面格式作了规定,提出票面应载明的事项和具体要求。我国《公司法》规定,股票采用纸面形式或国务院证券管理部门规定的其他形式。股票应载明的事项主要有:公司名称、公司登记成立的日期、股票种类、票面金额及代表的股份数、股票的编号。股票由董事长签名,公司盖章。当标明"发起人股票"字样。

(二)股票的性质

1. 股票是有价证券

有价证券是财产价值和财产权利的统一表现形式。持有有价证券一方面表示拥有一定价值量的财产,另一方面也表明有价证券持有人可以行使该证券所代表的权利。从这一点来看,股票是有价证券的一种。第一,虽然股票本身没有价值,但其包含着股东要求股份公司按规定分配股息和红利的请求权,同时代表着拥有股份公司的一定价值量的资产。第二,股票与其代表的股东权利有不可分离的关系,它们两者合为一体。换言之,股东权利的转让应与股票占有的转移同时进行,不能只转移股票而保持原来的股东权利,也不能只转让股东权利而不转移股票。

2. 股票是一种要式证券

股票应记载一定的事项,其内容应全面真实,这些事项往往通过法律形式加以规定。在我国,股票应具备《公司法》规定的有关内容,如果缺少规定的要件,股票就无法律效力。而且,股票的制作和发行必须经证券主管机关的审核和批准,任何个人或者团体,不得擅自印制发行股票。

3. 股票是一种证权证券

证券可以分为设权证券和证权证券。设权证券是指证券所代表的权利本来不存在,而是随着证券的制作而产生,即权利的发生是以证券的制作和存在为条件的。而证权证券是指证券是权利的一种物化的外在形式,它是权利的载体,权利是已经存在的。股票代表的是股东权利,它的发行是以股份的存在为条件的,股票只是把已存在的股东权利表现为证券的形式,它的作用不是创造股东的权利,而是证明股东的权利。股东权利可以不随股票的损毁、遗失而消失,股东可以依照法定程序要求公司补发新的股票。所以说,股票是证权证券。

4. 股票是一种资本证券

股份公司发行股票是一种吸引认购者投资以筹措公司自有资本的手段,对于认购股票的人来说,购买股票就是一种投资行为。因此,股票是投入股份公司的资本份额的证券化,属于资本证券。但是,股票又不是一种现实的财富,股份公司通过发行股票筹措的资金,是公司用于营运的真实资本。股票独立于真实资本之外,只是凭借着它所代表的资本额和股东权益在股票市场上进行着独立的价值运动,是一种虚拟资本。

5. 股票是一种综合权利证券

股票不属于物权证券,也不属于债权证券。物权证券是指证券持有者对公司的财产有直接支配处理权的证券。债权证券是指证券持有者为公司债权人的证券。股票持有者作为股份公司的股东,享有独立的股东权利。股东权是一种综合权利,包括出席股东大会、投票表决、分配股息的红利等权利。股东虽然是公司财产的所有人,享有种种权利,但对于公司的财产不能直接支配处理,而对财产的直接支配处理是物权证券的特征,所以股票不是物权证券。另外,一旦投资者购买了公司股票,他即成为公司部分财产的所有人,但该所有人在性质上是公司内部的构成分子,而不是与公司对立的债权人,所以股票也不是债权证券。

(三) 股票的特征

1. 收益性

收益性是股票最基本的特征,它是指股票可以为持有人带来收益的特性。持有股票的目的在于获取收益。股票的收益可分成两类。第一类来自于股份公司。认购股票后,持有者对发行该股票的公司就享有经济权益,这种经济权益的实现形式是从公司领取股息和分享公司的红利。股息和红利的大小取决于股份公司的经营状况和盈利水平。第二类来自于股票流通。股票持有者可以持股票到市场上进行交易,当股票的市场价格高于买入价格时,卖出股票就可以赚取差价收益。这种差价收益称为资本利得。

2. 风险性

风险性是指股票可能产生经济利益损失的特性。股票风险的内涵是预期收益的不确定性。尽管股票可能给持有者带来收益,但这种收益是不确定的,认购了股票就必须承担一定的风险。股东能否获得预期的股息红利收益,取决于公司的盈利情况,利大多分,利小少分,无利可以不分,公司发生亏损时股东要承担有限责任,破产时可能连本金都保不住。股票的市场价格也会随公司的盈利水平和市场利率而变化,同时还受政治局势、社会因素、宏观经济状况的影响。如果股价下跌,股票持有者会因股票贬值而蒙受损失。由此可见,股票的风险性与收益性不仅并存而且是对称的,从理论上讲,股票收益的大小与风险大小成正比例。

3. 流动性

流动性是指股票可以自由地进行交易。持有人可按自己的需要和市场情况,灵活地转让股票。在股票转让时,转让者收回投资(可能大于或小于原出资),而将股票所代表的股东身份及其各种权益让渡给受让者。许多国家不仅在法律上承认股票的可转让性,而且还允许通过有组织的市场来进行股票的买卖活动。股票持有者虽然不能直接向股份公司退股,但可以在股票交易市场上很方便地卖出股票来变现,所以,股票是流动性很高的证券。也因为这一点,在会计上将股票划归为流动资产。

4. 永久性

永久性是指股票所载有权利的有效性是始终不变的,因为它是一种无期限的法律凭证。股票的有效期与股份公司的存续期间相联系,两者是并存的关系。这种关系实质上反映了股东与股份公司之间比较稳定的经济关系。股票代表着股东的永久性投资,当然,股票持有者可以出售股票而转让其股东身份。而对于股份公司来说,由于股东不能要求公司退股,所以通过发行股票筹集到的资金,在公司存续期间是一笔稳定的自有资本。

5. 参与性

参与性是指股票持有人有权参与公司重大决策的特性。股票持有人作为股份公司的股东,有权出席股东大会,通过选举公司董事会来实现其参与权。不过,股东参与公司重大决策的权利大小取决于其持有股票数额的多少。在实践中,如果某股东持有的股票数额达到决策所需的有效多数,就有实际的最大决策权,能实质性地影响公司的经营方针。

（四）股票的类型

股票的品种很多，分类方法亦有差异。常见的股票类型如下：

1. 股票按股东享有权利的不同，可以分为普通股票和优先股票

普通股票是最常见的一种股票，其持有者享有股东的基本权利和义务。普通股票的股利完全随公司盈利的高低而变化，普通股股东在公司盈利和剩余财产的分配顺序上列在债权人和优先股票股东之后，故其承担的风险也可能较高。

优先股票是一种特殊股票，在它的股东权利义务中附加了某些特别条件。优先股票的股息率是固定的，其持有者的股东权利受到一定的限制，但在公司盈利和剩余财产的分配上比普通股股东享有优先权。有关普通股票和优先股票的详细内容将在本章第三节进一步阐述。

2. 股票按是否记载股东姓名，可以分为记名股票和不记名股票

所谓记名股票，是指在股票票面和股份公司的股东名册上记载股东姓名的股票。在很多国家的公司法中，对记名股票的有关事项作出具体规定。一般来说，如果股票是归某人单独所有，应记载持有人的姓名；如果股票持有者因故改换姓名或者名称，就应到公司办理变更姓名或者名称的手续。我国《公司法》规定，股份有限公司向发起人、国家授权投资的机构、法人发行的股票，应当是记名股票，并应当记载该发起人、机构或者法人的名称，不得另立户名或者以代表人姓名记名。对社会公众发行的股票，可以是记名股票，也可以是无记名股票。发行记名股票的，应当置备股东名册，记载下列事项：股东的姓名或者名称及住所、各股东所持股份数、各股东所持股票的编号、各股东取得股份的日期。

记名股票有如下特点：第一，股东权利归属于记名股东。对于记名股票来说，只有记名股东或其正式委托授权的代理人，才能行使股东权。除了记名股东以外，其他持有者（非经记名股东转让和经股份公司过户的）不具有股东资格。第二，认购股票的款项不一定一次性缴足。缴纳股款是股东基于认购股票而承担的义务，一般来说，股东应在认购时一次性缴足股款。但是，基于记名股票所确定的股份公司与记名股东之间的特定关系，有些国家也规定允许记名股东在认购股票时可以不一次性缴足股款。第三，转让相对复杂或受限制。记名股票的转让必须依据法律和公司章程规定的程序进行，而且要服从规定的转让条件。一般来说，记名股票的转让都必须由股份公司将受让人的姓名或名称、住所记载于公司的股东名册，办理股票过户登记手续，这样受让人才能取得股东的资格和权利。而且，为了维护股份公司和其他股东的利益，法律对于记名股票的转让有时会规定一定的限制条件，如有的国家规定记名股票只能转让给特定的人。第四，便于挂失，相对安全。记名股票与记名股东的关系是特定的，因此，万一股票遗失，记名股东的资格和权利并不消失，并可依据法定程序向股份公司挂失，要求公司补发新的股票。我国《公司法》对此的具体规定是：记名股票被盗、遗失或者灭失，股东可以依照《民事诉讼法》规定的公示催告程序，请求人民法院宣告该股票失效。依照公示催告程序，人民法院宣告该股票失效后，股东可以向公司申请补发股票。

所谓不记名股票，是指在股票票面和股份公司股东名册上均不记载股东姓名的股票。不记名股票也称无记名股票，它与记名股票比较，差别不是在股东权利等方面，而是在股票

记载方式上。不记名股票发行时一般留有存根联,它在形式上分为两部分:一部分是股票的主体,记载了有关公司的事项,如公司名称、股票所代表的股数等;另一部分是股息票,用于进行股息结算和行使增资权利。我国《公司法》在这方面的规定为:股份有限公司对社会公众发行的股票,可以为记名股票,也可以为无记名股票。发行无记名股票的,公司应当记载其股票数量、编号及发行日期。

不记名投票有如下特点:第一,股东权利归属股票的持有人。确认不记名股票的股东资格不以特定的姓名记载为根据,而是以占有的事实为根据。因此,持有该股票的人就是股东,就可以行使股东权利。也因为这一点,为了防止假冒、舞弊等行为,不记名股票的印制特别精细,其印刷技术、颜色、纸张、水印、号码等均须符合严格的标准。第二,认购股票时要求缴足股款。不记名股票上不记载股东姓名,若允许股东缴付部分股款即发给股票,以后实际上将无法催缴未缴付的股款,故认购者必须缴足股款后才能领取股票。第三,转让相对简便。与记名股票相比,不记名股票的转让较为简单与方便,原持有者只要向受让人交付股票便发生转让的法律效力,受让人取得股东资格不需要办理过户手续。第四,安全性较差。因为没有记载股东姓名的法律依据,所以,不记名股票一旦遗失,原股票持有者便丧失了股东权利,且无法挂失。

3. 股票按是否用票面金额加以表示,可以分为有面额股票和无面额股票

所谓有面额股票,是指在股票票面上记载一定金额的股票。这一记载的金额也称之为票面金额、票面价值或股票面值。股票票面金额的计算方法是用资本总额除以股份数,而实际上很多国家通过法规予以直接规定,而且一般是限定了这类股票的最低票面金额。另外,同次发行的面额股票其每股票面金额是等同的。票面金额一般是以国家的主币为单位。大多数国家的股票都是有面额股票。

有面额股票有如下特点:第一,可以明确表示每一股所代表的股权比例。比如,某股份公司发行1000万元的股票,每股面额为100元,那么每股代表着对公司拥有十万分之一的所有权。第二,为股票发行价格的确定提供依据。我国《公司法》规定,股票发行价格可以和票面金额相等,也可以超过票面金额,但不得低于票面金额。这样,有面额股票的票面金额就成为发行价格的最低界限。

所谓无面额股票,是指在股票票面上不记载金额的股票。无面额股票也称为比例股票或份额股票。这种股票并非没有价值,而是不在票面上标明固定的金额,只记载其为几股或版本总额的若干分之几。因此,无面额股票的价值将随股份公司资产的增减而相应增减,公司资产增加,每股价值上升;反之,公司资产减少,每股价值下降。但是,无面额股票与有面额股票的差别仅在表现形式上,也就是说,它们都代表着股东对公司资本总额的投资比例,两者的股东享有同等的股东权利。20世纪早期,美国纽约州最先通过法律,允许发行无面额股票,以后美国其他州和其他一些国家也相继仿效。但是,目前世界上很多国家(包括我国)的公司法规定不允许发行这种股票。

无面额股票具有如下特点:第一,发行或转让价格较灵活。无面额股票由于没有票面金额,故不受不得低于票面金额发行的限制。在转让时,投资者也不易被股票票面金额所因

惑,而更注重分析每股的实际价值。第二,便于股票分割。如果股票有面额,分割时就需要办理面额变更手续。由于无面额股票不受票面金额的约束,发行该股票的公司就能比较容易地进行股票分割。

二、股票的价值与价格

(一)股票的价值

有关股票的价值有多种提法,它们在不同场合有不同含义,需要加以区分。

1. 票面价值

股票的票面价值又称面值,即在股票票面上标明的金额。有的股票有票面金额,叫面值股票;有的不标明票面金额,叫份额股票。股票的票面价值仅在初次发行时有一定意义,如果股票以面值发行,则股票面值的总和即为公司的资本金总额。随着时间的推移,公司的资产会发生变化,股票的市场价格会逐渐背离面值,股票的票面价值也逐渐失去原来的意义。

2. 账面价值

账面价值又称股票净值或每股净资产,是指每股股票所代表的实际资产的价值。每股账面价值是以公司净资产除以发行在外的普通股票的股数求得的,它是证券分析师和投资者分析股票投资价值的重要指标。

3. 清算价值

清算价值是公司清算时每一股份所代表的实际价值。从理论上讲,股票的清算价值应与账面价值一致,实际上并非如此简单。只有当清算时的资产实际出售额与财务报表上反映的账面价值一致时,每一股的清算价值才会和账面价值一致。但在公司清算时,其资产往往只能压低价格出售,再加上必要的清算成本,所以,大多数公司的实际清算价值总是低于账面价值。

4. 内在价值

股票的内在价值即理论价值,即股票未来收益的现值,它取决于股息收入和市场收益率。股票的内在价值决定股票的市场价格,而市场价格又不完全等于其内在价值,股票的市场价格受供求关系以及其他许多因素的影响。但股票的市场价格总是围绕着股票的内在价值波动。

(二)股票的理论价格和市场价格

1. 股票的理论价格

股票的理论价格,即股票的内在价值。从理论上说,股票价格应由其价值决定,但股票本身并没有价值,不是在生产过程中发挥职能作用的现实资本,而只是一张凭证。股票之所以有价格,是因为它代表着收益的价值,即能给它的持有者带来股息或资本利得,是凭以取得某种收入的证书。股票交易实际上是对未来收益权的转让买卖,股票价格就是对未来收益的评定。

股票及其他有价证券的理论价格是根据现值理论而来的。现值理论认为,人们之所以愿意购买股票和其他证券,是因为它能够为其持有人带来预期收益,因此它的"价值"取决于未来收益的大小。可以认为,股票的未来股息收入、资本利得收入以及资本增值收益是股票的未来收益,亦可称之为期值。将股票的期值按当前的市场利率和证券的有效期限折算成今天的价值,称之为股票的现值。股票的现值就是证券未来收益的当前价值,也就是人们为了得到证券的未来收益愿意付出的代价。可见,股票及其他有价证券的理论价格就是以一定市场利率计算出来的未来收入的现值。股票的理论价格用公式表示:

$$股票价格＝预期股息 \div 市场利率$$

2. 股票的市场价格

股票的市场价格一般是指股票在证券市场上买卖的价格。股票的市场价格由股票的价值所决定,但同时受许多其他因素的影响,其中,供求关系是最直接的影响因素,其他因素都是通过作用于供求关系而影响股票价格的,而且这些因素的影响程度几乎是不可预测的。正由于影响股票价格的因素是复杂多变的,所以,股票价格也是经常起伏波动、变化不定的。

(三) 影响股票价格变动的因素

影响股票价格变动的因素主要有两类:基本因素和技术因素。二者作用的方向可能一致,也有可能相反,影响力也不同。

1. 基本因素

基本因素包括政治、经济、心理等市场外部因素。这些因素主要在长期趋势中发挥作用,是控制股价变动的主要的和潜在的因素。

(1) 政治因素。主要指有关的政局变动、政治事件以及国家的政策、法令等。如战争爆发可能促使与军工有关的公司股票价格上升等。

(2) 经济因素。主要有经济增长、经济周期、通货膨胀、市场利率、行业生命周期、行业景气变动、产业政策、公司利润、股利分配、股票分割、增发股票等几个方面。

(3) 心理因素。投资者的从众心理、贪得惜售心理、犹豫心理、博傻心理等都会导致股价波动。

2. 技术因素。包括交易量、卖空、市场宽度、新高和新低、投机性操作等市场内因素。主要在短期内影响股价变动。

(1) 交易量。股票的交易量与股票价格有较强的联系,这便是所谓"价量关系"。如果"价量配合",即股价上升、交易量显著增加,而股价下降、交易量显著减少,则表明市场趋于坚挺;如果"量价背离",即股价上升、交易量萎缩,股价下降、交易量放大,则表明市场趋于疲软;如果股价趋平,而交易量急剧放大或极度萎缩,则表明市场处于转折关口。

(2) 卖空。是指先卖后买的市场行为。当卖空活动继续发展,则表明市场趋弱,如卖空出现中止或延缓,即卖空数额发生累积,累积数量过大,卖空者最后必须补进,将造成市场技术性坚挺。

(3) 市场宽度。指在某个交易日中,上涨股票与下跌股票数量比较。如果上涨股票数较多,市场宽度增大,则可认为股价看涨,反之则看跌。

(4) 新高和新低。指某种股票上涨或下跌至过去从未有过的高点或低点。从创新高和新低的股票数量对比中可以判断市场的强弱。一般说,创新高股票数多于创新低股票数时,股市趋于上扬,否则为下降。

(5) 投机性操作。主要采用操纵股票、利用"股市人心"、利用信息等形式影响股价。

由于市场内部技术因素的影响,股价自身会产生律动。即使市场外部的基本因素不发生变化,股价也可能上下波动。

(四)除权、除息及除权价的计算

股票投资人的一个主要投资目的在于获取股息红利。红利分配有现金红利与送红股两种。在分派红利之前要规定一个日期,以这个规定日期交易结束时拥有某公司股票的股东作为红利受益人,这个日期就叫做股权登记日。在股权登记日之后的交易中拥有某公司的股票,就不再享有本次红利的分配权利,这叫除权(如果发放现金叫除息)。

除权后一般会产生除权缺口。除权前后产生股票市价的变动是由于股利分配的结果。如果投资者在股权登记日以后再买入刚除权的股票,新股东已不再拥有本次红利分配权利,所以新股东就不会再出原来的价钱去买失去一次权利的股票,自然要从该股票原来的市场价格中除去老股东已从分红中拿走的那部分价值,这是市场自发的调节行为。

上市公司为扩大再生产的需要,有时要向股东增资配股,这不属于利润分配,但是配股也有配股权的登记日以及除权日。

除权价的计算公式是:

1. 只派息(派发现金红利)

$$除权参考价 = 除权前一日收盘价 - 现金股息$$

例如,1994年5月分红期间,济南轻骑的分红方案为每10股发现金红利2元(含税)。股权登记日为5月20日,除息基准日为5月23日。5月23日的收盘价为6.9元。

除权参考价 = 除权前一日收盘价 - 现金股息 = 6.9 - 0.2 = 6.7元

5月23日,济南轻骑开盘价6.75元,收盘价6.5元。跌幅是:$(6.5-6.7) \div 6.7 = -3\%$,而不是$(6.5-6.9) \div 6.9 = -5.8\%$。

2. 只送股(送红股和资本公积金转增股本)

$$除权参考价 = 除权前一日收盘价 \div (1 + 送股率)$$

例如,1994年5月分红期间,华联商厦的分红方案为10:5送红股。股权登记日为5月20日,除权基准日为5月23日。5月23日的收盘价为13.60元。除权参考价 = 除权前一日收盘价 $\div$ (1+送股率) = 13.60 $\div$ (1+50%) = 9.07元

5月23日,华联商厦开盘价8.9元,收盘价8.76元。跌幅是:$(8.76-9.07) \div 9.07 = -3.4\%$,而不是$(8.76-13.6) \div 13.6 = -35.6\%$。

3. 只配股

$$除权参考价 = (除权前一日收盘价 + 配股价 \times 配股率) \div (1 + 配股率)$$

例如,1993年12月17日为延中实业配股的股权登记日,12月20日为除权基准日,配

股的缴款期为 12 月 20 日至 27 日,配股上市日为 12 月 31 日。延中在 12 月 17 日的收盘价为 19.50 元,它的配股方案为 1∶1 配股,配股价 3.5 元。除权参考价＝(19.5＋3.5×100%)÷(1＋100%)＝11.5 元。

4. 有派息、有送股、有配股

除权参考价＝(除权前一日收盘价＋配股价×配股率－现金红利)÷(1＋送股率＋配股率)

例如,1994 年 5 月分红期间,市百一店的分红方案为 10∶3 送红股并派发现金红利 2 元。股权登记日为 5 月 20 日,除权基准日为 5 月 23 日。5 月 23 日的收盘价为 12.45 元。

除权参考价＝12.45－0.2÷(1＋30%)＝9.42 元

5 月 23 日,市百一店开盘价 9.4 元,收盘价 9.15 元。跌幅是:(9.15－9.42)÷9.42＝－2.8%,而不是(9.15－12.45)÷12.45＝－26.5%。

与除权相关的,还有三个概念也需要知道。一是含权,是指某只股票具有分红派息的权利,若在股权登记日仍持有这种股票,股东就能分享上市公司的经营利润,能分红派息。二是填权,是指股票的价格从除权价的基础上往上涨来填补这个价差的现象。三是贴权,是指股票除权后其价格从除权价基础上再往下跌的现象。

三、普通股票与优先股票

(一) 普通股票

1. 普通股票股东的权利

一般情况下,股份公司在设立的时候,最初公开发行的股票多为普通股票。通过发行普通股票所筹集的资金,成为股份公司注册资本的基础。普通股票是标准的股票,普通股票的持有者是公司的基本股东。按照《公司法》的规定,普通股票股东在股份公司的存续期间可以享受下列法定的股东权利。

(1) 公司重大决策的参与权

股东基于股票的持有而享有股东权。这是一种综合权利,其中首要的是可以以股东身份参与股份公司的重大决策。作为普通股票股东,行使这一权利的途径是参加股东大会。股东大会是股份公司的权力机构,普通股票股东有权出席股东大会。在股东大会上,股东的权利在各国法律中的规定尽管不完全一致,但基本的内容为:一是听取公司董事会有关经营和财务方面的报告,并行使表决权来对公司的重大事项作出决策,二是通过选举公司的董事以体现股东自身对公司重大决策的参与。

股东大会通常定期召开,一般每一年或半年召开一次。在法律上,普通股股东对公司的重大决策参与权是平等的。股份公司召开股东大会,应当保证他们享有出席会议的平等权利,而且,他们每持有一份股份,就有一票表决权,任何人不得以任何理由剥夺其表决权。对于各个股东来说,其表决权的数量视其购买的股票份数而定,持有股票份数越多,享有的表决权就越多。普通股股东可以自己直接出席股东大会,也可以按规定手续委托代理人出席股东大会化为行使表决权。在实践中,与股东参与权相联系的一个问题是控制权,股东享有参与权并不意味着就能完全控制股份公司的经营管理决策。由于股东人数很多,所以对公司的控制不一定需要持有绝对多数股票。少数股东如能根据公司章程规定的投票制度拥有选举董事所需要的一定比例的股票数量，就可以确保其所推荐的人员被选为董事，从而就能通过这些董事及其选定的经理人员来控制该股份公司的运作。

(2) 公司盈余和剩余资产分配权

普通股股东的这一权利直接体现了其在经济利益上的要求，这一要求又可以表现为两个方面：一是他们有权要求从股份公司经营的利润中分配股息和红利；二是他们在股份公司解散清算时，有权要求取得公司的剩余资产。

就前一个权利来说，其行使有一定的限制条件。第一，法律上的限制。许多国家在公司法或者其他法律中对股份公司股利的支付条件明确加以规定，一般原则是：只能用留存收益支付，股利的支付不能减少其注册资本，公司在无力偿债时不能支付股利。我国有关法律则规定，公司缴纳所得税后的利润，在支付普通股票的股利之前，按如下顺序分配：弥补上一年度的亏损、提取法定公积金、提取法定公益金、提取任意公积金。可见，普通股股东能否分到股息和红利以及分到多少，决定于公司的税后利润多少以及公司未来发展的政策。第二，其他方面的限制。比如公司对现金的需要、股东所处的地位、公司的经济环境、公司进入资本市场获得资金的能力等。

就后一个权利来说，其行使也有一定的先决条件。第一，普通股股东要求分配公司资产的权利不是任意的，必须是在公司解散清算之时。第二，公司的剩余资产在分配结股东之前，一般应允按下则顺序支付：拨付清算费用、支付公司员工工资、支付国家税款、支付银行贷款、公司债务和其他债务；如还有剩余资产再按照股份数额比例分配给各股东。

(3) 其他权利

除了上面两种基本权利外，普通股股东还可以享有由法律和公司章程所规定的其他权利，如了解公司经营状况的权利、转让股票的权利、优先认股权等。其中，优先认股权是很特别的一种权利。

优先认股权是指当股份公司为增加公司资本而决定增加发行新的股票时，原普通股股东享有按其持股比例，以低于市价的某一特定价格优先认购一定数量新发行股票的权利。这种权利有两个主要目的：一是能保证普通股股东在股份公司中保持原有的持股比例；二是能保护原普通股股东的利益和持股价值。当公司增资扩股后，在一段时间内每股净资产和每股税后净利会因此而摊薄，原普通股股东以优惠价格优先购买一定数量的新股，可从中得到补偿或取得收益。享有优先认股权的股东可以有三种选择：一是行使此权利认购新发行的普通股票；二是将该权利转让给他人，从中可获得一定的报酬；三是不行使此权利而听任其过期失效。

普通股票股东是否拥有优先认股权，取决于股票购买时间与股权登记日的关系。股份公司在提供认股权时会设定一个股权登记日期，在此日期前认购普通股票的，该股票股东享有优先认股权；在此日期后认购普通股票的，该股票股东不享有优先认股权。附有优先认股权的股票称为附权股或含权股，除去优先认股权的股票称为除权股。

2. 普通股票股东的义务

(1) 遵守公司章程；

(2) 依其所认购的股份和入股方式缴纳股金；

(3) 除法律、法规规定的情形外，不得退股；

(4) 法律、行政法规及公司章程规定应当承担的其他义务。

（二）优先股票

1. 优先股票的定义

优先股票与普通股票相对应，是指股东享有某些优先权利（如优先分配公司盈利和剩余财产权）的股票。相对于普通股票而言，优先股票在其股东权利上附加了一些特殊条件，它是特殊股票中最重要的一个品种。优先股票的内涵可以从两个不同的角度来认识：一方面，优先股票作为一种股权证书，代表着对公司的所有权，这一点与普通股票一样，但优先股股东又不具备普通股股东所具有的基本权利，它的有些权利是优先的，有些权利又受到限制。另一方面，优先股票也兼有债券的若干特点，它在发行时事先确定一种固定的股息率，就像债券的利息率事先固定一样。优先股收入稳定，风险小，价格波动小，适宜中长线投资。在国外大部分优先股为保险公司、养老基金等机构投资者所持有。

优先股票是一种特殊股票，虽然它不是股票的主要品种，但是它的存在对股份公司和投资者来说，仍有一定的意义。首先，对股份公司而言，发行优先股票的作用在于可以筹集长期稳定的公司股本，又因其股息率固定，还可以减轻公司利润的分派负担。另外，优先股股东无表决权，这样可以避免公司经营决策权的改变和分散。其次，对投资者而言，由于优先股票的股息收益稳定可靠，而且在财产清偿时也先于普通股股东，故其风险相对较小，不失为一种有特色的投资对象。当然，持有优先股票并不总是有利的，比如，在公司经营有方而获高额利润的情况下，优先股票的股息收益可能会大大低于普通股票。

优先股票的具体优先条件，由各国的公司章程加以规定，一般包括：优先股票分配股息的顺序和定额，优先股票分配公司剩余资产的顺序和定额，优先股票股东行使表决权的条件、顺序和限制，优先股票股东的权利和义务，优先股票股东转让股份的条件等。

2. 优先股票的特征

(1) 股息率固定

普通股票的股息事先是不固定的，它取决于股份公司的经营状况和盈利水平。优先股票与此不同，在发行之时就约定了固定的股息率，无论公司的经营状况和盈利水平如何变化，该股息率不变。

(2) 股息分派优先

在股份公司盈利分配顺序上，优先股票排在普通股票之前。各国公司法对此一般都规定，公司盈利首先应支付债权人的本金和利息，其次是支付优先股股息，最后才分配普通股股利。这样，从风险角度看，优先股票的风险小于普通股票的风险。

(3) 剩余资产分配优先

当股份公司因破产或解散进行清算时，在对公司剩余财产的分配上，优先股股东排在债权人之后、普通股股东之前。也就是说，优先股股东可优先于普通股股东分配公司的剩余资产。

（4）一般无表决权

优先股股东权利也有受限制的,最主要的是表决权。普通股股东参与股份公司的经营管理主要通过参加股东大会行使表决权,而优先股股东通常不享有公司的经营参与权。在一般情况下,他们没有投票表决权,从而就无法参与公司的经营管理。只有在特殊情况下,如讨论涉及优先股股东权益的议案时,他们才能行使表决权。

3. 优先股票的种类

优先股票根据不同的附加条件,大致可以分成以下几类:累积优先股票和非累积优先股票、参与优先股票和非参与优先股票、可转换优先股票和不可转换优先股票、可赎回优先股票和不可赎回优先股票、股息率可调整优先股票和股息率固定优先股票。

（1）累积优先股票和非累积优先股票

这种分类的依据是优先股股息在当年未能足额分派时,能否在以后年度补发。

所谓累积优先股票,是指历年股息累积发放的优先股票。优先股票的特点之一是股息分派优先。在股份公司获得盈利的情况下,优先股股东可以按固定股息率比普通股股东优先取得股息。但在公司亏损或者盈利不足的情况下,则不能保证优先股票股东能获取当年公司应支付的全部股息额。若这部分未付的股息额以后得不到补偿,优先股的收益就会失去稳定性。因此,为了吸引投资者入股,有些公司在发行优先股票时附加了优惠条件,即公司在任何营业年度内未支付的优先股股息可以累积起来,由以后营业年度的盈利一起付清。有些国家的公司法规定,公司分派当年盈利时,必须先将当年和往年累积所欠的优先股股息付清。在累积未发的优先股股息尚未补足之前,公司不得分派普通股股利。在实践中,有时累积优先股股息也并不一定必然补足,如果公司已经积累了优先股股息,现又打算发放普通股股息,则也可以不付清优先股股息,而允许优先股票转换成普通股票。股份公司发行累积优先股票的目的,主要是为了保障优先股股东的收益不致因公司盈利状况的波动而减少。由于规定未发放的股息可以累积起来,待以后年度一起支付,因此,对于股东来说,股息收入只是时间迟早的问题,这就有利于保护优先股投资者的利益。

所谓非累积优先股票,是指股息当年结清不能累积发放的优先股票。非累积优先股票是相对于累积优先股票而言的,它的特点是股息分派以每个营业年度为界,当年结清。如果本年度公司的盈利不足以支付全部优先股股息,对其所欠部分,公司将不予累积计算,优先股股东也不得要求公司在以后的营业年度中予以补发。这样,公司不论以往年度的优先股股息是否派足,都可以按当年的盈利状况按顺序分派当年的优先股股息和普通股股利。发行非累积优先股票,对于股份公司来说,因不承担以往未付足优先股股息的补偿责任,故不会加重公司付息分红的负担。但对于投资者来说,股息收入的稳定性差,即公司盈利多时只能获取固定的股息,而公司盈利少时则可能得不到规定的股息,故不如累积优先股有吸引力。大多数优先股是累积优先股,只有极少数优先股是非累积优先股。

（2）参与优先股票和非参与优先股票

这种分类的依据是优先股票在公司盈利较多的年份里,除了获得固定的股息以外,能否参与或部分参与本期剩余盈利的分享。

所谓参与优先股票,是指除了按规定分得本期固定股息外,还有权与普通股股东一起参与本期剩余盈利分配的优先股票。一般的优先股票只按固定的股息率计算并获取股息,但有些股份公司在公司章程中规定,若公司在某些年度里有较多的盈利,则按顺序分派了优先股股息及普通股股利(不少于优先股股息)之后,优先股股东还可再次参加超额盈余的分配。这种附加条件是对优先股投资者的一种优惠,使他们有机会获得高于固定股息的收益。参与优先股票又可以分为全部参与优先股票和部分参与优先股票两种。在前者的情况下,参与优先股票有权与普通股票一起等额分享本期的剩余盈利,其收益没有上限规定。比如,某公司有优先股100万股,普通股400万股,该公司在按固定股息率分派了优先股股息和不少于优先股收益率的普通股股利后,尚余1 500万元供再次分配,那么优先股票和普通股票每股均可再获3元的额外股利。在后者的情况下,参与优先股票有权在一定额度内与普通股票一起分享本期的剩余盈利,其收益有上限制约。再如,仍采用上例,若这家公司的优先股每股面额为100元,固定的股息率为8%,最终收益率的上限为10%,则每一优先股在第一次获取8元的固定股息后,第二次参与对1500万元剩余盈利分配时,只能再获2元的额外股利,而此时普通股每股还可再获取3.25元。全部参与优先股票在收益分配上接近于普通股票,而部分参与优先股票则与普通股票有较大差别,尤其是在公司盈利很多时较为明显,但它与非参与优先股票相比,仍有可能获得相对较高的收益。另外,有些国家的股份公司章程还规定,参与优先股票除了有权与普通股票一起参与或部分参与对超额盈利的分配外,在公司终止清算时,对公司偿还了各方面债务及按优先股的面值对优先股股东清偿后的剩余资产,也有权与普通股票一起参加分配。

所谓非参与优先股票,是指除了按规定分得本期的固定股息外,无权再参与对本期剩余盈利分配的优先股票。非参与优先股票是一般意义上的优先股票,其股息的收入仅以事先规定的股息率为限,即使公司在本期内盈利很高,普通股票股东获取股利很多,它也不能与普通股票一起再次分享公司的剩余盈利。因此,这种优先股票的收益是限定的,其优先的体现不是在股息多少上,而是在分配顺序上。

(3) 可转换优先股票和不可转换优先股票

这种分类的依据是优先股票在一定的条件下能否转换成其他品种。

所谓可转换优先股票,是指发行后在一定条件下允许持有者将它转换成其他种类股票的优先股票。在大多数情况下,股份公司的转换股票是由优先股票转换成普通股票,或者由某种优先股票转换成另一种优先股票。股份公司发行可转换优先股票,一般应在公司章程中明确规定如下的具体转换要求:第一,转换权限,通常规定只有股东才有转换的请求权;第二,转换条件,即股东在什么情况下方可行使转换请求权;第三,转换期限,即指行使转换请求权的起始和终止时间;第四,转换内容,也就是该股票允许转换成哪种股票;第五,转换手续,即行使转换时要履行哪些规定的程序。

发行可转换优先股票,对于股份公司和投资者来说,都有一定的意义。首先,股份公司在其股票发行遇到困难时,可以给予优先股票认购者以转换请求权,来吸引更多的人购买。

同时,可转换优先股票的股息率往往略低于其他种类的优先股票,也有利于减轻公司负担。其次,投资者投资于可转换优先股票,实际上多了一个选择余地和改变资产种类的机会。比如,投资者认购该种股票后,在公司盈利较少时,可以不行使转换请求权,而继续持有优先股票以保证获取固定股息;而当公司盈利较高时,可行使转换请求权,转换成普通股票以分享丰厚的盈利。

所谓不可转换优先股票,是指发行后不允许其持有者将它转换成其他种类股票的优先股票。不可转换优先股票与可转换优先股票相对应,它没有给投资者提供改变股票种类的机会。

(4) 可赎回优先股票和不可赎回优先股票

这种分类的依据是在一定条件下该优先股票能否由原发行的股份公司出价赎回。

所谓可赎回优先股票,是指在发行后一定时期可按特定的赎买价格由发行公司收回的优先股票。一般的股票从某种意义上说是永久的,因为它的有效期限是与股份公司相联系的;而可赎回优先股票却不具有这种性质,它可以依照该股票发行时所附的赎回条款,由公司出价赎回。股份公司一旦赎回自己的股票,必须在短期内予以注销。可赎回优先股票有两种类型:一种是强制赎回,即这种股票在发行时就规定,股份公司享有赎回与否的选择权。一旦发行该股票的公司决定按规定条件赎回,股东就别无选择而只能缴回股票。另一种是任意赎回,即股东享有是否要求股份公司赎回的选择权。若股东在规定的期限内不愿继续持有该股票,股份公司不得拒绝按赎回条款购回。在实践中,大部分可赎回股票属于第一种,赎回的主动权掌握在股份公司手中。股份公司赎回优先股票的目的一般是为了减少股息负担,所以,往往是在能够以股息较低的股票取代已发行的优先股票时予以赎回。赎回的价格是事先规定的,通常高于股票面值,其目的在于补偿股东因股票被赎回而可能遭受的损失,保护股票持有者的利益,同时也可以规范股份公司的赎回行为。

所谓不可赎回优先股票,是指发行后根据规定不能赎回的优先股票。这种股票一经投资者认购,在任何条件下都不能由股份公司赎回。由于股票投资者不能再从公司抽回股本,因此,就保证了公司资本的长期稳定。

(5) 股息率可调整优先股票和股息率固定优先股票

这种分类的依据是股息率是否允许变动。

所谓股息率可调整优先股票,是指股票发行后股息率可以根据情况按规定进行调整的优先股票。这种股票与一般优先股票股息事先固定的特点不同,它的特性在于股息率是可变动的。但是,股息率的变化一般又与公司经营状况无关,而主要是随市场上其他证券价格或者银行存款利率的变化作调整。股息率可调整优先股票的产生,是为了适应国际金融市场不稳定、各种有价证券价格和银行存款利率经常波动的情况。发行这种股票,可以保护股票持有者的利益;同时,对股份公司来说,有利于扩大股票发行量。

所谓股息率固定优先股票,是指发行后股息率不再变动的优先股票。大多数优先股的股息率是固定的。一般的优先股票就是指这种股票。

四、我国现行的股票类型

我国现行的股票按投资主体不同,可以划分为国家股、法人股、公众股和外资股等不同类型。

(一) 国家股

国家股是指有权代表国家投资的部门或机构以国有资产向公司投资形成的股份,包括公司现有国有资产折算成的股份。在我国企业股份制改造中,原来一些全民所有制企业改组为股份公司,从性质上讲,这些全民所有制企业的资产属于国家所有,因此在改组为股份公司时,就折成国家股。另外,国家对新组建的股份公司进行投资,也构成了国家股。国家股由国务院授权的部门或机构持有,或根据国务院的决定,由地方人民政府授权的部门或机构持有,并委派股权代表。

国家股从资金来源上看,主要有三个方面:第一,现有国有企业整体改组为股份公司时所拥有的净资产。第二,现阶段有权代表国家投资的政府部门向新组建的股份公司的投资。第三,经授权代表国家投资的投资公司、资产经营公司、经济实体性总公司等机构向新组建股份公司的投资。如以国有资产折价入股的,须按国务院及国家国有资产管理局的有关规定办理资产评估、确认、验证等手续。

国家股是国有股权的一个组成部分(国有股权的另一组成部分是国有法人股)。在我国,国有资产管理部门是国有股权行政管理的专职机构,国有股权由国家授权投资的机构持有;在国家授权投资的机构未明确前,则由国有资产管理部门持有或由国有资产管理部门代政府委托其他机构或部门持有。如国有股权委托持有的,国有资产管理部门一般要与被委托单位办理委托手续,订立委托协议;如国家授权投资的机构持有国有股权的,国有资产管理部门代授权方拟订有关协议。国有股红利收入由国有资产管理部门监督收缴,依法纳入国有资产经营预算,并根据国家有关规定安排使用。国家股权可以转让,但转让应符合国家制定的有关规定。国有资产管理部门应考核、监督国有股持股单位正确行使权利和履行义务,维护国家股的权益。

(二) 法人股

法人股是指企业法人或具有法人资格的事业单位和社会团体以其依法可支配的资产投入公司形成的非上市流通的股份。法人持股所形成的也是一种所有权关系,是法人经营自身财产的一种投资行为。法人股股票以法人记名。

如果是具有法人资格的国有企业、事业单位及其他单位以其依法占用的法人资产向独立于自己的股份公司出资形成或依法定程序取得的股份,则可称为国有法人股。国有法人股也属于国有股权。

作为发起人的企业法人或具有法人资格的事业单位和社会团体,在认购股份时,可以用货币出资,也可以用其他形式的资产,如实物、工业产权、非专利技术、土地使用权作价出资。但对其他形式的资产必须进行评估作价,核实财产,不得高估或者低估作价。

（三）社会公众股

社会公众股是指社会公众依法以其拥有的财产投入公司时形成的可上市流通的股份。在社会募集方式情况下，股份公司发行的股份，除了由发起人认购一部分外，其余部分应该向社会公众公开发行。我国《公司法》规定，社会募集发起设立的股份有限公司向社会公众发行的股份，不得少于公司股份总数的25%。公司股本总额超过人民币4亿元的，向社会公开发行股份的比例为15%以上。

（四）外资股

外资股是指股份公司向外国和我国香港、澳门、台湾地区投资者发行的股票。这是我国股份公司吸收外资的一种方式。外资股按上市的地域可以分为境内上市外资股和境外上市外资股。

1. 境内上市外资股

境内上市外资股原来是指股份有限公司向境外投资者募集并在我国境内上市的股份，投资者限于外国和我国香港、澳门、台湾地区的投资者。这类股票称为B股，B股以人民币标明股票面值，以外币认购、买卖。经国务院批准，中国证监会决定，自2001年2月下旬起，允许境内居民以合法持有的外汇开立B股账户，交易B股股票。自从B股市场对境内投资者开放之后，境内投资者逐渐取代境外投资者成为投资主体，B股发生了由"外资股"演变为"内资股"的趋向。

2. 境外上市外资股

境外上市外资股是指股份有限公司向境外投资者募集并在境外上市的股份。它也采取记名股票形式，以人民币标明面值，以外币认购。在境外上市时，可以采取境外存股证形式或者股票的其他派生形式。在境外上市的外资股除了应符合我国的有关法规外，还须符合上市所在地国家或者地区证券交易所制定的上市条件。我国境外上市外资股主要采取美国存托凭证ADRs、全球存托凭证GDRs和通过中国香港上市的H股等形式。

五、上海"老八股"

提起上海"老八股"，几乎是尽人皆知，但如果问"老八股"是哪八只股票，它们是何时发行的，这八家公司的创立背景如何，它们的股票是什么样的，它们的收藏价值何在？恐怕就不是那么清楚了，这里就给朋友们介绍一下"老八股"。它们是上海申华电工联合公司、上海豫园旅游商会成股份有限公司、上海飞乐股份有限公司、上海真空电子器件股份有限公司、浙江凤凰化工股份有限公司、上海飞乐音响股份有限公司、上海爱使电子设备股份有限公司、上海延中实业股份有限公司。

（一）上海申华电工联合公司于1987年初向社会公开发行股票1万股，每股金额100元，总计金额100万元，是上海市郊区唯一向社会公开发行股票的股份制企业。1990年3月1日起正式上市交易。1990年12月中旬该公司进行股票折细，把1股拆成10股，每股面值10元，同时以每股15元的价格发行了40万股面额10元的股票。1992年3月20日正式更名为上海申华实业股份有限公司。

（二）上海豫园旅游商城股份公司是在上海豫园商场股份有限公司的基础上重新组成的股份制企业。上海豫园商场即上海著名的老城隍庙市场，共有63家商店，原分别归属国营集体不同的所有制，很难统一发挥老城隍庙经营特色的优势。1987年6月经有关部门批准，豫园商场全部国营和集体商店联合组成统一的股份有限公司，以集中优势扩大经营规模，是上海首批试制股份制的企业之一。为适应上海商业、旅游业的发展，进一步开发建设豫园地区的商业、旅游业，豫园商场股份有限吸收上海豫园旅游服务公司、南市区饮食公司、上海市商业建设公司、上海旅游公司、南市区糖业烟酒公司、南市区果品杂货公司、南市区药村医药公司、南市区百货公司、南市区服务公司、南市区五金交电公司、南市区合作联社、南市区工业供共同发起，组成上海豫园旅游商城股份有限公司。注册资本总额11290.428万元，每股10元，计1129.0428万股，国有股14.34%，法人股71.64%，个人股14.02%。其中发起人投资折股计5940.428万元，向社会法人公开发行4000万元，向社会个人发行1350万元，包括公司内部职工认购240万元，定向商场公司个人股股东发行150万元，用于优先配购公司股票。公司股票每股10元，股票面额分为1000股和10股两种。

（三）上海飞乐股份有限公司原为上海飞乐电声总厂。飞乐电声总厂成立于1980年，是经上海市仪表电讯工业局批准，由全民企业上海无线电十一厂，集体企业上海电子元件十厂和上海风雷广播器村厂联合组成的国营、集体联营企业。1984年曾发起组建飞乐音响股份有限公司。因此，习惯上将飞乐股份称为"大飞乐"，而将飞乐音响称为"小飞乐"。

（四）1986年，上海市着手酝酿以国营大中型企业为主，选择8家企业进行股份制试点。最后正式批准上海真空电子器件公司为股份制试点企业，成为上海第一家实行股份制的大中型国有企业。上海真空电子器件股份有限公司有由上海灯泡厂、电子管厂、电子管二厂、三厂、四厂、显像管玻璃厂、电真空器件研究所等六厂一所组成的资产一体化股份制公司。1987年1月12日发行普通股14.5万股。1988年4月26日发行12.5万股，1989年2月28日发行22.1万股，每股面值100元。1991年11月29日又溢价发行了B种股票，成为中国第一张专供海外投资者认购的人民币特种股票。发行量100万股，每股100元，发行价420元/每股。

（五）1985年1月，上海延中实业股份有限公司成立，发行股票80万股，每股10元，其中法人股5万股，个人股45万股。

1986年9月26日，延中实业与飞乐音响两只股票率先在中国工商银行上海信托投资公司静安证券部柜台交易，这是我国首批上市交易的股票。

（六）浙江凤凰化工股份有限公司是1988年10月浙江省政府由原兰溪化工总厂改组而成的，是浙江省第一家国营大中型股份制企业，实收股本2563万元。公司主要生产日用化工产品和化工原料。浙江凤凰化工作为第一个在上海上市的外省市股票，标志着上海的证券交易已打破了行政区域的限制。

（七）1984年11月14日，经人民银行上海分行批准，由上海飞乐电声总厂、飞乐电声总厂三分厂、上海电子元件工业公司、工商银行上海市分行信托公司静安分部发起设立上海飞乐音响股份有限公司，向社会公众及职工发行股票。总股本1万股，每股面值50元，共筹集

50万元股金,其中35%由法人认购,65%向社会公众公开发行。成为上海市第一家股份制企业,而且飞乐音响公司这次发行的股票,没有期限限制,不能退股,可以流通转让,也可以说是我国改革开放新时期第一张真正意义上的股票。人们习惯地称之为"小飞乐"。

"小飞乐"在我国股份制试点历史中创造了四个第一。①一是为上海市首家向社会公开发行股票的公司。②1986年9月26日,飞乐音响与延中实业两只股票率先在中国工商银行上海信托投资公司静安证券部进行柜台交易,这是我国改革开放以来第一次股票买卖交易。③1986年11月14日,邓小平在北京人民大会堂会见美国纽约证券交易所董事长约翰·凡尔霖率领的美国证券代表团,将一张面额为人民币50元的上海飞乐音响公司股票送给凡尔霖,这张"小飞乐"股票成为第一张被外国人拥有的股票,凡尔霖先生成为中国上市公司第一位中国股东。④1989年3月,"小飞乐"经批准,第一次增资扩散,采取对老股东无偿增资的方法,这是国内股份制度点中第一次实行无偿增资。

(八)上海爱使电子设备股份有限公司于1985年1月公开发行股票,实收股本40万元。1991年8月经中国人民银行上海市分行批准,"爱使"向社会增发230万元股票,实有资产达到1300万元,股东3000多名。

老八股是一种历史遗产,也是利用或依托资本市场发展来推进我国产权改革的破冰之作。它的历史意义还在于:不仅影响了中国股市早期的试点和后来的发展,而且对中国经济体制改革也产生了深远的影响。老八股的前世今生,既翻开了当代中国证券市场发展的新页,又预示了改革本身就是一种发展。

中国股市,可以说是30年改革开放中最为抢眼的成果之一。那些存留在人们记忆的激情年代,整夜排队买股票、用麻袋装股票交易凭证、从纸质股票到今天的电子交易,从老八股到上千家企业上市,股市对于经济和社会发展的影响力是有目共睹的。

六、其他

(一)一些股票的名称前面有英文字母

G股。就是已经完成股权分置表决的股票,如G三一、G金牛等。

ST(Special Treatment,ST)。沪深证券交易所从1998年4月起,对财务状况等异常的上市公司的股票交易进行特别处理。

N、XD、XR、DR。N表示该股是当日新上市的股票;XD(Exclude Dividend)表示当日是该股票的除息日;XR(Exclude Right)表明当日是该股票的除权日;DR(Dividend Right),D为Dividend(利息)的简写,R为Right(权利)的简写,表示当天是该股票的除息、除权日。有些上市公司分配时不仅派息,而且送转红股或配股,因此会出现除息又除权的现象。

(二)中国全面启动股权分置改革

自2001年以来,以国家股按市价减持开始的股权分置改革的理论之争一直在激烈地进行,其本质是改革的路径之争。2004年2月,中央充分认识到股市持续下跌对中国经济产生的危害性,从股市的实际出发,颁布了《国务院关于推进资本市场改革开放和稳定发展的若干意见》(以下简称《国九条》),这是中国资本市场发展史上里程碑式的纲领。《国九条》明确指出,"积极稳妥解决股权分置问题。稳步解决目前上市公司股份中尚不能上市流通股份的流通问题。在解决这一问题时,要尊重市场规律,有利于市场的稳定和发展,保护投资者特别是社会公众投资者的合法权益",并强调"坚持改革的力度、发展的速度与市场可承受程度的统一,处理好改革、发展、稳定的关系"。

2005年4月29日,证监会发布了《关于上市公司股权分置改革试点有关问题的通知》,提出了对价并轨的改革思路,并启动了股权分置改革。自5月9日以来,46家上市公司相继开始股权分置改革试点,上市公司或大股东通过向流通股股东支付一定比例的对价补偿,以使其持有的国有股和法人股取得流通的资格。股权分置改革试点整体上的成功,为下一步中国资本市场大规模规范发展奠定了基础。9月4日,中国证监会颁布《上市公司股权分置改革管理办法》,将股权分置改革定义为"通过非流通股股东和流通股股东之间的利益平衡协商机制,消除A股市场股份转让制度性差异的过程",这对于明确市场未来改革总体进程的预期具有十分重要的意义。(根据中国网资料整理)

任务2 掌握证券投资工具——债券

有的朋友对王先生说:"用这些钱买债券吧,既安全又赚钱。"可是王先生对债券的含义、种类和特点也不是很了解,究竟债券是否适合自己呢?我们经常说的国库券是什么样的债券?请你根据以下资讯给出相应的答案,并比较债券与股票之间的区别。

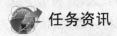
任务资讯

一、债券的特征与类型

(一)债券的定义

债券是债的证明书。债是按照合同的约定或者依照法律的规定,在当事人之间产生的特定的权利和义务关系。债券是发行人依照法定程序发行,并约定在一定期限还本付息的有价证券。

债券有四个方面的含义:其一,发行人是借入资金的经济主体;其二,投资者是出借资金的经济主体;其三,发行人需要在一定时期付息还本;其四,反映了发行者和投资者之间的债权债务关系,而且是这一关系的法律凭证。

债券有以下基本性质:

1. 债券属于有价证券

首先,债券反映和代表一定的价值。债券本身有一定的面值,通常它是债券投资者投入资金的量化表现。另外,持有债券可按期取得利息,利息也是债券投资者收益的价值表现。

其次,债券与其代表的权利联系在一起,拥有债券也就拥有了债券所代表的权利,转让债券也就将债券代表的权利一并转移。

2. 债券是一种虚拟资本

债券尽管有面值，代表了一定的财产价值，但它也只是一种虚拟资本，而非真实资本。因为债券的本质是证明债权债务关系的证书，在债权债务关系建立时所投入的资金已被债务人占用，因此，债券是实际运用的真实资本的证书。债券的流动并不意味着它所代表的实际资本也同样流动，债券独立于实际资本之外。

3. 债券是债权凭证

债券代表债券投资者的权利，这种权利不是直接支配财产，也不以资产所有权表现，而是一种债权。拥有债券的人是债权人，债权人不同于财产所有人。债权人除了按期取得本息外，对债务人不能作其他干预。

（二）债券的票面要素

债券作为证明债权债务关系的凭证，一般用具有一定格式的票面形式来表现。通常，债券票面上的基本要素有以下四个。

1. 债券的票面价值

在债券的票面价值中，首先要规定票面价值的币种，即以何种货币作为债券价值的计量标准。确定币种主要考虑债券的发行对象。一般来说，在国内发行的债券通常以本国本位货币作为面值的计量单位；在国际金融市场筹资，则通常以债券发行地所在国家或地区的货币或以国际上通用的货币为计量标准。此外，确定币种还应考虑债券发行者本身对币种的需要。币种确定后，还要规定债券的票面金额。票面金额大小不同，可以适应不同的投资对象，同时也会产生不同的发行成本。票面金额定得较小，有利于小额投资者购买，持有者分布面广，但债券本身的印刷及发行工作量大，费用可能较高；票面金额定得较大，有利于少数大额投资者认购，且印刷费用等也会相应减少，但却使小额投资者无法参与。因此，债券票面金额的确定要根据债券的发行对象、市场资金供给情况及债券发行费用等因素综合考虑。

2. 债券的偿还期限

债券偿还期限是指债券从发行之日起至偿清本息之日止的时间。各种债券有着不同的偿还期限，短则几个月，长则几十年，习惯上有短期债券、中期债券和长期债券之分。

发行人在确定债券期限时，要考虑多种因素的影响，主要有：

第一，资金使用方向。债务人借入资金可能是为了弥补自己临时性资金周转之短缺，也可能是为了长期资金的需求。在前者情况下，可以发行一些短期债券；在后者情况下，可以相应地发行中长期债券。这样安排的好处是既能保证发行人的资金需要，又不使其因占用资金时间过长而多承担利息。

第二，市场利率变化。债券偿还期限的确定应根据市场利率情况，相应选择有助于减少发行者筹资成本的期限。一般来说，当未来市场利率趋于下降时，应选择发行期限较短的债券，这样可以避免市场利率下跌后仍负担较高的利息；而当未来市场利率趋于上升时，应选择发行期限较长的债券，这样在市场利率趋高情况下仍可保持较低的利息负担。第三，债券变现能力。这一因素与债券流通市场发育程度有关：如果流通市场发达，债券容易变现，那么购买长期债券无变现之忧,长期债券的销路就可能好一些;如果流通市场不发达,投资者买了长期债券而又急需资金时不易变现,长期债券的销路就可能不如短期债券。

3. 债券的利率

债券利率是债券利息与债券票面价值的比率,通常年利率用百分数表示。债券利息对于债务人来说是筹资成本,利率高则负担重,利率低则负担轻;反过来,债券利息对于债权人来说是其投资收益,利率高则得益大,利率低则得益小。因此,利率成为债券票面要素中不可缺少的内容。

在实际经济生活中,债券利率有多种形式,如单利、复利或者贴现方式等。债券利率亦受很多因素影响,主要有:第一,市场利率水平。市场利率普遍较高时,债券的利率也相应较高,否则,投资者会选择其他金融资产投资而舍弃债券;反之,市场利率较低时,债券利率也相应较低。第二,筹资者的资信。如果债券发行人的资信状况好,债券信用等级高,投资者的风险就小,债券利率可以定得低一些;如果债券发行人的资信状况差,债券信用等级低,投资者的风险就大,债券利率就需要定得高一些。此时利率差异反映了风险的大小,高利率是对高风险的补偿。第三,债券期限的长短。一般来说,期限较长的债券,流动性差,风险相对较大,利率应该定得高一些,而期限较短的债券,流动性强,风险相对较小,利率就可以定得低一些。不过,债券利率与期限的关系是较复杂的关系,它们还受其他因素的影响,所以,有时也能见到短期债券利率高而长期债券利率低的现象。

4. 债券发行者名称

这一要素指明了该债券的债务主体,也为债权人到期追索本金和利息提供了依据。

需要说明的是,上面四个要素虽然是债券票面的基本要素,但也不一定全部都在实际的债券上印制出来。比如,在许多情况下,债券发行者是以公布条例或公告形式向社会公开宣布某债券的期限与利率的,只要发行人具备良好的信誉,投资者也会认可接受。此外,债券票面上有时还包含一些其他要素,如还本付息方式等。

(三) 债券的特征

1. 偿还性

偿还性是指债券有规定的偿还期限,债务人必须按期向债权人支付利息和偿还本金。债券的偿还性使得资金筹措者不能无限期地占用债券购买者的资金。换言之,他们之间的借贷关系将随偿还期结束、还本付息手续完毕而消失。这一特征与股票的永久性有很大的区别。在历史上,债券的偿还性也有例外,英、美等国政府发行过无期公债或永久性公债。这种公债无固定偿还期,持券者不能要求政府清偿,只可按期取息。当然,这只是个别现象,不能因此而否定债券具有偿还性的一般特性。

2. 流动性

流动性是指债券持有人可按自己的需要和市场的实际状况,灵活地转让债券提前收回本金。流动性首先取决于市场对债券转让所提供的便利程度;其次还表现为债券在迅速转变为货币时,是否在以货币计算的价值上蒙受损失。

3. 安全性

安全性是指债券持有人的收益相对固定,不随发行者经营收益的变动而变动,并且可按期收回本金。与股票相比,债券投资风险较小。一般来说,具有高度流动性的债券同时也是较安全的,因为可以按一个较稳定的价格迅速地转换为货币。债券投资不能收回有两种情况:第一,债务人不履行债务,即债务人不能充分和按时履行约定的利息支付或者偿还本金。不同债务人不履行债务的风险程度是不一样的,一般情况下,政府债券的风险低于金融债券和公司债券。第二,流通市场风险,即债券在市场上转让时因价格下跌而承受的损失。许多因素会影响债券的转让价格,其中较重要的是市场利率水平。

4. 收益性

收益性是指债券能为投资者带来一定的收入。这种收入主要表现为利息,即债权投资的报酬。在实际经济活动中,债券收益可以表现为两种:一种是债权人将债券一直保持至期满日为止,这样,在持有债券的期限内,他可以按约定的条件分期分次取得利息或者到期一次取得利息;另一种是债权人在债券期满之前将债券转让,这样,他有可能获得超过购入时债券价格的价差。从理论上讲,如果利率水平一直不变,这一价差就是其持有债券这段时间内的利息收益转化形式,也称资本损益。但是,由于市场利率会不断变化,债券在市场上的转让价格将随市场利率的升降而上下波动。

由于债券的票面利率是相对固定的,一般当利率下跌时,债券的市场价格便上涨;当利率上升时,债券的市场价格则下落。所以,债券持有者能否获得以及获得多少资本利得要视市场情况而定。

(四) 债券的分类

债券的种类很多,在债券的历史发展过程中,曾经出现过许多不同品种的债券,各种债券共同构成了一个完整的债券体系。各种债券可以依据不同的标准进行分类。

1. 按发行主体分类

根据发行主体的不同,债券可以分为政府债券和公司债券。

政府债券的发行主体是政府。很多国家的政府债券又可分为中央政府债券和地方政府债券。除了政府部门直接发行的债券外,有些国家把政府担保的债券也划归政府债券体系,称为政府保证债券。这种债券由一些与政府有直接关系的公司或金融机构发行,并由政府提供担保。

金融债券的发行主体是银行或非银行金融机构。金融机构一般有雄厚的资金实力,信用度较高,因此,金融债券往往也有良好的信誉。银行和非银行金融机构是社会信用的中介,它们发行债券的目的主要有两个方面:一是筹资用于某种特殊用途;二是改变本身的资产负债结构。对于金融机构来说,吸收存款和发行债券都是它的资金来源,都构成它的负债,但存款的主动性在存款户,金融机构只能通过提供服务条件来吸引存款,而不能完全控制存款。而发行债券是金融机构的主动负债,金融机构有更大的主动权和机动权。金融债券的期限以中期较为多见。

公司债券是公司依照法定程序发行、约定在一定期限还本付息的有价证券。公司债的发行主体是股份公司,但有些国家也允许非股份公司的企业发行债券,所以,一般归类时,公司债券和企业发行的债券合在一起,可直接称为公司(企业)债券。公司发行债券的目的主要是为了经营需要。由于公司的情况千差万别,有些经营有方、实力雄厚、信誉高,也有一些经营较差,可能处于倒闭的边缘,因此,公司债券的风险性相对于政府债券和金融债券而言要大一些。公司债券有中长期的,也有短期的,视公司的需要而定。

2. 按计息方式分类

承诺支付利息是债券发行者筹措资金的条件之一,但计算利息的方式可以不同。根据计算方式上的差异,有单利债券、复利债券、贴现债券和累进利率债券等。在计算利息时,一般以年为时间单位。

单利债券是指在计算利息时,不论期限长短,仅按本金计息,所生利息不再加入本金计算下期利息的债券。

复利债券与单利债券相对应,它是指计算利息时,按一定期限将所生利息加入本金再计算利息,逐期滚算的债券。复利债券的利息包含了货币的时间价值。另外,在名义利率相同的情况下,复利债券的实得利息要多于单利债券。复利是假定每年的利息再投资,并假定再投资的利率不变。

贴现债券是指在票面上不规定利率,发行时按某一折扣率,以低于票面金额的价格发行,到期时仍按面额偿还本金的债券。贴现债券是属于折价方式发行的债券,其发行价格与票面金额(即偿还价格)的差额,构成了实际的利息。贴现债券与上述单利债券或复利债券的区别在于,前者是在发行时将利息预先扣除,而后者是在债券发行后才按期支付利息的。

累进利率债券是指以利率逐年累进方法计息的债券。前面介绍的单利债券或复利债券,其利率在偿付期内是固定不变的,而累进利率债券的利率随着时间的推移,后期利率将比前期利率更高,呈累进状态。这种债券的期限往往是浮动的,但一般会规定最短持有期和最长持有期。

3. 按利率是否固定分类

债券有不同的风险,债券风险主要来自于利率的波动。根据这一特点,债券可分为固定利率债券和浮动利率债券。

固定利率债券就是在偿还期内利率不变的债券。在该偿还期内,无论市场利率如何变化,债券持有人将按债券票面载明的利率获取债息。这种债券有可能为债券持有人带来风险。当偿还期内的市场利率上升且超过债券票面利率时,债券持有人就要承担相对利率较低或债券价格下降的风险。当然,在偿还期内如果市场利率下降且低于债券票面利率,债券持有人也就相当于获得了由于利率下降而带来的额外利益。

浮动利率债券是指利率可以变动的债券。这种债券利率的确定与市场利率挂钩,一般高于市场利率的一定百分点。当市场利率上升时,债券的利率也相应上浮;反之,当市场利率下降时,债券的利率就相应下调。这样,浮动利率债券就可以避开因市场利率波动而产生的风险。

4. 按债券形态分类

债券有不同的形式,根据债券券面形态,可以分为实物债券、凭证式债券和记账式债券。

(1) 实物债券是一种具有标准格式实物券面的债券。在标准格式的债券券面上,一般印有债券面额、债券利率、债券期限、债券发行人全称、还本付息方式等各种债券票面要素。有时,债券利率、债券期限等要素也可以通过公告向社会公布,而不再在债券券面上注明。在我国现阶段的国债种类中,无记名国债就属于这种实物债券,它以实物券的形式记录债权、面值等,不记名,不挂失,可上市流通。实物债券是一般意义上的债券。

(2) 凭证式债券的形式是一种债权人认购债券的收款凭证,而不是债券发行人制定的标准格式的债券。我国近年通过银行系统发行的凭证式国债,券面上不印制票面金额,而是根据认购者的认购额填写实际的缴款金额,是一种国家储蓄债,可记名、挂失,以"凭证式国债收款凭证"记录债权,不能上市流通,从购买之日起计息。在持有期内,持券人如果遇到特殊情况需要提取现金,可以到购买网点提前兑取。提前兑取时,除偿还本金外,利息按实际持有天数及相应的利率档次计算,经办机构按兑付本金的2‰收取手续费。

(3) 记账式债券没有实物形态的票券,而是在电脑账户中作记录。在我国,上海证券交易所和深圳证券交易所已为证券投资者建立电脑证券账户,因此,可以利用证券交易所的交易系统来发行债券。我国近年来通过沪、深交易所的交易系统发行和交易的记账式国债就是这方面的实例。如果投资者进行记账式债券的买卖,就必须在证券交易所设立账户。由于记账式债券的发行和交易均无纸化,所以效率高、成本低、交易安全。

(五) 债券的偿还方式

1. 到期偿还、期中偿还和展期偿还

到期偿还也叫满期偿还,是指按发行债券时规定的还本时间,在债券到期时一次全部偿还本金的偿债方式。我国发行的许多企业债券和3年期国库券、5年期国库券等,都是在期满后一次还本付息的。采用到期偿还,手续简便,计算方法简单,但是,如果债券发行人在发行债券时考虑不一定全部在到期日还本,就必须在发行前规定特殊的还本条款,采用期中偿还甚至延期偿还。

期中偿还也叫中途偿还,是指在债券最终到期日之前,偿还部分或全部本金的偿债方式。它包括部分偿还和全额偿还两种形式,而且在偿还的具体时间上,又有定时偿还和随时偿还的区别。期中偿还的目的主要在于分散债务人到期一次还本的压力,同时在某些情况下也有利于增加对投资者的吸引力。此外,还要对债券的宽限期、偿还率等事先作出规定。债券的宽限期是指债券发行后不允许提前偿还、转换的时间,它一般是根据债券偿还期的长短来确定的。偿还率是指每次偿还的债务金额占发行额的比例。比如,我国1981年至1984年发行的国债,个人购买的部分其实际宽限期为5年,从发行后的第六年开始分5年作5次偿还,每次偿还发行额的20%,也就是偿还率为20%。

展期偿还是指在债券期满后又延长原规定的还本付息日期的偿债方式,属于延期偿还的一种情况。它适用的场合通常是发行一种附设延期售回条款的债券,这种债券赋予投资者在债券到期后继续按原定利率持有债券,直到一个指定日期或者几个指定日期中的一个日期的权利。延期售回方式对发行者和投资人都有一定的吸引力,它使发行人在需要继续发行债券和投资者愿意继续购买时省去新发债券的麻烦,也使投资者可以据此灵活地调整投资组合的结构。延期偿还的另一种情况是由于债券到期时债务人无力偿还,亦不能或者不便借新债还旧债,于是,征得债券持有者的同意,将到期债券予以延期。

2. 部分偿还和全额偿还

在期中偿还情况下,视偿还本金的额度,有部分偿还和全额偿还两种。部分偿还是指从债券发行日起,经过一定宽限期后,按发行额的一定比例陆续偿还,到债券期满时全部还清。不同期限的债券,其宽限期可能不一样,例如,日本公司债的宽限期曾定为:15 年债券的宽限期为 8 年,12 年债券的宽限期为 5 年,10 年债券的宽限期为 3 年,7 年和 6 年债券的宽限期均为 2 年。这样设置的目的也是为了保证这类债券投资的长期性。采用部分偿还方式,减轻了债券发行人一次偿还的负担。

全额偿还是指在债券到期之前,偿还全部本金。债券发行人采用全额偿还,主要有两个方面的目的:其一,债券发行后因各种原因。债务人拥有的资金过剩,而将债务本金全额偿还后,可以避免支付更多的利息。其二,债券发行后,市场利率下降,导致原发行的债券利率过高,如果提前偿还原来发行的全部债券,再发行较低利率的新债,可以降低筹资成本。

3. 定时偿还和随时偿还

定时偿还亦称定期偿还,它是指债券宽限期过后,分次在规定的日期,按一定的偿还率偿还本金。一般的做法是在每次利息支付日,连同利息一并向投资者偿还一部分本金,到债券期满时全部还清。如日本曾发行的 10 年期国债,最初 3 年为宽限期,从发行后第四年起开始偿还本金,每年偿还发行额的卅,到债券期满时还清余额。定时偿还可以使债券有一个平均偿还年限。在定时偿还中,偿还日期、偿还率、具体偿还方式(加以什么办法决定各张债券的先后偿还次序)等,一般在发行债券时已确定,并在发行公告中说明。

随时偿还也称任意偿还,是指债券宽限期过后,发行人可以自由决定偿还时间,任意偿还债券的一部分或全部。采用这种方式,债券发行人可以根据自己的情况,选择有利的时机偿还债务,因而对发行人较为有利。比如,当市场利率急剧降低并较大幅度地低于未到期债券的票面利率时,发行人便可以从市场上以低利率借入资金偿还原来的高利率债券,从而降低筹资成本。但反过来,在这种情况下,往往使债券投资者失去了将债券持有到期获得高利率的权利从而蒙受损失,因此,有的国家对采用随时偿还作了专门的规定,设立了一些限制性条款。

4. 抽签偿还和买入注销

抽签偿还是指在期满前偿还一部分债券时,通过抽签方式决定应偿还债券的号码。抽签偿还有一次性抽签和分次抽签两种,前者是对发行的债券在到期前的某个时间集中一次抽签以决定各次还本债券号码;后者是对发行的债券按分批还本次数定期抽签以确定还本债券号码。采用抽签还本方式,债券发行人在发行债券时要规定抽签方式,对中签债券则应按规定的偿还日期予以清偿。而债券持有者中签后,亦要按规定接受偿还,未中签则不能得到清偿。

买入注销是指债券发行人在债券未到期前按照市场价格从二级市场中购回自己发行的债券而注销债务。在二级市场上,债券价格会受很多因素的影响而波动,因此,债券发行人采用这种偿还方式要选择适当的时机,一般是在债券的市场价格较低的时候进行。买入注销方式使债券发行人在清偿债务方面有了主动性,而同时又不损害债券持有者的利益,因为市场上债券转让遵循买卖自愿的原则。在许多国家,买入注销成为政府债券的一种偿还方式,政府以结余的资金通过中央银行的公开市场业务,在二级市场上陆续收购国债,当这种国债到期时,大部分已被政府持有。

(六)债券与股票的比较

1. 债券与股票的相同点

(1)两者都属于有价证券

无论是债券还是股票,尽管它们有各自的特点,但它们的性质都属于有价证券。作为虚拟资本,它们本身无价值,但又都是真实资本的代表。持有债券或股票,都有可能获取一定的收益,并能进行权利的行使和转让活动。债券和股票都在证券市场上交易,并构成了证券市场的两大支柱。

(2)两者都是筹措资金的手段

债券和股票都是有关的经济主体为筹资需要而发行的有价证券。经济主体在社会经济活动中必然会产生对资金的需求,从资金融通角度看,债券和股票都是筹资手段。

表2-1 债券与股票的区别

比较项目	债券	股票
性质	债权证券	股权证券
发行主体	政府、企业、金融机构	股份有限公司
发行人与持有人关系	债权债务关系	所有权关系
期限	有偿还期限	永久投资
风险	投资风险小、可还本付息	投资风险大、可能本金无回
收益	收益较低、事先确定	预期收益高、难以确定
价格稳定性	流通性较差、价格波动较小	流动性较高、价格波动大
财务处理	负债项目、利息是成本支出	资本项目、股利属利润分配
持有人责任	无权参与经营管理、不承担风险	有权参与经营、承担有限责任

(3)两者的收益率相互影响

从单个债券和股票看,它们的收益率经常会发生差异,而且有时差距还很大。一个投资者如果以等量的资金分别购买债券和股票,所得的收益也可能不一样。但是,就整个社会考察,如果市场是有效率的,那么,债券的平均利率和股票的平均收益率会大体上接近,或者其差异将反映两者的风险程度。这是因为,在市场规律的作用下,证券市场上一种融资手段收益率的变动,会引起另一种融资手段收益率发生同向变动。

2. 债券与股票的区别

(1)两者权利不同

债券是债权凭证,债券持有者与债券发行人之间是债权债务关系,债券持有者只可按期获取利息及到期收回本金,无权参与公司的经营决策。股票则不同,股票是所有权凭证,股票所有者是发行股票公司的股东,股东一般拥有投票权,可以通过选举董事行使对公司的经营决策权和监督权。

(2) 两者目的不同

发行债券是公司追加资金的需要,它属于公司的负债,不是资本金。股票发行则是股份公司为创办企业和增加资本的需要,筹措的资金列入公司资本。而且,有资格发行债券的经济主体很多,中央政府、地方政府、金融机构、公司组织等一般都可以发行债券,但能发行股票的经济主体只有股份公司。

(3) 两者期限不同

债券一般有规定的偿还期,期满时债务人必须按时归还本金,因此,债券是一种有期投资。股票通常是不能偿还的,一旦投资入股,股东便不能从股份公司抽回本金,因此股票是一种无期投资,或称永久投资。当然,股票持有者可以通过市场转让收回投资资金。

(4) 两者收益不同

债券有规定的利率,可获固定的利息;股票的股息红利不固定,一般视公司经营情况而定。

(5) 两者风险不同

股票风险较大,债券风险相对较小。这是因为:第一,债券利息是公司的固定支出,居于费用范围;股票的股息红利是公司利润的一部分,公司有盈利才能支付,且在支付时,排在债券利息支付之后。第二,倘若公司破产,清理资产后有余额偿还时,债券偿付在前,股票偿付在后。第三,在二级市场上,债券因其利率固定、期限固定,市场价格也较稳定;而股票无固定的期限和利率,受各种宏观因素和微观因素的影响,市场价格波动频繁,涨跌幅度较大。

二、政府债券

(一) 政府债券概述

1. 政府债券的定义

政府债券是国家为了筹措资金而向投资者出具的,承诺在一定时期支付利息和到期还本的债务凭证。依政府债券的发行主体不同,政府债券又可分为中央政府债券和地方政府债券。中央政府发行的债券也可以称为国债。

2. 政府债券的性质

政府债券的性质主要可以从两个方面来考察:第一,从形式上看,政府债券是一种有价证券,具有债券的一般性质。政府债券本身有面额,投资者投资于政府债券可以取得利息,因此,政府债券具备了有价证券的一般特征。第二,从功能上看,政府债券最初仅仅是政府弥补赤字的手段,但在现代商品经济条件下,政府债券已成为政府筹集资金、扩大公共事业开支的重要手段,并且随着金融市场的发展,逐渐具备了金融商品和信用工具的职能,成为国家实施宏观经济政策、进行宏观调控的工具。

3. 政府债券的特征

（1）安全性高

政府债券是政府发行的债券，由政府承担还本付息的责任，它是国家信用的体现。在各类债券中，国债的信用等级通常被认为是最高的。投资者购买政府债券，是一种较为安全的投资。

（2）流通性强

政府债券是一国政府的债务，它的发行量一般都非常大。同时，由于政府债券的信誉高，竞争力就比较强，市场属性好，所以，许多国家政府债券的二级市场十分发达，一般不仅允许在证券交易所挂牌上市交易，还允许在场外市场进行买卖。这样，发达的二级市场为政府债券的转让提供了方便，使其流通性大大增强。

（3）收益稳定

投资者购买政府债券，可以得到一定的利息。政府债券的付息由政府保证，其信用度最高、风险最小，因此，对于投资者来说，投资政府债券的收益是比较稳定的。此外，假如投资者认购政府债券后到二级市场上转让，因政府债券的本息大多数固定且有保障，所以其转让价格一般不会像股票那样容易出现大的波动，转让双方也能得到相对稳定的收益。

（4）免税待遇

政府债券是政府自己的债务，为了鼓励人们投资政府债券，大多数国家规定对于购买政府债券所获得的收益，可以享受税收上的免税待遇。因此，政府债券与其他收益证券相比较，具有税收的优惠待遇。比如，我国的《个人所得税法》中规定，个人的利息、股息、红利所得应缴纳个人所得税，但国债和国家发行的金融债券利息，可免缴个人所得税。

（二）国家债券

国家债券是中央政府发行的债券。国债的发行量大、品种多，是债券市场上最主要的投资工具。

1. 国家债券的分类

（1）按偿还期限分类

国债的偿还期限是国债的存续时间，依此为标准，习惯上分为短期国债、中期国债和长期国债。短期国债一般是指偿还期限为1年或1年以内的国债，它具有周转期短及流动性强的特点，在货币市场上占有重要地位。政府发行短期国债，一般是应付国库暂时的入不敷出之需。在国际上，短期国债的常见形式是国库券。国库券是由政府发行，用于弥补临时收支差额的一种债券。我国20世纪80年代以来，也曾使用国库券的名称，但它与发达国家所指的短期国债不同，很多的偿还期是超过1年的。中期国债是指偿还期限在1年以上、10年以下的国债。政府发行中期国债筹集的资金或用于弥补赤字，或用于投资，不再作临时周转。长期国债是指偿还期限在10年或10年以上的国债。长期国债常被用作政府投资的资金来源。长期国债在资本市场上占有重要地位。

短期国债、中期国债以及长期国债都属于有期国债，在国债发展史上，还曾经出现过一种无期国债，这种国债在发行之时并未规定还本期限，债权人平时仅有权按期索取利息，而无权要求清偿,但政府可以随时从市场上买入而将其注销。

(2)按资金用途分类

政府通过国债筹集的收入,可用于各项开支。根据举借国债对其使用方向的规定,国债可以分为赤字国债、建设国债、战争国债和特种国债。赤字国债是指用于弥补政府预算赤字的国债;政府收支不平衡是一个经常可能出现的现象,如果支出大于收入,便产生赤字。弥补赤字的手段有多种,除了举借国债外,还有增加税收、向中央银行透支、动用历年结余等。增加税收会加重社会负担,容易引起人们的反对,而且增税还有一个法律程序问题,不是政府临时增加收入的权宜之计,向中央银行透支容易扩张货币供应量,通货膨胀会加剧;动用历年结余应视政府过去年度收支情况,若无结余,此手段也无法运用。因此,发行国债常被政府用作弥补赤字的主要方式。建设国债是指发债筹措的资金用于建设项目。政府的职能有多种,它在社会经济中往往要承担一些大型基础性项目的投资,如修建铁路和公路,这些项目耗资十分巨大,因此,通常由政府通过举借债务筹集专项资金来建设。战争国债专指用于弥补战争费用的国债。战争时期,军费开支庞大在用其他方法已无法再筹集到资金的时候,政府就有可能以发行国债来弥补。特种国债是指政府为了实施某种特殊政策而发行的国债。随着政府职能的扩大,政府有时为了某个特殊的社会目的而需要大量资金,为此也有可能举借国债。

(3)按流通与否分类

流通性是债券的特征之一,当然也是国债的基本特点,但是,也有一些国债是不能流通的,因此,国债可以分为流通国债和非流通国债。流通国情是指可以在流通市场上交易的国债。这种国债的特征是自由认购、自由转让,通常不记名,转让价格取决于对该国债的供给与需求。流通国债的转让一般是在证券市场上进行,如通过证券交易所或柜台市场交易。在不少国家,流通国债占据了国债发行量中的大部分,非流通国债是指不允许在流通市场上交易的国债。这种国债不能自由转让,它可以记名,也可以不记名。非流通国债吸收资金,有的以个人为目标。有的以一些特殊的机构为对象。以个人为目标的非流通国债,一般是吸收个人小额储蓄资金,故有时称之为储蓄债券。

(4)按发行本位分类

国债有一定的面值,有面值就需要有某种计量单位。依照不同的发行本位,国情可以分为实物国债和货币国债。这里的实物国债与实物债券不是同一个含义。实物债券是专指具有实物票券的债券,它与无实物票券的债券(如记账式债券)相对应,而实物国债是指以某种商品实物为本位而发行的国债。政府发行实物国债,主要有两种情况:一是在货币经济不发达时,实物交易占主导地位;二是虽然在货币经济为主的年代,但币值不稳定,为维持债信、增强国债吸引力,发行实物国债。货币国债是指以某种货币为本位而发行的国债。货币国债又可以进一步分为本币国债和外币国债,本币国债以本国货币为本位而发行,外币国债以外国货币为本位而发行。在现代社会,绝大多数国债属于货币国债,实物国债已属少见。

(三)地方政府债券

1. 地方政府债券的发行主体

地方政府债券是由地方政府发行并偿还的债券，简称地方债券，也可以称为地方公债或地方债。地方政府债券是地方政府根据本地区经济发展和资金需要状况，以承担还本付息责任为前提，向社会筹集资金的债务凭证，筹集的资金一般用于弥补地方财政资金的不足，或者地方兴建大型项目。地方政府债券的发行主体是地方政府，地方政府一般又由不同的级次组成，而且在不同的国家有不同的名称。美国地方政府债券由州、市、区、县和州政府所属机关和管理局发行。日本地方政府债券则由一般地方公共团体和特殊地方公共团体发行，前者是指都、道、府、县、市、镇、村政府，后者是指特别地区、地方公共团体联合组织和开发事业团等。

2. 地方政府债券的分类

地方政府债券按用途分类，通常可以分为一般债券和专项债券。前者是指地方政府为缓解其资金紧张或解决临时经费不足而发行的债券，后者是指为筹集资金建设某项具体工程而发行的债券。对于一般债券的偿还，地方政府通常以本地区的财政收入作担保，而对于专项债券，地方政府往往以项目建成后取得的收入作保证。

3. 我国的地方政府债券

我国1995年起实施的《预算法》规定，地方政府不得发行地方政府债券（除法律和国务院另有规定外），因此，我国目前的公债市场仅限于中央政府债券市场。但地方政府在诸如桥梁、公路、隧道、供水、供气等基础设施的建设中又面临资金短缺的问题，于是形成了具有中国特色的地方政府债券市场，即以企业债券形式发行地方政府债券。如1999年上海城市建设投资开发公司发行5亿元浦东建设债券，用于上海地铁建设；济南自来水公司发行5亿元供水建设债券，所筹资金用于济南市供水设施建设。

三、金融债券与公司债券

（一）金融债券

1. 金融债券的定义

所谓金融债券，是指银行及非银行金融机构依照法定程序发行并约定在一定期限内还本付息的有价证券。金融机构的资金来源很大一部分靠吸收存款，但有时它们为改变资产负债结构或者用于某种待定用途，也有可能发行债券以增加资金来源。在欧美许多国家，由于商业银行和其他金融机构多属于股份公司组织，所以这些金融机构发行的债券与公司债券一样，受相同的法规管理。日本则有所不同，金融债券的管理受制于特别法规。

2. 金融债券的特征

发行金融债券和吸收存款是银行等金融机构扩大信贷资金来源的手段。理解金融债券的特征，可以从它与存款的比较来认识。

（1）专用性

在资金运用方面，发行金融债券筹集的资金，一般情况下是专款专用，用于定向的特别贷款。而通过吸收存款所得的资金，通常用于一般性贷款。

（2）集中性

在筹资权利方面，发行金融债券是集中的，它具有间断性，而且有一定的规模限额。在某种意义上,金融债券操作的主动权完全在于金融机构;而吸收存款对于金融机构来说,是经常的、连续的业务,而且无限额,不能拒绝存款者,规模由存款者决定,主动权掌握在存款者一方。

(3) 利率较高

在筹资成本方面,金融债券一般利率较高,相对来说,成本较大。而相同期限存款的利率,往往比金融债券低,成本较小。

(4) 流动性

在流通转让方面,金融债券不能提前兑取,但它作为一种债券,一般不记名,不挂失,可以抵押,可以在证券市场上流通转让。存款虽然可以随时兑取(尤其是活期存款),但一般记名,不能在证券市场上流通。

(二) 公司债券

1. 公司债券的定义

公司债券是公司依照法定程序发行、约定在一定期限还本付息的有价证券。公司债券属于债券体系中的一个品种,它表示发行债券的公司和债券投资者之间的债权债务关系。

2. 公司债券的特征

(1) 契约性

公司债券代表一种债权债务的责任契约关系,它规定债券发行人在既定的时间内必须支付利息,在约定的日期内必须偿还本金,从而明确债务双方的权利、义务和责任。这种责任契约关系还通过债券持有者的索偿权表现出来,一般有两种方式:一种是公司债券持有者对公司的特定资产(如不动产)具有索偿权,一旦发行人经营不善,债券持有者可以要求用已指定的资产进行赔偿,这种债券是抵押债券;另一种是公司债券持有者不针对公司资产有索偿权,而是针对债券发行人的一般信誉,这也是常见的形式,属于非抵押债券。

(2) 优先性

债券持有者是公司的债权人,不是股东。他无权参与公司的经营管理决策,但有权按期取得利息,并且利息分配顺序优先于股东。如果公司因经营不善而破产,在清理资产时,债券持有者也可优先于股东收回本金。

(3) 风险性

公司债券与政府债券或金融债券比较,风险较大,这是由于公司债券的发行主体是公司。公司经营的稳定性不能与政府信誉相比较,就是与金融机构相比,公司的风险相对来说一般也比较大。

此外,部分债券还具有通知偿还性和可转换性。所谓通知偿还性,是指债券发行人具有选择在债券到期之前偿还本金的权利。选择时机的掌握,往往以公司筹资成本较低为原则,如公司在市场利率下降时可发行低利率的新债券,而随时通知偿还原较高利率的债券。可转换性是指允许其持有者在一定条件下转换成另一种金融工具,如公司股票等。

3. 公司债券的类型

各国在实践中,曾创造出许多种类的公司债券,这里选择若干品种介绍。

(1) 信用公司债

信用公司债是一种不以公司任何资产作担保而发行的债券,属于无担保证券范畴。一般来说,政府债券无须提供担保,因为政府掌握国家资源,可以征税,所以政府债券的安全性最高。金融债券大多数也可免除担保,因为金融机构作为信用机构,本身就具有较高的信用。公司债券不同,一般公司的信用状况要比政府和金融机构差,所以,大多数公司发行债券被要求提供某种形式的担保。但是,少数大公司因经营良好、信誉卓著,也发行信用公司债。这样,发行人实际上是将公司信誉作为担保。发行这种债券时,为了保护投资者的利益,可附有某些限制性条款,如公司债券不得随意增加、债券未清偿之前股东的分红要有限制等。

(2) 不动产抵押公司债

不动产抵押公司债是以公司的不动产(如房屋、土地等)作抵押而发行的债券,是抵押证券的一种。公司以这种财产的房契或地契作抵押,如果发生了公司不能偿还债务的情况,抵押的财产将被出售,所得款项用来偿还债务。另外,用作抵押的财产价值不一定与发生的债务额相等,当某抵押品价值很大时,可以分作若干次抵押,这样就有所谓第一抵押债券、第二抵押债券等之分。在处理抵押品偿债时,要按照优先顺序依次偿还,即首先偿还第一抵押债券,其次偿还第二抵押债券,依此类推。

(3) 保证公司债

保证公司债是公司发行的由第三者作为还本付息担保人的债券,是担保证券的一种。担保人是发行人以外的他人(或称第三者),如政府、信誉好的银行或举债公司的母公司。一般来说,投资者比较愿意购买保证公司债,因为在这种情况下,如果公司到期不能偿还债务,担保人负清偿之责。在实践中,保证行为常见于母子公司,也就是由母公司对子公司发行的公司债予以保证。

(4) 收益公司债

收益公司债也是一种具有特殊性质的债券,一方面,它与一般债券相似,有固定到期日,清偿时债权排列顺序先于股票;但另一方面,它又与一放债券不同,其利息只在公司有盈利时才支付,即发行公司的利润扣除各项固定支出后的余额用作债券利息的来源。如果余额不足支付,未付利息可以累加,待公司收益改善后再补发。所有应付利息付清后,公司股东才可享受分红。

(5) 可转换公司债

可转换公司债是指发行人依照法定程序发行、在一定期限内依据约定的条件可以转换成公司股票的公司债券。这种债券享受转换特权,在转换前是公司债形式,转换后相当于增发了股票。可转换公司债兼有债权和股权的双重性质。因为:第一,可转换公司债与一般的债券一样,在转换前可以定期得到利息收入,并且不具备股东的权利;第二,当发行公司的经营业绩取得显著增长时,可转换公司债在约定期限内可以按预定转换价格由投资者选择转换成公司的股票,因此,投资者拥有的转换权可以确保其分享公司未来的增长利益。可转换公司债一般要经股东大会或董事会的决议通过才能发行,而且在发行时,应在契约中规定转换期限和转换价格。

(6) 附新股认股权公司债

附新股认股权公司债是公司发行的一种附有认购该公司股票权利的债券。这种债券的购买者可以按预先规定的条件在公司新发股票时享有优先购买权。预先规定的条件主要是指股票的购买价格、认购比例和认购期间。附新股认股权公司债与可转换公司债不同，前者在行使新被认购权之后，债券形态依然存在；而后者在行使转换权之后，债券形态即消失。另外，若按照附新股认股权和债券本身能否分开来划分，这种债券有两种类型：一种是可分离型，即债券与认股权可以分开，可独立转让；另一种是非分离型，即不能把认股权从债券上分离，认股权不能成为独立买卖的对象。

四、地方政府性债务

地方政府性债务是指地方机关事业单位及地方政府专门成立的基础设施性企业为提供基础性、公益性服务直接借入的债务和地方政府机关提供担保形成的债务，分为直接债务、担保债务和政策性挂账。地方债务情况有两个信息来源，一个是审计署提供的数据，一个是国际组织的评估。

最近，地方政府债务问题引起各方关注。虽然因为统计口径不同，关于地方债务规模大小有不同的数据。

与规模相比，地方政府债务增长速度及其背后的动力机制更值得关注。政府应该解决市场不能解决的问题，提供市场无法提供、无力提供或者不愿提供的公共物品和服务。

推动地方债务高增长的动力，来源于多方面。比如，长期以来，中国的利率水平总体偏低，不能有效发挥价格杠杆作用，把资源配置到更高效的地方。而与此同时，地方政府融资成本很低。2003年之后，尤其与沿海地区相比，内陆地区获得建设用地指标相对容易。一些地方几乎可以"零地价"招商引资，开发工业园一度成为热潮。为了建设工业园配套设施，地方政府大举融资。

又如，由于针对银行和地方政府的责任约束较弱，放贷和举债双方难免冒进。地方政府没有破产机制，所以银行不怕给政府贷款。而地方政府则认为，一旦自己还不起钱，最后中央政府不会不救。但事实上，当责任弱约束遭遇实际上并不分立的财政金融体制，系统性风险随时可能发生。更何况，经济增长跟地理位置、经济社会禀赋密切相关，以行政手段将资源导向地理区位欠佳的地区，可能不但没带来预期增长，反而造成债务危机风险。

如何根除这种推动地方债务高增长的动力？首先，要让生产要素价格回归常态，由市场机制去决定利率和土地价格。具体来说，利率要市场化，土地不能无偿划拨，建设用地指标的配置要符合经济发展规律，这样才能使经济资源配置符合市场经济规律。只要融资和土地成本回归正常水平，很大程度上就能缓解地方政府的投资冲动。

其次，要完善地方政府官员的激励约束机制。在激励方面，不能片面强调招商引资和短期经济增长指标。在约束方面，地方政府的主要领导要对地方债务长期负责，即使离任后，也要将其在任期间的债务增长纳入绩效考核，杜绝以不负责任的融资透支地方未来发展空间的短视行为。

此外,还应强化地方政府和银行的责任,打消"反正有中央政府背书"的幻想。最近银行间同业拆借利率飙升,就为各方敲响了警钟,谁出事谁负责,不要再指望中央政府救市。

市场经济天生存在缺陷和失灵的可能。在理想状态下,政府干预经济确实有一些优势。但当前中国经济发生了很大变化,基础设施尤其是公路铁路建设成绩斐然,工业园区遍地开花,民营经济具备相当规模,市场力量已获较大发展。这时,该是地方政府与时俱进,收手让市场发挥配置资源基础性作用的时候了。如果此刻,地方政府反而越管越多,不该管的也管了,又不具备胜于市场的信息优势,他们对产业前景的判断可能出现不可避免的偏差。而对此,春江水暖鸭先知,市场往往比政府敏锐得多。如果政府硬要在信息不充分的情况下干预产业发展方向,钱投进去之后就容易导致产能过剩,回报则常常大打折扣。在光伏产业、钢铁产业,这个教训已相当深刻。

比如,具有高度不确定性、高市场风险的基础性研发,像大飞机项目这种大规模生产的组织。而凡是市场能够解决的事情,都应该交给市场。下一阶段,如果政府能着力规范市场经济,推动生产要素定价的市场化改革,减少不必要的政府干预,中国经济仍然大有希望。

2011年,审计署审计了1979年以来到2010年底,全国31个省市区的地方政府性债务。截至2010年底,中国政府性债务已达到10.72万亿元。

2012年11月至2013年2月,审计署选取全国36个地区(15个省及其所属的15个省会城市、3个直辖市及其所属的3个市辖区),审计了2011年和2012年的地方政府性债务。

2013年7月28日,审计署官网发布消息,根据国务院要求,审计署将组织全国审计机关对政府性债务进行审计。本次全国性审计工作将于8月1日起全面展开,全国审计机关将对中央、省、市、县、乡五级政府性债务进行彻底摸底和测评。

审计署第三次"把脉"地方政府性债务。鉴于第二次只选取了36个地区,因此,本次审计是继2011年后,审计署第二次全面"摸底"地方政府性债务。

36个地区的地方债审计结果已于2013年6月公布。审计署2013年第24号审计结果公告透露了36个地方政府本级政府性债务审计结果,如加上政府负有担保责任的债务,2012年有16个地区债务率超过100%。其中,有9个省会城市本级政府负有偿还责任的债务率超过100%,最高的达188.95%,如加上政府负有担保责任的债务,债务率最高的达219.57%。不仅如此,14个省会城市本级政府负有偿还责任的债务已逾期181.70亿元,其中2个省会城市本级逾期债务率超过10%,最高的为16.36%。审计署两次对地方债敲响警钟,强调地方债存在个别地方政府债台高筑、资不抵债、违规融资变相集资等问题。

任务3 掌握证券投资工具——证券投资基金

随着近期股市震荡加剧,王先生摸不准要选择什么品种的证券去投资,于是他来到银行理财中心征求意见。理财经理了解了他的资金配置计划和投资回报需求后,向他推荐了几只基金。但王先生不理解到底什么是基金,基金适合什么样的投资者?基金有哪些种类?经常听到别人说定投基金,这又是怎么回事?基金投资和股票、债券投资有什么区别?

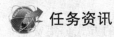 任务资讯

一、证券投资基金的类型和特征

（一）证券投资基金的含义

证券投资基金（以下简称"基金"）是指一种利益共享、风险共担的集合证券投资方式,即通过发行基金单位,集中投资者的资金,由基金托管人托管,由基金管理人管理和运用资金,从事股票、债券等金融工具投资,并将投资收益按基金投资者的投资比例进行分配的一种间接投资方式。

基金具有间接投资工具的性质。它存在于投资者与投资对象之间,起着把投资者的资金转换成金融资产,通过专门机构在金融市场上再投资,从而使投资者的投资得以增值的作用。投资者投资基金,就等于失去了直接参与证券以及其他投资品的机会。这种间接投资不仅省去了操作中的许多麻烦,而且可保证获得相对稳定的投资收益。

基金是一种大众化的信托投资工具,各国对其称谓不尽相同,如美国称"共同基金",英国和中国香港地区称"单位信托基金",日本和中国台湾则称"证券投资信托基金"等。一般认为,基金起源于英国,是在18世纪末19世纪初产业革命的推动下出现的。当时,产业革命的成功,使英国生产力水平迅速提高,工商业都取得较大的发展,其殖民地和海外贸易遍及全球,大量的资金为追逐高额利润而涌向其他国家。但是,由于大多数投资者缺乏国际投资知识,又不了解外国的情况,因此,难以直接参加海外投资。于是,人们便萌发了众人集资、委托专人经营和管理的想法。这一想法得到了英国政府的支持。1868年,英国政府出面组建了海外和殖民地政府信托组织,公开向社会发售受益凭证,它是被公认的最早的基金机构,以分散投资于国外殖民地的公司债为主,其投资地区遍及南北美洲、中东、东南亚和意大利、葡萄牙、西班牙等国,当时的投资总额共达48万英镑。该基金类似股票,不能退股,亦不能兑现,认购者的权益仅限于分红和派息。

100多年来,随着社会经济的发展,世界基金产业从无到有,从小到大,尤其是20世纪70年代以来,随着世界投资规模的剧增,现代金融业的创新,品种繁多、名目各异的基金不断涌现,形成了一个庞大的产业。以美国为例,到2000年底,美国共同基金的资产总量已达8万亿美元,超过了商业银行的资产规模(7万亿美元)。基金产业已经与银行业、证券业、保险业并驾齐驱,成为现代金融体系的四大支柱之一。

（二）证券投资基金的类型

1. 按基金的组织形式不同,基金可分为契约型基金和公司型基金

契约型基金又称为单位信托基金,是指把投资者、管理人、托管人三者作为基金的当事人,通过签订基金契约的形式发行受益凭证而设立的一种基金。契约型基金起源于英国,后在新加坡、印度尼西亚、中国香港等国家和地区十分流行。契约型基金是基于契约原理而组

织起来的代理投资行为,没有基金章程,也没有公司董事会,而是通过基金契约来规范三方当事人的行为。基金管理人负责基金的管理操作。基金托管人作为基金资产的名义持有人,负责基金资产的保管和处置,对基金管理人的运作实行监督。

公司型基金是按照公司法以公司形态组成的,该基金公司以发行股份的方式募集资金,一般投资者则为认购基金而购买该公司的股份,也就成为该公司的股东,凭其持有的股份依法享有投资收益。公司型基金在组织形式上与股份有限公司类似,基金公司资产为投资者(股东)所有,由股东选举董事会,由董事会选聘基金管理公司,基金管理公司负责管理基金业务。

公司型基金的特点如下:

(1) 基金公司的设立程序类似于一般股份公司,基金公司本身依法注册为法人。但不同于一般股份公司的是,它委托基金管理公司作为专业的财务顾问或管理公司来经营与管理。

(2) 基金公司的组织结构与一般股份公司类似,设有董事会和持有人大会,基金资产由公司所有,投资者则是这家公司的股东,承担风险并通过股东大会行使权利。

契约型基金与公司型基金相比,其不同点有以下几个方面:

(1) 资金的性质不同。契约型基金的资金是通过发行受益凭证筹集起来的信托财产;公司型基金的资金是通过发行普通股票筹集起来的,是公司法人的资本。

(2) 投资者的地位不同。契约型基金的投资者购买受益凭证后成为基金契约的当事人之一,即受益人;公司型基金的投资者购买基金公司的股票后成为该公司的股东。因此,契约型基金的投资者没有管理基金资产的权力,而公司型基金的股东通过股东大会享有参与基金公司管理的权力。由此可见,公司型基金的投资者比契约型基金的投资者权利要大一些。

(3) 基金的营运依据不同。契约型基金依据基金契约营运基金,公司型基金依据基金公司章程营运基金。

由此可见,契约型基金和公司型基金在法律依据上、组织形态上以及有关当事人扮演角色上是不同的。但对投资者来说,投资于公司型基金和契约型基金并无多大区别。它们的投资方式都是把投资者的资金集中起来,按照基金设立时所规定的投资目标和策略,将基金资产分散投资于众多的金融产品上,获取收益后再分配给投资者。

2. 按基金价格决定方式分类,基金可分为封闭式基金和开放式基金

封闭式基金是指事先确定发行总额,在封闭期内基金单位总数不变,基金上市后投资者可以通过证券市场转让、买卖基金单位的投资基金。由于封闭式基金在封闭期内不能追加认购或赎回,投资者只能通过证券经纪商在二级市场上进行基金的买卖。

封闭式基金的期限是指基金的存续期,即基金从成立起到终止之间的时间。决定基金期限长短的因素主要有两个:一是基金本身投资期限的长短。一般来说,如果基金目的是进行中长期投资的,其存续期就可长一些;反之,如果基金目的是进行短期投资(如货币市场基金),其存续期就可短一些。二是宏观经济形势。一般来说,经济稳定增长,基金存续期可长一些,否则应相对地短一些。当然,在现实中,存续期还应考虑基金发起人和众多投资者的要求来确定。基金期限届满即为基金终止,管理人应组织清算小组对基金资产进行清产核资,并将清产核资后的基金净资产按照投资者的出资比例进行公正合理的分配。

如果基金在运行过程中,因为某些特殊的情况,使得基金的运作无法进行,报经主管部门批准,可以提前终止。提前终止的一般情况有:

(1) 国家法律和政策的改变使得该基金的继续存在为非法或者不适宜;
(2) 管理人因故退任或被撤换,无新的管理人承继的;
(3) 托管人因故退任或被撤换,无新的托管人承继的;
(4) 基金持有人大会上通过提前终止基金的决议。

开放式基金是指发行总额不固定,基金单位总数随时增减,投资者可以按基金报价在国家规定的营业场所申购或者赎回基金单位的投资基金。

为了应付投资者赎回资金、实现变现的要求,开放式基金一般都从所筹资金中拨出一定比例,以现金形式保持这部分资产。这虽然会影响基金的盈利水平,但作为开放式基金来说是必须的。

封闭式基金与开放式基金有以下主要区别:

(1) 期限不同。封闭式基金有固定的封闭期,期满后要予以清盘。通常在 5 年以上,一般为 10 年或 15 年,经受益人大会通过并经主管机关同意可以适当延长期限。而开放式基金没有预定存在期限,投资者可随时向基金管理人赎回基金单位,若大量赎回甚至会导致清盘。

(2) 发行规模限制不同。封闭式基金的基金规模是固定的,在封闭期限内未经法定程序认可不能再增加发行。开放式基金没有发行规模限制,投资者可随时提出认购或赎回申请,基金规模就随之增加或减少。

(3) 基金单位交易方式不同。封闭式基金的基金单位在封闭期限内不能赎回,在证券交易所上市或者在柜台转让,交易多数在投资者之间完成。开放式基金的投资者则可以在首次发行结束一段时间(多为 3 个月)后,随时向基金管理人或中介机构提出购买或赎回申请,绝大多数开放式基金通常不上市交易。

(4) 基金单位交易价格的计算标准不同。封闭式基金与开放式基金的基金单位除首次发行价都是按面值加一定百分比的购买费计算外,以后的交易计价方式就不同了。封闭式基金的买卖价格受市场供求关系的影响,常出现溢价或折价现象,并不必然反映基金的净资产值。开放式基金的交易价格则取决于基金每单位净资产值的大小,其申购价一般是基金单位净资产值加一定的购买费,赎回价是基金单位净资产值减去一定的赎回费,不直接受市场供求影响。

(5) 投资策略不同。封闭式基金在封闭期内基金规模不会减少,因此可进行长期投资,基金资产的投资组合能有效地在预定计划内进行。开放式基金因基金单位可随时赎回,为应付投资者随时赎回兑现,基金资产不能全部用来投资,更不能把全部资本用来进行长线投资,必须保持基金资产的流动性,在投资组合上需保留一部分现金和高流动性的金融商品。

(6) 交易费用不同。封闭式基金在交易价格之外要付出一定比率的证券交易税和手续费。开放式基金的有关费用包含在基金价格之中。

(7) 基金单位净资产公布时间不同,封闭式基金一般间隔一周、3个月等较长时间公布一次。开放式基金基本上是每个交易日连续地公布的。

3. 按投资标的划分,基金可分为国债基金、股票基金、货币市场基金等其他投资基金

国债基金是一种以国债为主要投资对象的证券投资基金。由于国债的年利率固定,又有国家信用作为保证,因此,这类基金的风险较低,适合于稳健型投资者。国债基金的收益会受货币市场利率的影响,当市场利率下调时,其收益就会上升;反之,若市场利率上调,则基金收益率将下降。除此以外,汇率也会影响基金的收益,管理人在购买非本国货币的债券时,往往还在外汇市场上做套期保值。

股票基金是指以股票为主要投资对象的证券投资基金。股票基金的投资目标侧重于追求资本利得和长期资本增值。基金管理人拟订投资组合,将资金投放到一个或几个国家甚至全球的股票市场,以达到分散投资、降低风险的目的。投资者之所以钟爱股票基金,原因在于可以有不同的风险类型供选择,而且可以克服投票市场普遍存在的区域性投资限制的弱点。此外,还具有变现性强、流动性强等优点。由于股票投资基金聚集了巨额资金,几只甚至一只基金就可以引发股市动荡,所以各国政府对股票基金的监管都十分严格,不同程度地规定了基金购买某一家上市公司的股票总额不得超过基金资产净值的一定比例,防止基金过度投机和操纵股市。

货币市场基金是以货币市场为投资对象的一种基金,其投资工具期限在一年内,包括银行短期存款、国库券、公司债券、银行承兑票据及商业票据等。通常,货币基金的收益会随着市场利率的下降而降低,与国债基金正好相反。货币市场基金通常被认为是无风险或低风险的投资。

指数基金是20世纪70年代以来出现的新的基金品种。为了使投资者能获取与市场平均收益相接近的投资回报,产生了一种功能上近似或等于所编制的某种证券市场价格指数的基金。其特点是:它的投资组合等同于市场价格指数的权数比例,收益随着当期的价格指数上下波动。当价格指数上升时基金收益增加,反之收益减少。基金因始终保持当期的市场平均收益水平,因而收益不会太高,也不会太低。指数基金的优势是:第一,费用低廉,指数基金的管理费较低,尤其交易费用较低。第二,风险较小。由于指数基金的投资非常分散,可以完全消除投资组合的非系统风险,而且可以避免由于基金持股集中带来的流动性风险。第三,以机构投资者为主的市场中,指数基金可获得市场平均收益率,可以为股票投资者提供更好的投资回报。第四,指数基金可以作为避险套利的工具。对于投资者尤其是机构投资者来说,指数基金是他们避险套利的重要工具。指数基金由于其收益率的稳定性和投资的分散性,特别适用于社保基金等数额较大、风险承受能力较低的资金投资。到目前为止,我国共有三个指数优化型基金:基金兴和、普丰和景福。但是,这三个优化指数基金都不是真正意义上的指数基金,而是一种混合型的金融产品,其投资组合包括指数投资部分、积极股票投资部分和国债投资部分。一般情况下,指数投资部分应占基金资产的50%,该部分

最低不得低于基金资产的30%,国债投资部分不得低于基金资产的20%,其他部分的基金资产则可以用于积极股票投资。

衍生证券投资基金是一种以衍生证券为投资对象的基金。这种基金的风险大,因为衍生证券一般是高风险的投资品种。

4. 按投资目标划分,基金可分为成长型基金、收入型基金和平衡型基金

成长型基金是基金中最常见的一种,它追求的是基金资产的长期增值。为了达到这一目标,基金管理人通常将基金资产投资于信誉度较高、有长期成长前景或长期盈余的所谓成长公司的股票。成长型基金又可分为稳健成长型基金和积极成长型基金。

收入型基金主要投资于可带来现金收入的有价证券,以获取当期的最大收入为目的。收入型基金资产成长的潜力较小,损失本金的风险相对也较低,一般可分为固定收入型基金和股票收入型基金。固定收入型基金的主要投资对象是债券和优先股,因而尽管收益率较高,但长期成长的潜力很小,而且当市场利率波动时,基金净值容易受到影响。股票收入型基金的成长潜力比较大,但易受股市波动的影响。

平衡型基金将资产分别投资于两种不同特性的证券上,并在以取得收入为目的的债券及优先股和以资本增值为目的的普通股之间进行平衡。这种基金一般将25%~50%的资产投资于债券及优先股,其余的投资于普通股。平衡型基金的主要目的是从其投资组合的债券中得到适当的利息收益,与此同时又可以获得普通股的升值收益。投资者既可获得当期收入,又可得到资金的长期增值,通常是把资金分散投资于股票和债券。平衡型基金的特点是风险比较低,缺点是成长的潜力不大。

(三) 证券投资基金的特点

基金之所以在许多国家受到投资者的广泛欢迎,发展如此迅速,都与基金本身的特点有关。作为一种成效卓著的现代化投资工具,基金所具备的特点是十分明显的。

1. 集合投资

基金是这样一种投资方式:它将零散的资金巧妙地汇集起来,交给专业机构投资于各种金融工具,以谋取资产的增值。基金对投资的最低限额要求不高,投资者可以根据自己的经济能力决定购买数量,有些基金甚至不限制投资额大小。因此,基金可以最广泛地吸收社会闲散资金,集腋成裘,汇成规模巨大的投资资金。在参与证券投资时,资本越雄厚,优势越明显,而且可能享有大额投资在降低成本上的相对优势,从而获得规模效益的好处。

2. 分散风险

以科学的投资组合降低风险、提高收益是基金的另一大特点。在投资活动中,风险和收益总是并存的,因此,"不能将所有的鸡蛋都放在一个篮子里",成为证券投资的箴言。但是,要实现投资资产的多样化,需要一定的资金实力,对小额投资者而言,由于资金有限,很难做到这一点,而基金则可以帮助中小投资者解决这个困难。基金可以凭借其雄厚的资金,在法律规定的投资范围内进行科学的组合,分散投资于多种证券,实现资产组合多样化。这样,通过多元化的投资组合,一方面借助于资金庞大和投资者众多的优势使每个投资者面临的投资风险变小;另一方面,又利用不同投资对象之间的互补性,达到分散投资风险的目的。

3. 专家管理

基金实行专家管理制度,这些专业管理人员都经过专门训练,具有丰富的证券投资经验。他们善于利用基金与金融市场的密切联系,运用先进的技术手段分析各种信息资料,能对金融市场上各种品种的价格变动趋势作出比较正确的预测,最大限度地避免投资决策的失误,提高投资成功率。对于那些没有时间,或者对市场不太熟悉的中小投资者来说,投资于基金,实际上就可以获得专家们在市场信息、投资经验、金融知识和操作技术等方面所拥有的优势,从而尽可能地避免盲目投资带来的失败。

(四) 证券投资基金的作用

1. 基金为中小投资者拓宽了投资渠道

对中小投资者来说,存款或购买债券较为稳妥,但收益率较低;投资于股票有可能获得较高收益,但风险较大。证券投资基金作为一种新型的投资工具,把众多投资者的小额资金汇集起来进行组合投资,由专家来管理和运作,经营稳定,收益可观,可以说是专门为中小投资者设计的间接投资工具,大大拓宽了中小投资者的投资渠道。在美国,目前有50%的家庭投资于基金,基金占所有家庭资产的40%左右。因此,可以说基金已进入了寻常百姓人家,成为大众化的投资工具。

2. 基金通过把储蓄转化为投资,有力地促进了产业发展和经济增长

基金吸收社会上的闲散资金,为企业在证券市场上筹集资金创造了良好的融资环境,实际上起到了把储蓄资金转化为生产资金的作用。这种把储蓄转化为投资的机制为产业发展和经济增长提供了重要的资金来源,而且,随着基金的发展壮大,这种作用越来越大。

3. 有利于证券市场的稳定和发展

第一,基金的发展有利于证券市场的稳定。证券市场的稳定与否同市场的投资者结构密切相关。基金的出现和发展,能有效地改善证券市场的投资者结构,成为稳定市场的中坚力量。基金由专业投资人士来经营管理,其投资经验比较丰富,信息资料齐备,分析手段较为先进,投资行为相对理性,客观上能起到稳定市场的作用。同时,基金一般注重资本的长期增长,多采取长期的投资行为,较少在证券市场上频繁进出。能减少证券市场的波动。第二,基金作为一种主要投资于证券的金融工具,它的出现和发展增加了证券市场的投资品种,扩大了证券市场的交易规模,起到了丰富和活跃证券市场的作用。随着基金的发展壮大,它已成为推动证券市场发展的重要动力。

4. 有利于证券市场的国际化

很多发展中国家对开放本国证券市场持谨慎态度,在这种情况下,与外国合作组建基金,逐步、有序地引进外国资本投资于本国证券市场,不失为一个明智的选择。与直接向投资者开放证券市场相比,这种方式使监管当局能控制好利用外资的规模和市场开放程度。

(五) 证券投资基金与股票、债券的区别

1. 它们所反映的经济关系不同

股票反映的是所有权关系,债券反映的是债权债务关系,而契约型基金反映的则是信托关系。

2. 它们所筹资金的投向不同

股票和债券是融资工具,筹集的资金主要是投向实业,而基金主要是投向其他有价证券等金融工具。

3. 它们的风险水平不同

股票的直接收益取决于发行公司的经营效益,不确定性强,投资于股票有较大的风险。债券的直接收益取决于债券利率,而债券利率一般是事先确定的,投资风险较小。基金主要投资于有价证券,而且其投资选择相当灵活多样,从而使基金的收益有可能高于债券,投资风险又可能小于股票。因此。基金能满足那些不能或不宜于直接参与股票、债券投资的个人或机构的需要。

二、证券投资基金当事人

(一)证券投资基金投资人

基金投资人是指持有基金单位或基金股份的自然人和法人,也就是基金的持有人。他们是基金的实际所有者,享有基金信息的知情权、表决权和收益权。基金的一切投资活动都是为了增加投资者的收益,一切风险管理都是围绕保护投资者利益来考虑的。因此,投资人是基金一切活动的中心。

1. 基金投资人的权利

基金投资人的基本权利包括对基金收益的享有权、对基金单位的转让权和在一定程度上对基金经营的决策权。对于不同类型的基金,投资人对投资决策的影响方式是不同的。在公司型基金中,基金投资人通过股东大会选举产生基金公司的董事会来行使基金公司的重大决策权利。而在契约型基金中,基金投资人只能通过召开基金收益人大会对基金的重大事项作出决议,但对基金日常决策一般不能有直接影响。

根据有关规定,我国基金投资人享有如下权利:①出席或委派代表出席基金投资人大会;②取得基金收益;③监督基金经营情况,获得基金业务及财务状况方面的资料;④申购、赎回或转让基金单位;⑤取得基金清算后的剩余资产;⑥基金契约规定的其他权利。

基金投资人大会可以对以下重大事项作出决议并报中国证监会批准:①修改基金契约;②提前终止基金;③更换基金管理人;④更换基金托管人。

2. 基金投资人的义务

基金投资人在享有权利的同时,也必须承担这些义务包括:①遵守基金契约;②缴纳基金认购款项及规定的费用;③承担基金亏损或终止的有限责任;④不从事任何有损基金及其他基金投资人利益的活动。

(二)证券投资基金管理人

1. 基金管理人的概念

基金管理人是负责基金发起设立与经营管理的专业性机构。我国《基金法》规定,基金管理人由依法设立的基金管理公司担任。基金管理公司通常由证券公司、信托投资公司或其他机构等发起成立,具有独立法人地位。基金管理人作为受托人,必须履行"诚信义务"。

基金管理人的目标函数是受益人利益的最大化,因而,不得在处理业务时考虑自己的利益或为第三者牟利。

2. 基金管理人的资格

基金管理人的主要业务是发起设立基金和管理基金。由于基金份额持有人通常是人数众多的中小投资者,为了保护这些投资者的利益,必须对基金管理人的资格作出严格规定,使基金管理人更好的负起管理基金的责任。对基金管理人需具备的条件,各个国家和地区有不同的规定。我国《基金法》规定:"设立基金管理公司,应当具备以下条件,并经国务院证券监督管理机构批准:

(1) 有符合本法和《中华人民共和国公司法》规定的章程;

(2) 注册资本不低于1亿人民币,且必须为实缴货币资本;

(3) 主要股东具有从事证券经营、证券投资咨询、信托资产管理或者其他金融资产管理的较好的经营业绩和良好的社会信誉,最近3年没有违法记录,注册资本不低于3亿人民币;

(4) 取得基金从业资格的人员达到法定人数;

(5) 有符合要求的营业场所、安全防范设施和与基金管理业务有关的其他设施;

(6) 有完善的内部稽核控制度和风险控制制度;

(7) 法律、行政法规规定的和经国务院批准国务院证券监督管理机构规定的其他条件。"

3. 基金管理人的职责

我国《基金法》规定:"基金管理人应当履行下列责任:依法募集资金,办理或委托经国务院证券监督管理机构认定的其他机构未办理基金份额的发售、申购、赎回和登记事宜;办理基金备案手续;对所管理的不同基金财产分别管理、分别记账、进行证券投资;按照基金合同的约定确定基金收益分配方案,及时向基金份额持有人分配收益;进行基金会计核算并编制基金财务会计报告;编制中期和年度基金报告;计算并公告基金资产净值,确定基金份额申购、赎回价格;办理与基金财产管理业务活动有关的信息披露事项;召集基金份额持有人大会;保存基金财产管理业务活动的记录、账册、报表和其他相关资料;以基金管理人的名义,代表基金份额持有人利益行使诉讼权利或者实施其他法律行为;国务院证券监督管理机构规定的其他职责。"

我国《基金法》规定:"基金管理人不得有下列行为:将其固有财产或者他人财产混同于基金财产从事证券投资;不公平地对待其管理的不同基金财产;利用基金财产为基金份额持有人以外的第三人牟取利益;向基金份额持有人违规承诺收益或者承担损失;依照法律、行政法规有关规定,由国务院证券监督管理机构规定禁止的其他行为。"

(三) 证券投资基金托管人

1. 基金托管人的概念

基金托管人是依据基金运行中"管理与保管分开"的原则对基金管理人进行监督和保管基金资产的机构,是基金持有人权益的代表,通常由有实力的商业银行或信托投资公司担任。基金托管人与基金管理人签订托管协议,在托管协议规定的范围内履行自己的职责并收取一定的报酬。基金托管人在基金的运行过程中起着不可或缺的作用。

2. 基金托管人的资格

基金托管人的作用决定了它对所托管的基金承担着重要的法律及行政责任,因此,有必要对托管人的资格作出明确规定。概括地说,基金托管人应该是完全独立于基金管理机构、具有一定的经济实力、实收资本达到相当规模、具有行业信誉的金融机构。《基金法》规定,经批准设立的基金应委托商业银行作为托管人。基金托管人主要条件如下:

(1) 设有专门的基金托管部;

(2) 实收资本不少于80亿元;

(3) 有足够的熟悉托管业务的专职人员;

(4) 具备安全保管基金全部资产的条件;

(5) 具备安全、高效的清算、交割能力。

3. 基金托管人的职责

依照《基金法》的规定,基金托管人的主要职责有:

(1) 安全保管基金的全部资产;

(2) 执行基金管理人的投资指令,并负责办理基金名下的资金往来;

(3) 监督基金管理人的投资运作,发现基金管理人的投资指令违法违规的,不予执行,并向中国证监会报告;

(4) 复核、审查基金管理人计算的基金资产净值及基金价格;

(5) 保存基金的会计账册、记录15年以上;

(6) 出具基金业绩报告,提供基金托管情况,并向中国证监会和中国人民银行报告;

(7) 基金契约、托管协议规定的其他职责。

《开放式基金管理办法》规定,基金托管人除应当遵守上述规定外,还应当履行下列职责:

(1) 依法持有基金资产。

(2) 采取适当、合理的措施,使开放式基金单位的认购、申购、赎回等事项符合基金契约等有关法律文件的规定。

(3) 采取适当、合理的措施,使基金管理人用以计算开放式基金单位认购、申购、赎回和注销价格的方法符合基金契约等法律文件的规定。

(4) 采取适当、合理的措施,使基金投资和融资的条件符合基金契约等法律文件的规定。

(5) 在定期报告内出具托管人意见,说明基金管理人在各重要方面的运作是否严格按照基金契约的规定进行;如果基金管理人有未执行基金契约规定的行为,还应当说明基金托管人是否采取了适当的措施。

(四) 证券投资基金当事人之间的关系

1. 持有人与管理人之间的关系

基金持有人是基金的实际所有者,而基金管理人则是凭借专门的知识与经验,运用所管理基金的资产,根据法律、法规及基金章程或基金契约的规定,按照科学的投资组合原理进行投资决策,谋求所管理基金资产的不断增值,并为基金持有人获取尽可能多收益的机构。所以,基金持有人与基金管理人的关系实质上是所有人与经营者之间的关系。前者是基金资产的所有者,后者是基金资产的经营者。前者既可以是自然人,也可以是法人或其他社会团体;后者则是由职业投资专家组成的专门经营者,是依法成立的法人。

2. 管理人与托管人之间的关系

管理人与托管人之间的关系是经营与监管的关系。基金管理人和基金托管人应当在行政上、财务上相互独立,其高级管理人员不得在对方兼任何职务。基金管理人由投资专家组成,负责基金资产的经营;托管人由主管机关认可的金融机构担任,负责基金资产的保管,依据基金管理机构的指令处置基金资产并监督管理人的投资运作是否合法合规。对基金管理人而言,处理有关证券、现金收付的具体事务交由基金托管人办理,自己就可以专心从事资产的运用和投资决策。基金管理人和基金托管人均对基金持有人负责。他们的权利和义务在基金契约或基金公司章程中预先界定清楚,任何一方有违规之处,对方都应当监督并及时制止,直至请求更换违规方。这种相互制衡的运行机制,有利于基金信托财产的安全和基金运用的高效。但是,这种机制的作用得以有效发挥的前提是基金托管人与基金管理人必须严格分开,由不具有任何关联的不同机构或公司担任,两者在财务上、人事上、法律地位上应该完全独立。

3. 持有人与托管人之间的关系

持有人与托管人的关系是委托与受托的关系,也就是说,基金持有人把基金资产委托给基金托管人管理。对持有人而言,把基金资产委托专门的机构管理,可以确保基金资产的安全。对基金托管人而言,必须对基金持有人负责,监管基金管理人的行为,使其经营行为符合法律法规的要求,为基金持有人勤勉尽职,保证资产安全,提高资产的报酬。

三、证券投资基金的费用、估值与收益

(一)证券投资基金的费用

基金从设立到终止都要支付一定的费用。通常情况下,基金所支付的费用主要有以下几个方面。

1. 基金管理费

基金管理费是指从基金资产中提取的、支付给为基金提供专业化服务的基金管理人的费用,也就是管理人为管理和操作基金而收取的费用。这笔费用用于基金管理公司在该年度的各种必要的开支,包括有关登记及秘书工作的费用。基金管理费通常按照每个估值日基金净资产的一定比例(年率),逐日计算,按月支付。费率的大小通常与基金规模成反比,与风险成正比。基金规模越大,风险越小,管理资率就越低;反之,则越高。不同的国家及不同种类的基金,管理费率不完全相同。在美国,各种基金的年管理费通常在基金资产净值的1%左右。在我国目前,基金的年管理费率为基金资产净值$1.25\%\sim1.5\%$,基金费率由基金管理人确定,不同的基金有不同的收费标准,但均会在基金招募说明书中予以公布。而在多种基金中,货币基金的年管理费率为最低,约为基金资产净值$0.25\%\sim1\%$;其次为债券基

金,约为0.5%～1.5%;股票基金居中,约为1%～1.5%;认股权证基金约为1.5%～2.5%。管理费通常从基金的股息、利息收益中或从基金资产中扣除,不另向投资者收取。有的基金也准许预提一部分管理费。

2. 基金托管费

基金托管费是指基金托管人为保管和处理基金资产而向基金收取的费用。托管费通常按照基金资产净值的一定比例提取,逐日计算并累计,按月支付给托管人。托管费从基金资产中提取。费率也会因基金种类不同而异,如中国香港伯富东方小型企业信托基金的托管费率为0.2%;而香港渣打世界投资基金支付的托管年费分得更细,股票基金为基金资产净值的0.25%,债券基金为基金资产净值的0.125%。我国证券投资基金的年托管费率为基金资产净值的0.25%。

3. 基金运作费

基金运作费包括支付注册会计师费、律师费、召开年会费用、中期和年度报告的印刷制作费以及买卖有价证券的手续费等。这些开销和费用是作为基金的营运成本支出的。运作费占资产净值的比率较小,通常要在基金契约中事先确定,并按有关规定支付。

一个基金运作是否有效率,主要看其运作费用是否偏高。如果运作费用较高,投资者的投资成本就高;反之,则较低。运作费用比率高低与基金规模有关,一般情况下,基金规模越大,运作费用比率越低。另外,表现不好的基金,运作费用比率也比较高。所以,运作费用高低是投资者衡量基金效率及表现的指标之一。

运作费用比率的高低也与基金规定的最低投资额的高低有关,如果最低投资额订得太低,运作费用比率就会相应提高。此外,新设立的基金和投资于多国证券市场的国际基金,其运作费用比率也较高。

4. 基金宣传费用

基金宣传费用是指基金支付广告费、宣传品支出、公开说明书和年报中报的印刷制作费、销售人员佣金、股票经纪人及财务顾问的佣金等营销费用。

5. 基金清算费用

基金清算费用是指基金终止时清算所需的费用,按清算时的实际支出从基金资产中提取。

6. 开放式基金的申购费和赎回费

我国《开放式证券投资基金试点办法》规定,开放式基金可以收取申购费,但申购费率不得超过申购金额的5%,申购费用可以在基金申购时收取,也可以在赎回时从赎回金额中予以扣除。

我国《开放式证券投资基金试点办法》还规定,开放式基金可以根据基金管理运作的实际需要,收取合理的赎回费,但赎回费率不得超过赎回金额的3%;赎回费收入在扣除基本手续费后,余额应当归基金所有。开放式基金可以选用可调整的申购、赎回费率。开放式基金收取费用的方式、条件以及费率标准应当在基金契约和招募说明书中予以载明。

（二）证券投资基金资产的估值与净值的计算

投资者投资于基金的目的是为了获取比较稳定的收益。基金管理人作为基金的受托人，必须采取一定的方式向投资者表明基金的运行情况，其主要方法是对基金资产进行估值，并定期计算和公布基金的净资产值。

1. 基金资产的估值

基金资产的估值是指对基金的资产净值按照进行估算。

（1）估值的目的

无论哪一种基金，在初次发行时都将基金总额分成若干个等额的整数份，每一份即为一"基金单位"。在基金的运作过程中，基金单位价格会随着基金资产值和收益的变化而变化。为了比较准确地对基金进行计价和报价，使基金价格能较准确地反映基金的真实价值，就必须对某个时点上每基金单位实际代表的价值予以估算，并将经估值的资产净值予以公布。

（2）估值日的确定

综观世界各国的各种基金，因其管理制度的不同而对基金资产净值的估值日的具体规定也不尽相同。不过，通常都规定，基金管理人必须在每一个营业日或每周一次或至少每月一次计算并公布基金的资产净值。

（3）估值暂停

基金管理人虽然必须按规定对基金净资产进行估值，但遇到下列特殊情况，有权暂停估值：基金投资所涉及的证券交易场所遇法定节假日或因故暂停营业时；出现巨额赎回的情形；其他无法抗拒的原因致使管理人无法准确评估基金的资产净值。

2. 基金资产净值的计算

基金资产净值，英文缩写为NAV，是指某一时点上某一投资基金每份基金单位实际代表的价值，是基金单位价格的内在价值。基金资产净值是商量一个基金经营好坏的主要指标，也是基金单位交易价格的计算依据：一般情况下，基金单位价格与资产净值趋于一致，即资产净值增长，基金价格也随之提高。尤其是开放式基金，其基金单位的申购或赎回价格都是直接按资产净值来计价。但是，封闭式基金在证券交易所上市，其价格除取决于资产净值外，还受到市场供求状况、经济形势、政治环境等多种因素的影响，所以其价格与资产净值常发生偏离。

基金资产净值的计算包括基金资产净值总额的计算和基金单位资产净值的计算。

（1）基金资产净值总额的计算

按一般公认的会计原则，基金资产净值总额等于基金资产总额减去基金负债总额。

基金资产总额是指基金拥有的所有资产（包括股票、债券、银行存款、其他有价证券等）按照公允价格计算的价值总和。

①基金拥有的上市股票、认股权证，以最近日集中交易市场的加权平均价格为准；上市的股票、认股权证则由有资格指定的会计师事务所或资产评估机构测算。

②基金拥有的国债、公司债、金融债券等债券，已上市者，以最近日的加权平均价格加上至计算日的应收利息为准；未上市者，一般以其面值加上至计算日时应收利息为准。

③基金所拥有的短期票据,以买进成本加上自买进日起至计算日止应收的利息为准。

④若第①条、第②条中规定的计算日没有收盘价格或参考价格,则以最近的收盘价格或参考价格代替。

⑤现金与相当于现金的资产,包括存放在其他金融机构的存款。

⑥有可能无法全部收回的资产及或有负债所提留的准备金。

⑦已订立契约但尚未履行的资产,应视同已履行资产,计入资产总额。

基金负债是指基金运作和融资时所形成的负债。主要包括:

①依基金契约规定至计算日止对托管人或管理人应付未付的管理费、托管费。

②其他应付款,包括应付税金、应付利息、应付收益、应付购买证券款项、其他应付款等。

基金债务应以逐日提列方式计算。

需要说明的是,如果遇到特殊情况而无法或不宜按上述要求计算资产净值总额时,管理人应依照主管机关的规定办理。

(2) 基金单位资产净值的计算

基金单位资产净值是指计算日基金净值除以计算日单位基金总数后的价值。主要有两种计算方法:

①已知价计算法。已知价又叫历史价,是指上一个交易日的加权平均价。已知价计算法就是基金管理人根据上一个交易日的收盘价来计算基金所拥有的金融资产,包括股票、债券、期货合约、认股权证等的总值,减去上一交易日收盘时的基金负债总值,然后除以已售出的基金单位总额,得出每个基金单位的资产净值。采用已知价计算法,投资者当天就可以知道单位基金的买卖价格,可以及时办理交割手续。计算公式如下:

$$基金单位资产净值=(基金总资产-基金总负债)\div 已售出的基金单位总数$$

②未知价计算法。未知价又称期货价,是指当日证券市场上各种金融资产的加权平均价,即基金管理人根据当日加权平均价来计算基金单位资产净值。在运用这种计算方法时,投资者当天并不知道其买卖的基金价格是多少,要在第二天才知道单位基金的价格。

以上两种方法主要适用于开放式基金。

(三)证券投资基金的收益

1. 收益来源

证券投资基金的收益是基金资产在运作过程中所产生的超过本金部分的价值。基金收益主要来源于利息、股息红利、资本利得、资本增值等形式。

基金的利息收入是指基金投资于债券等固定收益证券,或将部分资金存入银行所获得的利息收入。基金的股息红利收入是指基金通过普通股或优先股的投资而在年中或年末分配时获得的收入。资本利得是指基金在证券市场上通过低买高卖的方式所赚取的价差收益。

资本增值收入是指基金所特有的资产出现升值或上市公司以公积金转增方式进行分配而获得的收入。

2. 收益分配

证券投资基金在获取投资收益并扣除费用后,需把投资利润分配给受益人。基金分配通常有两种方式:一是分配现金,这是最普遍的分配方式;二是分配基金单位,即将应分配的净收益折为等额的新的基金单位送给受益人。我国《证券投资基金管理暂行办法》规定,基金的收益分配应当采用现金形式,每年至少分配一次,分配比例不得低于基金净收益的90%。基金当年亏损,则不进行收益分配。基金当年的收益弥补上一年亏损之后才能分配。

四、基金定投

基金定投是定期定额投资基金的简称,是指在固定的时间(如每月8日)以固定的金额(如500元)投资到指定的开放式基金中,类似于银行的零存整取方式。这样投资可以平均成本、分散风险,比较适合进行长期投资。

(一)基金定投基本概念

基金定投有懒人理财之称,价值缘于华尔街流传的一句话:"要在市场中准确地踩点入市,比在空中接住一把飞刀更难。"如果采取分批买入法,就克服了只选择一个时点进行买进和沽出的缺陷,可以均衡成本,使自己在投资中立于不败之地,即定投法。

一般而言,基金的投资方式有两种,即单笔投资和定期定额。由于基金"定额定投"起点低、方式简单,所以它也被称为"小额投资计划"或"懒人理财"。

"相对定投,一次性投资收益可能很高,但风险也很大。"从前年开始进行定投的刘女士告诉记者,"我现在每月投资1000元,留给3岁的女儿做教育基金,所以我更看重稳妥和省心,钱放进去就不用操心了。"由于规避了投资者对进场时机主观判断的影响,定投方式与股票投资或基金单笔投资追高杀跌相比,风险明显降低。

基金定期定额投资具有类似长期储蓄的特点,能积少成多,平摊投资成本,降低整体风险。它有自动逢低加码、逢高减码的功能,无论市场价格如何变化总能获得一个比较低的平均成本,因此定期定额投资可抹平基金净值的高峰和低谷,消除市场的波动性。只要选择的基金有整体增长,投资人就会获得一个相对平均的收益,不必再为入市的择时问题而苦恼。

(二)基金定投特点

1. 平均成本、分散风险

普通投资者很难适时掌握正确的投资时点,常常可能是在市场高点买入,在市场低点卖出。而采用基金定期定额投资方式,不论市场行情如何波动,每个月固定一天定额投资基金,由银行自动扣款,自动依基金净值计算可买到的基金份额数。这样投资者购买基金的资金是按期投入的,投资的成本也比较平均。

2. 适合长期投资

由于定期定额是分批进场投资,当股市在盘整或是下跌的时候,由于定期定额是分批承接,因此反而可以越买越便宜,股市回升后的投资报酬率也胜过单笔投资。对于中国股市而言,长期看应是震荡上升的趋势,因此定期定额非常适合长期投资理财计划。

摩根富林明投顾公司对台湾投资者的调研结果显示,约有30%的投资者选择定期定额投资基金的方式。尤其是31~40岁的壮年族群,有高达36%的比例从事这项投资。投资者对投资工具的满意度调查显示,买卖台湾股票投资者的满意度为39.5%,单笔购买台湾基金者满意度达55%,单笔投资海外基金者满意度达52.5%,而定期定额投资基金者的满意度则高达53.2%,进一步说明投资者对波动性较低、追求中长线稳定增值投资标的较为青睐。

3. 更适合投资新兴市场和小型股票基金

中长期定期定额投资绩效波动性较大的新兴市场或者小型股票型海外基金,由于股市回调时间一般较长而速度较慢,但上涨时间的股市上涨速度较快,投资者往往可以在股市下跌时累积较多的基金份额,因而能够在股市回升时获取较佳的投资报酬率。根据Lipper基金资料显示,截至2005年6月底,最近3年持续扣款投资在任一新兴市场或小型公司股票类型基金的投资者至少有23%的平均报酬率。

4. 自动扣款,手续简单

定期定额投资基金只需投资者去基金代销机构办理一次性的手续,此后每期的扣款申购均自动进行,一般以月为单位,但是也有以半月、季度等其他时间限期作为定期的单位的。相比而言,如果自己去购买基金,就需要投资者每次都亲自到代销机构办理手续。因此定期定额投资基金也被称为"懒人理财术",充分体现了其便利的特点。

总之,基金定投具有省时省力、省事省心、定期投资、积少成多、不用考虑投资时点、平均投资、分散风险、复利效果、长期可观、办理手续便捷快速等优点。

目前,已经有工商银行、交通银行、建设银行和民生银行等开通了基金定投业务,值得一提的是,基金定投的进入门槛较低,例如工商银行的定投业务,最低每月投资500元就可以进行基金定投。投资者可以在网上进行基金的申购、赎回等所有交易,实现基金账户与银行资金账户的绑定,设置申购日、金额、期限、基金代码等进行基金的定期定额定投。与此同时,网上银行还具备基金账户查询、基金账户余额查询、净值查询、变更分红方式等多项功能,投资者可轻松完成投资。

(三)案例

由于定期定额投资是在固定时间间隔以固定金额投资基金。一般可以不在乎进场时点。

举例来说,若每隔两个月投资100元于某一只开放式基金,1年下来共投资6次总金额为600元,每次投资时基金的申购价格分别为1元、0.95元、0.90元、0.92元、1.05元和1.1元,则每次可购得的基金份额数分别为100份、105.3份、111.1份、108.7份、95.2份和90.9份(未考虑申购费),累计份额数为611.2份,则平均成本为$600 \div 611.2 = 0.982$元,投资报酬率则为$(1.1 \times 611.2 - 600) \div 600 \times 100\% = 12.05\%$。

如果一开始即以1元的申购价格投资600元,当基金净值达到1.1元时,投资报酬率则只有10%。当然,如果你是在基金净值为0.90元时一次性投资,当基金净值达到1.1元时,回报率就有22.2%,问题是,要抓到这样的低点并不是一件容易的事。

任务4 股指期货

2010年我国股指期货启动,王先生也想参与其中,可是他不知道自己是否能参与股指期货,股指期货能否带来更高的收益。请你根据以下资讯,给出相应的答案。

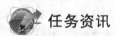 任务资讯

一、金融衍生工具概述

(一)金融衍生工具的概念

金融衍生工具,又称金融衍生产品(Derivative Security),是指建立在基础金融工具或基础金融变量之上,其价格取决于后者价格变动的派生产品。

所谓基础金融工具,就是能够产生衍生工具的传统金融工具,也可称之为标的(Underlying)变量,最常见的是可交易证券的价格。例如,股票期权是一个衍生证券,其价值依附于股票的价格。但事实上,衍生证券可以依附于任何变量,从生猪价格到某个滑雪胜地的降雪量。

金融衍生工具是20世纪七八十年代全球金融创新浪潮中的高科技产品,它是在传统金融工具基础上衍生出来的,通过预测股价、利率、汇率等未来行情走势,采用支付少量保证金或权利金签订远期合同或互换不同金融商品等交易形式的新兴金融工具。

(二)远期合约、期货、期权的一般性说明

国际上金融衍生工具种类繁多,包括远期合约、期货、期权、掉期等类别。活跃的金融创新活动又在接连不断地推出新的衍生产品。

为便于后面问题的理解,我们首先从一般意义上介绍一些有关远期合约、期货和期权的知识,然后再说明金融衍生工具相关的问题。

1. 远期合约

远期合约(Forward Contract)是一个特别简单的衍生证券。它是一个在确定的将来时刻按确定的价格购买或出售某项资产的协议。通常是在两个金融机构之间或金融机构与其公司客户之间签署该合约。它不在规范的交易所内交易。

当远期合约的一方同意在将来某个确定的日期以某个确定的价格购买标的资产时,我们称这一方为多头(Log Position)。另一方同意在同样的日期以同样的价格出售该标的资产,这一方称为空头(Short Position)。特定的价格称为交割价格。

2. 期货

(1) 概念

期货是以一定商品或金融工具为标的物的标准化合约,是买卖双方根据事先的约定,同意在未来某个特定的时间,按照双方事先约定的价格,进行商品或金融工具交易的一种标准

化协议。根据标准化合约标的物的不同,期货可以分为商品期货和金融期货两大类。商品期货又可分为农产品期货、金属期货和能源期货;金融期货则主要包括利率期货、汇率期货和股票指数期货。

搞笑版期货定义:一个馒头引发的交易

8月1日,市场上馒头的价格是3毛5分钱一个。有两个人,对馒头未来的价格意见不一。A认为随着物价上涨,一个月后馒头要涨到5毛钱一个,B则认为未必,一个月后馒头可能降到3毛钱一个。两个人争执不休,决定找一个裁判。裁判说,既然这样我给你们出个公证书,保证一个月后B卖给A一个馒头。双方经过讨价还价,最后以4毛钱的价格成交。

一个月后,即9月1日,在裁判的公证下双方履约,由B以4毛钱的价格卖给A一个馒头。假如当时市场上馒头的价格果然上涨到了5毛钱,则A就赚了1毛,B则亏了1毛。假如市场上馒头价格跌到了3毛钱,则A就亏了1毛,B赚了1毛。如果市场价就是4毛,双方不赚不赔,只损失给裁判一些公证费。

这就是期货交易。

如果将馒头换成玉米,就是玉米期货,换成股票指数,就是股指期货。

A就是多头,B是空头,裁判是交易所,裁判的公证书就是期货合约。4毛钱就是8月1日这天馒头的期货价格。大家记住同一天馒头的现货价格是3毛5。

期货交易每天都在进行,所以每天期货价格都在变化。在这份公证书到期之前,A和B随时可以把公证书转让给他人,假如A转给C,B转给D,则C和D就要在9月1日分别履行买卖馒头的义务,他们参与这个交易的目的是为了在期货价格变化中获利。

(2) 期货市场交易规则

期货交易同股票交易非常相似,大部分投资者也是以低买高卖或者高卖低买赚取价差,也通过集合竞价和连续竞价产生价格,正面只是集中介绍几点期货与股票市场不同的交易制度。

①合约标准化

期货交易的对象是标准化合约(馒头交易中的公证书),所谓标准化合约其实就是商品(或金融工具)的购销合同,除了价格由双方竞价产生外,其他任何履约条件都由交易所详细规定并且担保执行。合约的卖方承担到期日按合约规定条件提供商品给买方的义务,合约的买方承担到期日按合约规定条件足额付款买入商品(或金融工具)的义务。

标准化合约是由交易所经证监会批准发行的,它是标准化的,意味着买卖双方不需要再面对面谈判,从而大大节约了谈判成本,提高了交易效率。

例如:

表 2-2 郑州商品交易所小麦期货合约

交易品种	小麦
交易代码	WT
交易单位	10 吨/手
报价单位	元/吨
交割月份	1、3、5、7、9、11
最小变动价位	1 元/吨
每日价格最大波动限制	不超过上一交易日结算价±3%
最后交易日	合约交割月份的倒数第七个交易日
交易时间	每周一至五上午 9:00～11:30 下午 1:30～3:00
交易手续费	2 元/手(含风险准备金)
交易保证金	合约价值的 5%
交割日期	合约交割月份的第一交易日至最后交易日
交割品级	标准品:二等硬冬白小麦 符合 GB 1351—1999 替代品:一、三等硬冬白小麦 符合 GB 1351—1999
交割地点	交易所指定交割仓库
交割方式	实物交割
上市交易所	郑州商品交易所

由此可见,在期货合约中,商品的数量、质量、交割时间及交割地点都是固定的,价格是唯一的变量。

与远期合约不同,期货合约是期货交易所制定的标准化合约,通常在交易所内交易。

②交易集中化

任何期货交易必须通过交易所进行。交易品种必须是证监会批准交易所统一发行的标准化合约。

只有交易所会员可以进入交易大厅进行期货交易。非会员只能通过会员参与期货交易。

会员分为非经纪会员和经纪会员。非经纪会员只能为自己进行期货交易,不能代理客户交易。经纪会员即期货公司受客户委托,以自己的名义代替客户进行指定的期货交易。

③双向交易和对冲机制

双向交易是指参与者介入期货市场,既可以做买方,也可以做卖方,不管手里有没有货对冲机制是指买方和卖方如果不愿意到期履约,随时可以通过反向交易对冲掉原先的头寸,从而免除履约责任。

因为期货交易对象是未到期的合约,因此可以先买后卖,也可以先卖后买。类似于期房销售,房子还没有盖好,就先以收取部分定金的方式销售出去。期货比期房交易更合理,因为不仅买方要交保证金,卖方也要交同样的保证金以担保合约的履行。

因此,股票交易是以买开始,以卖结束;而期货交易则是以开仓建立头寸,方向既可以是买,也可以是卖;然后以平仓结束头寸,同样可以是卖,也可以是买。

如果开仓买入一手合约,然后开仓卖出一手合约,此时手中是两手合约,一手多单,一手空单,到交割日仍需自己给自己履约,同时每天都要进行盈亏结算。只有平仓卖出合约才能对冲掉手中头寸,才是免除履约责任,跟交易所不再有任何关系。

同样,开仓卖出一手合约,也必须平仓买入一手合约才能对冲掉手中头寸,免除履约责任。

到交割日仍没有平仓,就必须参与交割履行合约。

这样期货交易就有两条通道:

做多——买入开仓-卖出平仓(现行股票市场只能做多);

做空——卖出开仓-买入平仓。

④杠杆机制

期货交易实行保证金制度,也就是说交易者在进行期货交易时只需要缴纳少量的保证金,一般为成交合约价值的5%～10%,就能完成数倍乃至数10倍的合约交易。这就是期货交易"四两拨千斤"的特点,被形象地称为"杠杆机制"。如果保证金为5%,则真实价格上涨5%就意味着资金翻番,下跌5%就是血本无归。杠杆机制使期货交易具有高收益高风险的特点。

期货保证金账户上的资金要分成两个部分,一是按照法定保证金比率根据持仓头寸的多少缴纳的交易保证金(也叫持仓保证金),这个数值随着价格的变化每天都在调整,第二部分是结算准备金,用于准备弥补亏损,因为法定准备金数值在不断变化,结算准备金也随盈利而增加,随亏损而减少。

⑤每日无负债结算制度

为了控制风险,交易所每日对会员,会员每日对客户盈亏情况进行结算,通过结算价对当日持仓进行盈亏评估。并根据盈亏结果进行真实账户划转,一旦账户中结算准备金不足以弥补当日亏损,交易所和期货公司就会进行强行平仓。这和股票不同,只要不卖出股票,账户上只有浮动盈亏,而不会进行真实的账户划转。由于结算价涉及到真实账户的盈亏计算,因此采用当日加权平均价(股指期货可能采用收盘前一小时加权平均价),而不是收盘价。这是为了防止大户操纵。

期货盈亏的计算方法:

第一步,先计算盈亏的绝对值,多头盈亏=平仓卖成交额-开仓买成交额,空头盈亏=开仓卖成交额-平仓买成交额;或者用点差计算,多头盈亏=(平仓卖价-开仓买价)×成交量,空头盈亏＝(开卖价－平买价)×成交量。

第二步,计算成本即交易保证金(也叫持仓保证金)＝开仓(买或卖)成交额×保证金比率。

第三步,计算收益率:投资收益率＝盈亏÷交易保证金×100％,总资产收益率＝盈亏÷(交易保证金＋结算准备金)×100％。前者衡量一次投资的效率,后者主要来衡量期货交易的总体收益和风险。

例如,50万总资金,买价值100万的合约,交易保证金10万。当合约价值涨10％达到到110万,盈亏＝110万－100万＝10万,则投资效率＝10万÷10万×100％＝100％,账户总资金收益率＝10万÷50万×100％＝20％。

这跟股票的盈亏计算有些不同,很多股民习惯于从成本出发,乘以价格涨跌幅得出收益额,因为成本等于成交额。但期货里成本只是成交额的10％左右,因此用这个方法计算盈亏就把简单的事搞复杂了。

⑥强行平仓制度

客户权益＝初始保证金(包括结算准备金在内的总资金)＋账面盈亏

风险率＝客户权益÷持仓保证金(交易保证金)×100％

同上例,50万总资金,买价值100万的合约,交易保证金10万。

交易前,风险率＝50万÷0＝无限大,安全无风险。

买入合约时,风险率＝50万÷10万×100％＝500％

买入合约后,当合约价值涨10％到110万,赚10万,交易保证金相应变成11万,

风险率＝(50万＋10万)÷11万×100％＝545.45％。

当风险率＞100％,无风险;当风险率＝100％,处于临界状态,就要通知客户要么追加保证金,要么平一部分仓位;当风险率＜100％,就要被强行平仓。原则是平到风险率＞100％为止。

⑦持仓限额制度

为控制风险,交易所规定会员或客户可以持有的,某一合约的净投机头寸的最大数额。例如,2手多单＋1手空单＝1手净多单。对套期保值实行审批制,不对套保头寸限额。

⑧大户报告制度

当单一会员持有单边头寸达到一定幅度时,必须向交易所申报持仓情况,以确保信息透明,防止大户操纵。

⑨风险准备金制度

交易所按照一定比例向会员(期货公司)提取风险准备金,以备其没有及时强行平仓造成透支交易时从中扣除弥补损失。

⑩信息披露制度

期货市场的信息披露制度比股票市场更为严格,交易所每日公布会员的持仓情况,市场更为透明,较少内幕交易和黑箱操作。

(3) 期货交易的三种业务类型

①套期保值(对冲)：就是买进(或卖出)与现货市场数量相同，但交易方向相反的期货合约，以期在未来某一时间通过卖出(或买进)这些期货合约来补偿因现货市场价格变动所带来的实际价格风险的交易行为。参加套期保值的厂商或个人称为套期保值者，他们同时涉足现货和期货市场。

②投机：是指冒着遭受经济损失的风险，进行证券的买卖，企图借助市场价格的变动来赚取利润的交易行为。

③套利：指进入两个或多个市场的交易，以锁定一个无风险的收益。

卖出(空头)套期保值举例：

卖出(空头)套期保值，是指商品需求者在现货市场买进现货后，在期货市场上卖出期货合约的交易行为。

某纺织厂在4月1日接到7月1日交货的棉布订单。为生产这个订单的棉布，需用40万磅棉花。当天现货市场上价格是每磅65美分。在这种情况下，该厂可以通过卖出套期保值来规避3个月后棉花价格下跌可能带来的损失。

表2-3 棉花现货价格下跌的情况

交易时间	现货市场	期货市场
4月1日	买进40万磅棉花，每磅0.65美元	卖出7月份棉花期货合约8张(每张5万磅)，每磅0.63美元
6月31日	棉花价格降至0.58美元	买进7月份棉花期货合约8张，每磅0.565美元
交易结果	每磅损失0.07美元	每磅收益0.065美元

表2-4 棉花现货价格上涨的情况

交易时间	现货市场	期货市场
4月1日	买进40万磅棉花，每磅0.65美元	卖出7月份棉花期货合约8张(每张5万磅)，每磅0.63美元
6月31日	棉花价格涨至0.70美元	买进7月份棉花期货合约8张，每磅0.69美元
交易结果	每磅盈利0.05美元	每磅损失0.06美元

买进(空头)套期保值举例：

买进(空头)套期保值，是指商品供应者在现货市场卖出商品的同时，在期货市场上买进相同数量的期货合约的交易行为。

某豆油外销商接到一份订单，以既定价格在4个月后运60万磅豆油。签约当天定的价格是购货方将要支付的，而该外销商可迟至4个月后再购进这批豆油，但购进价格又是无法确定的，可能高于也有可能低于签约当天的价格。因此该商人只能通过在期货市场上买进豆油期货合约来规避风险。

表 2-5　期货价格和现货价格同时上涨的情况

交易时间	现货市场	期货市场
2月1日	卖出60万磅豆油,每磅0.28美元	买进6月份期货合约10张(每张6万磅),每磅0.285美元
5月1日	买进60万磅豆油,每磅0.33美元	卖出6月份期货合约10张,每磅0.335美元
交易结果	每磅损失0.05美元	每磅盈利0.05美元

表 2-6　期货价格和现货价格同时下跌的情况

交易时间	现货市场	期货市场
2月1日	卖出60万磅豆油,每磅0.28美元	买进6月份期货合约10张(每张6万磅),每磅0.285美元
5月1日	买进60万磅豆油,每磅0.26美元	卖出6月份期货合约10张,每磅0.255美元
交易结果	每磅盈利0.02美元	每磅损失0.03美元

3. 期权

期权(option)的基本含义是:买卖期货合约,并在合约到期时由合约买方决定是否执行这一合约的选择权。期权的标的资产包括股票、股票指数、外汇、债务工具、各种商品和期货合约。

从形式上看,期权是一种交易双方签订的、按约定价格在约定时间买卖约定数量的约定商品的期货合约。但它与一般的期货合约是有本质的区别:购买持有这种期货合约的一方,在合约规定的交割时间有权选择是否执行这一合约,而出售这种合约的一方则必须服从买方选择。这就是期权一词中"权"字的含义。

期权中包括的选择权利可分为两类:一类是期权购买人在规定时间选择买与不买的权利;另一类是期权购买人在规定时间选择卖与不卖的权利。

期权就其实质看,已不是证券的直接交易,而是某种权利的转换,可以脱离证券而独立买卖,在预期权利所依托的证券价格的涨跌中,谋取一定的利益。由于预期价格的变动是很难掌握的,因而期权交易往往风险很大,所以一般被视为一种投机性的投资。但运用得当,则可保值或避免较大的损失。

期权有看涨期权和看跌期权之分,还有美式期权和欧式期权之分。

看涨期权(Call Option)的持有者有权在某一确定时间以某一确定的价格购买标的资产;看跌期权(Put Option)的持有者有权在某一确定时间以某一确定的价格出售标的资产。

美式期权可在期权有效期内任何时候执行。欧式期权只能在到期日执行。在交易所中交易的大多数期权为美式期权。

期权合约中的价格被称为执行价格或敲定价格,合约中的日期为到期日、执行日或期满日。

看涨期权举例:

某投资者购买 100 个 IBM 股票的欧式看涨期权，执行价格为 $100。假定股票现价为 $98，有效期限为 2 个月，期权价格为 $5。由于期权是欧式期权，投资者仅能在到期日执行。

如果股票价格在到期日低于 $100，他或她必定不执行期权（即投资者不会以 $100 的价格购买市场价值低于 $100 的股票）。在这种情况下，投资者损失了其全部的初始投资 $500。如果股票的价格在到期日高于 $100，投资者将执行这些期权。

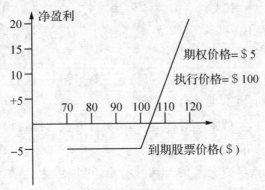

图 2-1　看涨期权

看跌期权举例：

某投资者购买了 100 个 Exxon 股票的欧式看跌期权，执行价格为 $70。假定股票的现价为 $66，距到期日有 3 个月，期权的价格为 $7。由于期权是欧式期权，投资者仅能在到期日，在股票价格低于 $70 时执行该期权。

假定在到期日股票价格为 $50。投资者以每股 $50 的价格购买 100 股股票，并按看跌期权合约的规定，以每股 $70 的价格卖出相同股票，实现每股 $20 的盈利，忽略交易成本，总盈利可达 $2000。

如果最后股价高于 $70，每一看跌期权的损失为 $7。

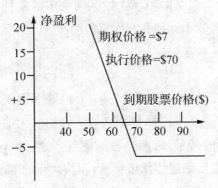

图 2-2　看跌期权

（三）金融衍生工具的分类

金融衍生工具可以按照基础工具的种类、交易形式以及自身交易方法的不同而有不同的分类。

1. 按照基础工具种类划分，金融衍生工具可以划分为股权式衍生工具、货币衍生工具和利率衍生工具

股权式衍生工具是指以股票或股票指数为基础工具的金融衍生工具。主要包括股票期货、股票期权、股票指数期货、股票指数期权以及上述合约的混合交易合约。

货币衍生工具是指以各种货币作为衍生工具的金融衍生工具，主要包括远期外汇合约、货币期权、货币互换以及上述合约的混合交易合约。

利率衍生工具是指以利率或利率的载体为基础工具的金融衍生工具，主要包括远期利率协议、利率期货、利率期权、利率互换以及上述合约的混合交易合约。

2. 按照基础工具的交易形式不同分类

第一类，是交易双方的风险收益对称，都负有在将来某一日期按一定条件进行交易的义务。属于这一类的有远期合约、期货合约、互换合约。

第二类，是交易双方风险收益不对称，合约购买方有权选择履行合约与否。属于这一类的有期权合约、认股权证、可转换债券等。

3. 按照金融衍生工具自身交易的方法及特点，可以分为金融远期、金融期货、金融期权、金融互换

金融远期是指合约双方同意在未来日期按照固定价格交换金融资产的合约。金融远期合约规定了将来交换的资产、交换的日期、交换的价格和数量，合约条款因合约双方的需要不同而不同。金融远期合约主要有远期利率协议、远期外汇合约和远期股票合约。

金融期货是指买卖双方在有组织的交易所内公开竞价的形式达成的，在将来某一特定时间交收标准数量特定金融工具的协议。主要包括货币期货、利率期货和股票指数期货三种。

金融期权是指合约双方按约定价格，在约定日期内就是否买卖某种金融工具所达成的契约，包括现货期权和期货期权两大类。

金融互换是指两个或两个以上的当事人按共同商定的条件，在约定的时间内交换一定支付款项的金融交易，主要有货币互换和利率互换两类。

（四）金融衍生工具的基本特征

1. 跨期交易

金融衍生工具是交易双方通过对利率、汇率、股价等因素变动趋势的预测，约定在未来某一时间按照一定条件进行交易或选择是否交易的合约。无论是哪一种金融衍生工具，都涉及未来某一时间金融资产的转移，跨期交易的特点十分突出，这就要求交易双方对利率、汇率、股价等价格因素的未来变动趋势作出判断，而其判断的准确与否直接决定了其在交易中的成败。

2. 杠杆效应

金融衍生工具交易一般只需要支付少量的保证金或权利金就可签订远期大额合约或互换不同的金融工具。例如，期货交易保证金通常是合约金额的5%，也就是说，期货投资者可以控制20倍于所投资金额的合约资产，实现以小搏大。因此，金融衍生工具交易具有杠杆

效应,保证金越低,杠杆效应越大,风险也就越大。在收益可能成倍放大的同时,投资者所承担的风险与损失也会成倍放大,基础工具价格的轻微变动也许就会带来投资者的大悲大喜。金融衍生工具的杠杆效应一定程度上决定了其高投机性和高风险性。

3. 不确定性和高风险

金融衍生工具的成败有赖于投资者对未来市场价格的预测和判断,金融工具价格的变幻莫测,决定了金融衍生工具交易盈亏的不稳定性,也成为金融衍生工具高风险性的重要诱因。金融衍生工具的风险性不仅仅在于金融工具的不确定性一个方面,国际证券交易组织在1994年7月公布的一份报告中,认为金融衍生工具还伴随着以下几种风险:①交易中对方违约,没有履行所作承诺而造成损失的信贷风险。②因资产或指数价格不利变动而可能带来损失的市场风险。③因市场缺乏交易对手而导致投资者不能平仓或变现所带来的流动性风险。④因交易对手无法按时付款或交割而可能带来的结算风险。⑤因交易或管理人员的人为错误或系统故障、控制失灵而造成的运作风险。⑥因合约不符合所在国法律,无法履行或合约条款遗漏及模糊而导致的法律风险。

4. 套期保值和投机套利共存

金融衍生工具产生的直接动因是规避风险、进行套期保值,然而,要求保值的交易者不可能都恰好相互达成协议。金融衍生工具在集中了社会经济各种风险之后,需要得以释放和分配,需要有大量活跃的参与者承担风险,即投机者的加入。金融衍生工具的杠杆效应正具备了吸引投机者的条件,这种低成本、高收益的交易使相当多的人甘愿冒高风险去一试高低。不论投机者的个人目的如何。他们确实成为金融衍生工具市场中不可缺少的角色,他们类似赌博的行为承担并分散了市场所集中的风险,为市场注入了活力,提高了市场运作效率,使避险者能轻易地在这个市场上转移风险。正是套期保值和投机套利在金融衍生工具市场上的"相互利用",使金融衍生工具轻易得以生存和繁衍。

二、股票指数期货交易机制

(一) 股指期货的含义

股票指数期货是指以股票价格指数作为标的物的金融期货合约。在具体交易时,股票指数期货合约的价值是用指数的点数乘以事先规定的单位金额来加以计算的,如标准·普尔指数规定每点代表250美元,香港恒生指数每点为50港元等。股票指数合约交易一般以3月、6月、9月、12月为循环月份,也有全年各月都进行交易的,通常以最后交易日的收盘指数为准进行结算。

股票指数期货交易的实质是投资者将其对整个股票市场价格指数的预期风险转移至期货市场的过程,其风险是通过对股市走势持不同判断的投资者的买卖操作来相互抵消的。

仍用馒头交易作比方,当这个馒头换成股票指数时就成了股指期货,只是股票指数期货交易的对象是股票指数,是以股票指数的变动为标准,价格以点数表示,交割以现金结算,盈亏以交割日的现货指数结算。交易双方都不拥有现实的股票指数,有的只是股票指数期货合约。

一般来说,每一个交易日在期货市场可以交易4个月份的股指期货合约,也就对应于4个不同月份的期货价格。期货价格跟股票一样是由参与者通过集合竞价或连续竞价产生并不断变化。同时在股票市场上的标的股票指数被称为现货价格。例如,8月8日香港股票市场恒生指数为17 048点,这就是指数的现货价格。同一天9月份恒指期货价格为17 050点,就表示市场认为大盘1个月后会涨2点到17 050点。到交割日以当天股票市场真实的股票指数为结算价,例如当天股票市场真实恒生指数为17 060点,则以17 048点买进期货合约的人就赚12个点,卖出期货合约的人则亏12个点。

同理,8月份恒指价格17 035表示市场认为到8月底恒指会下跌13点;12月恒指价格17 080表示市场认为4个月后恒指会上涨32点;3月恒指价格17 180表示市场认为半年后恒指会上涨132点。一般而言,越近的月份期货和现货价差(基差)越小,越远的月份期货和现货价差(基差)就比较大,但期货和现货价格一般都同涨同跌,走势是相近的,这是因为不仅期货交割以现货价结算,而且在未到期的任何交易日,一旦基差超出合理范围,就会有大量套利交易迫使期现基差重归合理水平。

中国证监会有关部门负责人2010年2月20日宣布,证监会已正式批复中国金融期货交易所沪深300股指期货合约和业务规则,至此股指期货市场的主要制度已全部发布。2010年2月22日9时起,正式接受投资者开户申请。公布沪深300股指期货合约自2010年4月16日起正式上市交易。沪深300指数期货合约以沪深300指数为标的。

表2-7 沪深300期货合约

合约标的	沪深300指数
合约乘数	每点300元
报价单位	指数点
最小变动价位	0.2点
合约月份	当月、下月及随后两个季月
交易时间	上午:9:15~11:30,下午:13:00~15:15
最后交易日交易时间	上午:9:15~11:30,下午:13:00~15:00
每日价格最大波动限制	上一个交易日结算价的±10%
最低交易保证金	合约价值的12%
最后交易日	合约到期月份的第三个周五,遇国家法定假日顺延
交割日期	同最后交易日
交割方式	现金交割
交易代码	IF
上市交易所	中国金融期货交易所

(二) 股指期货特点

1. 跨期性

股指期货是交易双方通过对股票指数变动趋势的预测,约定在未来某一时间按照一定条件进行交易的合约。

2. 杠杆性

股指期货交易不需要全额支付合约价值的资金,只需要支付一定比例的保证金就可以签订较大价值的合约。

3. 联动性

股指期货的价格与其标的资产——股票指数的变动联系极为紧密。股票指数是股指期货的基础资产,对股指期货价格的变动具有很大影响。

4. 多样性

股指期货的杠杆性决定了它具有比股票市场更高的风险性。此外,股指期货还存在着特定的市场风险、操作风险、现金流风险等。

(三)期指期货与股票比较

股指期货交易由于具有 T+0 以及保证金杠杆交易的特点,所以比普通股票交易更具有风险,建议新手在专业的分析师指导下进行交易方能有理想的投资回报。

1. 期货合约有到期日,不能无限期持有

股票买入后可以一直持有,正常情况下股票数量不会减少。但股指期货都有固定的到期日,到期就要进行平仓或者交割。因此交易股指期货不能像买卖股票一样,交易后就不管了,必须注意合约到期日,以决定是平仓,还是等待合约到期进行现金结算交割。

2. 期货合约是保证金交易,必须每日结算

股指期货合约采用保证金交易,一般只要付出合约面值约 10%～15% 的资金就可以买卖一张合约,这一方面提高了盈利的空间,但另一方面也带来了风险,因此必须每日结算盈亏。买入股票后在卖出以前,账面盈亏都是不结算的。但股指期货不同,交易后每天要按照结算价对持有在手的合约进行结算,账面盈利可以提走,但账面亏损第二天开盘前必须补足(即追加保证金)。而且由于是保证金交易,亏损额甚至可能超过你的投资本金,这一点和股票交易不同。

3. 期货合约可以卖空

股指期货合约可以十分方便地卖空,等价格回落后再买回。股票融券交易也可以卖空,但难度相对较大。当然一旦卖空后价格不跌反涨,投资者会面临损失。

4. 市场的流动性较高

有研究表明,指数期货市场的流动性明显高于股票现货市场。比如 2012 年,中国金融期货交易所股指期货的交易额达到 78.5 万亿元,同比增长 79%,超过同期 GDP 规模,而 2012 年上海证券交易所的股票成交额为 16.4 万亿元,同比减少 31%。

5. 股指期货实行现金交割方式

期指市场虽然是建立在股票市场基础之上的衍生市场,但期指交割以现金形式进行,即在交割时只计算盈亏而不转移实物,在期指合约的交割期投资者完全不必购买或者抛出相应的股票来履行合约义务,这就避免了在交割期股票市场出现"挤市"的现象。

6. 股指期货实行 T+0 交易,而股票实行 T+1 交易

T+0即当日买进当日卖出,没有时间和次数限制,而T+1即当日买进,次日卖出,买进的当日不能当日卖出,当前期货交易一律实行T+0交易,大部分国家的股票交易也是T+0的,我国的股票市场由于历史原因而实行T+1交易制度。

(四)股指期货的用途

1. 对股票投资组合进行风险管理,即防范系统性风险(我们平常所说的大盘风险)。通常我们使用套期保值来管理我们的股票投资风险。

2. 利用股指期货进行套利。所谓套利,就是利用股指期货定价偏差,通过买入股指期货标的指数成份股并同时卖出股指期货,或者卖空股指期货标的指数成份股并同时买入股指期货,来获得无风险收益。

3. 作为一个杠杆性的投资工具。由于股指期货保证金交易,只要判断方向正确,就可能获得很高的收益。例如,如果保证金率为10%,买入1张标价1000的沪深300指数期货,那么只要期货价格涨了5%,相对于100元保证金来说,就可获利50,即获利50%,当然如果判断方向失误,也会发生同样的亏损。

(五)股指期货基本制度

1. 保证金

投资者在进行期货交易时,必须按照其买卖期货合约价值的一定比例来缴纳资金,作为履行期货合约的财力保证,然后才能参与期货合约的买卖。这笔资金就是我们常说的保证金。

在关于沪深300股指期货合约上市交易有关事项的通知中,中金所规定股指期货近月合约保证金为17%,远月合约保证金为20%。

2. 结算制度

每日无负债结算制度也称为"逐日盯市"制度,简单说来,就是期货交易所要根据每日市场的价格波动对投资者所持有的合约计算盈亏并划转保证金账户中相应的资金。

期货交易实行分级结算,交易所首先对其结算会员进行结算,结算会员再对非结算会员及其客户进行结算。交易所在每日交易结束后,按当日结算价格结算所有未平仓合约的盈亏、交易保证金及手续费、税金等费用,对应收应付的款项同时划转,相应增加或减少会员的结算准备金。

交易所将结算结果通知结算会员后,结算会员再根据交易所的结算结果对非结算会员及客户进行结算,并将结算结果及时通知非结算会员及客户。若经结算,会员的保证金不足,交易所应立即向会员发出追加保证金通知,会员应在规定时间内向交易所追加保证金。若客户的保证金不足,期货公司应立即向客户发出追加保证金通知,客户应在规定时间内追加保证金。投资者可在每日交易结束后上网查询账户的盈亏,确定是否需要追加保证金或转出盈利。

3. 限制制度

涨跌停板制度主要用来限制期货合约每日价格波动的最大幅度。根据涨跌停板的规定,某个期货合约在一个交易日中的交易价格波动不得高于或者低于交易所事先规定的涨跌幅度,超过这一幅度的报价将被视为无效,不能成交。一个交易日内,股指期货的涨幅和跌幅限制设置为10%。

涨跌停板一般是以某一合约上一交易日的结算价为基准确定的,也就是说,合约上一交易日的结算价加上允许的最大涨幅构成当日价格上涨的上限,称为涨停板,而该合约上一交易日的结算价格减去允许的最大跌幅则构成当日价格下跌的下限,称为跌停板。

4. 限额制度

交易所为了防范市场操纵和少数投资者风险过度集中的情况,对会员和客户手中持有的合约数量上限进行一定的限制,这就是持仓限额制度。限仓数量是指交易所规定结算会员或投资者可以持有的、按单边计算的某一合约的最大数额。一旦会员或客户的持仓总数超过了这个数额,交易所可按规定强行平仓或者提高保证金比例。为进一步加强风险控制、防止价格操纵,中金所将非套保交易的单个股指期货交易账户持仓限额为600手。进行套期保值交易和套利交易的客户号的持仓按照交易所有关规定执行平仓制度。

强行平仓制度是与持仓限制制度和涨跌停板制度等相互配合的风险管理制度。当交易所会员或客户的交易保证金不足并未在规定时间内补足,或当会员或客户的持仓量超出规定的限额,或当会员或客户违规时,交易所为了防止风险进一步扩大,将对其持有的未平仓合约进行强制性平仓处理,这就是强行平仓制度。

5. 报告制度

报告制度是指当投资者的持仓量达到交易所规定的持仓限额时,应通过结算会员或交易会员向交易所或监管机构报告其资金和持仓情况。

6. 保金制度

结算担保金是指由结算会员依交易所的规定缴存的,用于应对结算会员违约风险的共同担保资金。当个别结算会员出现违约时,在动用完该违约结算会员缴纳的结算担保金之后,可要求其他会员的结算担保金要按比例共同承担该会员的履约责任。结算会员联保机制的建立确保了市场在极端行情下的正常运作。

结算担保金分为基础担保金和变动担保金。基础担保金是指结算会员参与交易所结算交割业务必须缴纳的最低担保金数额。变动担保金是指结算会员随着结算业务量的增大,须向交易所增缴的担保金部分。

(六)股指期货影响因素

股票指数是用来反映样本股票整体价格变动情况的指标。而股票价格的确定十分复杂,因为人们对一个企业的内在价值的判断以及未来盈利前景的看法并不相同。悲观者要卖出,乐观者要买进,当买量大于卖量时,股票的价格就上升;当买量小于卖量时,股票的价格就下跌。所以,股票的价格与内在价值更多的时候表现为一致,但有时也会有背离。投资者往往会寻找那些内在价值大于市场价格的股票,这样一来,就使股票的股票指数的价格处于不断变化之中。总体来说,影响股票指数波动的主要因素有以下几方面。

1. 宏观经济运行状况

一般来说,在宏观经济运行良好的条件下,股票价格指数会呈现不断攀升的趋势;在宏观经济运行恶化的背景下,股票价格指数往往呈现出下滑的态势。同时,企业的生产经营状况与股票价格指数也密切相关,当企业经营效益普遍不断提高时,会推动股票价格指数的上升,反之,则会导致股票价格指数的下跌。这就是通常所说的股市作为"经济晴雨表"的功能。

2. 趋势影响

通常来讲,利率水平越高,股票价格指数会越低。其原因是,在利率高企的条件下,投资者倾向于存款,或购买债券等,从而导致股票市场的资金减少,促使股票价格指数下跌;反之,利率水平越低,股票指数就会越高。更重要的原因是因为利率上升,企业的生产成本会上升,如贷款利率上升造成的融资成本上升,相关下游企业因为利率上升导致融资成本上升而提高相关产品价格等而导致该企业总体是生产成本提高,相关利润就下降了,代表股东权益的股票价格也就下降了,反之亦然。在世界经济发展过程中,各国的通货膨胀、货币汇价以及利率的上下波动,已成为经济生活中的普遍现象,这对期货市场带来了日益明显的影响。但最近几年,西方国家往往在银行利率上升时,股票市场依然活跃,原因是投资者常常在两者之间选择:银行存款风险小,利率较高,收入稳定,但不灵活,资金被固定在一段时间内不能挪作它用,并且难以抵消通货膨胀造成的损失。而股票可以买卖,较为灵活,风险虽大,但碰上好运,可获大利。所以,在银行利率提高的过程(原来较低)下,仍然有一些具有风险偏好的投资者热心于股票交易。有关汇率的讨论基本与利率相仿,即本币的升值,有利于进口,不利于出口。而有关人民币的升息、升值对股市的影响则要综合起来加以分析。

3. 资金供求状况与通胀水平及预期

当一定时期市场资金比较充裕时,股票市场的购买力比较旺盛,会推动股票价格指数上升,否则,会促使股票价格指数下跌。比如国内大量的外汇储备,导致货币供给量增加,通常会导致股指价格上涨。

4. 金融政策

出于对经济市场化改革、行业结构调整、区域结构调整等,国家往往会出台变动利率、汇率及针对行业、区域的政策等,这些会对整个经济或某些行业板块造成影响,从而影响沪深300成份股及其指数走势。股份公司常常向银行借款,随着借款额的增多,银行对企业的控制也就逐渐加强并取得了相当的发言权。在企业收益减少的情况下,虽然他们希望能够稳定股息,但银行为了自身的安全,会支持企业少发或停发股息,因而影响了股票的价格。税收对投资者影响也很大,投资者购买股票是为了增加收益,如果国家对某些行业或企业在税收方面给予优惠,那么就能使这些企业的税后利润相对增加,使其股票升值。会计准则的变化,会使得某些企业账面上的盈余发生较大变化,从而影响投资者的价值判断。

(七) 股指期货开户策略

投资者参与股指期货必须满足三个硬性要求:

首先,投资者开户的资金门槛为50万元。

其次,拟参与股指期货交易的投资者需通过股指期货知识测试。据了解,该测试将由中金所提供考题,期货公司负责具体操作,合格分数线为80分。

第三，投资者必须具有累计 10 个交易日、20 笔以上的股指期货仿真交易成交记录，或者之后 3 年内具有 10 笔以上的商品期货交易成交记录。

任务拓展

1. 黄金，对于我们每一个人都不陌生，也是全世界的人们共同喜爱的硬通货。但是最近国内很多做黄金投资的大叔大妈们有些伤心失落。在经历了 2013 年 4 月份的连续暴跌后，国际金价并没有出现回稳走强的迹象，6 月中下旬国际金价再度出现暴跌，这让前期疯狂抄底的"中国大妈"们损失惨重。那么，请你查阅相关资料，介绍一下如何进行黄金现货、黄金期货、纸黄金等操作。

2. 在 2013 年 7 月 5 日由中国证监会召开的新闻发布会上，其新闻发言人表示国债期货交易已获国务院批准。随后中国证监会批准中国金融期货交易所开展国债期货交易。这意味着阔别 18 年之久的国债期货将择机上市交易，重新回归中国金融市场。请你查阅相关资料，介绍一下国债期货。

项目三　证券交易及证券行情解读

学习目标

知识目标

1. 了解并熟悉我国证券交易的规则。
2. 掌握我国证券交易所的交易流程。
3. 熟练进行证券交易。
4. 了解股票价格指数的含义及其作用。
5. 掌握股票价格指数的编制方法。
6. 掌握大盘和个股即时行情数据的基本含义。

能力目标

1. 能够完成证券账户的开户，并进行转账交易。
2. 能够操作主要的证券行情软件。
3. 能够看懂我国证券市场上主要的价格指数。
4. 基本能看懂大盘及个股及时行情数据。

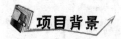

项目背景

股民交易行为知多少

牛熊轮转，股海沉浮。

对于普通股民来说，其最终收益水平的决定因素，与其说是大方向的把握与决策，不如说是每一次买进卖出，即具体的投资操作。从大处上讲，操作决定一个股民炒股生涯的成败；从小处上讲，操作则决定了其每一次交易的盈亏。

常有投资者感叹说，在中国做股票不容易。相比国外成熟市场，更多的行政干预、机制上的不完善、上市公司信息披露不对称等新兴市场常见弊病，无不时时考验着国内投资者的操作水平。有股民笑称，在中国炒股能成功的投资者，去世界上任何一个市场都能成功。

深套后近八成股民不愿"割肉"。

不可否认，中国的散户处于信息食物链的最下游，资讯信息与专业技能的双重弱势令其常常陷入"一买就套"的尴尬境遇。但恪守着"只要不割肉就不算亏"的传统信念，中国散户投资者也被烙上了"死不割肉"的历史印记。

项目三　证券交易及证券行情解读

2011年,A股市场再度让我们深切感受到了"熊"的力量。在股民中,"被套"已不是什么新鲜词,"套多少"才是大家茶余饭后调侃的主要话题。而面对自己股票深度套牢的现实,股民要做的第一个决定就是"割"还是"不割"。

在调查中,仅23%的投资者选择"全部卖掉,忍痛割肉",占比不到1/4;37%的投资者选择了"不断补仓,摊薄成本";而选择"长期持有,直到解套"的投资者比例最高,达到了40%。

由此不难看出,"捂股死扛"仍是散户当前面对套牢时的主流心态。

小黄去年工作后进入股市,是新生代股民的代表。他去年买的几只股票如今均已深度被套。记者在营业部见到他时,他的情绪有些低落,"有点生不逢时的感觉,不过现在卖了就是真亏了,放着或许还有回本的机会"。

对于很大一部分股民来说,也许"不割肉"纯属无奈之举,但这同时也是他们对抗市场波动风险的最后法宝。因为他们相信,只要熬到牛市来临,个股鸡犬升天,手中的股票迟早会有解套的一天。

在股市摸爬滚打多年的股民广东股民老方对此颇有感触,他告诉记者,2002年入市被套后,他就抱着"坚决不割肉"的想法熬过慢慢熊市,最终在2007、2008年大牛市中连本带利的赚了回来。老方颇有自信地说,"从我的经验看,只要你持有的时间足够长,跌多少都能再涨回来"。

"股市有风险,入市需谨慎",经常有这样一句话在耳边想起。

任务1　证券交易规则

在了解了证券交易品种的基本知识后,王先生要想作为一名股票投资者入市,于是,他来到当地一家证券公司申请开户,这家证券公司正在进行投资者教育活动,一番讲解后,李先生得知进行股票交易必须遵守《交易所规则》的有关规定,那么,如何参与股票交易呢?证券交易所对此有哪些制度和规则呢?

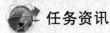 任务资讯

证券交易所内的证券交易又称场内交易,即证券买卖双方是在证券交易所内成交的。场内交易采用经纪制进行,投资者必须委托具有会员资格的证券经纪商在交易所内代理买卖证券,经纪商通过公开竞价形成证券价格,达成交易。为了保证场内证券交易的公开、公平、公正、高效有序地进行,证券交易所制定了交易规则和交易原则。

一、证券交易原则

证券交易的原则是反映证券交易宗旨的一般法则,应该贯穿于证券交易的全过程。为了保障证券交易功能的发挥,以利于证券交易的正常运行,证券交易必须遵循"公开、公平、公正"三个原则。

（一）公开原则。公开原则又称信息公开原则，指证券交易是一种面向社会的、公开的交易活动，其核心要求是实现市场信息的公开化。根据这一原则的要求，证券交易参与各方应依法及时、真实、准确、完整地向社会发布有关信息。从国际上来看，1934年美国《证券交易法》确定公开原则后，它就一直为许多国家的证券交易活动所借鉴。在我国，强调公开原则有许多具体的内容。例如，上市的股份公司财务报表、经营状况等资料必须依法及时向社会公开，股份公司的一些重大事项也必须及时向社会公布等。按照这个原则，投资者对于所购买的证券，能够有更充分、真实、准确、完整的了解。

（二）公平原则。公平原则是指参与交易的各方应当获得平等的机会。它要求证券交易活动中的所有参与者都有平等的法律地位，各自的合法权益都能得到公平保护。在证券交易活动中，有各种各样的交易主体，这些交易主体的资金数量、交易能力等可能各不相同，但不能因此而给予不公平的待遇或者使其受到某些方面的歧视。

（三）公正原则。公正原则是指应当公正地对待证券交易的参与各方，以及公正地处理证券交易事务。在实践中，公正原则也体现在很多方面。例如，公正地办理证券交易中的各项手续、公正地处理证券交易中的违法违规行为等。

二、证券交易规则

交易规则看似平常，但正是这些交易规则保障了每日巨额的证券交易，保证了证券交易的高效有序运行。尤其是公开集中竞价规则，不仅能形成公平价格，而且表达了市场对上市公司的客观评价以及显示了投资者对宏观经济运行前景的预测。正因为如此，证券交易所克服了个别交易、局部市场的缺陷，成为资本市场的核心，成为市场体系中高级形态的市场。我国上海证券交易所和深圳证券交易所的主要交易规则有以下几方面。

（一）交易时间

目前，我国有上海证券交易所和深圳证券交易所，在两个交易市场上市的股票，交易时间实际相同，都是上午9:30～11:30，下午13:00～15:00。星期一至星期五开市，法定节假日和周六、周日不开市。

（二）涨跌幅限制

为了防止证券市场上投机过度，我国证券市场对股票的涨跌幅度有一定的限制。股票价格不能无限地上涨和下跌，如果股票价格涨到涨跌幅度的最高限价，即称为涨停板。如果股票价格下跌到涨跌幅度规定的最下限，即称为跌停板。股票的涨跌幅度是以上一交易日的收盘价为计算依据的，涨跌幅度为10%。当天股票的涨停板价格为上一交易日收盘价乘以110%，当天股票的跌停板价格为上一交易日收盘价乘以90%。涨跌幅价格的计算公式为：

$$涨跌幅价格 = 前收盘价 \times (1 \pm 涨跌幅比例)$$

对于ST类股票（特别处理股票），涨跌幅度的限制为5%。也就是说，当天ST股票的涨停板价格为上一交易日收盘价乘以105%，当天ST股票的跌停板价格为上一交易日收盘价乘以95%。但是对于首日上市的股票来说，无论该股票是在上海证券交易市场还是在深圳证券交易市场,均没有涨跌停板的限制。

ST 是英文 Special Treatment 缩写,意即"特别处理"。该政策针对的对象是出现财务状况或其他状况异常的。1998 年 4 月 22 日,沪深交易所宣布,将对财务状况或其他状况出现异常的上市公司股票交易进行特别处理(Special treatment),由于"特别处理",在简称前冠以"ST",因此这类股票称为 ST 股。

股票分类:＊ST——公司经营连续 3 年亏损,退市预警;ST——公司经营连续 2 年亏损,特别处理;S＊ST——公司经营连续 3 年亏损,退市预警＋还没有完成股改;SST——公司经营连续 2 年亏损,特别处理＋还没有完成股改;S——还没有完成股改。

交易规则有:股票报价日涨跌幅限制为涨幅 5%,跌幅 5%;股票名称改为原股票名前加"ST",例如"ST 钢管";上市公司的中期报告必须经过审计。

由于对 ST 股票实行日涨跌幅度限制为 5%,也在一定程度上抑制了庄家的刻意炒作。投资者对于特别处理的股票也要区别对待。具体问题具体分析,有些 ST 股主要是经营性亏损,那么在短期内很难通过加强管理扭亏为盈。

有些 ST 股是由于特殊原因造成的亏损,或者有些 ST 股正在进行资产重组,则这些股票往往潜力巨大。需要指出,特别处理并不是对上市公司处罚,而只是对上市公司所处状况一种客观揭示,其目的在于向投资者提示其市场风险,引导投资者要进行理性投资,如果公司异常状况消除,就能恢复正常交易。上市公司暂停上市条件,恢复上市条件,终止上市条件。

(三)上海、深圳证券交易所证券买卖申报数量的规定

2006 年 5 月 15 日,上海证券交易所发布了《上海证券交易所交易规则》。同日,深圳证券交易所也发布了《深圳证券交易所交易规则》。两个交易规则在有关证券买卖申报数量方面大多数规定相同,个别地方有差异。表 3-1 列示了上海证券交易所和深圳证券交易所通过竞价交易进行证券买卖的申报数量,表 3-2 则列示了两家证券交易所通过竞价交易进行证券买卖的单笔申报最大数量。

表 3-1 证券交易所竞价交易的证券买卖申报数量

交易内容	上海证券交易所	深圳证券交易所
买入股票、基金、权证	100 股(份)或其整数倍	100 股(份)或其整数倍
卖出股票、基金、权证	余额不足 100 股(份)的部分应一次性申报卖出	余额不足 100 股(份)的部分应一次性申报卖出
买入债券	1 手或其整数倍	10 张或其整数倍
卖出债券	1 手或其整数倍	余额不足 10 张部分,应当一次性申报卖出
债券质押式回购交易	100 手或其整数倍	10 张或其整数倍
债券买断式回购交易	1000 手或其整数倍	

注:上海证券交易所的债券交易和债券买断式回购交易以人民币 1000 元面值债券为 1 手,债券质押式回购交易以人民币 1000 元标准券为 1 手。深圳证券交易所的债券交易以人民币 100 元面额为 1 张,债券质押式回购以 100 元标准券为 1 张。

表 3-2 证券交易所竞价交易的单笔申报最大数量

交易内容	上海证券交易所	深圳证券交易所
股票、基金、权证交易	不超过 100 万股(份)	不超过 100 万股(份)
债券交易	不超过 1 万手	不超过 10 万张
债券质押式回购交易	不超过 1 万手	不超过 10 万张
债券买断式回购交易	不超过 5 万手	

（四）证券交易的计价单位和申报价格最小变动单位

证券交易有不同的种类,不同种类证券的交易就可能采用不同的计价单位。上海证券交易所和深圳证券交易所都规定,股票交易的报价为每股价格,基金交易为每份基金价格,权证交易为每份权证价格,债券交易(指债券现货买卖)为每百元面值债券的价格,债券质押式回购为每百元资金到期年收益,债券买断式回购为每百元面值债券的到期购回价格。

《上海证券交易所交易规则》规定:A 股、债券交易和债券买断式回购交易的申报价格最小变动单位为 0.01 元人民币,基金、权证交易为 0.001 元人民币,B 股交易为 0.001 美元,债券质押式回购交易为 0.005 元人民币。《深圳证券交易所交易规则》规定:A 股、债券、债券质押式回购交易的申报价格最小变动单位为 0.01 元人民币,基金交易为 0.001 元人民币,B 股交易为 0.01 港元。另外,根据市场需要,我国证券交易所可以调整各类证券单笔买卖申报数量和申报价格的最小变动单位。

（五）竞价成交原则

证券市场的市场属性集中体现在竞价与成交环节上,特别是在高度组织化的证券交易所内,会员经纪商代表众多的买方和卖方按照一定规则和程序公开竞价,达成交易。这种竞价成交机制,符合证券市场公开、公平、公正的原则。

1. 证券交易所内的证券交易按"价格优先、时间优先"原则竞价成交

成交时价格优先的原则为:较高价格买入申报优先于较低价格买入申报,较低价格卖出申报优先于较高价格卖出申报。

成交时时间优先的原则为:买卖方向、价格相同的,先申报者优先于后申报者。先后顺序按证券交易所交易主机接受申报的时间确定。

例如,有甲、乙、丙、丁投资者四人,均申报卖出 X 股票,申报价格和申报时间分别为:甲的卖出价 10.70 元,时间 13:35;乙的卖出价 10.40 元,时间 13:40;丙的卖出价 10.75 元,时间 13:25;丁的卖出价 10.40 元,时间 13:38。那么这四位投资者交易的优先顺序为:丁、乙、甲、丙。

2. 竞价方式

目前,我国证券交易所采用两种竞价方式:集合竞价方式和连续竞价方式。上海证券交易所规定,采用竞价交易方式的,每个交易日的 9:15～9:25 为开盘集合竞价时间,9:30～11:30、13:00～15:00 为连续竞价时间。

深圳证券交易所规定,采用竞价交易方式的,每个交易日的 9:15～9:25 为开盘集合竞

价时间,9:30~11:30、13:00~14:57 为连续竞价时间,14:57~15:00 为收盘集合竞价时间。

(1) 集合竞价

所谓集合竞价,是指对在规定的一段时间内接受的买卖申报一次性集中撮合的竞价方式。根据我国证券交易所的相关规定,集合竞价确定成交价的原则为:

①可实现最大成交量的价格。

②高于该价格的买入申报与低于该价格的卖出申报全部成交的价格。

③与该价格相同的买方或卖方至少有一方全部成交的价格。

如有两个以上申报价格符合上述条件的,上海证券交易所则规定使未成交量最小的申报价格为成交价格,若仍有两个以上使未成交量最小的申报价格符合上述条件的,其中间价为成交价格。深圳证券交易所则取在该价格以上的买入申报累计数量与在该价格以下的卖出申报累计数量之差最小的价格为成交价;买卖申报累计数量之差仍存在相等情况的,开盘集合竞价时取最接近即时行情显示的前收盘价为成交价,盘中、收盘集合竞价时取最接近最近成交价的价格为成交价。

集合竞价的所有交易以同一价格成交,然后进行集中撮合处理。所有买方有效委托按委托限价由高到低的顺序排列,限价相同者按照进入证券交易所交易系统电脑主机的时间先后排列。所有卖方有效委托按照委托限价由低到高的顺序排列,限价相同者也按照进入交易系统电脑主机的时间先后排列。依序逐笔将排在前面的买方委托与卖方委托配对成交。也就是说,按照价格优先、同等价格下时间优先的成交顺序依次成交,直至成交条件不满足为止,即所有买入委托的限价均低于卖出委托的限价,所有成交都以同一成交价成交。集合竞价中未能成交的委托,自动进入连续竞价。

例:某股票当日在集合竞价时买卖申报价格和数量情况如表 3-3 所示,该股票上日收盘价为 10.13 元。该股票在上海证券交易所,当日开盘价及成交量分别是多少? 如果是在深圳证券交易所,当日开盘价及成交量分别是多少?

表 3-3 某股票某日在集合竞价时买卖申报价格和数量

买入数量(手)	价格(元)	卖出数量(手)
—	10.50	100
—	10.40	200
150	10.30	600
150	10.20	200
200	10.10	200
300	10.00	100
500	9.90	—
600	9.80	—
300	9.70	—

根据表 3-3 分析各价位的累计买卖数量及最大可成交量可见表 3-4。

表 3-4 各价位累计买卖数量及最大可成交量

累计买入数量(手)	价格(元)	累计卖出数量(手)	最大可成交量(手)
0	10.50	1400	0
0	10.40	1300	0
150	10.30	1100	150
300	10.20	800	300
500	10.10	300	300
800	10.00	100	100
1300	9.90	0	0
1900	9.80	0	0
2200	9.70	0	0

由表 3-3 和表 3-4 可见,符合上述集合竞价确定成交价原则的价格有两个:10.20 元和 10.10 元。上海证券交易所的开盘价为这两个价格的中间价 10.15 元,深圳证券交易所的开盘价取离上日收市价(10.13 元)最近的价位 10.10 元。成交量均为 300 手。

(2) 连续竞价

连续竞价是指对买卖申报逐笔连续撮合的竞价方式。连续竞价阶段的特点是,每一笔买卖委托输入电脑自动撮合系统后,当即判断并进行不同的处理:能成交者予以成交;不能成交者等待机会成交;部分成交者则让剩余部分继续等待。

按照上海证券交易所和深圳证券交易所的有关规定,在无撤单的情况下,委托当日有效。另外,开盘集合竞价期间未成交的买卖申报,自动进入连续竞价。深圳证券交易所还规定,连续竞价期间未成交的买卖申报,自动进入收盘集合竞价。

连续竞价时,成交价格的确定原则为:

①最高买入申报与最低卖出申报价位相同,以该价格为成交价。

②买入申报价格高于即时揭示的最低卖出申报价格时,以即时揭示的最低卖出申报价格为成交价。

③卖出申报价格低于即时揭示的最高买入申报价格时,以即时揭示的最高买入申报价格为成交价。

例:某股票即时揭示的卖出申报价格和数量及买入申报价格和数量如表 3-5 所示。若此时该股票有一笔买入申报进入交易系统,价格为 15.37 元,数量为 600 股,则应以 15.35 元成交 100 股、以 15.36 元成交 500 股。

表 3-5 某股票某日交易时即时揭示的买卖申报价格和数量

买卖方向	价格(元)	数量(股)
卖出申报	15.37	1000
	15.36	800
	15.35	100
买入申报	15.34	500
	15.33	1000
	15.32	800

(六)"T+1"制度

"T+1"中"T"指的是"当天交易日","T+1"指的是"当天交易日"后的第一个工作日。目前沪深 A 股清算交收制度采用的是 T+1 方式,指的是投资者当天买入的股票不能在当天卖出,需待第二天进行交割过户后方可卖出,也就是第二天才可卖出股票。在资金使用上,当天卖出股票后,资金回到投资者账户上,当天即可以用来买股票。但是,当天卖出股票,资金回到投资者账上,投资者如果想马上提取现金是不可能的,必须等到第二天才能将现金提出。实际上,资金同样是 T+1 到账。沪、深 B 股采用 T+3 方式。

(七)分红派息及配股规则

1. 分红派息

分红派息是指上市公司向其股东派发红利和股息的过程式,也是股东实现自己权益的过程。分红派息的形式主要有现金股利和股票股利两种.

所谓派息率,也就是当年派息总数/同年每股总盈利,这个指标的确一般介于 40%～60%之间,某些上市公司派发特别股息,会使这个指标超过 100%。

股份公司经营一段时间后(一般为一年),如果营运正常,产生了利润,就要向股东分配股息和红利。其交付方式一般有三种:一种以现金的形式向股东支付。这是最常见、最普通的形式。二是向股东送股,采取这种方式主要是为了把资金留在公司里扩大经营,以追求公司发展的远期利益和长远目标。第三种形式是实物分派,即是把公司的产品作为股息和红利分派给股东。

在分红派息前夕,持有股票的股东一定要密切关注与分红派息有关的 4 个日期,这 4 个日期是:

(1)股息宣布日,即公司董事会将分红派息的消息公布于众的时间。

(2)股权登记日,即统计和认参加期股息红利分配的股东的日期,在此期间持有公司股票的股东方能享受股利发放。

(3)除权除息日,通常为股权登记日之后的一个工作日,本日之后(含本日)买入的股票不再享有本期股利。

(4)发放日,即股息正式发放给股东的日期。根据证券存管和资金划拨的效率不同,通常会在几个工作日之内到达股东账户。

2. 配股

配股是上市公司向原股东发行新股、筹集资金的行为。按照惯例,公司配股时新股的认购权按照原有股权比例在原股东之间分配,即原股东拥有优先认购权。

配股是上市公司根据公司发展需要,依照有关法律规定和相应的程序,向原股东进一步发行新股、筹集资金的行为。投资者在执行配股缴款前需清楚地了解上市公司发布的配股说明书。

投资者在配股的股权登记日那天收市清算后仍持有该支股票,则自动享有配股权利,无需办理登记手续。中登公司(中国登记结算公司)会自动登记应有的所有登记在册的股东的配股权限。

上市公司原股东享有配股优先权,可自由选择是否参与配股。若选择参与,则必须在上市公司发布配股公告中配股缴款期内参加配股。若过期不操作,即为放弃配股权利,不能补缴配股款参与配股。

一般的配股缴款起止日为5个交易日,具体以上市公司公告为准。

配股缴款之后,根据上市公司公告会有一个具体的除权日以除权方式来平衡股东的该股份资产总额以保证总股本的稳定。

沪市:配股缴款期结束后的第一个交易日晚上收市清算后才会将客户资金账户中冻结的配股资金进行划转扣减。

例:中国银行(601988)配股流程:T日——2010年11月2日股权登记日正常交易

T+1日至T+5日——2010年11月3日至2010年11月7日

配股缴款起止日期刊登配股 提示性公告(5次)全天停牌

T+6日——2010年11月8日 登记公司网上清算全天停牌

T+7日——2010年11月9日

刊登发行结果公告发行成功的除权基准日

或发行失败的恢复交易日及发行失败的退款日 正常交易

配股价格:2.36元/股,在2010年11月3日至2010年11月7日进行配股缴款。若客户A在11月3日执行配股委托1000股,使用资金2360元。原账户余额为20 000元,则当天配股后可用和可取资金均会显示为17 640元(前提是除了配股A未执行其他交易操作或者银证转账),同样的前提下,直至11月7日账户中的今日余额仍就会显示为20 000元,可用和可取仍为17 640元,之间的差额即配股冻结资金,只有在11月8日晚上收市清算后数值才会相等。

深市:配股缴款期内某天一旦执行了配股立即在当天晚上收市清算后将客户资金账户中冻结的配股资金进行划转扣减。

3. 除权除息

DR表示当天是这只股票的除息、除权日。

根据《深圳证券交易所交易规则》条规定,"上市证券发生权益分派、公积金转增股本、配股等情况,深交所在权益登记日(B股为最后交易日)次一交易日对该券作除权除息处理。"

当一家上市公司宣布送股或配股时,在红股尚未分配,配股尚未配股之前,该股票被称为含权股票。要办理除权手续的股份公司先要报主管机关核定,在准予除权后,该公司即可确定股权登记基准日和除权基准日。凡在股权登记日拥有该股票的股东,就享有领取或认购股权的权利,即可参加分红或配股。

除权日(一般为股权登记日的次交易日)确定后,在除权当天,交易所会依据分红的不同在股票简称上进行提示,在股票名称前加 XR 为除权,除权当天会出现除权报价,除权报价的计算会因分红或有偿配股而不同,其全面的公式如下:

除权价=(除权前一日收盘价+配股价×配股率-每股派息)÷(1+配股比率+送股比率)

除权日的开盘价不一定等于除权价,除权价仅是除权日开盘价的一个参考价格。当实际开盘价高于这一理论价格时,就称为填权,在册股东即可获利;反之实际开盘价低于这一理论价格时,就称为贴权,填权和贴权是股票除权后的两种可能,它与整个市场的状况、上市公司的经营情况、送配的比例等多种因素有关,并没有确定的规律可循,但一般来说,上市公司股票通过送配以后除权,其单位价格下降,流动性进一步加强,上升的空间也相对增加。不过,这并不能让上市公司任意送配,它也要根据企业自身的经营情况和国家有关法规来规范自己的行为。

例:某上市公司分配方案为每 10 股送 3 股,派 2 元现金,同时每 10 股配 2 股,配股价为 5 元,该股股权登记日收盘价为 12 元,则该股除权参考价为:

(12+0.2×5-0.2)÷(1+0.3+0.2)=8.53(元)

(八) 交易费用

投资者在委托买卖证券时,需支付多项费用和税收,如佣金、过户费、印花税等。

1. 佣金

佣金是投资者在委托买卖证券成交后按成交金额一定比例支付的费用,是证券公司为客户提供证券代理买卖服务收取的费用。此项费用由证券公司经纪佣金、证券交易所手续费及证券交易监管费等组成。佣金的收费标准因交易品种、交易场所的不同而有所差异。最高为成交金额的 3‰,最低 5 元起,单笔交易佣金不满 5 元按 5 元收取。一般情况下,券商对大资金量、交易量的客户会给予降低佣金率的优惠,因此,资金量大、交易频繁的客户可自己去证券部申请。另外,券商还会依客户是采取电话交易、网上交易等提供不同的佣金率,一般来说,网上交易收取的佣金较低。

2. 过户费

过户费是委托买卖的股票、基金成交后,买卖双方为变更证券登记所支付的费用。这笔收入属于中国结算公司的收入,由证券公司在同投资者清算交收时代为扣收。上海证券交易所和深圳证券交易所在过户费的收取上略有不同。在上海证券交易所,A 股的过户费为成交面额的 1‰,起点为 1 元;深圳证券交易所的过户费包含在交易经手费中,不向投资者单独收取。

对于 B 股,虽然没有过户费,但中国结算公司要收取结算费。在上海证券交易所,结算费是成交金额的 0.5‰；在深圳证券交易所，称为"结算登记费"，是成交金额的 0.5‰，但最高不超过 500 港元。基金交易目前不收过户费。

3. 印花税

印花税是根据国家税法规定，在 A 股和 B 股成交后对买卖双方投资者按照规定的税率分别征收的税金。我国税收制度规定，股票成交后，国家税务机关应向成交双方分别收取印花税。为保证税源，简化缴款手续，现行的做法是由证券公司在同投资者办理交收过程中代为扣收；然后，在证券经纪商同中国结算公司的清算、交收中集中结算；最后，由中国结算公司统一向征税机关缴纳。目前税率为成交金额 1‰，由向双边征收改为向卖方单边征收。投资者在买卖成交后支付给财税部门的税收。上海股票及深圳股票均按实际成交金额的千分之一支付，此税收由券商代扣后由交易所统一代缴。债券与基金交易均免交此项税收。

4. 其他费用

证券监管费（俗称三费）：约为成交金额的 0.2‰，实际还有尾数，一般省略为 0.2‰。

证券交易经手费：A 股，按成交额双边收取 0.087‰；B 股，按成交额双边收取 0.0001%；基金，按成交额双边收取 0.00975%；权证，按成交额双边收取 0.0045%。

另外，部分地方还收委托费。这笔费用主要用于支付通讯等方面的开支，一般按笔计算。（由证券公司营业部决定收不收，证券公司多的地方，相互竞争，大多取消这项，比如大城市，证券公司少的地方，营业部可能收你成交一笔收 1 元或 5 元，比如小城镇）

5. 注意事项

（1）不同的营业部的佣金比例不同，极个别的营业部还要每笔收 1～5 元的委托（通讯）费。

（2）交易佣金一般是买卖金额的 0.1%～0.3%（网上交易少，营业部交易高，可以讲价，一般网上交易 0.18%，电话委托 0.25%，营业部自助委托 0.3%），每笔最低佣金 5 元，印花税是买卖金额的 0.1%（基金、权证免税），上海每千股股票要 1 元过户手续费（基金、权证免过户费），不足千股按千股算。佣金的多少在一定程度上，影响到您的交易。

（3）每笔最低佣金 5 元，所以每次交易在 1666.67 元以上比较合算。（1666.67×0.3%＝5 元）

（4）如果没有每笔委托费，也不考虑最低佣金和过户费，佣金按 0.3%，印花税 0.1%算，买进股票后，上涨 0.7%以上卖出，可以获利。

任务 2　开立证券交易账户

在项目背景中，王先生在证券公司申请开户，熟悉了开户流程。那么，你作为投资者，请完成证券交易账户的开立。

任务资讯

一、证券交易程序概述

在证券交易活动中,投资者在证券市场上买卖已发行的证券要按照一定的程序进行。所谓证券交易程序,也就是指投资者在二级市场上买进或卖出已上市证券所应遵循的规定过程。本次任务主要针对证券交易所场内集中竞价交易,不涉及场外市场。

在证券交易所市场,证券交易的基本过程包括开户、委托、成交、结算等几个步骤,见图3-1。

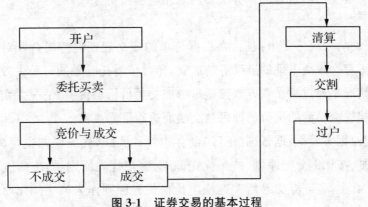

图 3-1 证券交易的基本过程

(一) 开户

开户有两个方面,即开立证券账户和开立资金账户。证券账户用来记载投资者所持有的证券种类、数量和相应的变动情况,资金账户则用来记载和反映投资者买卖证券的货币收付和结存数额。

开立证券账户和资金账户后,投资者买卖证券所涉及的证券、资金变化就会从相应的账户中得到反映。例如,某投资者买入甲股票1000股,包括股票价格和交易税费的总费用为10 000元。则投资者的证券账户上就会增加甲股票1000股,资金账户上就会减少10 000元。

(二) 委托

在证券交易所市场,除了证券交易所会员的自营业务外,投资者买卖证券是不能直接进入交易所办理的,而必须通过证券交易所的会员来进行。换而言之,投资者需要通过经纪商(证券经纪商职能一般由证券公司行使)的代理才能在证券交易所买卖证券。在这种情况下,投资者向经纪商下达买进或卖出证券的指令,称为"委托"。委托指令有多种形式,可以按照不同的依据来分类。从各国(地区)情况看,一般根据委托订单的数量,有整数委托和零数委托;根据买卖证券的方向,有买进委托和卖出委托;根据委托价格限制,有市价委托和限价委托;根据委托时效限制,有当日委托、当周委托、无期限委托、开市委托和收市委托等。

证券经纪商接到投资者的委托指令后,首先要对投资者身份的真实性和合法性进行审查。审查合格后,经纪商要将投资者委托指令的内容传送到证券交易所进行撮合。这一过程称为"委托的执行",也称为"申报"或"报盘"。

证券交易所在证券交易中接受报价的方式主要有口头报价、书面报价和电脑报价三种。采用口头报价方式时,经纪商的场内交易员接到交易指令后,在证券交易所规定的交易台前或者指定的区域,用口头方式喊出自己的买价或者卖价,同时辅以手势,直至成交。在书面报价情况下,交易员将证券买卖要求以书面形式向证券交易所申报,然后按规定的竞价交易原则撮合成交。电脑报价则是指经纪商通过计算机交易系统进行证券买卖申报,其做法是:经纪商将买卖指令输入计算机终端,并通过计算机系统传给证券交易所的交易系统,交易系统接收后即进行配对处理。若买卖双方有合适的价格和数量,交易系统便自动撮合成交。目前,我国通过证券交易所进行的证券交易均采用电脑报价方式。

(三)成交

证券交易所交易系统接受申报后,要根据订单的成交规则进行撮合配对。符合成交条件的予以成交,不符合成交条件的继续等待成交,超过了委托时效的订单失效。在成交价格确定方面,一种情况是通过买卖双方直接竞价形成交易价格;另一种情况是交易价格由交易商报出,投资者接受交易商的报价后即可与交易商进行证券买卖。

在订单匹配原则方面,根据各国(地区)证券市场的实践,优先原则主要有:价格优先原则、时间优先原则、按比例分配原则、数量优先原则、客户优先原则、做市商优先原则和经纪商优先原则等。其中,各证券交易所普遍使用价格优先原则作为第一优先原则。我国采用价格优先和时间优先原则。

(四)结算

证券交易成交后,首先需要对买方在资金方面的应付额和在证券方面的应收种类和数量进行计算,同时也要对卖方在资金方面的应收额和在证券方面的应付种类和数量进行计算。这一过程属于清算,包括资金清算和证券清算。清算结束后,需要完成证券由卖方向买方转移和对应的资金由买方向卖方转移。这一过程属于交收。清算和交收是证券结算的两个方面。对于记名证券而言,完成了清算和交收,还有一个登记过户的环节。完成了登记过户,证券交易过程才告结束。

二、个人投资者 A 股证券开户

(一)个人投资者 A 股证券开户需携带的资料

1. 证券开户本人的中华人民共和国居民身份证原件;
2. 证券账户卡原件(新开证券账户者不需提供)。

(二)个人投资者 A 股证券开户须知

1. 16 周岁以下自然人不得办理证券开户,16~18 周岁自然人申请办理证券开户应提供收入证明。

2. 办理证券开户,需由本人亲自到证券公司柜台办理。若委托他人代办证券开户的,还须提供经公证的委托代办书、代办人的有效身份证明原件(如果委托人身份证为二代证需提供正反两面的身份证复印件)。

3. 证券开户时需填写《证券交易开户文件签署表》和《证券客户风险承受能力测评问卷》。

4. 如果客户从未办理过证券开户的,需填写《自然人证券账户注册申请表》。

5. 如果客户是投资代办股份市场的,需填写《股份转让风险揭示书》。

6. 办理银行三方存管,需填写《客户交易结算资金第三方存管协议》,同时证券开户本人携带本人银行借记卡去银行网点柜台确认,没有该银行借记卡者仅需在银行柜台另新办借记卡即可。

7. 证券开户费,中国证券登记结算公司上海分公司收取证券开户费 40 元/户,中国证券登记结算公司深圳分公司收取证券开户费 50 元/户,由证券公司统一代收。

8. 证券开户时间,周一至周五 9:00～15:00 内办理证券开户的,新开户者可以当场取得两张纸质股东账户卡;其他时间段包括周末办理证券开户的,证券账户卡只能在下一个交易日取得或快递送到,不过这不影响正常的证券交易。这是因为证券开户申请办理需与中国证券登记结算公司联网,而公司周末都是休息的。

9. 沪市 A 股一张身份证只能开一个证券账户,深市 A 股一张身份证可以开多个证券账户。

三、"第三方存管"制度

"第三方存管"是商业银行(如中国农业银行等)提供的一项业务,常见于证券、期货、房产等交易活动中。拿证券交易中的第三方存管来说,它是指委托存管银行按照法律、法规的要求,负责客户资金的存取与资金交收,证券交易操作保持不变。证券公司客户证券交易结算资金交由银行存管。

该业务遵循"券商管证券,银行管资金"的原则,将投资者的证券账户与证券保证金账户严格进行分离管理。第三方存管模式下,证券经纪公司不再向客户提供交易结算资金存取服务,只负责客户证券交易、股份管理和清算交收等。存管银行负责管理客户交易结算资金管理账户和客户交易结算资金汇总账户,向客户提供交易结算资金存取服务,并为证券经纪公司完成与登记结算公司和场外交收主体之间的法人资金交收提供结算支持。银行负责完成投资者专用存款账户与券商银行交收账户之间清算资金的划转,将券商的清算交收程序转移到银行,由银行代为完成。

实施保证金第三方存管制度的证券公司将不再接触客户保证金,而由存管银行负责投资者交易清算与资金交收。据《上海证券报》报道,证券业之所以引入保证金第三方存管制度,主要是为了从根本上杜绝券商挪用客户保证金的行为。有关统计资料显示,券商挪用保证金问题屡禁不止。

实行保证金第三方存管制度之所以能确保客户保证金不被券商挪用,是因为该制度有效地在证券公司与所属客户交易结算资金之间建立隔离墙。具体而言,实施保证金第三方存管制度后,客户可以在存管银行网点或证券公司的营业网点办理开户业务,在存管银行的系统中生成客户保证金账号,在证券公司的系统中生成客户号。遵循"券商管证券,银行管资金"的原则,由证券公司负责客户证券交易、股份管理以及根据登记公司的交易结算数据,计算客户的交易买卖差数;由银行负责投资者保证金账户的转账、现金存取以及其他相关业务。

实施保证金第三方存管制度基本不会影响投资者的现有交易习惯。在实施保证金第三方存管制度的证券公司开户,唯一的不同就在于存取资金只能通过银行进行。这有点类似当前不少证券公司推出的"银证通"业务。

四、证券委托交易

（一）委托形式

投资者在证券交易所买卖证券,是通过委托证券经纪商来进行的,此时,投资者是证券经纪商的客户(下文中的客户即指委托证券经纪商来代理买卖证券的投资者)。客户在办理委托买卖证券时,需要向证券经纪商下达委托指令。委托指令有不同的具体形式,可以分为柜台委托和非柜台委托两大类。

柜台委托是指委托人亲自或由其代理人到证券营业部交易柜台,根据委托程序和必需的证件采用书面方式表达委托意向,由本人填写委托单并签章的形式。采用柜台委托方式,客户和证券经纪商面对面办理委托手续,加强了委托买卖双方的了解和信任,比较稳妥可靠。

非柜台委托主要有人工电话委托或传真委托、自助和电话自动委托、网上委托等形式。根据中国证券业协会提供的《证券交易委托代理协议(范本)》的要求,客户在使用非柜台委托方式进行证券交易时,必须严格按照证券公司证券交易委托系统的提示进行操作,因客户操作失误造成的损失由客户自行承担。对证券公司电脑系统和证券交易所交易系统拒绝受理的委托,均视为无效委托。

1. 人工电话委托或传真委托。人工电话委托是指客户将委托要求通过电话报给证券经纪商,证券经纪商根据电话委托内容向证券交易所交易系统申报。传真委托是指客户填写委托内容后,采用传真的方式表达委托要求,证券经纪商接到传真委托书后,将委托内容输入交易系统申报进场。

2. 自助和电话自动委托。这里的自助方式是自助终端委托,即客户通过证券营业部设置的专用委托电脑终端,凭证券交易磁卡和交易密码进入电脑交易系统委托状态,自行将委托内容输入电脑交易系统,以完成证券交易。电话自动委托是指证券经纪商把电脑交易系统和普通电话网络连接起来,构成一个电话自动委托交易系统;客户通过普通电话,按照该系统发出的指示,借助电话机上的数字和符号键输入委托指令。

3. 网上委托。网上委托是指证券公司通过基于互联网或移动通讯网络的网上证券交易系统,向客户提供用于下达证券交易指令、获取成交结果的一种服务方式,包括需下载软件的客户端委托和无需下载软件、直接利用证券公司网站的页面客户端委托。网上委托的上网终端包括电子计算机、手机等设备。

客户在办理网上委托的同时,也应当开通柜台委托、电话委托等其他委托方式,当证公司网上证券委托系统出现网络中断、高峰拥挤或网上委托被冻结等异常情况时,客户可采用上述其他委托方式下达委托指令。

(二) 委托内容

1. 委托指令的基本要素

在委托指令中,不管是采用填写委托单还是自助委托方式,都需要反映客户买卖证券的基本要求或具体内容,这些主要体现在委托指令的基本要素中。以委托单为例,委托指令的基本要素包括以下内容。

(1) 证券账号。客户在买卖上海证券交易所上市的证券时,必须填写在中国结算公司上海分公司开设的证券账户号码;买卖深圳证券交易所上市的证券时,必须填写在中国结算深圳分公司开设的证券账户号码。

(2) 日期。日期即客户委托买卖的日期,填写年、月、日。

(3) 品种。品种指客户委托买卖证券的名称,也是填写委托单的第一要点。填写证券名称的方法有全称、简称和代码三种(有些证券品种没有全称和简称的区别,仅有一个名称)。通常的做法是填写代码及简称,这种方法比较方便快捷,且不容易出错。上海证券代码和深圳证券代码都为一组6位数字。委托买卖的证券代码与简称必须一致。

(4) 买卖方向。客户在委托指令中必须明确表明委托买卖的方向,即是买进证券还是卖出证券。

(5) 数量。这是指买卖证券的数量,可分为整数委托和零数委托。整数委托是指委托买卖证券的数量为1个交易单位或交易单位的整数倍。1个交易单位俗称"1手"。零数委托是指客户委托证券经纪商买卖证券时,买进或卖出的证券不足证券交易所规定的1个交易单位。目前,我国只在卖出证券时才有零数委托。关于上海证券交易所和深圳证券交易所对证券买卖申报数量的具体规定,将在后面进一步说明。

(6) 价格。这是指委托买卖证券的价格。在我国上海证券交易所和深圳证券交易所的交易制度中,涉及委托买卖证券价格的内容包括委托价格限制形式、证券交易的计价单位、申报价格最小变动单位、债券交易报价组成等方面。这些内容也将在后面进一步说明。

(7) 时间。这是指客户填写委托单的具体时点,也可由证券经纪商填写委托时点,即上午××时××分或下午××时××分。这是检查证券经纪商是否执行时间优先原则的依据。

(8) 有效期。这是指委托指令的有效期间。如果委托指令未能成交或未能全部成交,证券纪纪商应继续执行委托。委托有效期满,委托指令自然失效。委托指令有效期一般有当日有效与约定日有效两种。当日有效是指从委托之时起至当日证券交易所营业终了之时止的时间内有效;约定日有效是指委托人与证券公司约定,从委托之时起到约定的营业日证券交易所营业终了之时止的时间内有效。如不在委托单上特别注明,均按当日有效处理。我国现行规定的委托期为当日有效。

(9) 签名。客户签名以示对所作的委托负责。若预留印鉴,则应盖章。

(10) 其他内容。其他内容涉及委托人的身份证号码、资金账号等。

（三）委托受理、执行与委托撤销

1. 委托受理

证券经纪商在收到客户委托后，应对委托人身份、委托内容、委托卖出的实际证券数量及委托买入的实际资金余额进行审查。经审查符合要求后，才能接受委托。

（1）验证与审单。验证主要对客户委托时递交的相关证件（如身份证件等）进行核实，审单主要是检查客户填写的委托单。证券经纪商要根据证券交易所的交易规则，对客户的证件和委托单在合法性和同一性方面进行审查。这些审查是为了维护交易的合法性，提高成交的准确率，避免造成不必要的纠纷。

（2）查验资金及证券。在不采用信用交易的情况下，投资者必须用自己账户上的资金买入证券，或者卖出自己账户上实际存的证券。因此，证券经纪商在受理客户委托买卖证券时，要查验证实客户的资金及证券。

另外需要说明，如果客户采用自助委托方式，则当其输入相关的账号和正确的密码后，即视同确认了身份。证券经纪商的电脑系统还自动检验客户的证券买卖申报数量和价格等是否符合证券交易所的交易规则。

2. 委托执行

证券营业部接受客户买卖证券的委托，应当根据委托书载明的证券名称、买卖数量、出价方式、价格幅度等，按照证券交易所交易规则代理买卖证券。买卖成交后，应当按规定制作买卖成交报告单交付客户。

3. 委托撤销

（1）撤单的条件。在委托未成交之前，客户有权变更和撤销委托。证券营业部申报竞价成交后，买卖即告成立，成交部分不得撤销。

（2）撤单的程序。在委托未成交之前，委托人变更或撤销委托，在采用证券经纪商场内交易员进行申报的情况下，证券营业部柜台业务员须即刻通知场内交易员，经场内交易员操作确认后，立即将执行结果告知委托人。

（3）客户。在采用客户或证券经纪商营业部业务员直接申报的情况下，客户或证券经纪商营业部业务员可直接将撤单信息通过电脑终端输入证券交易所交易系统，办理撤单。对客户撤销的委托，证券经纪商须及时将冻结的资金或证券解冻。

（四）竞价与成交

竞价的结果有三种可能：全部成交、部分成交、不成交。

委托买卖全部成交，证券公司经纪商应及时通知客户按规定的时间办理交收手续。

客户的委托如果未能全部成交，证券公司经纪商在委托有效期内可继续执行，直到有效期结束。

客户的委托如果未能成交，证券经纪商在委托有效期内可继续执行，等待机会成交，直到有效期结束。对客户失效的委托，证券经纪商须及时将冻结的资金或证券解冻。

（五）交易结算

每日交易结束后，证券公司要为客户办理证券和资金的清算与交收。目前我国证券市场采用的是法人结算模式。法人结算是指由证券公司以法人名义集中在证券登记结算机构开立资金清算交收账户,其接受客户委托代理的证券交易的清算交收均通过此账户办理。证券公司与其客户之间的资金清算交收由证券公司自行负责完成。证券公司作为结算参与人与客户之间的清算交收,是整个结算过程不可缺少的环节。

任务3 下载证券交易软件

在互联网普及的今天,大多数股民不再去拥挤的证券公司营业厅交易,而是选择在家利用行情软件炒股。那么目前市场上有哪些行情软件?怎么安装呢?请在你的电脑上下载并安装相关软件。

  任务资讯

一、证券行情软件下载与安装

投资者要查看证券市场行情可以在各网站上搜索,但更便捷的方式是在电脑上下载和安装证券行情软件。软件的类别有好多种,有的是商业运营商开发的,是收费的;有的是官方的,供使用者免费使用。下面以西南证券行情软件为例,来说明证券行情软件的下载、安装和使用

第一步,打开网页,在地址栏中输入网址 http://www.swsc.com.cn/,进入西南证券网站。

图3-2 西南证券网站

第二步,在右下面有"软件下载",点击"软件下载"进入下载专区。

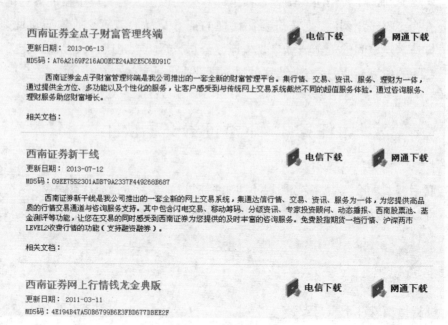

图 3-3　下载页面

第三步,在下载专区,下载相关行业软件,比如下载西南证券新干线,那么点击"电信下载"或"网通下载"。下载保存。

第四步,下载完成之后,双击运行程序,安装。

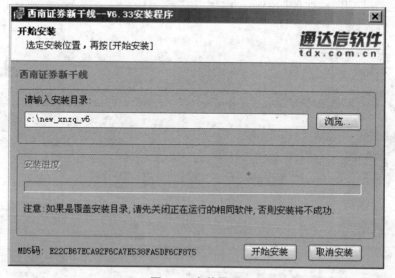

图 3-4　安装界面

二、界面要素术语

【菜单栏】位于系统画面左上方,包括系统、功能、报价、分析、资讯、查看、帮助等六个栏目。同时按下 Alt 和菜单旁的字母即可选中弹出下拉列表,按下相应的字母键选中功能。

【标题显示区】位于系统画面右上方、菜单栏右侧,除标示系统名称外,还显示当前窗口的信息。

【状态栏】位于画面的下方,分为四个部分:指数栏、红绿灯、系统显示区、预警(网络版、图文版)/数据显示区(盘后版)。

【工具栏】系统默认显示在画面左端,可随意拖放到任何位置,分为主功能图标按钮(前十项)和动态图标按钮(第十项以后,不同窗口下对应不同的图标按钮)。

【功能树】在画面的左侧或右侧(通过系统设置改变其位置),包括首页、功能、资讯、股票、指标五棵树,囊括了系统大部分功能和操作。

【辅助区】在画面的下方,包括信息地雷、分类资料、个股备忘。

【窗口】显示在画面中间,供用户浏览和分析的界面,分为主窗口和子窗口。

【主窗口】指系统默认的行情窗口。

【子窗口】包括组合窗口(包括分析图、分时图和多种图形的组合)、报表分析窗口、个股资料窗口、公告信息窗口。

【右边信息栏】组合窗口下位于右端(可隐藏),显示价位、数量等信息。

【功能切换区】右边信息栏最下方,分为笔、价、分、盘、势、指、值、筹,对应不同的信息栏小窗口显示内容。

【周期切换区】组合窗口下位于功能切换区的左侧,利用鼠标右键菜单、"["、"]"、F8或工具栏动态图标按钮都可进行周期切换。

【游标】组合窗口中,鼠标或光标移动时对应Y轴及时间轴的变化,用蓝色显示。

【鼠标伴侣】鼠标停放在K线、指标、工具栏图标按钮或各种指示上时显示的黄色背景信息框。

【分析图信息对话框】分析图中左右箭头调出的随着光标移动,价格、数量等信息相应发生改变的对话框。

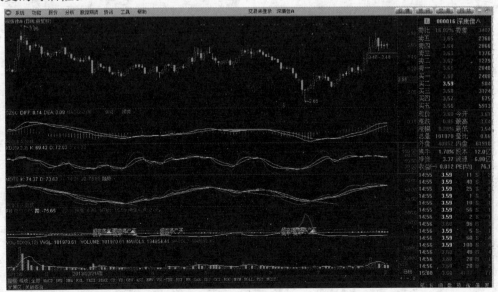

图3-5 操作窗口

三、进入退出系统

（一）进入系统

1. 在 WindowsNT/2000/XP/vista 操作平台上，双击桌面上图标即可直接进入。

2. 在开始菜单的程序中，沿着"开始"→"程序"→"西南证券新干线"→《西南证券新干线》，即可进入本系统。

3. 选择"行情＋交易"进入行情和交易综合版；选择"独立行情"进入单行情版；选择独立交易进入单交易版。

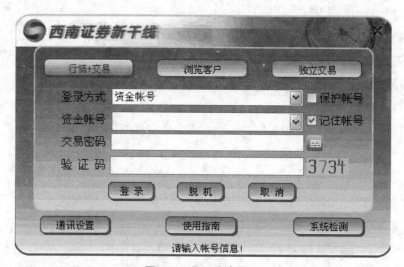

图 3-6　进入系统界面

用户可选择交易客户、浏览客户、独立交易三个选项。

1. 交易客户：需选择登录方式、填入资金账号、交易密码、验证码，填写完整后登录进入行情和交易合一界面。

2. 浏览客户：不需填写用户信息，点击后直接进入行情界面。

3. 独立交易：需选择登录方式、填入资金账号、交易密码、验证码，登录后只进入交易界面，不显示行情。

（二）用户登录

第一步：选择你登录的账号类型，包括资金账号、深 A 股东、沪 A 股东、深 B 股东、沪 B 股东。

第二步：输入您的账号号码和交易密码，输入密码的时候建议使用密码软键盘(如图 3-7 所示)。

第三步：输入验证码，点击登录。

委托系统所有功能能够在功能树中选择完成，委托买卖功能、查询功能、银期转账功能等功能均通过点击系统左侧功能树完成。

工具栏中提供系统辅助功能，如买入委托、系统设置等。操作简便易用。

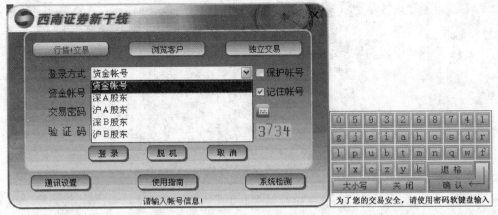

图 3-7　用户登录

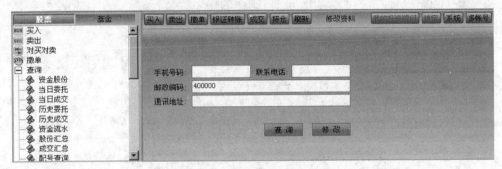

图 3-8　登录成功之后界面

（三）退出系统

要退出系统,有三种方法：

1. 按 Alt+F4 ;

2. 在菜单栏系统菜单选择退出系统;

3. 用鼠标点击窗口右上角的"×"。

四、交易操作（部分步骤）

（一）股票买入卖出操作

1. 查看某个股票

比如要查看"中国石油"。

在随便一个界面,按键盘"ZGSY"（中国石油的拼音的第一个字母）,在右下角会弹出中国石油,选择后按 Enter 就可以了。

如果事先知道中国石油的代码是 601857,就直接在随便一个界面输入"601857",同样在右下角会弹出中国石油,选择后按 Enter 就可以了。

2. 股票买入的常规操作

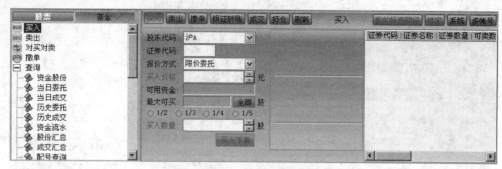

图 3-9 买入操作

在填写完证券代码之后,证券名称会显现,当确认输入无误之后,点击下单会出现确认信息。也可在右侧列表中双击自动填写各项。

在列表中点击鼠标右键会有输出、汇总、刷新的操作选择。

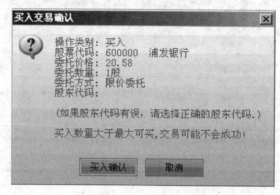

图 3-10 买入确认操作

（二）银证转账

"银行"、"转账日期"、"币种"可以下拉选择。

若是转入,输入"银行密码";若是转出,输入"资金密码"。

填写"转账金额",确认后点击"转账"按钮。

银证转账完成。

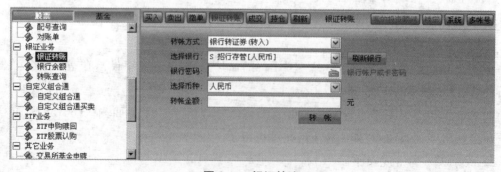

图 3-11 银证转账

五、常用快捷键

只要按键盘上任意一个字母、数字或没有特殊用途的符号,都会弹出一个智能键盘,可以在智能键盘中输入中英文和数字搜索想要查询的类别。

表 3-6 常用快捷键

快捷键	调用功能
F1（或 01＋enter）	个股的成交明细（一分钟明细）
F2（或 02＋enter）	价量分布表
F3（或 03＋enter）	上证领先指标
F4（或 04＋enter）	深证领先指标
F5（或 05＋enter）	日 K 线和分时线切换
F6（或 06＋enter）	自选股
F7（或 07＋enter）	当前股票的各股全景
F8（或 08＋enter）	K 线周期切换
F10（或 10＋enter）	当前股票的 F10 资料
F11（或 11＋enter）	当前股票的基本财务资料
Home（或 end）	切换分时线或 K 线图中分析指标
"＋"或"＆#0;"	切换分时线或 K 线图中的功能小标签
"↓"或"↑"	按"↓"可将多天的分时线连起来,按"↑"恢复
Ctrl＋K	切换到当前股票的"多周期图"
Ctrl＋Q	对 K 线进行复权
41	股本权息
42	财务数据
43	财务指标
44	基金周报
Ctrl＋F6	大字报价
Ctrl＋F8	多周期图
Ctrl＋F10	切换到当前股票的"公司网站"
Ctrl＋F11	切换到当前股票的"财务图示"

任务 4 证券即时行情解读

王先生利用网上下单系统交易了几次,但还是对行情图表中那些红红绿绿的曲线和指标数据不太理解。比如,大盘指数是怎么算出来？什么是量比？什么是委比？大盘指数分时图中那两条黄白色曲线代表什么？一连串的问题需要你来帮助王先生解答。

任务资讯

一、股票价格指数的编制步骤与计算方法

股票价格指数是用以表示多种股票平均价格水平及其变动并衡量股市行情的指标。股票价格指数能及时全面地反映市场上股票价格水平的变动,它的上涨和下跌,可以看出股票市场变化的趋势,能从一个侧面灵敏地反映一个国家经济、政治的发展变化情况。股票价格指数的作用,远远超过一般统计数字。认真分析和研讨股票价格指数,是每一个证券市场投资者都必须要做的工作。

（一）股票价格指数的编制步骤

第一步,选择样本股。选择一定数量有代表性的上市公司股票作为编制股票价格指数的样本股。样本股可以是全部上市股票,也可以是其中有代表性的一部分。样本股的选择主要考虑两条标准:一是样本股的市价总值要占在交易所上市的全部股票市价总值的相当部分;二是样本股票价格变动趋势必须能反映股票市场价格变动的总趋势。

第二步,选定某基期,并以一定方法计算基期平均股价或市值。通常选择某一有代表性或股价相对稳定的日期为基期,并按选定的某一种方法计算这一天的样本股平均价格或总市值。

第三步,计算计算期平均股价或市值,并作必要的修正。收集样本股在计算期的价格并按选定的方法计算平均价格。有代表性的价格是样本股收盘平均价。

第四步,指数化。如果计算股价指数,需要将计算期的平均股价或市值转化为指数值,即将基期平均股价或市值定为某一常数（通常为100、1000或10）,并据此计算计算期股价的指数值。

（二）股票价格指数的计算方法

1. 简单算术平均法

简单算术平均法分为相对法和综合法。第一,相对法是先计算各样本股的个别指数,再加总求算术平均数。其计算公式如下:

$$P = 1 \div N \times (\sum P_{1i} \div P_{0i}) \times 固定乘数$$

式中：P——股价指数；

N——样本股数；

P_{1i}——第 i 种样本股报告期收盘价；

P_{0i}——第 i 种样本股基期收盘价。

第二,综合法是将样本股票基期价格和计算期价格分别加总,然后再求出股价指数,其计算公式如下:

$$P = (\sum P_{1i} \div \sum P_{0i}) \times 固定乘数$$

2. 加权平均法

加权法指数是以样本股票发行量或成交量为权数加以计算，分为基期加权平均法和报告期加权平均法。第一，基期加权平均法指数又称为拉氏加权指数，采用基期发行量或成交量作为权数，其计算公式为：

$$P=(\sum P_{1i}Q_{0i} \div \sum P_{0i}Q_{0i}) \times 固定乘数$$

式中：P——股价指数；

P_{1i}——第i种样本股报告期收盘价；

P_{0i}——第i种样本股基期收盘价；

Q_{0i}——第i种样本股基期发行量或成交量。

第二，计算期加权股票价格指数又称派氏加权指数，采用报告期发行量或成交量作为权数，其适用性较强，使用较为广泛，很多著名的股票价格指数，如标准普尔指数，都使用这一方法，其计算公式如下：

$$P=(\sum P_{1i}Q_{1i} \div \sum P_{0i}Q_{1i}) \times 固定乘数$$

式中：Q_{1i}——第i种样本股报告期发行量或成交量。

[案例] **股票价格指数计算**

■ 某某证券市场股价、发行量变化如下示，请用算术平均法和加权法（以发行量为权重）计算股价指数。其中，P_0为基期价格，为基期发行量，为报告期价格，为报告期价格，基点（固定乘数）为1000点。

股票名称	P_0	Q_0	P_1	Q_1
A	6.2	5000	5.6	5500
B	16.8	2000	18.2	2800
C	9.3	6000	8.1	7000

■ 简单算术平均：$P=(6.2+16.8+9.3) \div (5.6+18.2+8.1) \times 1000 = 1012.54$；

■ 基期加权平均：$P=(6.2 \times 5000+16.8 \times 2000+9.3 \times 6000) \div (5.6 \times 5000+18.2 \times 2000+8.1 \times 6000) \times 1000 = 1065.49$；

■ 报告期加权平均：$P=(6.2 \times 5500+16.8 \times 2800+9.3 \times 7000) \div (5.6 \times 5500+18.2 \times 2800+8.1 \times 7000) \times 1000 = 1056.19$。

二、我国主要的股票价格指数

目前，我国内在影响较大的有三个机构编制的股票价格指数，分别是上海证券交易所的股价指数、深圳证券交易所的股价指数和中证指数有限公司编制的股价指数。

(一)上海证券交易所的股价指数

上海证券交易所编制并发布的上证指数系列是一个包括上证180指数、上证50指数、上证综合指数、A股指数、B股指数、分类指数、债券指数、基金指数等的指数系列(具体见表3-7)。上证指数系列从总体上和各个不同侧面反映了上海证券交易所上市证券品种价格的变动情况,可以反映不同行业的景气状况及其价格整体变动状况,从而给投资者提供不同的投资组合分析参照系。目前,上述指数中最受关注的是上证指数和上证180指数。

表3-7 上证指数列表

指数名称	基准日期	基准点数	成份股数量	成份股总股本数(亿股)
一、样本指数类				
1. 上证180	2002—6—28	3299.06	180	12364.58
2. 上证50	2003—12—31	1000	50	10631.24
……				
二、综合指数类				
1. 上证指数	1990—12—19	100	901	15426.03
2. 新综指	2005—12—30	1000	833	15145.03
三、分类(综合)指数类				
1. A股指数	1990—12—19	100	848	15304.84
2. B股指数	1992—2—21	100	53	121.19
3. 工业指数	1993—4—30	1358.78	571	6522.6
4. 商业指数	1993—4—30	1358.78	56	210.68
5. 地产指数	1993—4—30	1358.78	32	186.82
6. 公用指数	1993—4—30	1358.78	95	1763.8
7. 综合指数	1993—4—30	1358.78	147	6742.12
四、其他指数类				
1. 基金指数	2000—5—8	1000	16	447.26
2. 国债指数	2002—12—31	100	33	14857.35
3. 企债指数	2002—12—31	100	44	—
4. 沪公司债	2007—12—31	100	34	416.9
5. 沪分离债	2007—12—31	100	34	831.65

1. 上证指数

上证指数是上海证券交易所最早编制的股价指数,其样本股是在上海证券交易所上市的全部901只股票股票(包括A、B股,截止到2009年1月底),其基准日期是1990年12月

19日,基点为100点。

上证指数是派氏加权指数,以样本股的发行股本数为权数进行加权计算,计算公式为:

$$报告期指数 = 报告期成份股的总市值 \div 基期 \times 基期指数$$

其中,总市值 $= \sum (市价 \times 发行股数)$。

2. 上证180指数

上证180指数是上海证券交易所于2002年6月对原上证30指数(1996年7月1日起正式发布)进行了调整并更名为上证成份指数(简称上证180指数)而来,其样本股是在所有A股股票中抽取最具市场代表性的180种样本股票。其基准日期为2002年6月28日,基点为3299.06点。

第一,上证180指数的计算。上证180指数也是派氏加权指数,以成份股的调整股本数为权数进行加权计算,计算公式为:

$$报告期指数 = 报告期成份股的调整市值 \div 基日成份股的调整市值 \times 1000$$

其中,调整市值 $= \sum (市价 \times 调整股本数)$,基日成份股的调整市值亦称为除数,调整股本数采用分级靠档的方法对成份股股本进行调整。根据国际惯例和专家委员会意见,上证成份指数的分级靠档方法如表3-8所示。

表3-8 流通比例与加权比例对照表

流通比例(%)	≤10	(10,20]	(20,30]	(30,40]	(40,50]	(50,60]	(60,70]	(70,80]	>80
加权比例(%)	流通比例	20	30	40	50	60	70	80	100

例如,某股票流通股比例(流通股本/总股本)为7%,低于10%,则采用流通股本为权数;某股票流通比例为35%,落在区间(30,40]内,对应的加权比例为40%,则将总股本的40%作为权数。

第二,上证180指数的样本空间。其取样空间是剔除了上市时间不足一个季度的股票、暂停上市股票、经营状况异常或最近财务报告严重亏损的股票、股价波动较大或市场表现明显受到操纵的股票以及其他经专家委员会认定应该剔除的股票等五类股票以后的所有上海A股股票。

第三,上证180指数的选样标准。其主要考虑股票在行业内的代表性、股票的规模、股票的流动性等三个因素。

第四,上证180指数的选样方法。具体包括:根据总市值、流通市值、成交金额和换手率对股票进行综合排名;按照各行业的流通市值比例分配样本只数;按照行业的样本分配只数,在行业内选取排名靠前的股票;对各行业选取的样本作进一步调整,使成份股总数为180家。

第五,上证180指数样本股的调整。依据样本稳定性和动态跟踪相结合的原则,每半年调整一次成份股,每次调整比例一般不超过10%。特殊情况时也可能对样本进行临时调整。

(二)深圳证券交易所的股价指数

深圳证券交易所编排的股票价格指数包括样本指数、综合指数、分类(综合)指数和其他指数等四大类(见表3-9),其中影响较大的是深证成份指数和深证综合指数。

表3-9 深圳证券交易所的股票指数

指数名称	基准日期	基准点数	起始计算日
一、样本指数类			
深证成份指数	1994—7—20	1000	1995—1—23
深证100指数	2002—12—31	1000	2003—1—2
二、综合指数类			
深证综合指数	1991—4—3	100	1991—4—4
深证新指数	2005—12—30	1107	2006—2—16
中小板综指	2005—6—7	1000	2005—12—1
三、分类(综合)指数类			
深证A股指数	1991—4—3	100	1992—10—4
深证B股指数	1992—2—28	100	1992—10—6
……			
四、其他指数类			
深市基金指数	2000—6—30	1000	2000—7—3
……			

(1)深圳成份指数

深圳成份指数通过对所有在深圳证券交易所上市的公司进行考察,按一定标准选出40家有代表性的上市公司作为样本股,以样本股的可流通股数作为权数,采用加权平均法编制而成。深圳成份指数以1997年7月20日为基准日,基日指数为1000点,起始计算日为1995年1月25日,其选择样本股的一般原则如下:

有一定的上市交易时间;有一定的上市规模,以每家公司一段时期内平均可流通市值和平均总市值作为衡量标准;交易活跃,以每家公司一段时间内的总成交金额和换手率作为衡量标准。根据以上标准,再结合下列各项因素评选出成份股。公司股票在一段时间内的平均市盈率,公司的行业代表及所属行业的发展前景,公司近年来的财务状况、盈利记录、发展前景及管理素质等,公司的地区、板块代表性等。

(2)深圳综合指数

深圳综合指数以深圳证券交易所上市的全部股票为样本股,以1991年4月3日为基期,基期点位为100点,以指数股计算日股份数为权数进行加权平均计算。当有新股票上市场时,其上市第2天纳入指数计算,当某一股票暂停买卖时,将其暂剔除于指数的计算之外。若某一股票在交易中突然被停牌,将取其最后成交价计算即时指数,直到收市。

当指数股的股本结构或股份名单发生改变时,改用变动前一营业日为基准日,并用"连锁"方法对指数进行调整,以维护指数的连续性。

（三）中证指数有限公司编制的股票价格指数

（1）公司简介

中证指数有限公司由上海证券交易所和深圳证券交易所共同出资成立,是一家从事指数编制、运营和服务的专业性公司。股东会是公司最高权力机构。公司设立董事会,由7名董事和2名监事组成。

中证指数有限公司秉承"专业、勤奋"的精神,坚持"服务资本市场、推动金融创新"的理念,依托沪深证券交易所的信息和技术资源优势,管理和发展中证系列指数、交易所系列指数以及客户定制类指数,正逐步成为国内规模最大、产品最多、服务最全、最具市场影响力的专业指数服务公司。

（2）旗下指数简介

中证指数有限公司旗共有规模指数、行业指数、风格指数、债券指数、主题指数、全球指数、基金指数和其他指数等九大类59个指数,其中影响较大的是沪深300指数。

沪深300指数编制的目标是反映中国证券市场股票价格变动的概貌和运行状况,并能够作为投资业绩的评价标准,为指数化投资和指数衍生产品创新提供基础条件。

沪深300指数简称"沪深300",上海行情使用代码为000300、深圳行情使代码为399300,指数基日为2004年12月31日,基点为1000点,以调整股本为权重,采用派氏加权方法计算,其样本股覆盖了沪深市场70%左右的市值,具有良好的市场代表性和可投资性。

三、全球主要股票价格指数

（一）道·琼斯工业股价平均数

道·琼斯工业股价平均数是世界是最早、最享有盛誉和最有影响的股票价格平均数,由美国道·琼斯公司编制,并在《华尔街日报》上公布。早在1884年7月3日,道·琼斯公司的创始人查尔斯·道和爱德华·琼斯根据当时美国有代性的11种股票编制股票价格平均数,并发表于该公司编辑出版的《每日通讯》上。目前,人们所说的道·琼斯指数实际上是一组股价平均数,包括5组指标。

第一,工业股价平均数。该指数以美国埃克森石油公司、通用汽车公司和美国钢铁公司等30家著名大工商业公司股票为样本,能灵敏反映经济发展水平和变化趋势。通常所说的道·琼斯指数就是指道·琼斯工业平均数。

第二,运输业股价平均数该指数是以美国泛美航空公司、环球航空公司、国际联运公司等20家具有代表的运输业公司股票为样本编制的股价平均数。

第三,公用事业股价平均数,该指数是以美国电力公司、煤气公司等15种具有代表性的公用事业大公司股票为样本编制的股价平均数。

第四,股价综合平均数,该指数是以上述65种公司股票为样本编制的股价综合平均数。

第五,道·琼斯公正市价指数,该指数以700种不同规模或实力的公司股票为样本,于1988年10月首次发表,由于该指数所选的股票不仅考虑了广泛的行业分布,而且兼顾了公司的不同规模,因而具有相当的代表性。

道·琼斯股价平均数以 1928 年 10 月 1 日为基期,基点为 100 点,其原采用简单算术平均法,由于这一方法存在的不足,从 1928 年起采用除数修正的简单平均法,使平均数能连续、真实地反映股价变动情况。长期以来,道·琼斯股价平均数被视为最具权威的股价指数,被认为是美国甚至世界经济的晴雨表。

(二) 金融时报证券交易所指数

金融时报证券交易所指数(也译为"富时指数")是英国最具权威性的股价指数,原由《金融时报》编制和公布,现由《金融时报》和伦敦证券交易所共同拥有的富时集团编制,这一指数有三种具体指数构成,具体如下表 3-10 所示。

表 3-10 金融时报证券交易所指数系列

序号	指数名称	样本股数量	基期	基点
1	金融时报工业股票指数	30	1935 年 7 月 1 日	100
2	100 种股票交易指数	100	1984 年 1 月 3 日	1000
3	综合精算股票指数	700	1962 年 4 月 10 日	100

(三) 日经 225 股价指数

日经 225 指数是日本经济新闻社编制和公布的反映日本股票市场价格变动的股价指数。该指数从 1950 年 9 日开始编制,最初根据在东京证券交易所第一市场上市场的 225 家公司股票算出修正平均股价,称为"东证修正平均股价"。1975 年 5 月 1 日,日本经济新闻社向道·琼斯公司买进商标,采用道·琼斯修正指数法计算,指数也改称为"日经道氏平均股价指标",1985 年 5 月合同期满,经协商改名为"日经股价指数"。

目前,日经股价指数分成两组:一是日经 225 种股价指数,这一指数以 225 家在东京证券交易所第一市场上市场的股票为样本,从 1950 年起连续编制,具有较好的可比性;二是日经 500 种股价指数,该指数从 1982 年 1 月 4 日起开始编制,样本包括 500 只股票,与第一种股价指数相比,其代表性更好。

(四) NASDAQ 市场及指数

NASDAQ 是全称全美证券交易商自动报价系统,于 1971 年正式启用。它利用现代电子计算机技术,将美国 6000 多个证券商网点连接在一起,形成了一个全美统一的场外二级市场,其由全国市场和小型资本市场构成。全国市场是 NASDAQ 市场的主要部分,占其总市值的 95% 以上,在这一市场上市交易的公司都是成交活跃、市场形象好并符合严格财务标准和公司治理标准的公司,如微软、英特尔、雅虎等;小型资本市场是为一些有发展潜力的小型公司准备的,其财务要求较低,但公司治理标准与全国市场一样,在这一市场上市的公司规模小、股价低,但发展壮大后可以转移到全国市场上市。

NASDAQ 市场设立了 13 种指数,其中最有影响的是 NASDAQ 综合指数,以在该市场上市的、所有美国和美国以外的上市公司为样本,按每个公司的市场价值来设权重,于 1971

年 2 月 5 日正式启用，基点为 100 点。

四、证券即时行情解读

进行证券投资首先要读懂大盘行情，大盘行情只是一种通俗的说法，一般是指股票市场价格的总体走势。目前，我国上海和深圳两个证券交易所分别编制并公布了多个从不同角度反映市场价格总体走势的股票价格指数，其中最具有代表性的分别是上证指数（000001）、上证 180（1B0007）指数、深证成指（399001）和深圳综指（399106），下面以上证指数为例，简单介绍如何解读和分析大盘行情。

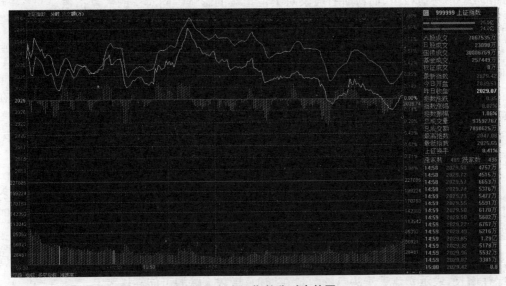

图 3-12　上证指数分时走势图

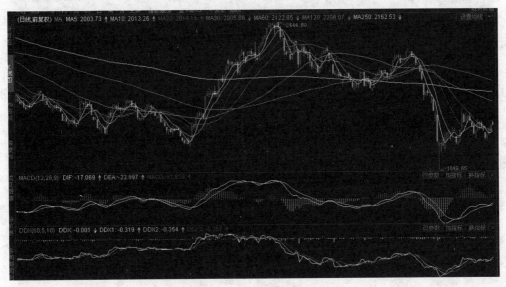

图 3-13　上证指数日 K 线图

运行证券分析软件后，在主界面状态下输入上证指数的代码 000001，即可进入上证券指数分时行走势图，如图 3-12 所示，在这个界面下，输入数字"05"＋回车键，即可转入上证指

数的日K线走势图,如图3-13所示。在解读上海证券交易所大盘行情时,要注意以下几点:

（一）上证领先指标

在图3-12中,0.00%线上方有两根曲线,处于上方的是上证综合指数(简称上证指数,在广发同花顺证券分析软件中为白线),处于下方的是上证领先指数(在广发同花顺证券分析软件中为黄线)。

上证指数采用派许加权综合价格指数公式计算,以1990年12月19日为基日,以该日所有股票的市价总值为基期,基期指数定为100点,自1991年7月15日起正式发布。上证领先指数是不考虑权重、而将所有股票对上证指数的影响等同对待的大盘指数。

一般认为,黄线代表小盘股的总体走势,而白线则代表大盘股的总体走势。

当指数上涨时,如果黄线在白线上方,表示发行量小(小盘股)的股票平均涨幅大于大盘股,而当黄线在白线下方,表示发行量大(大盘股)的股票平均涨幅大于小盘股。

当指数下跌时,如黄线在白线上方,表示小盘股的平均跌幅小于大盘股,而当黄线在白线下方,表示小盘股的平均跌幅大于大盘股。

（二）红柱与绿柱

图3-12中,0.00%线上方柱线为红柱,0.00%线下方柱线为绿柱。

红柱与绿柱反映的是当前大盘所有股票的买盘与卖盘的数量对比情况,红柱表示买盘超过了卖盘,红柱越长,说明买盘超过卖盘越多,绿柱表示卖盘超过买盘。绿柱越长,说明卖盘超过买盘越多。

一般来说,红柱增长,表示买盘大于卖盘的数量在增加,指数上升的可能性增大。反过来,绿柱增长,表示卖盘大于买盘的数量在增加,指数下跌的可能性增大。

（三）成交量

在上证走势图中,成交量是一根根竖排的直线,表示在这一分钟中里上海证券交易所的累计股票成交量。

（四）其他

上涨家数:表示当前上海证券交易所股价高于昨天收盘价的股票家数,图3-12显示的是当天收盘时的上涨家数。

下跌家数:表示当前上海证券交易所股价低于昨天收盘价的股票家数,图3-12显示的是当天收盘时的下跌家数。

平盘家数:表示当前上海证券交易所股价与昨天收盘相等的股票家数,图3-12显示的是当天收盘时的平盘家数。

五、个股行情数据分析

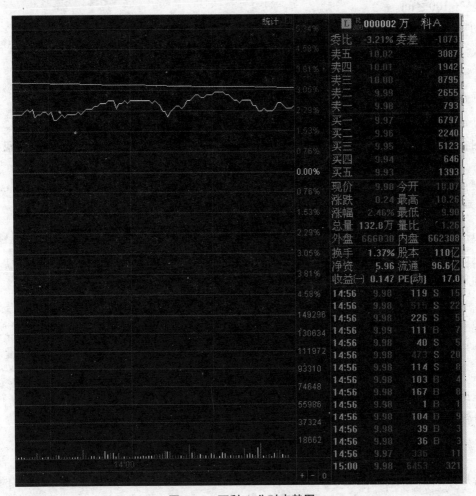

图 3-14　万科 A 分时走势图

以图 3-14 所列有关数据，简单介绍其含义：

图左边白色线代表是分时价位线，反映该股票的分时成交价格。黄色线代表分时均价线，反映是该股票的平均价格，它是当日开盘到现在平均交易价格画成的曲线。

图右边"卖一"是指有 N 个投资者想以 9.98 元的价格卖出 793 手股票；"买一"是指有 M 个投资者想以 9.97 的价格买入 6797 股。

图左下是各个时段的成交量，图右下是各个时间成交价格和成交量。

指标数据介绍如下：

1. 委比

委比＝（大盘委买－大盘委卖）÷（大盘委买＋大盘委卖）×100%

大盘委买：当前本类指数所有股票的委托买入数量之和。

大盘委卖：当前本类指数所有股票的委托卖出数量之和。

委比是用来衡量（较短）一段时间内买盘、卖盘力量对比强弱的指标，大盘委买代表了推动市场总体股价上涨的动力,大盘委卖代表了推动市场总体股价下跌的动力,其取值范围在+100～-100之间。

如果委比大于零,表示买盘的力量强于卖盘,股价指数上涨的可能性较大。反之,如果委比小零,表示卖盘的力量强于买盘,股价指数下跌的可能性较大。

2. 内盘、外盘

内盘:以买入价成交的交易,买入成交数量统计加入内盘。

外盘:以卖出价成交的交易。卖出量统计加入外盘。

内盘,外盘这两个数据大体可以用来判断买卖力量的强弱。若外盘数量大于内盘,则表现买方力量较强,若内盘数量大于外盘,则说明卖方力量较强。

通过外盘、内盘数量的大小和比例,投资者通常可能发现主动性的买盘多还是主动性的抛盘多,并在很多时候可以发现庄家动向,是一个较有效的短线指标。

但投资者在使用外盘和内盘时,要注意结合股价在低位、中位和高位的成交情况以及该股的总成交量情况。因为外盘、内盘的数量并不是在所有时间都有效,在许多时候外盘大,股价并不一定上涨;内盘大,股价也并不一定下跌。

3. 现手、总手

现手是指当前成交量,总手是指到当前的所有成交量。在明细栏里就有现价成交和现手的分笔数。1手代表100股。现手是指当前成交量。总手是指到当前的所有成交量。

4. 量比

量比是一个衡量相对成交量的指标,它是开市后每分钟的平均成交量与过去5个交易日每分钟平均成交量之比。其公式为:

量比=现成交总手÷(过去5日平均每分钟成交量×当日累计开市分钟数)

若是突然出现放量,量比指标图会有一个向上突破,越陡说明放量越大(刚开市时可忽略不计)。

若出现缩量,量比指标会向下走。

量比数值大于1,说明当日每分钟的平均成交量大于过去5个交易日的平均数值,成交放大。

量比数值小于1,表明现在的成交比不上过去5日的平均水平,成交萎缩。

量比是一个衡量相对成交量的指标,它是开市后每分钟的平均成交量与过去5个交易日每分钟平均成交量之比。

5. 换手

又称换手率,指总手与交易所所有上市公司实际可流通股数和之间的比值。

换手率太低,说明成交不活跃,如果是庄股,则说明筹码已基本集中到主力手中,浮筹不多。

换手率高,说明交投涌跃,反映主力大量吸货,有较大的活跃度,今后拉高可能性大。

另外,将换手率与股价走势相结合,可以对未来的股价做出一定的预测和判断。某只股票的换手率突然上升,成交量放大,可能意味着有投资者在大量买进,股价可能会随之上扬。

如果某只股票持续上涨了一个时期后,换手率又迅速上升,则可能意味着一些获利者要套现,股价可能会下跌。

然而值得注意的是,换手率较高的股票,往往也是短线资金追逐的对象,投机性较强,股价起伏较大,风险也相对较大。

6. 市盈率

一个公司股票的每股市价与每股盈利的比率。其计算公式如下:

$$市盈率＝每股市价÷每股盈利$$

目前,几家大的证券报刊在每日股市行情报表中都附有市盈率指标,其计算方法为:

$$市盈率＝每股收市价格÷上一年每股税后利润$$

对于因送红股、公积金转增股本、配股造成股本总数比上一年年末数增加的公司,其每股税后利润按变动后的股本总数予以相应的摊薄。

7. 市净率

市净率是指市价与每股净资产之间的比值,比值越低意味着风险越低。

$$市净率＝股票市价÷每股净资产$$

净资产的多少是由股份公司经营状况决定的,股份公司的经营业绩越好,其资产增值越快,股票净值就越高,因此股东所拥有的权益也越多。

一般来说市净率较低的股票,投资价值较高,相反,则投资价值较低。但在判断投资价值时还要考虑当时的市场环境以及公司经营情况、盈利能力等因素。

8. 其他

最新:指最近一次从上海证券交易传来的指数值。

昨收:指前一个交易日上证指数的收盘点位。

涨跌:当前上证指数(成交)比昨天收盘点位上涨或下跌的绝对数。

开盘:指当日上证指数的开盘点位。

涨幅:指当前涨跌与昨收的比值,一般用百分比表示。

最高:最高指上证指数当天达到的最高点位。

最低:最低指上证指数当天达到的最低点位。

震幅:震幅指当前最大涨幅与最大跌幅差值与昨天收盘之间的比值。

金额:表示当上海证券交易所从交易开始累计到目前的总成交金额。

任务拓展

1. 完成我国上市证券种类信息收集

分别收集上海证券交易所和深圳证券交易所的上市证券品种,查询各类证券代码,并任选10只股票,熟记它们的代码。

2. 作为个人投资者来说,你认为应该具备什么样的素质?请查阅资料整理出来并和自己进行对照,看是否适合进行证券投资。

项目四　宏观经济形势与证券市场运行趋势

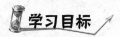

知识目标

1. 掌握宏观经济分析方法。
2. 掌握影响证券市场宏观经济因素。
3. 了解宏观经济政策调整对证券市场的影响。

能力目标

能够根据宏观经济因素变动以及宏观经济政策的相关调整对证券市场的变动进行分析和判断,并依次作为是否参与证券投资提供依据。

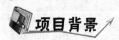

央行历次调整存款准备金率对股市影响一览

央行宣布,从2012年5月18日起,下调存款类金融机构人民币存款准备金率0.5个百分点。这是2012年以来央行第二次下调存款准备金率,距离2月24日今年第一次正式下调存款准备金率近3个月。此次调整后,中国大型金融机构和中小金融机构将分别执行20%和16.5%的存款准备金率。央行最新公布的数据显示,截至4月末,我国的人民币存款余额84.23万亿元,以此计算,此次下调存款准备金率0.5个百分点将释放流动性4200亿元左右。考虑到2011年8月开始,央行调整了存款准备金率的缴存范围,保证金被纳入其中,市场预计所释放的资金将超过4200亿元。本轮下调存款准备金率始于2011年11月,当时央行宣布下调存款准备金率时,曾被市场视作货币政策预调微调的信号,加上此次下调,央行已经3次下调存款准备金率,累计下调1.5个百分点。更早之前的存款准备金率下调还要追溯到2008年9月,当年为应对国际金融危机,在不到3个月的时间里曾4次下调存款准备金率。

表 4-1　历次存款准备金率调整公布后股市的表现

公布时间	大型金融机构			中小金融机构			消息公布次日指数涨跌	
	调整前	调整后	调整幅度	调整前	调整后	调整幅度	上证	深成
2012年5月12日	20.50%	20.00%	−0.50%	17.00%	16.50%	−0.50%	−0.59%	−1.16%
2012年2月18日	21.00%	20.50%	−0.50%	17.50%	17.00%	−0.50%	0.27%	0.01%
2011年11月30日	21.50%	21.00%	−0.50%	18.00%	17.50%	−0.50%	2.29%	2.32%
2011年6月14日	21.00%	21.50%	0.50%	17.50%	18.00%	0.50%	−0.90%	−0.99%
2011年5月12日	20.50%	21.00%	0.50%	17.00%	17.50%	0.50%	0.95%	0.70%
2011年4月17日	20.00%	20.50%	0.50%	16.50%	17.00%	0.50%	0.22%	0.27%
2011年3月18日	19.50%	20.00%	0.50%	16.00%	16.50%	0.50%	0.08%	−0.62%
2011年2月18日	19.00%	19.50%	0.50%	15.50%	16.00%	0.50%	1.12%	2.06%
2011年1月14日	18.50%	19.00%	0.50%	15.00%	15.50%	0.50%	−3.03%	−4.55%
2010年12月10日	18.00%	18.50%	0.50%	14.50%	15.00%	0.50%	2.88%	3.57%
2010年11月19日	17.50%	18.00%	0.50%	14.00%	14.50%	0.50%	−0.15%	0.06%
2010年11月9日	17.00%	17.50%	0.50%	13.50%	14.00%	0.50%	1.04%	−0.15%
2010年5月2日	16.50%	17.00%	0.50%	13.50%	13.50%	0.00%	−1.23%	−1.81%
2010年2月12日	16.00%	16.50%	0.50%	13.50%	13.50%	0.00%	−0.49%	−0.74%
2010年1月12日	15.50%	16.00%	0.50%	13.50%	13.50%	0.00%	−3.09%	−2.73%
2008年12月22日	16.00%	15.50%	−0.50%	14.00%	13.50%	−0.50%	−4.55%	−4.69%
2008年11月26日	17.00%	16.00%	−1.00%	16.00%	14.00%	−2.00%	1.05%	4.04%
2008年10月8日	17.50%	17.00%	−0.50%	16.50%	16.00%	−0.50%	−0.84%	−2.40%
2008年9月15日	17.50%	17.50%	0.00%	17.50%	16.50%	−1.00%	−4.47%	−0.89%
2008年6月7日	16.50%	17.50%	1.00%	16.50%	17.50%	1.00%	−7.73%	−8.25%
2008年5月12日	16.00%	16.50%	0.50%	16.00%	16.50%	0.50%	−1.84%	−0.70%
2008年4月16日	15.50%	16.00%	0.50%	15.50%	16.00%	0.50%	−2.09%	−3.37%
2008年3月18日	15.00%	15.50%	0.50%	15.00%	15.50%	0.50%	2.53%	4.45%
2008年1月16日	14.50%	15.00%	0.50%	14.50%	15.00%	0.50%	−2.63%	−2.41%
2007年12月8日	13.50%	14.50%	1.00%	13.50%	14.50%	1.00%	1.38%	2.07%
2007年11月10日	13.00%	13.50%	0.50%	13.00%	13.50%	0.50%	−2.40%	−0.55%
2007年10月13日	12.50%	13.00%	0.50%	12.50%	13.00%	0.50%	2.15%	−0.24%
2007年9月6日	12.00%	12.50%	0.50%	12.00%	12.50%	0.50%	−2.16%	−2.21%
2007年7月30日	11.50%	12.00%	0.50%	11.50%	12.00%	0.50%	0.68%	0.92%
2007年5月18日	11.00%	11.50%	0.50%	11.00%	11.50%	0.50%	1.04%	1.40%
2007年4月29日	10.50%	11.00%	0.50%	10.50%	11.00%	0.50%	2.16%	1.66%
2007年4月5日	10.00%	10.50%	0.50%	10.00%	10.50%	0.50%	0.13%	1.17%
2007年2月16日	9.50%	10.00%	0.50%	9.50%	10.00%	0.50%	1.41%	0.19%
2007年1月5日	9.00%	9.50%	0.50%	9.00%	9.50%	0.50%	2.49%	2.45%

任务1　宏观经济形势分析

王先生发现周围的很多朋友、同事都通过炒股来实现资产保值增值。可是,王先生对股票投资还是摸不着门道。这时,他想到了那个被称为选股高手的朋友——老李。老李了解了王先生的想法之后,首先告诉他,选股一定要掌握当期宏观经济形势。那么,请你对当前的宏观经济运行情况进行分析和总结,给老王提供一份宏观经济分析报告。

任务资讯

一、证券投资基本分析的三大层次

证券投资基本分析指通过对影响证券市场基本经济因素的分析,预测经济变量变化对证券市场影响的分析法,又称为基本面分析。投资者根据经济学、统计学、金融学、投资学等基本原理,对影响证券价值和价格的各种基本因素进行分析,以评估证券的投资价值,判断证券的合理价位。

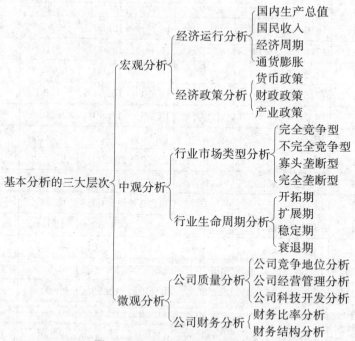

图 4-1　宏观基本分析三大层次

二、宏观经济分析的意义

证券市场与宏观经济密切相关,特别是股票市场素有宏观经济晴雨表之称。证券投资活动效果的好坏、效率的高低,不仅要受国民经济基本单位的影响,还要受宏观经济形势的直接制约。因此,宏观经济分析对于证券投资来说非常重要,它的意义在于以下几方面。

1. 有助于把握证券市场的总体变动趋势。只有看清了宏观经济发展的大方向,才能对证券市场的总体变化趋势做出正确的判断;而密切关注各种宏观经济因素,尤其是货币政策和财政政策的变化,则有助于抓住证券投资的市场时机。

2. 有助于判断整个证券市场的投资价值。证券市场的投资价值是指整个市场的平均投资价值。不同企业、不同行业与不同部门之间相互影响、相互制约的结果,反映出了国民经济发展的速度和质量,而整个国民经济增长的速度与质量,在一定意义上就是整个证券市场的投资价值的反映。作为证券市场的投资对象,企业的投资价值必然与宏观经济形势有内在关联,因此宏观经济分析是判断整个证券市场投资价值的关键。

3. 有助于掌握宏观经济政策对证券市场的影响力度与方向。在市场经济条件下,国家通过财政政策和货币政策的放松和收紧,来影响经济增长速度和企业经济效益,并进一步影响证券市场。因此,认真分析宏观经济政策,掌握其对证券市场的影响力度与方向,能够准确把握整个证券市场的运动趋势和不同证券品种的投资价值变动。

4. 有助于了解转型背景下中国证券市场的特殊性。中国证券市场发展历史短,且正处于经济体制转轨时期,具有一定的特殊性,如国有成分比重较大、行政干预较多、投机性偏高、机构投资者力量相对较弱、阶段性波动较大等。这些特殊性导致宏观经济对中国证券市场的影响不同于成熟市场经济,有时会出现市场表现和宏观经济相背离的情况。因此,在进行宏观经济分析时,将中国证券市场与海外成熟市场的共性和自身特性相结合,才能更加准确地把握证券市场的动向。否则,简单化地用成熟市场的标准来衡量中国的证券市场,会容易导致分析结果的偏差。

三、宏观经济分析的资料搜集与分析方法

要进行证券投资的宏观经济分析,首先要选准分析对象,主要是选出能从各方面综合反映国民经济的基本面貌,并能与证券投资活动有机结合的经济指标,如国民生产总值、消费额、投资额、银行信贷总额、物价水平等;然后采用恰当的分析方法,对指标变动规律对证券市场趋势的影响进行评价和预测。如果分析工作没有做好,那么不仅前一阶段的努力将付诸东流,后一阶段的预测也变得毫无意义。因此,分析工作必须力求完善、准确。

(一) 宏观经济分析资料的获取与处理

进行宏观经济分析需要的资料一般包括政府的重点经济政策和措施、一般生产统计资料、金融物价统计资料、贸易统计资料、每年的国民收入与景气动向、突发性的非经济因素等。其中,数据资料是对宏观经济进行定量分析和预测的基础和依据,因此,对数据资料特别强调其有效性,即数据资料一定要注意准确性、系统性、时效性、可比性和适用性等。资料来源主要有以下途径:①新闻媒体,如电视、广播、报刊等发布的经济消息和报道;②各级政府部门和经济管理部门公布的各种经济政策、计划、统计资料、经济报告、各种统计年鉴等;③各行业管理部门、主管公司搜集和编制的统计资料;④部门和企业内部的原始记录;⑤各预测、情报和咨询机构公布的数据资料;⑥国家领导人和省市领导报告或讲话中的统计数字和信息等。

需要注意的是,不同途径、不同时间获取的资料有时可能因口径不一致而不可比,或是存在不反映指标变化规律的异常值。因而,为了保证资料的有效性,在使用前必须对这样的数据资料进行处理。

(二)宏观经济分析方法

宏观经济分析的方法多种多样,按时间长短可以分为短期分析、中期分析、长期分析,按对时点和时段的选择可以分为动态分析与静态分析……,但其中最重要、最常用的有两组:总量分析与结构分析;定量分析与定性分析。

1. 总量分析和结构分析

总量分析就是对影响宏观经济运行总量指标的各种因素及其变动规律进行分析,从而认识整个经济的运行状态和全貌。总量分析法既是一种动态分析,也是一种静态分析。也就是说,总量分析法以研究总量指标的变动规律为主,同时它也需要考察同一时期内各种总量指标之间的相互关系。

结构分析是指针对经济系统中各组成部分及其对比关系变动规律的分析。如经济增长中各因素作用的结构分析、消费和投资的结构关系等。结构分析法以静态分析,即对某特定时间内经济结构比例关系变化规律的研究为主。有时需要将连续几期的经济结构比例关系进行分析,则属于动态分析。

为了能全面把握宏观经济运行状态,需要将总量分析和结构分析结合在一起使用。总量分析的目的在于把握各经济指标的数值变化影响证券市场整体走势的规律;结构分析的目的在于分析特定时期宏观经济的各经济指标之间的比例关系,以及它们对证券市场可能产生的结构性的影响。总量分析需要结构分析来深化和补充,而结构分析以服从总量分析为目标。

2. 定量分析和定性分析

定量分析是依据统计数据,建立数学模型,并用数学模型计算出分析对象的各项指标及其数值的一种方法。定性分析则是主要凭分析者的直觉、经验,凭分析对象过去和现在的延续状况及最新的信息资料,对分析对象的性质、特点、发展变化规律做出判断的一种方法。相比而言,前一种方法更加科学,但需要较高深的数学知识,而后一种方法虽然较为粗糙,但在数据资料不够充分或分析者数学基础较为薄弱时比较适用,更适合于一般的投资者与经济工作者。

必须指出,两种分析方法对数学知识的要求虽然有高有低,但并不能就此把定性分析与定量分析截然划分开来。事实上,现代定性分析方法同样要采用数学工具进行计算,而定量分析则必须建立在定性预测基础上,二者相辅相成,定性是定量的依据,定量是定性的具体化,二者结合起来灵活运用才能取得最佳效果。

不同的分析方法各有其不同的特点与性能,但是都具有一个共同之处,即它们一般都是通过比较对照来分析问题和说明问题的。正是通过对各种指标的比较或不同时期同一指标的对照才反映出数量的多少、质量的优劣、效率的高低、消耗的大小、发展速度的快慢等,才能为作鉴别、下判断提供确凿有据的信息。因此,进行宏观分析必须重视充分发挥比较法的作用,并据此深入解剖,发现经济现象的内在联系与矛盾。

四、评价宏观经济形势的经济指标

一个国家或地区一定时期的经济形势反映了该国在该时期内整个国民经济活动的成果。这一成果可以用几个主要的综合经济指标表示出来,借以考察国民经济生产、分配和使用的情况,并可用以对不同国家和不同时间进行对比,以区分出各国经济发展水平的高低和发展速度的快慢等。

(一)国民经济总体指标

1. 国内生产总值和国民生产总值

国内生产总值(GDP),是指在一定时期一个国家的国土范围内,本国和外国居民所生产的最终商品和劳务的市场价值总和;国民生产总值(GNP),指一个国家的国民在国内、国外所生产的最终商品和劳务的市场价值总和。

实践中,伴随着经济全球化进程,越来越多的国家(包括我国)在国民经济核算中选择使用国内生产总值指标。

一般采用国内生产总值的增长率来表示经济增长速度。经济增长速度,也称经济增长率,是反映一定时期经济发展水平变化程度的动态指标,也是反映一个国家经济是否具有活力的基本指标。增长速度为正值,表示增长程度;增长速度为负值,表示下降程度,也称负增长。

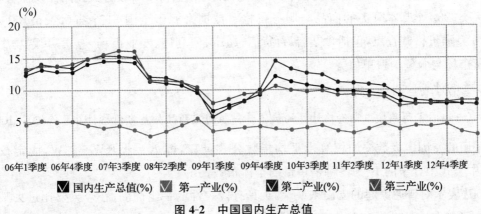

图 4-2　中国国内生产总值

2. 失业率

失业率是指劳动人口中失业人数所占的百分比。值得注意的是,通常所说的充分就业是指对劳动力的充分利用,但不是完全利用,因此在实际生活中不可能达到失业率为零的状态。在充分就业情况下,也会存在一部分"正常"的失业,如劳动力的结构不能适应劳动力需求所致的结构性失业。一般而言,失业率达到一个很低的水平就可以认为达到了充分就业。

一直以来,失业率数字被视为资本市场的重要指标,属滞后指标范畴。它是市场上最为敏感的月度经济指标。一般情况下,失业率下降,表示整体经济健康发展,持续下降则可能形成通货膨胀,使银行收紧银根,减少货币投放;失业率上升,则表示经济发展放缓或衰退,可导致政府放松银根,刺激经济增长。

3. 通货膨胀

在现代经济学中,通货膨胀被定义为一般物价水平持续、普遍、明显的上涨。与通货膨胀相反的现象为通货紧缩,无通货膨胀或极低度通货膨胀称之为稳定性物价。在实际工作中,测量通货膨胀程度一般用价格指数的增长率来表示,常用指标主要有:消费者物价指数(CPI)、生产者物价指数(PPI)、批发物价指数、国内生产总值物价平减指数。

CPI(Consumer Price Index 居民消费价格指数)指在反映一定时期内居民所消费商品及服务项目的价格水平变动趋势和变动程度。居民消费价格水平的变动率在一定程度上反映了通货膨胀(或紧缩)的程度。通俗的讲,CPI 就是市场上的货物价格增长百分比。一般市场经济国家认为 CPI 增长率在 2‰~3‰ 属于可接受范围内,当然还要看其他数据。CPI 过高始终不是好事,高速经济增长率会拉高 CPI,但物价指数增长速度快过人民平均收入的增长速度就一定不是好事,而一般平均工资的增长速度很难超越 3‰~4‰。居民消费价格指数(Consumer Price Index,简称 CPI)是度量居民生活消费品和服务价格水平随着时间变动的相对数,综合反映居民购买的生活消费品和服务价格水平的变动情况。它是进行国民经济核算、宏观经济分析和预测、实施价格总水平调控的一项重要指标,并且世界各国一般用消费价格指数作为测定通货膨胀的主要指标。CPI 指数与通货膨胀的关系:一般来说当 CPI 同比增长大于 3‰ 时我们称通货膨胀;而当其大于 5‰ 时,我们称其为严重的通货膨胀。

全国居民消费价格指数(CPI)涵盖全国城乡居民生活消费的食品、烟酒及用品、衣着、家庭设备用品及维修服务、医疗保健和个人用品、交通和通信、娱乐教育文化用品及服务、居住等八大类、262 个基本分类的商品与服务价格。数据来源于全国 31 个省(区、市)500 个市县、6.3 万家价格调查点,包括食杂店、百货店、超市、便利店、专业市场、专卖店、购物中心以及农贸市场与服务消费单位等。

CPI 的计算公式是:

CPI=(一组固定商品按当期价格计算的价值÷一组固定商品按基期价格计算的价值)×100%。

采用的是固定权数按加权算术平均指数公式计算,即 $K=\sum KW \div \sum W$,固定权数为 W,其中公式中分子的 K 为各种销售量的个体指数。

CPI 表示对普通家庭的支出来说,购买具有代表性的一组商品,在今天要比过去某一时间多花费多少,例如,若 1995 年某国普通家庭每个月购买一组商品的费用为 800 元,而 2000 年购买这一组商品的费用为 1000 元,那么该国 2000 年的消费价格指数为:

(以 1995 年为基期)CPI=1000÷800×100%=125%,也就是说上涨了(125%−100%)=25%。

在日常中我们更关心的是通货膨胀率,它被定义为从一个时期到另一个时期价格水平变动的百分比,公式为:

$$T=(P_t - P_{(t-1)}) \div P_{(t-1)}$$

式子中 T 为 t 时期的通货膨胀率,P_t 和 $P_{(t-1)}$ 分别表示 t 时期(代表报告期)和 $t-1$ 时期(代表基期)的价格水平。

如果用上面介绍的消费价格指数来衡量价格水平,则通货膨胀率就是不同时期的消费价格指数变动的百分比。

假如一个经济体的消费价格指数从去年的 100 增加到今年的 112,那么这一时期的通货膨胀率就为 $T=(112-100)\div100\times100\%=12\%$,就是说通货膨胀率为 12%,表现为物价上涨 12%。现期中国的 CPI 指数是根据上年为基期(100)计算得出的,而并非是以历史某一确定时点作为基期,详情可参照国统局的网站。

月份	全国				城市				农村			
	当月	同比增长	环比增长	累计	当月	同比增长	环比增长	累计	当月	同比增长	环比增长	累计
2013年06月份	102.7	2.7%	0.0%	102.4	102.6	2.6%	0.0%	102.4	102.8	2.8%	0.1%	102.5
2013年05月份	102.1	2.1%	−0.6%	102.4	102.1	2.1%	−0.6%	102.3	102.2	2.2%	−0.5%	102.5
2013年04月份	102.4	2.4%	0.2%	102.4	102.4	2.4%	0.3%	102.4	102.4	2.4%	0.1%	102.5
2013年03月份	102.1	2.1%	−0.9%	102.4	102.0	2.0%	−0.9%	102.4	102.2	2.2%	−1.0%	102.6
2013年02月份	103.2	3.2%	1.1%	102.6	103.2	3.2%	1.1%	102.6	103.3	3.3%	1.0%	102.7
2013年01月份	102.0	2.0%	1.0%	102.0	102.0	2.0%	1.0%	102.0	102.2	2.2%	1.2%	102.2
2012年12月份	102.5	2.5%	0.8%	102.6	102.5	2.5%	0.8%	102.7	102.5	2.5%	0.9%	102.5
2012年11月份	102.0	2.0%	0.1%	102.7	102.1	2.1%	0.1%	102.7	101.9	1.9%	0.2%	102.5
2012年10月份	101.7	1.7%	−0.1%	102.7	101.8	1.8%	−0.1%	102.8	101.5	1.5%	−0.1%	102.6

图 4-3 CPI 指数

生产者物价指数(Producer Price Index,PPI)亦称工业品出厂价格指数,是一个用来衡量制造商出厂价的平均变化的指数,它是统计部门收集和整理的若干个物价指数中的一个,市场敏感度非常高。生产物价指数比预期数值高,表明有通货膨胀的风险。生产物价指数比预期数值低,则表明有通货紧缩的风险。

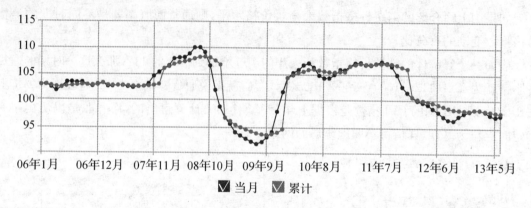

月份	当月	当月同比增长	累计
2013年06月份	97.3	-2.70%	97.78
2013年05月份	97.1	-2.90%	97.78
2013年04月份	97.3	-2.60%	98.08
2013年03月份	97.4	-1.90%	98.30
2013年02月份	98.1	-1.60%	98.40
2013年01月份	98.4	-1.60%	98.40
2012年12月份	98.1	-1.90%	98.28
2012年11月份	97.8	-2.20%	98.30
2012年10月份	97.2	-2.80%	98.35
2012年09月份	96.4	-3.60%	98.47

图 4-4　PPI 指数

根据价格传导规律，生产者物价指数对消费者物价指数有一定的影响。生产者物价指数反映生产环节价格水平，消费者物价指数反映消费环节的价格水平。整体价格水平的波动一般首先出现在生产领域，然后通过产业链向下游产业扩散，最后波及消费品。

在不同市场条件下，工业品价格向最终消费价格传导有两种可能情形：一是在卖方市场条件下，成本上涨引起的工业品价格（如电力、水、煤炭等能源、原材料价格）上涨最终会顺利传导到消费品价格上；二是在买方市场条件下，由于供大于求，工业品价格很难传递到消费品价格上，企业需要通过压缩利润对上涨的成本予以消化，其结果表现为中下游产品价格稳定，甚至可能继续走低，企业盈利减少。对于部分难以消化成本上涨的企业，可能会面临破产。

可以顺利完成传导的工业品价格（主要是电力、煤炭、水等能源、原材料价格）目前主要属于政府调控范围。在上游产品价格（生产者物价指数）持续走高的情况下，企业无法顺利把上游成本转嫁出去，使最终消费品价格（消费者物价指数）提高，最终会导致企业利润的减少。因此，从理论上来说，生产过程中所面临的物价波动将反映至最终产品的价格上，观察生产者物价指数的变动情形将有助于预测未来物价的变化状况。

由于以上几种指标在衡量通货膨胀时各有利弊，而且设计的计算口径不一致，即使在同一国家的同一时期,各种指数所反映的通货膨胀程度也不尽相同,因此,在衡量通货膨胀时选择指数要适当。一般而言,在衡量通货膨胀时,消费者物价指数使用得最多、最普遍。通货膨胀会从两个方面影响社会经济:第一,引导收入和财富的再分配;第二,扭曲商品价格信号,降低经济效率。

投资者要了解通货膨胀可能产生的影响。首先,必须从了解通货膨胀产生的原因入手。需求拉动型通货膨胀通常比较温和,能增加企业利润,刺激就业,增加国民产出;而成本推动型和结构性通货膨胀可能会引致大量失业,经济衰退甚至于崩溃。其次,在实践中,必须将它与经济增长的动态变化相结合,并考虑其他重要影响因素,如政治体制改革、经济体制改革、战争、国际收支状况以及其他突发性因素。最后,关注政府为应对通货膨胀而采取的货币政策和财政政策,这些政策的抑制作用通常会导致高失业和国内生产总值的低增长。投资者如果能对通货膨胀的后果以及政府的宏观调控进行及时预测,并适时调整投资策略,就可以降低投资损失甚至险中求胜。

4. 国际收支

国际收支是一国居民在一定时期内与非居民在政治、经济、军事、文化及其他往来中所产生的全部交易的系统记录。这里的"居民"是指在国内居住一年以上的自然人和法人。一国国际收支的状况主要取决于该国进出口贸易和资本流入、流出状况,并主要反映在国际收支平衡表的经常账户、资本和金融账户两大账户当中。简单地说,涉及商品服务的交易,在国际收支账户的经常项目中记录;涉及国际资产买卖的交易,在资本和金融账户中记录。

当一国国际收入等于国际支出时,称为国际收支平衡;当国际收入大于国际支出时,称为国际收支顺差;当国际支出大于国际收入时,称为国际收入逆差。过度的顺差或逆差都不利于一国经济发展的稳定。在一国国际收支处于不平衡状态时,市场机制可以进行某种程度的调节,但这种调节的力度有限,尤其是在固定汇率制度下。为此,政府在很多情况下要实施不同的宏观经济政策以弥补市场对国际收支平衡调节力度的不足。因此,投资者既要关注国际收支的变化对进出口企业、国际资本流动的影响,也要及时把握政府可能出台的调控政策,两者都会影响证券市场的波动。

(二) 投资指标

投资规模是一个关系到国民经济全局的经济指标。投资规模过大或过小,都不利于国民经济的发展。投资规模过小,不利于为经济的进一步发展奠定物质技术基础;投资规模过大,超出了一定时期人力、物力和财力的可能,又会造成国民经济比例的失调,对国民经济造成的影响和损失更大。投资规模是否适度,是影响经济稳定与增长的一个决定因素。全社会固定资产投资是衡量投资规模的主要指标。具体包括国有经济单位投资、城乡集体经济单位投资、其他各种经济类型的单位投资和城乡居民个人投资。

(三) 消费指标

1. 社会消费品零售总额

社会消费品零售总额的大小和增长速度能够反映出城乡居民与社会集团消费水平的高低和消费意愿的强弱,因此,它是研究国内零售市场变动情况、反映经济景气程度的重要指标。

2. 城乡居民储蓄存款余额

城乡居民储蓄存款余额是居民可支配收入扣除消费支出后形成的,其大小和可支配收入水平、消费支出比例有直接关系,同时利率的变化、直接或间接投资品种的完善等也是影响人们储蓄意愿的主要因素。一方面,城乡居民储蓄存款余额增加,意味着居民消费需求和投资需求的减小,对经济发展的预测趋于谨慎;另一方面,如果银行的存贷比不变,居民储蓄增加,银行的资金来源扩大,对企业的贷款投放也会放宽,正常情况下又会扩大企业的投资需求。因此,对这一指标的认识要结合同期的金融政策。

(四) 金融指标

1. 总量指标

(1) 货币供应量。货币供应量是计算具有不同变现能力的货币数量,表现货币总体结构的指标。货币供应量根据流动性划分为 3 个层次:流通现金(M_0)、狭义货币供应量(M_1)和广义货币供应量(M_2)。通常所说的货币供应量,主要指 M_2。M_0 与消费变动密切相关,是最活跃的货币。M_1 反映居民和企业资金松紧变化,代表社会的直接购买能力,是经济周期波动的先行指标,商品的供应量应和 M_1 保持合适的比例关系,不然经济会过热或萧条。M_2 流动性偏弱,但代表着现实购买力和潜在购买力,能够反映社会总需求的变化和未来通货膨胀的压力状况,研究 M_2 构成的变化,对整个国民经济状况的分析和预测都有特别重要的意义。

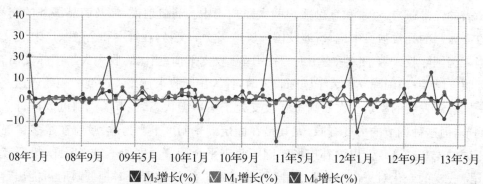

月份	货币和准货币(M_2)			货币(M_1)			流通中的现金(M_0)		
	数量(亿元)	同比增长	环比增长	数量(亿元)	同比增长	环比增长	数量(亿元)	同比增长	环比增长
2013年06月份	1054500.00	14.00%	1.19%	313600.00	9.10%	1.10%	54200.00	9.90%	−0.18%
2013年05月份	1042100.00	15.80%	0.92%	310200.00	11.30%	0.85%	54300.00	10.80%	−2.34%
2013年04月份	1032600.00	16.10%	−0.34%	307600.00	11.90%	−1.16%	55600.00	10.80Z%	−0.18%
2013年03月份	1036100.00	15.70%	3.76%	311200.00	11.90%	5.10%	55700.00	12.40%	−7.63%
2013年02月份	998600.00	15.20%	0.66%	296100.00	9.50%	−4.88%	60300.00	17.20%	−3.52%
2013年01月份	992100.00	15.90%	1.84%	311300.00	15.30%	0.84%	62500.00	4.40%	14.26%
2012年12月份	974200.00	13.80%	3.11%	308700.00	6.50%	3.97%	54700.00	7.70%	4.39%
2012年11月份	944800.00	13.90%	0.90%	296900.00	5.50%	1.23%	52400.00	10.70%	1.75%
2012年10月份	936400.00	14.10%	−0.77%	293300.00	6.10%	2.27%	51500.00	10.50%	−3.56%

图 4-5 中国货币供应量

(2) 金融机构各项存贷款余额。金融机构各项存贷款余额,是指某一时点金融机构存款金额与金融机构贷款金额。其中,金融机构包括商业银行、政策性银行、非银行信贷机构和保险公司。

(3) 金融资产总量。金融资产总量,是指手持现金、银行存款、有价证券、保险等其他资产的总和。

2. 利率

利率是指在借贷期内所形成的利息额与本金的比率。一国各种不同的利率相互联系而构成的有机整体称为利率体系,主要包括中央银行利率、商业银行利率和市场利率三个层次。基准利率、存款利率、贷款利率、国债利率属于人民银行指定利率。市场利率是指由借贷资金的供求关系所决定的利率,主要针对贷款利率,在基准利率上下浮动10%~50%,存款利率、国债利率不会浮动。

各种利率中,存贷款利率对经济的影响表现最明显、最直接。在其他条件不变时,由于利率水平上浮引起存款增加和贷款下降,一方面是居民消费支出减少,另一方面是企业的生产成本增加,它会同时抑制供给和需求;而利率水平的降低则会引起需求和供给的双向扩大。

因此,现在所有国家都把利率作为宏观经济调控的重要工具之一。当经济过热、通货膨胀上升时,便提高利率、收紧信贷;当过热的经济和通货膨胀得到控制时,便会把利率适当地调低。因此,利率是重要的基本经济因素之一。

3. 汇率

汇率亦称"外汇行市或汇价",是指一国货币兑换另一国货币的比率,也就是以一种货币表示另一种货币的价格。

国际收支及外汇储备、利率、通货膨胀和政治局势等因素都会影响一国汇率的波动。发生国际收支顺差,会使该国货币对外汇率上升,反之,该国货币汇率下跌;利率水平直接对国际间的资本流动产生影响,高利率国家发生资本流入,低利率国家则发生资本外流,资本流动会造成外汇市场供求关系的变化,从而对外汇汇率的波动产生影响;通货膨胀影响本币的价值和购买力,会引发出口商品竞争力减弱、进口商品增加,还会对外汇市场产生心理影响,削弱本币在国际市场上的信用地位,最终导致本币贬值,而通货膨胀的缓解又会使汇率上浮;政治局势的变化一般包括政治冲突、军事冲突、选举和政权更迭等,这些政治因素对汇率的影响有时很大,但影响时限一般都很短。

汇率的波动会影响一国进出口额的变化。例如,美元升值,人民币贬值,将刺激中国商品的出口,同时制约外国商品对中国的进口;反之,美元贬值而人民币升值却会大大刺激进口,减少出口。

汇率的波动又会影响国际间资本的流动。汇率的变动对长期资本流动的影响较小。由于长期资本的流动主要以利润和风险为转移,在利润有保证和风险较小的情况下,汇率变动不致直接引起巨大的波动。短期资本流动则常常受到汇率的较大影响。当存在本币对外贬值的趋势下,本国投资者和外国投资者就不愿意持有以本币计值的各种金融资产,并会将其转兑成外汇,发生资本外流现象。同时,由于纷纷转兑外汇,加剧外汇供求紧张,会促使本币汇率进一步下跌。反之,当存在本币对外升值的趋势下,本国投资者和外国投资者就力求持有以本币计值的各种金融资产,并引发资本的内流。同时,由于外汇纷纷转兑本币,外汇供过于求,会促使本币汇率进一步上升。

4. 外汇储备

国家外汇储备是指一国货币当局所持有的、可以用于对外支付的国外可兑换货币。并非所有国家的货币都能充当国际储备资产,只有那些在国际货币体系中占有重要地位,且能自由兑换其他储备资产的货币才能充当国际储备资产。我国和世界其他国家在对外贸易与国际结算中经常使用的外汇储备主要有美元、欧元、日元、英镑等。

当国际收支顺差时,外汇的流入量大于流出量,外汇储备就会增加;当发生国际收支逆差时,外汇储备就会减少。外汇储备增加,赚取了外汇的企业或个人大多会兑换为本币,在国内进行消费或投资,这样就扩大了市场上本币的流通量,需求增加推动物价随之上升,可能形成通货膨胀。在实行浮动汇率制的国家,由于本币需求增大,会导致本币升值,从而加大出口和外来投资的成本,进而使国际收支趋于平衡;在实行固定汇率制的国家,政府一般会采取提高利率的手段来抑制通货膨胀,这样同时也会抑制消费和投资,使经济发展速度减缓。

(五)财政指标

1. 财政收入

财政收入指国家财政参与社会产品分配所取得的收入和,是实现国家职能的财力保证。财政收入的内容主要包括各项税收、专项收入、其他收入、国有企业计划亏损补贴等。

2. 财政支出

财政支出,是指在市场经济条件下,政府为提供公共产品和服务,满足社会共同需要而进行的财政资金的支付。

财政支出按最终用途可分为积累性支出与消费性支出。积累性支出指最终用于社会扩大再生产和增加社会储备的支出,如基本建设支出、工业交通部门基金支出、企业控潜发行支出等,这部分支出是社会扩大再生产的保证;消费性支出指用于社会福利救济费等,这部分支出对提高整个社会的物质文化生活水平起着重大的作用。

在财政收支平衡条件下,财政支出的总量并不能扩大和缩小总需求。但财政支出的结构会改变消费需求和投资需求的结构。在总量不变的条件下,两者是此多彼少的关系。扩大了投资,消费就必须减少;扩大了消费,投资就必须减少。

3. 赤字或结余

财政收入与财政支出的差额即为赤字(差值为负时)或结余(差值为正时)。财政赤字有两种弥补方式:一是通过举债即发行国债来弥补;二是通过向银行借款来弥补。

五、宏观经济变动与证券投资

（一）国内生产总值（GDP）变动对证券市场的影响

GDP 变动是一国经济成就的根本反映，GDP 的持续上升表明国民经济良性发展，制约经济的各种矛盾趋于或达到协调，人们有理由对未来经济产生好的预期；相反，如果 GDP 处于不稳定的非均衡增长状态，暂时的高产出水平并不表明一个好的经济形势，不均衡的发展可能激发各种状态，暂时的高产出水平并不表明一个好的经济形势，不均衡的发展可能激发各种矛盾，从而孕育一个深的经济衰退。证券市场作为经济的"晴雨表"如何对 GDP 的变动做出反应呢？我们必须将 GDP 与经济形势结合起来进行考察，不能简单地以为 GDP 增长，证券市场就将伴之以上升的走势，实际上有时恰恰相反。关键是看 GDP 的变动是否将导致各种经济因素（或经济条件）的恶化，下面对几种基本情况进行阐述。

1. 持续、稳定、高速的 GDP 增长。在这种情况下，社会总需求与总供给协调增长，经济结构逐步合理趋于平衡，经济增长来源于需求刺激并使得闲置的或利用率不高的资源得以更充分的利用，从而表明经济发展的良好势头，这时证券市场将基于下述原因而呈现上升走势。

（1）伴随总体经济成长，上市公司利润持续上升，股息和红利不断增长，企业经营环境不断改善，产销两旺，投资风险也越来越小，从而公司的股票和债券得到全面升值，促使价格上扬。

（2）人们对经济形势形成了良好的预期，投资积极性得以提高，从而增加了证券的需求，促使证券价格上涨。

（3）随着国内生产总值 GDP 的持续增长，国民收入和个人收入都不断得到提高，收入增加也将增加证券投资的需求，从而证券价格上涨。

2. 高通胀下 GDP 增长。当经济处于严重失衡下的高速增长时，总需求大大超过总供给，这将表现为高的通货膨胀率，这是经济形势恶化的征兆，如不采取调控措施，必将导致未来的"滞胀"（通货膨胀与增长停滞并存）。这时经济中的矛盾会突出地表现出来，企业经营将面临困境，居民实际收入也将降低，因而失衡的经济增长必将导致证券市场下跌。

3. 宏观调控下的 GDP 减速增长。当 GDP 呈失衡的高速增长时，政府可能采用宏观调控措施以维持经济的稳定增长，这样必然减缓 GDP 的增长速度。如果调控目标得以顺利实现，而 GDP 仍旧适当的速度增长，而未导致 GDP 的负增长或低增长，说明宏观调控措施十分有效，经济矛盾逐步得以缓解，为进一步增长创造了有利条件，这时证券市场亦将反映这种好的形势而呈平衡渐升的态势。

4. 转折性的 GDP 变动。如果 GDP 一定时期以来呈负增长，当负增长速度逐渐减缓并呈现向正增长转变的趋势时，表明恶化的经济环境逐步得到改善，证券市场走势也将由下跌转为上升。

当 GDP 由低速增长转向高速增长时，表明低速增长中，经济结构得到调整，经济的瓶颈制约得以改善，新一轮经济高速增长已经来临，证券市场亦将伴之以快速上涨之势。

在上面的分析中,我们只沿着一个方向进行,每一点都可沿着相反的方向导出相反的后果。也就是说,它是反映预期的 GDP 变动,而 GDP 的实际变动被公布时,证券市场只反映实际变动与预期变动的差别,因而在证券投资中 GDP 变动分析时必须着眼于未来,这是最基本的原则。

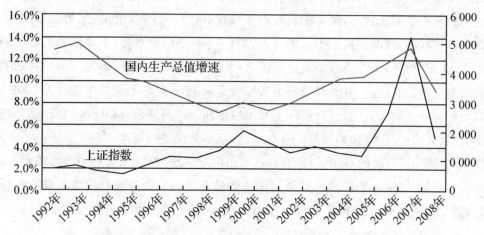

图 4-6 我国国内生产总值增速与上证指数走势关系图

图 4-6 显示的是 1992 年以来我国历年国内生产总值增长率(按可比价格计算)和上证指数年度收盘价的运行情况。从图上我们可以看到,从 1993 年开始,我国国内生产总值实际增长率连续 7 年下降,直到 1999 年到达低谷。但在这 7 年中,我国股市以上证指数年平均值来算,有 5 年上涨。尤其是 1995 年到 1999 年,国内生产总值增长率连续 4 年下降,从 10.9% 下降到 7.6%,股票市场却连续 4 年上涨,涨幅达到 110%。相反,2001 年到 2005 年的 4 年间,国内生产总值的增长率连续提高,股票市场却连跌 4 年。由此看来,股市对经济的反映并不那么机械地对等。

(二)经济周期与股价波动的关系

股票市场素有"经济晴雨表"之称。经济情况从来不是静止不动的,某个时期产出、价格、利率、就业不断上升至某个高峰——繁荣。之后可能是经济的衰退,产出、产品销售、利率、就业开始下降,直至某个低谷——萧条,此阶段的明显特征是需求严重不足,生产相对严重过剩,销售量下降,价格低落,企业盈利水平极低,生产萎缩,出现大量破产倒闭,失业率增大。接下来则是经济重新复苏,进入一个新的经济周期。而股票市场综合了人们对于经济形势的预期,这种预期较全面地反映了有关经济发展过程中表现出的有关信息,特别是经济中的人的切身感受。这种预期又必然反映到投资者的投资行为中,从而影响股票市场的价格。既然股价反映的是对经济形势的预期,因而其表现必定领先于经济的实际表现(除非预期出现偏差,经济形势本身才对股份产生纠错反应)。当经济持续衰退至尾声——萧条时期,百业不振,投资者已远离股票市场,每日成交量寥寥无几,此时,那些有眼光,而且在不停收集和分析有关经济形势并做出合理判断的投资者已在默默吸纳股票,股价已缓缓上升,当种种媒介开始传播萧条已去,经济日渐复苏时,股价实际上已经升至一定水平。随着人们普遍认同以及投资者自身的境遇亦在不断改善,股市日渐活跃,需求不断扩大,股价不停地攀升,更有大户和做手借经济形势之大"利好"进行哄抬,普通投资者在利欲和乐观从众心理的驱使下极力"捧场",股价累创新高。而那些有识之士在综合分析经济形势的基础上,认为经济将不会再创热潮时,已悄然抛出股票。股价虽然还在上涨,但供需力量逐渐发生转变;当经济形势逐渐被更多的投资者所认识,供求趋于平衡直至供大于求时,股价便开始下跌,当经济形势发展按照人们的预期走向衰退时,与上述相反的情况便会发生。

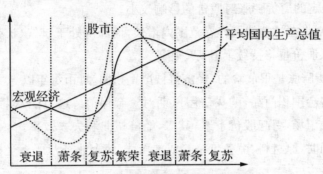

图 4-7 经济周期与股市走势关系图

上面实际上描绘了股价波动与经济周期相互关联的一个总体轮廓,这个轮廓给我们以下几点启示:

1. 经济总是处在周期性运动中。股价伴随经济相应地波动,但股价的波动超前于经济运动,股市的低迷和高涨不是永恒的。

2. 收集有关宏观经济资料和政策信息,随时注意动向。正确把握当前经济发展处于经济周期的何种阶段,对未来做出正确判断,切忌盲目从众,否则极有可能成为别人的"盘中餐"。

3. 把握经济周期,认清经济形势。不要被股价的"小涨"、"小跌"驱使而追逐小利或回避小失(这一点对中长期投资者尤为重要)。或许配合技术分析的趋势线进行研究会大有裨益。

对于经济周期的认识,须提请注意的是周期的任何阶段往往也是波浪式地完成的,或者说大周期中有小周期,参照何种周期,投资者就要根据自己的投资目标做出适当的选择。

不同待业受经济周期的影响程度是不一样的,对具体某种股票的行情分析,应深入细致地探究该波周期的起因,政府控制经济周期采取的政策措施,结合行业特征及发行公司的"公司分析"综合地进行。一般来说,经济的景气与不景气对不同待业的相对影响程度在同一波周期中是对称的,因而上面的现象是常见的。

4. 景气来临之时首当其冲上涨的股票往往在衰退之时首当其冲下跌。典型的情况是,能源、设备等股票在上涨初期将有优异表现,但其抗跌能力差;反之,公用事业股,消费弹性较小的日常消费品部门的股票则在下跌末期发挥较强的抗跌能力。

(三)通货膨胀对证券市场的影响

通货膨胀和失业一直是困扰各国政府的两个主要经济问题。通货膨胀存在的原因,以及它对经济影响,是一个十分复杂的问题,对此几乎没有一个完整的阐述。而政府对通货膨胀进行控制的宏观往往只能以一定的代价(比如增加失业率)来实现。

1. 通货膨胀对股票市场的影响。通货膨胀对股价特别是个股的影响,也无永恒的定势,它完全可能同时产生相反方向的影响,对这些影响作具体分析和比较必须从该时期通胀的原因、通胀的程度,配合当时的经济结构和形势,政府可能采取的干预措施等的分析入手,其复杂程度可想而知,这里,我们只能就一般性的原则作以下几点说明。

(1) 温和的、稳定的通货膨胀对股价的影响较小。

(2) 如果通货膨胀在一定的可容忍范围内增长,而经济处于景气(扩张)阶段,产量和就业都持续增长,那么股价也将持续上升。

(3) 严重的通货膨胀是很危险的,经济将被严重扭曲,货币每年以50%的速度以至更快地贬值,这时人们将会囤积商品,购买房屋以期对资金保值。这可能从两个方面影响股价:其一,资金流出金融市场,引起股价下跌;其二,经济扭曲和失去效率,企业一方面筹集不到必需的生产资金,同时,原材料、劳务价格等成本飞涨,使企业经营严重受挫,盈利水平下降,甚至破产倒闭。

(4) 政府往往不会长期容忍通货膨胀存在,因而必然会支用某些宏观经济工具来抑制通胀,这些政策必然对经济运行造成影响,这种影响将改变资金流向和企业的经营利润,从而影响股价,政策对股价的具体影响在后面阐述。

(5) 通货膨胀时期,并不是所有价格和工资都按同一比率变动,也就是相对价格发生变化。这种相对价格变化引致财富和收入的再分配,产量和就业的扭曲,因而某些公司可能从中获利,而另一些公司可能蒙受损失。与之相应的是获利公司的股票上涨;相反,受损失的公司股票下跌。

(6) 通货膨胀不仅产生经济影响,还可能产生社会影响,并影响公众的心理和预期,从而对股价产生影响。

(7) 通货膨胀使得各种商品价格具有更大的不确定性,也使得企业未来经营状况具有更大的不确定性,从而影响市场对股息的预期,并增大获得预期股息的风险,从而导致股价下跌。

(8) 通货膨胀对企业(公司)的微观影响可以从"税收效应"、"负债效应"、"存货效应"等对公司作具体的分析。但长期的通货膨胀,必然恶化经济环境、社会环境,股价必受大环境影响下跌,短期效应的表现便不复存在。

比如,石油危机导致世界性的通货膨胀,工业原料、生产物资价格普遍上扬,最初拥有这些原料的厂商极度兴奋,因为库存的原料原以低价购进,参品价格忽然上扬,意外地提高了他们的利润。待一季盈余增加公布后,自会促使买气增加,估价上扬。待一段急速行情之后,通货膨胀现象为减轻,反而加重,地价原料库中就有限,等到事实证明此次通货膨胀并不是景气复苏时,有识之士先行卖出股票,又因为股价本已偏高,买气弱,而卖压逐渐加重,当通货膨胀恶化,直接影响产品成本和销售量时,股价已跌一段距离。

总之,万事皆有度,过之则无益。适度的通货膨胀下,人们为避免损失,将资金投向股市。而通胀初期,物价上涨,生产受到刺激,企业利润增加,股价因此看涨。但持续增长的通货膨胀下,企业成本增加,而高价格下需求下降,企业经营恶化。特别是,政府此时不得已采取严厉的紧缩政策,则犹如雪上加霜,企业资金周转失灵,一些企业甚至倒闭,股市在恐慌中狂跌。

2. 通货膨胀对债券市场的影响。

(1) 通货膨胀提高了投资者对债券的收益率的要求,从而引起债券价格下跌。

(2) 未预期到的通货膨胀增加了企业经营的不确定性,提高了还本付息风险,从而债券价格下跌。

(3) 过度通货膨胀,将使企业经营困难甚至倒闭;同时投资者将资金转移到实物资产和交易上寻求保值,债券需求减少,债券价格下降。

任务2 宏观经济政策分析

上一个任务我们帮助王先生分析了宏观经济运行情况,那么下面就需要考虑宏观经济政策对证券市场的影响了。而宏观经济政策包含货币政策、财政政策以及产业政策,请再帮助王先生分析一下当前我们的货币政策、财政政策和产业政策的特点,并写出一份分析报告。

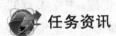

任务资讯

一、货币政策

货币政策是指政府为实现一定的宏观经济目标所制定的关于货币供应和货币流通组织管理的基本方针和基本准则。主要通过调控货币供应总量保持社会总供给与总需求平衡;通过调控利率和货币总量控制通货膨胀,保持物价总水平的稳定;调节消费、储蓄与投资的比例,引导储蓄向投资的转化,实现资源的合理配置,保持经济持续稳定发展。具体来讲,货币政策的目标就是:稳定物价、实现充分就业、保持经济增长和国际收支平衡。

(一) 货币政策工具及功能

货币政策工具,又称货币政策手段,是指中央银行为实现货币政策目标而采取的政策手段。货币政策工具分为两类:一般性政策工具(包括法定存款准备金率、再贴现政策及公开市场业务)和选择性政策工具(包括直接信用控制、间接信用指导等)。

1. 一般性政策工具

一般性政策工具主要包括法定存款准备金率、再贴现政策及公开市场业务。

(1) 法定存款准备金率

法定存款准备金率是指中央银行规定的金融机构为保证客户提取存款和资金结算而准备的在中央银行的存款占其存款总额的比例。法定存款准备金率的作用效果十分明显,它在很大程度上限制了商业银行体系创造派生存款的能力。提高法定存款准备金率,商业银行可运用资金减少,贷款能力下降,市场货币流通量减少;降低存款准备金率,商业银行可运用资金增多,贷款能力增强,市场货币流通量加大。此外,法定准备金率还可通过货币乘数效应,对货币供给总量产生更大的影响。因此法定存款准备金率是一种影响货币供应的强有力的工具,中央银行很少动用这一工具。一般情况下,当物价上涨幅度过快,发生较严重的通货膨胀时,中央银行会提高法定存款准备金率;反之,当发生较严重的需求不足,经济出现危机时,中央银行会降低法定存款准备金率。

(2) 再贴现政策

再贴现政策是中央银行对商业银行用持有的未到期票据向中央银行融资所做的政策规定,主要包括再贴现率的确定和再贴现的资格条件。中央银行根据市场资金供求状况确定再贴现率,能够影响商业银行借款成本,进而影响商业银行对社会的信用量,从而调节货币供应总量。中央银行提高再贴现率,商业银行向中央银行融资成本增高,商业银行就会提高对客户的贴现率或贷款利率,使商业银行信用量收缩,减少市场货币量供应。反之,中央银行降低再贴现率,商业银行向中央银行融资成本降低,商业银行会降低对客户的贴现率或贷款利率,增加市场货币供应。再贴现率的短期政策效应比较明显,而中央银行对再贴现资格条件的规定则偏向于长期的政策效应,释放扶持或抑制作用,并改变资金流向。

(3) 公开市场业务

公开市场业务是指中央银行在金融市场上公开买卖有价证券,以此来调节市场货币量的政策行为。中央银行的公开市场购买行为,会扩大基础货币,增加货币供应;中央银行的公开市场出售行为,会缩小基础货币,减少货币供应。这一货币政策工具对金融市场上货币供应量的影响最为直接,因此,公开市场业务是中央银行经常采用的货币政策工具。

2. 选择性政策工具

(1) 直接信用控制

直接信用控制是以行政命令或其他方式,直接对金融机构尤其是商业银行的信用活动进行控制。其具体手段包括:规定利率限额与信用配额、信用条件限制、规定金融机构流动性比率和直接干预等。

(2) 间接信用指导

间接信用指导是指中央银行通过道义劝告、窗口指导等办法来间接影响商业银行等金融机构行为的做法。

3. 我国常用的货币政策工具

目前,我国常用的货币政策工具主要有:银行存贷款利率、法定存款准备金率、公开市场业务、中央银行外汇操作等。近年来,中国人民银行连续多次调整银行存贷款利率和法定存款准备金率,充分发挥这两大工具的作用,逐步加强对货币供应量的调控能力。

(二) 货币政策的运作及对证券市场的影响

货币政策的运作主要是指中央银行根据客观经济形势采取适当的货币政策,调控货币量和信用规模,使之达到预定的货币政策目标,并以此影响经济的运行。根据货币政策运作方向可以分为宽松性货币政策和紧缩性货币政策。一般情况下,当物价持续回落、需求不足、经济衰退时,中央银行会采取宽松性货币政策,即降低法定存款准备金率和再贴现率及再贷款利率、增加政府公开购买、降低利率;当物价上涨、需求过度、经济过度繁荣时,中央银行会采取紧缩性货币政策,即提高法定存款准备金率和再贴现率及再贷款利率、减少政府公开购买、提高利率。总的来说,宽松性货币政策将促使证券市场走强,紧缩性货币政策则使其趋弱。

1. 降低利率

一般而言,降低利率将促使股票价格上涨。原因是:①降低利率,投资于股票的机会成本降低,从而会直接吸引储蓄资金流入股市,导致对股票需求增加,刺激股价长期走好;②降低利率,企业借款成本降低、利润增加,股价自然上涨;③利率是计算股票理论价格的重要依据,利率降低,股票理论价格提高,促使股票市场价格进一步上涨。

在货币政策工具中,利率的调整对股价的影响是十分直接的,但利率的变动与股价运动呈反方向变化是一般情况,并非绝对的负相关关系。在股市暴跌时,即使下调利率,也可能会使股市回升乏力;同样,在股市行情暴涨时,上调利率控制股价的作用也不一定很明显。

2. 下调法定存款准备金率、再贷款利率、再贴现率

中央银行利用这三种货币政策工具来调节货币供应量,从而影响货币市场和资本市场的资金供求,进而影响证券市场。如果中央银行下调存款准备金率、再贷款利率、再贴现率,就能增加商业银行的资金头寸,使商业银行可贷资金充裕。这样,首先能够为上市公司提供良好的融资环境:一方面有利于上市公司获得更多的贷款进行资产重组,摆脱经营困境,增加营业利润,为股价攀升奠定坚实的基础;另一方面,上市公司拥有多个融资渠道,就会减轻对股民的配股压力,使二级市场资金更为宽裕,也有利于股价震荡上行。其次,有利于基金管理公司、证券公司等非银行金融机构到银行同业拆借市场拆借更多的资金,也有利于上市公司、国有企业、国有控股上市公司直接向商业银行借款投资于证券市场,资金供应增加会直接刺激证券市场行情上扬。

3. 加大公开市场购买

在政府倾向于实施宽松性货币政策时,中央银行利用公开市场业务操作可以从两个方面影响证券市场:第一,中央银行大量购买有价证券,增加市场上的货币供应量,会推动利率下调,降低资金成本,从而激发企业和个人的投资热情和消费热情,有利于推动股价上涨;第二,中央银行公开市场业务直接以国债为操作对象,大量购买国债会改变国债市场的供求关系,直接影响国债市场的波动。

4. 选择性货币政策工具的使用

直接信用控制和间接信用指导通常和产业政策、区域政策结合使用,对证券市场走势产生结构性影响。对于国家的优先发展产业、支柱产业以及农业、能源、交通、通信等基础产业,或者国家要优先重点发展的地区,政府如果采取放松对商业银行的信贷管制、扩大信贷规模等扶持措施加以区别对待,相应板块的股票价格往往会领涨于其他板块或者大盘,甚至逆势而上。

5. 紧缩性货币政策对证券市场的作用机理

紧缩性货币政策对证券市场的影响与宽松性货币政策正好相反。

值得注意的是,财政政策与货币政策对股票价格的影响十分复杂,并且政策滞后效应较为明显。受到其他宏观经济因素以及投资者预期因素的影响,在政策调整的消息出台后,证券市场的表现有时与理论上的推导相一致,有时可能会有偏差,甚至反向运动,如项目背景中表4-1所示。但财政政策与货币政策对股市的影响是十分深远的,它能在较长的时期内影响股价的运行趋势,因此正确预测与把握国家的财政政策和货币政策,认真分析财政政策、货币政策对经济形势的综合影响,是进行股票投资决策必不可少的理论依据。

(三) 2013年继续实施稳健的货币政策

中国人民银行2013年8月2日发布的2013年第二季度《中国货币政策执行报告》(以下简称《报告》)提出,下一阶段央行将坚持政策的稳定性和连续性,继续实施稳健的货币政策,增强调控的针对性、协调性,适时适度预调微调,把握好稳增长、调结构、促改革、防风险的平衡点,为经济结构调整与转型升级创造稳定的金融环境和货币条件。

《报告》提出,要继续完善市场化利率形成机制,优化金融市场基准利率体系,建立健全金融机构自主定价机制,逐步扩大负债产品市场化定价范围,更大程度发挥市场机制在金融资源配置中的基础性作用。进一步提高中央银行引导和调控市场利率的水平,强化价格型调控机制,促进经济金融协调发展。进一步完善人民币汇率形成机制,更大程度地发挥市场供求在汇率形成中的基础性作用,增强人民币汇率双向浮动弹性,保持人民币汇率在合理均衡水平上的基本稳定,促进国际收支基本平衡。

《报告》要求,扩大民间资本进入金融业,鼓励民间资本投资入股金融机构和参与金融机构重组改造,尝试由民间资本发起设立自担风险的民营银行、金融租赁公司和消费金融等金融机构,为实体经济发展提供广覆盖、差异化、高效率的金融服务。

《报告》认为,当前中国经济处在结构调整和转型升级的关键时期。实现经济持续健康发展的积极因素和有利条件依然较多。物价形势相对稳定,但呈现出一定的结构性特征,对需求扩张也比较敏感,要继续引导、稳定好通胀预期。

二、财政政策

财政政策是政府依据客观经济规律制定的指导财政工作和处理财政关系的一系列方针、准则和措施的总称。主要通过财政赤字、财政补贴、改变税收、国债政策等手段影响总需求,促进社会总供给和总需求趋于平衡。

(一) 财政政策的手段及功能

财政政策的实施主要是通过国家预算、税收、国债、财政补贴等手段,这些手段可以单独使用也可以相互配合使用。

1. 国家预算

国家预算是财政政策的主要手段。国家预算对经济的调控作用主要表现在以下两个方面。

首先,通过调整国家预算收支之间的关系,可以起到调节社会供求总量平衡的作用。当社会总需求大于社会总供给时,国家预算采用"收大于支"的结余政策,压缩财政支出,可以缩小社会总需求;当社会总供给大于总需求时,国家预算采用"支大于收"的赤字政策则能够扩张社会总需求;在社会供求总量大体平衡时,国家预算实行收支平衡的中性政策与之配合。

其次,通过调整国家预算支出结构,可以调节国民经济中的各种比例关系和经济结构,促使社会的总供求结构平衡。财政投资主要运用于能源、交通以及重要的基础产业、基础设施的建设,财政投资的多少和投资方向直接影响和制约部门经济,因而既具有造就未来经济结构框架的功能,也有矫正当期结构失衡的功能。但国家预算手段调控能力的大小,与财政收入占国民收入的比重关系极大。这一比例愈高,国家预算调控力度就愈大;反之,比重愈低,国家预算调控的力度就愈小。

2. 税收

税收是国家凭借政治权力参与社会产品分配的重要形式,具有强制性、无偿性和固定性的特征。税收既是筹集财政收入的主要工具,又因具有多重调节职能成为宏观经济调控的重要手段。

(1)税收能够调节社会总供给与总需求之间的总量平衡。从调节总供给来看,可以通过降低税率和扩大减免税范围,增加企业可支配收入,刺激投资和增加供给;反之,提高税率和缩小减免税范围,使企业可支配的收入减少,影响企业投资和生产的发展,从而减少供给。从调节社会总需求来看,可以根据消费需求和投资需求设置不同的税种或在同一税种中实行差别税率,控制需求数量。

(2)税收能够调节供求结构。这主要是通过设置不同的税率和税种来实现对生产结构和消费结构的调节。就生产结构来看,某一产业的发展取决于该产业的盈利水平,而税收对盈利水平有着重要的影响。在价格不变的条件下,税收的增减直接影响利润,从而鼓励或限制某些产业的发展。就消费结构来看,当某种产品供求不平衡时,既可以通过调节产业结构来实现,也可以通过设置不同的税种和税率直接调节消费结构来进行。

(3)税收能够调节国际收支平衡。这主要通过进口关税政策和出口退税政策来实现。例如当一国国际收支出现赤字时,政府一方面通过出口退税刺激出口,另一方面征收或调高进口关税抑制进口,使国际收支达到平衡。

3. 国债

国债是中央政府按照有偿信用原则筹集财政资金的一种重要形式,同时也是实现宏观调控的重要财政政策手段。国债的调节作用主要表现在以下方面。

(1)国债可以调节国民收入的使用结构及积累和消费的比例关系。中央政府通过发行国债,将社会上的闲散的消费资金转化为积累资金,用于生产建设。

(2)国债可以调节产业结构。中央政府通过发行国债筹集资金并将资金运用到社会效益和宏观效益较高的项目上,消除企业和银行投资较注重微观效益而常常与宏观经济目标发生矛盾的弊端,站在整个国家的角度调节投资结构,促进整个国民经济结构趋于合理。

（3）国债可以调节资金供求和货币流通。中央政府通过扩大或减少国债的发行，降低或提高国债利率或贴现率直接调节货币供求和货币流通量来调节整个国民经济。

4. 财政补贴

财政补贴是国家为了某种特定需要，将一部分财政资金无偿补助给企业和居民的一种再分配形式。我国的财政补贴主要包括：价格补贴、企业亏损补贴、财政贴息、房租补贴、职工生活补贴和外贸补贴。

5. 财政管理体制

财政管理体制是中央与地方、地方各级政府之间以及国家与企事业单位之间资金管理权限和财力划分的一种根本制度。它的主要功能是调节各地区、各部门之间的财力分配。

6. 转移支付制度

转移支付制度是指中央财政将集中的一部分财政资金，按一定标准拨付给地方财政的一项制度。它的主要功能是调整中央政府和地方政府之间的财政纵向不平衡，以及调整地区间的财政横向不平衡。

（二）财政政策的运作及对证券市场的影响

一国政府运用财政政策来影响国民经济，一方面可以通过"自动稳定器"作用，调节社会供需，减轻经济波动；另一方面通过"相机抉择"，发挥财政政策的职能。在我国，主要发挥财政政策的"相机抉择"作用。

财政政策分为扩张性财政政策、紧缩性财政政策和中性财政政策。一般情况下，当总需求不足、物价持续走低、经济出现衰退时，政府往往会实施扩张性财政政策，即增加政府支出、加大财政赤字、减少税收、扩大减免税范围，刺激需求增加。相反，当总需求过旺，经济过热、出现通货膨胀时，政府往往会实施紧缩性财政政策，即减少财政支出，增加税收、减少减免税范围，抑制需求。

作为国民经济"晴雨表"的证券市场，与国家的经济形势息息相关，财政政策的运作在很大程度上将通过影响国民经济进而影响证券市场价格。总体上讲，扩张性财政政策旨在刺激经济发展，将促使证券市场走强；而紧缩性财政政策旨在控制过热的经济，证券市场趋于走弱。

1. 扩张性财政政策对证券市场的作用机理

扩张性财政政策，又称为宽松的或积极的财政政策，通常采用下列政策手段对证券市场发生影响。

（1）减少税收，降低税率，扩大减免税范围。对于上市公司，减税会直接减少支出增加税后利润，每股税后收益增加，这使股票更"值钱"，股票的交易价格也将上涨。上市公司税后收益增加，企业投资增加，进而带动社会整体需求增加，促进经济增长，使企业利润进一步增加，证券价格将长期走牛。对于社会公众，降低税收、扩大减免税范围，在增加了社会公众收入的同时也增加了投资需求和消费需求，增加投资需求会直接加大对证券的需求，而增加消费需求会带动社会整体需求增加，因此，减税有利于证券价格上涨。

在税种的设置中与证券价格变动关系最为密切的是证券交易印花税。证券交易印花税是股民从事证券买卖所强制缴纳的一笔费用，根据一笔股票交易成交金额计征。印花税率的高低可以直接地改变股票的交易成本,因此监管层通过调整印花税率可以起到调控股市的作用当市场人气过旺,证券市场泡沫加大时,政府往往会提高印花税,加大交易成本,使过旺的人气降下来;而当证券市场过于萎靡,人气极度涣散时,政府又会降低印花税,减少交易成本,刺激证券价格上涨。具体来讲,印花税的调整对机构投资者影响较强,对中小投资者影响较弱。这是因为机构投资者动用资金量大,印花税的调整对机构交易成本影响更明显。降低印花税,有利于机构坐庄,活跃股市人气,带动中小投资者参与。提高印花税,加大资金运作成本,不利于机构资金入市。印花税的调整对中小投资者的影响相对较小,主要是因为中小投资者资金少,印花税率变动引起的成本变动不大,且中小投资者更注重中长线投资,因此印花税变动一般不会改变中小投资者的投资方向。

(2)增加政府支出。加大政府的财政支出与财政赤字,通过政府的投资行为,增加社会整体需求,扩大就业,刺激经济的增长,这样企业利润也将随之增加,进而推动股票价格上涨。特别是与政府购买和支出相关的企业将最先、最直接获益,其证券价格将率先上涨。在经济的回升中,居民收入增加,居民的投资需求和消费需求也会随之增加,前者会直接刺激股价上涨,后者会间接促使股价步入上升通道。但此项政策使用要适度,否则支出过度导致财政出现巨额赤字时,需求虽然得到进一步扩大,但同时也增加了经济的不稳定因素。通货膨胀加剧,物价上涨,有可能使投资者对经济预期不乐观,反而造成股价下跌。

(3)发行国债。一国政府运用国债这个政策工具实施财政政策时,往往要考虑很多的因素。实施松的财政政策,从增加社会货币流通量这个角度出发,往往会减少国债的发行;从增加政府支出及加大财政赤字这个角度出发,又会增加国债的发行。减少国债的供给,社会货币流通量增加,在股票总供给量不变或变化较小时会增加对股票的需求,使股价上涨。但减少国债发行又会影响到政府的支出,给国民经济及股市上涨带来负面影响。增加国债的发行一方面导致证券供应的增加,在证券市场无增量资金介入的情况下,就会减少对股票的需求,引起股票价格下跌;另一方面又会增加政府的支出,刺激国民经济增长,有利于股市上涨。因此国债的发行对股价的影响十分复杂,不能单纯地从一个角度来分析国债发行对股价的影响。

(4)增加财政补贴。财政补贴增加了财政支出,有利于扩大社会总需求和刺激供给增加,从而使整个证券市场的总体水平趋于上涨。

2. 紧缩性财政政策对证券市场的作用机理

紧缩性财政政策对证券市场的影响与上述情况相反,从总体上抑制证券市场价格上涨。

(三)我国目前的财政政策

中共中央政治局2013年7月30日召开会议,分析研究上半年经济形势和下半年经济工作。中共中央总书记习近平主持会议。

会议要求,各地区各部门要把思想和行动统一到中央对经济形势的分析判断和各项决策部署上来,坚定信心,奋发有为,努力做好经济社会发展各项工作。

会议指出,要把握好宏观调控的方向、力度、节奏,使经济运行处于合理区间。继续实施积极的财政政策和稳健的货币政策,盘活存量、优化增量、着力提高财政资金使用效益,加大金融支持实体经济的力度,把钱用在刀刃上;积极释放有效需求,推动居民消费升级,保持合理投资增长,积极稳妥推进以人为核心的新型城镇化,促进房地产市场平稳健康发展;保持农业稳定发展,夯实粮食丰收基础,抓好"菜篮子"产品生产,扎实开展防灾减灾各项工作;进一步激发企业活力,加大对中小微企业等的政策扶持和服务力度,进一步清费减负,拓宽企业融资渠道;加快推进产业结构调整,推动传统产业转型升级,积极培育和发展战略性新兴产业,加快信息产业发展,大力发展节能环保和新能源产业,推动新兴服务业和生活性服务业发展;深入实施区域发展总体战略,落实和完善区域发展规划和政策;努力稳定对外贸易,完善政策和服务,拓宽出口渠道,积极增加进口,有效应对贸易摩擦,鼓励有条件的企业到境外投资;继续取消和下放行政审批事项,深入推进财税金融体制改革,积极稳妥推进资源性产品和环境价格改革,抓好综合配套改革试点;稳定价格总水平,加强重要商品产供销衔接,努力减轻物价上涨对群众生活的影响;着力保障改善民生,继续完善就业创业扶持政策,统筹城乡社保体系建设,妥善安排好灾区群众生产生活,促进教育、卫生、文化、体育事业发展,加强和创新社会管理,保持社会和谐稳定。

三、产业政策

产业政策是一个国家在一段时期内,为了引导和推进实现产业结构高级化目标,在充分发挥市场调节作用的前提下,所制定的干预产业结构调整和产业组织调整的一系列政策措施。产业政策包括产业结构政策和产业组织政策,其中,产业结构政策是产业政策的核心内容。产业结构政策依据产业结构发展规律,规定各产业部门在国民经济全局中的地位和作用,提出协调产业结构的内部比例关系,以及将已有产业结构推向具有更高经济效益的产业结构的政策措施。产业组织政策则是在产业结构政策规定的前提下,充分利用社会资源,提高经济效益的政策手段。在现代经济发展中,科技革命对产业结构产生了重大影响,而产业结构的变革,又对整个国民经济发展具有重大意义。为了优化产业结构,国家必须对其进行干预。产业政策是国家改善产业结构的政策工具,现代产业结构的形成和变革,主要是国家利用一系列政策手段对旧的产业结构进行调整和重建的结果。

(一)产业政策的制定

(1)产业政策的制定必须符合产业结构演变的趋势。世界产业结构演变呈现以下两种趋势:一是第一、第二、第三产业在国民经济总产值中所占比重的演变,由第一产业为主过渡到第二产业为主,再过渡到第三产业为主。目前世界发达国家第三产业在国内生产总值中的比重已上升到70%以上,中等发达国家也已经上升到50%以上。第三产业持续发展成为一种不可逆转的趋势。二是从资源结构演变过程来看,产业结构已从劳动密集型阶段发展到资金密集型阶段并向技术密集型转变。技术密集型产业的发展是产业结构演变的大势所趋。因此产业政策的制定,必须符合上述产业结构演变的趋势。

(2)产业政策的制定必须符合国情。制定产业政策,调整产业结构可以借鉴别国经验,但不可全部照搬。必须从国情出发,扬长避短,发挥自己的优势。影响和制约产业结构调整的主要因素是资源状况和经济发展水平,资源包括自然资源和社会资源,如人力、物力、科技、文化信息等。经济发展水平包括生产力发展水平、人均国内生产总值水平、消费水平、综合国力等。只有从国情出发，充分了解和把握本国在资源和经济方面的优势和劣势，把产业政策建立在实事求是的基础上，产业政策的实施才能收到实效。

（3）产业政策的制定必须顺应世界经济发展的要求，有利于参与国际分工。世界经济一体化是当今世界经济发展的潮流。产业政策在立足国情的同时，还必须顺应世界经济发展潮流，瞄准国际市场，积极参与国际分工，大力发展外向型产业，带动其他经济部门的发展。

（二）产业政策对证券市场的影响

国家在实施产业政策时，对需要重点支持的产业，往往配合财政政策和货币政策给予重点扶持。国家产业政策倾斜的产业，将会有长足的进步，这些企业会具有长久的生命力，其股票价格将会走长期上升通道。国家限制发展的产业则相反，在长时期内其股价上涨会遇到巨大阻力。以产业支持政策为例，其主要的政策手段以及对证券市场的影响主要表现如下。

1. 减免税收

受产业政策重点保护的企业，对其所纳税款进行减免。如国家对重点支持的高新技术产业，从被确定为高新技术产业时起，两年内免征所得税。

2. 放宽筹资限制

如在《关于股票发行工作若干问题的规定》中，明确要重点支持农业、能源、交通、通信、重要原材料等基础产业和高新技术产业通过发行股票筹集资金，从严控制一般加工工业和商业流通性企业，暂不考虑金融、房地产业等行业通过发行股票筹资。对于已上市企业，属于受产业政策扶持的企业，在进行配股筹资时，放宽配股条件。这些企业优先得到政府的资金支持，十分有利于企业的长远发展，为今后股价上涨奠定了基础。

3. 加大财政支持力度

如 1998 年政府发行的 1000 亿元特别国债，其中 2/3 的资金投放到国家重点支持的基础设施的投资上。有了政府的财政支持，这些产业的发展前景十分光明，有利于股价的上涨。

任务拓展

1. 进入国家统计局网站 http://www.stats.gov.cn/，收集我国主要宏观经济指标三年的数值，比较分析近三年我国证券市场股价指数的历史走势与主要宏观经济指标变动之间的关系。

2. 进入一些财经网站，比如 http://www.jrj.com.cn/、http://www.eastmoney.com/ 等，查看财经资讯，评价和分析当前和未来国家宏观经济运行趋势。

项目五 行业分析

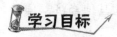

知识目标

1. 了解行业的概念。
2. 熟悉上市公司行业划分的方法。
3. 掌握行业的市场结构类型及行业市场竞争结构特点。
4. 掌握行业各生命周期的投资特点。

能力目标

1. 能够通过行情软件了解我国证券市场上行业和版块的划分情况。
2. 能够掌握上市公司行业分类的基本应用。
3. 能够分析行业一般特征并应用。

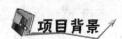

信息服务 业绩有望整体好转

据统计显示,2013年8月1日信息服务板块累计上涨5.23%,板块内135只个股中,有124只出现不同程度的上涨,占比91.85%。其中,海联讯(10.04%)、新世纪(10.04%)、海隆软件(10.02%)等个股当日实现涨停,板块当日累计资金净流入共计15.85亿元。

从产业资本增持的角度来看,在信息服务行业中,7月份共有5家公司得到产业资本增持(剔除个人),增持数量达1494.24万股,增持部分参考市值达24758.08万元。具体来看,鹏博士当月获得产业资本增持15 110.41万元,位居行业首位,而东方财富(5642.90万元)、飞利信(3783.13万元)、辉煌科技(165.89万元)等公司亦获得了超过100万元的产业资本增持。

从市场表现来看,这5家公司股票昨日全部出现上涨,它们分别为,鹏博士(9.98%)、飞利信(8.04%)、东方财富(7.65%)、恒生电子(4.42%)、辉煌科技(3.81%)。7月份以来信息服务板块累计上涨24.28%,在板块内135只个股中,有127只实现上涨,占比94.07%。而5只获得产业资本增持的个股在月内更是全部实现上涨,具体来看,飞利信(51.70%)、鹏博士(48.38%)、恒生电子(36.00%)、东方财富(23.62%)、辉煌科技(5.89%)等个股月内涨幅均超过5%。

国信证券表示,信息消费对经济增长拉动作用已经显现,作为新的经济增长点可以兼顾稳增长和调结构双重目标。下半年将是政策密集期,信息行业景气、盈利和估值受政策影响大。景气复苏业绩逐季好转,基数影响预计三季报业绩同比较好增长。估值持续提升,溢价率达到历史高点;预计高估值将维持。建议买入关注政策拉动的高景气公司,同时关注部分低估值公司的估值提升。对于整个行业,预计景气将进一步提升,公司业绩将逐季好转,而后续有望出台一系列政策推动行业的景气和估值提升,维持对行业的"推荐"评级。

任务1 上市公司行业分类

王先生看了沃伦·巴菲特传记后,对股王巴菲特40多年的投资经验津津乐道,但是对于其中"选择优势行业,是投资致胜的重要环节,对于没有什么前途的行业,再好的管理人员也无济于事"这一条不理解。那么,上市公司行业分析真的很重要吗?你认为哪些行业是优势行业?如何对行业进行分类呢?项目背景中信息服务业是按照什么进行分类的?这个行业有哪些股票?

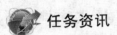
任务资讯

一、行业的含义

行业,是指从事国民经济中同性质的生产或其它经济社会活动的经营单位和个体等构成的组织结构体系,如林业、汽车业、银行业、房地产业等。行业的特征,反映了行业成员的共同性;行业的投资价值,在很大程度上影响着企业的投资价值。因此,分析企业及其证券,先做行业分析是必要的。由于不同行业在一个国家不同的经济发展阶段以及在经济周期的不同阶段表现是不同的,因此我们就需要进行行业分析。

二、行业分析的意义

行业经济是宏观经济的构成部分,宏观经济活动是行业经济活动的总和。行业分析是指根据经济学原理,综合应用统计学、计量经济学等分析工具对行业经济的运行状况、产品生产、销售、消费、技术、行业竞争力、市场竞争格局、行业政策等行业要素进行深入的分析,从而发现行业运行的内在经济规律,进而进一步预测未来行业发展的趋势。

行业分析是介于宏观经济与微观经济分析之间的中观层次的分析,是发现和掌握行业运行规律的必经之路,是行业内企业发展的大脑,对指导行业内企业的经营规划和发展具有决定性的意义。我们通过宏观经济分析能够把握证券投资的宏观环境以及市场的整体走势,但是宏观经济分析并不能够提供具体的投资领域与投资对象的决策参考。行业分析是公司分析的前提,通过行业分析我们可以发现近期增长最快的行业,这些行业内的龙头公司如果没有被高估,显然就是我们未来投资的理想品种。此外,我们可以通过行业分析发现目前没有被市场认识,但是未来相当长一段时间能够保持高速稳步增长的行业,这就是我们可

以考虑长期投资的行业。行业分析的任务就在于理解行业本身所处的发展阶段及其在国民经济中的地位,分析影响行业发展的各种因素,判断各种因素对行业发展的影响力度,预测行业的未来发展趋势,判断行业投资价值,揭示行业投资风险,为政府部门、投资者和其他机构提供决策依据。

三、行业分类

行业分类有五种方法:道·琼斯分类法、标准行业分类法、我国国民经济的行业分类、我国上市公司的行业分类和上海证券交易所上市公司行业分类。

道·琼斯分类法将大多数股票分为三类:工业、运输业和公用事业,然后选取有代表性的股票。虽然选取的股票并不包括这类产业中的全部股票,但足以表明行业的一种趋势。在道·琼斯指数中,工业类股票取自工业部门的30家公司,包括采掘业、制造业和商业。运输业类股票取自20家交通运输公司,包括航空、铁路、汽车运输和航空业。公用事业类股票取自6家公用事业公司,包括电话公司、煤气公司和电力公司等。作为计算道·琼斯股价指数的股票类别,公用事业这类行业直到1929年才被确认添加进来。

联合国经济和社会事务统计局曾制定了一个《全部经济活动国际标准行业分类》,按照经济活动同质性原则,把国民经济划分为以下10个门类:农业、畜牧狩猎业、林业和渔业;采矿业及土石采掘业;制造业;电、煤气和水;建筑业;批发和零售业、饮食和旅馆业;运输、仓储和邮电通信业;金融、保险、房地产和工商服务业;政府、社会和个人服务业;其他。

根据最新的《国民经济行业分类》(将于2011年11月1日实施),共有20个行业门类:行业大类95个,行业中类396个,行业小类913个。

上市公司行业分类指引(2012年修订):为规范上市公司行业分类工作,根据《中华人民共和国统计法》《证券期货市场统计管理办法》《国民经济行业分类》等法律法规和相关规定,制定《上市公司行业分类指引》(以下简称《指引》)。本《指引》自公布之日起施行。2001年中国证监会公布的《上市公司行业分类指引》同时废止。

分类结构与代码如表5-1所示:

表5-1 行业分类结构与代码

代码		类别名称
门类	大类	
A		农、林、牧、渔业
	01	农业
	02	林业
	03	畜牧业
	04	渔业
	05	农、林、牧、渔服务业

B		采掘业
	06	煤炭开采和洗选业
	07	石油和天然气开采业
	08	黑色金属矿采选业
	09	有色金属矿采选业
	10	非金属矿采选业
	11	开采辅助活动
	12	其他采矿业
C		制造业
	13	农副食品加工业
	14	食品制造业
	15	酒、饮料和精制茶制造业
	16	烟草制品业
	17	纺织业
	18	纺织服装、服饰业
	19	皮革、毛皮、羽毛及其制品和制鞋业
	20	木材加工和木、竹、藤、棕、草制品业
	21	家具制造业
	22	造纸和纸制品业
	23	印刷和记录媒介复制业
	24	文教、工美、体育和娱乐用品制造业
	25	石油加工、炼焦和核燃料加工业
	26	化学原料和化学制品制造业
	27	医药制造业
	28	化学纤维制造业
	29	橡胶和塑料制品业
	30	非金属矿物制品业
	31	黑色金属冶炼和压延加工业
	32	有色金属冶炼和压延加工业
	33	金属制品业
	34	通用设备制造业
	35	专用设备制造业
	36	汽车制造业
	37	铁路、船舶、航空航天和其他运输设备制造业
	38	电气机械和器材制造业
	39	计算机、通信和其他电子设备制造业
	40	仪器仪表制造业
	41	其他制造业
	42	废弃资源综合利用业
	43	金属制品、机械和设备修理业

D		电力、热力、燃气及水生产和供应业
	44	电力、热力生产和供应业
	45	燃气生产和供应业
	46	水的生产和供应业
E		建筑业
	47	房屋建筑业
	48	土木工程建筑业
	49	建筑安装业
	50	建筑装饰和其他建筑业
F		批发和零售业
	51	批发业
	52	零售业
G		交通运输、仓储和邮政业
	53	铁路运输业
	54	道路运输业
	55	水上运输业
	56	航空运输业
	57	管道运输业
	58	装卸搬运和运输代理业
	59	仓储业
	60	邮政业
H		住宿和餐饮业
	61	住宿业
	62	餐饮业
I		信息传输、软件和信息技术服务业
	63	电信、广播电视和卫星传输服务
	64	互联网和相关服务
	65	软件和信息技术服务业
J		金融业
	66	货币金融服务
	67	资本市场服务
	68	保险业
	69	其他金融业
K		房地产业
	70	房地产业

L		**租赁和商务服务业**
	71	租赁业
	72	商务服务业
M		**科学研究和技术服务业**
	73	研究和试验发展
	74	专业技术服务业
	75	科技推广和应用服务业
N		**水利、环境和公共设施管理业**
	76	水利管理业
	77	生态保护和环境治理业
	78	公共设施管理业
O		**居民服务、修理和其他服务业**
	79	居民服务业
	80	机动车、电子产品和日用产品修理业
	81	其他服务业
P		**教育**
	82	教育
Q		**卫生和社会工作**
	83	卫生
	84	社会工作
R		**文化、体育和娱乐业**
	85	新闻和出版业
	86	广播、电视、电影和影视录音制作业
	87	文化艺术业
	88	体育
	89	娱乐业
S		**综合**
	90	综合

任务2 行业的一般特征分析

王先生在投资价值行业的寻找过程中发现,由于各行业上市公司生产的产品、经营规模、行业中的企业数量等因素都大相径庭,行业利润率、市场竞争与垄断程度也不一致,那么,怎么选择哪些有发展潜力和投资价值的行业呢?

任务资讯

一、行业的市场结构分析

市场结构就是市场竞争或垄断的程度,根据行业中企业的数量的多少、进入限制和产品差别,行业分为四种市场结构:完全竞争、垄断竞争、寡头垄断、完全垄断。

（一）完全竞争市场的含义和特点

完全竞争的市场结构是指竞争完全不受阻碍和干扰的市场结构。其特点是:①生产者众多,各种生产资料可以完全流动;②产品不论是有形或无形的,都是同质的,无差别的;③没有一个企业能够影响产品的价格,企业永远是价格的接受者而不是价格的制定者;④企业的盈利基本上由市场对产品的需求来决定。⑤生产者可以自由进入或退出这个市场。⑥市场信息对买卖双方都是畅通的,生产者和消费者对市场情况非常了解。

完全竞争的根本特点在于:企业的产品无差异,所有的企业都无法控制产品的市场价格。产品的附加值低,技术含量低。投资壁垒很少,进入成本很低。价格由市场需求决定,企业的盈利基本上由市场对产品的需求决定。

生产者和消费者对市场均非常了解并可自由进退。企业间的竞争十分激烈,投资风险很大。在现实经济中,完全竞争是四种市场类型中最少见的,初级产品（比如农产品、小麦市场）的市场类型较接近于完全竞争。

（二）垄断竞争市场的含义和特点

垄断竞争是指既有垄断又有竞争的市场结构,每个企业都对市场有一定的垄断力,但是它们之间又存在着激烈的竞争。其特点是:①生产者众多,各种生产资料可以流动;②生产的产品同种但不同质,即产品之间存在着差异,是垄断竞争与完全竞争的主要区别;③由于产品差异性的存在,生产者可以树立自己产品的信誉,从而对其产品的价格有一定的控制能力。差异性是指各种产品之间存在着实际或想像上的差异。垄断竞争市场中存在大量企业,但是没有一个企业能够有效地影响其他企业的行为。在市场结构中,造成垄断的主要原因在于产品差别,造成竞争的原因在于产品同种,即产品之间的可替代性,比如不同品牌的牛仔裤。在国民经济各产业中,制成品的市场（比如说纺织品、服装等轻工业产品）一般都属于这种类型。制成品行业的市场类型一般属于垄断竞争型市场。在这类市场中谁是龙头,是不确定的,即使有哪家公司抢占了优势地位,也可能是暂时的。因此对该行业投资时,应密切关注各企业的市场地位的变化,一定选择占有垄断地位的企业进行投资。

（三）寡头垄断市场的含义和特点

寡头垄断是指相对少量的生产者在某种产品的生产中占据很大市场份额,从而控制这个行业的供给的市场结构。该市场结构形成的原因有:①这类行业初始投入资本规模较大,阻止了大量中小企业的进入。②这类产品只有在大规模生产时才能获得好的效益,这就会在竞争中自然淘汰大量的中小企业。在寡头垄断的市场上,由于这些少数生产者的产量非常大,因此他们对市场的价格和交易具有一定的垄断能力;由于只有少量的生产者生产同一种产品,因而每个生产者的价格政策和经营方式及其变化都会对其他生产者形成重要影响。

在这个市场上,通常存在着一个起领导作用的企业,其他企业随该企业定价与经营方式的变化而相应地进行某些调整。资本密集型、技术密集型产品,如钢铁、汽车等,以及少数储量集中的矿产品如石油等的市场多属这种类型,因为生产这些产品所必需的巨额投资、复杂的技术或产品储量的分布限制了新企业对这个市场的侵入。中国的移动通信行业属于典型的寡头垄断,只有中国移动和中国联通两家公司。这类行业基本上是资本密集型或技术密集型的,所以进入壁垒也比较高,从而使它们可以获得超额利润。寡头垄断的行业比较稳定,其经营风险不是来自于市场竞争,而是来自于市场需求的变化。投资者对此类行业进行投资分析时,可注意其产品的市场需求的变化。

(四)完全垄断市场的涵义和特点

完全垄断是指独家企业生产某种特质产品的情形,即整个行业的市场完全处于一家企业所控制的市场结构。特质产品,是指那些没有或缺少相近的替代品的产品。完全垄断可分为两种类型:第一,政府完全垄断,如国营铁路、邮电等部门。第二,私人完全垄断,如根据政府授予的特许专营或根据专利生产的独家经营,以及由于资本雄厚、技术先进而建立的排他性的私人垄断经营。完全垄断市场类型的特点是:①市场被独家企业所控制,其他企业不可以或不可能进入该行业。②产品没有或缺少相近的替代产品。③垄断者能够根据市场的供需情况制定理想的价格和产量,在高价少销和低价多销之间进行选择,以获取最大的利润。④垄断者在制定产品的价格与生产数量方面的自由性是有限度的,它要受到反垄断法和政府管制的约束。在现实生活中没有真正的完全垄断性市场,但是公用事业(如发电厂、煤气公司、自来水公司和邮电通信等)和某些资本密集型、技术高度密集型或稀有金属矿藏的开采等行业接近这种完全垄断的市场类型。

二、行业的市场竞争结构分析

波特五力分析模型(Michael Porter's Five Forces Model),又称波特竞争力模型。波特五力模型是哈佛大学商学院的 Michael E. Porter 于 1979 年创立的用于行业分析和商业战略研究的理论模型。该模型在产业组织经济学基础上推导出决定行业竞争强度和市场吸引力的五种力量。图 5-1 为波特的五力分析模型图。

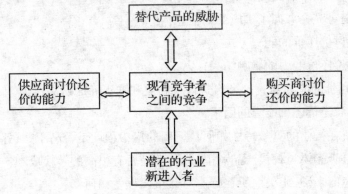

图 5-1 波特的五力分析模型图

（一）替代品威胁

替代品的威胁是指那些与本行业的产品能够实现相同或更多的功能的产品对本行业原有产品所带来的威胁。

替代的原因包括经济原因、社会和技术进步等。例如，集成电路对晶体管、人造革对皮革、化学纤维对棉麻、电热水器对燃气热水器、手机对寻呼机等的替代。

替代的方式包括简单替代，复杂替代和其他方式的替代。

简单替代即实现相同功能的替代。例如，电热水器与燃气热水器，燃气灶与电磁灶，陶瓷零件与金属零件等。

复杂替代即实现不同功能的替代。例如，手机与寻呼机，电脑与打字机。

其他类型的替代设计不使用产品、回收品和下游替代，互补品之间的替代，也可影响原互补品的生产和销售。例如，镀铝钢和塑料可以在一些建筑和交通行业部分取代不锈钢，无镍特种钢可以应用于发电、石化和石油等行业，而钛合金或特种塑料可以在高腐蚀化学环境下替代镍金属或镍基合金。

替代的经济性分析包括对替代品与当前产品的性价比分析，转向消费者的转换欲望和转换成本分析。

（二）购买商讨价还价的能力

1. 购买商讨价还价能力的影响结果

消费者对高质量产品的需求、对更多服务的要求、对价格的接受程度和对品牌的忠诚度等都可能会改变企业的竞争方式，是以价格还是以质量为主要竞争方式。

2. 影响购买商讨价还价能力的因素

（1）顾客购买量的多少；

（2）采购的物品是否是其产品的组成部分，如果是，占其产品总成本的比重如何？

（3）顾客购买的产品属于标准化的产品，即无差别的产品，还是差异化、订制的产品；

（4）顾客购买替代品的转换成本是低还是高？

（5）购买商的利润如何？采购成本的压力如何？

（6）购买商后向一体化的威胁程度有多大？即自己生产相应产品的可能性有多大；

（7）供货商的产品对购买商的产品或服务质量的重要性；

（8）购买商是否充分掌握了供应商的信息。

（三）供应商讨价还价的能力

1. 供应商讨价还价能力的影响结果

供应商讨价还价的能力会直接影响其自身利益和购买商的购买行为。

2. 影响供应商讨价还价能力的因素

（1）供应商所在行业的竞争特性如何？厂商的集中程度是否高于购买商的集中程度？

（2）供应商是否需要与替代产品竞争，购买商是否有很高的转换成本？

（3）对于供应商来讲，购买商所在行业对其重要程度如何？

（4）从购买商的角度来看，供应商的产品，作为生产要素投入的重要程度如何？其产品是否比较独特和具有差异性？

(5) 供应商前向一体化的威胁是否存在？可能性有多大？

(四) 潜在的行业新进入者

1. 潜在的行业新进入者的影响结果

潜在的行业新进入者的进入可能性会改变现有竞争者之间竞争的战略,以及实际的进入,会增强现有竞争者之间竞争的激烈程度。

2. 影响潜在的行业新进入者的因素

影响潜在的行业新进入者的因素主要决定于这一行业的进入壁垒。进入壁垒的大小主要取决于行业内企业通常的规模经济的大小、产品的差异性、所需资本的大小、转换成本的大小、分销的难易程度等。

(五) 现有竞争者之间的竞争

1. 现有竞争者之间竞争的含义

现有竞争者之间的竞争是研究行业内现有竞争者之间的竞争机制,现有竞争者之间的竞争是五力模型中最重要的一力。

2. 影响现有竞争者之间竞争的因素

(1) 竞争者的数量和经营规模；

(2) 行业增长速度的变化；

(3) 行业内产品生产的固定成本的高低；

(4) 行业内产品差异性大小或转换成本的高低；

(5) 行业的总体生产能力的变化；

(6) 竞争对手在战略、目标及组织形式等方面的变化；

(7) 退出壁垒。

三、行业的敏感性分析

各行业变动时,往往呈现出明显的、可测的增长或衰退的格局。这些变动与国民经济总体的同期变动是有关系的,但关系密切的程度又不一样。据此可以将行业分为三类：增长型、周期型、防守型。

(一) 增长型行业

增长型产业的增长衰退格局与经济周期的关系不密切,这些行业收入增长率不会随着经济周期的变动而出现同步变动,因为这些产业主要依靠:①技术进步；②新产品的推出；③更优质的服务,从而使其经常呈现出增长形态。在过去的几十年内,计算机和打印机制造业就是典型的成长型产业。投资者对高增长型的产业十分感兴趣,因为这些产业对于经济周期性波动来说,提供了一种财富"套期保值"的手段。在经济高涨时,这些行业的发展速度高于平均水平；而在经济衰退的时候这些行业却很少受影响,仍能够保持一定的增长。投资于增长型行业的难点在于精确把握购买时机,因为这些行业的股票不会明显地随着经济周期的变化而变化。

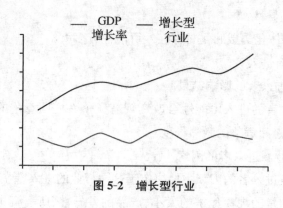

图 5-2 增长型行业

（二）周期型行业

周期型行业的运动状态直接与经济周期紧密相关。当经济处于上升时期,这些产业会紧随其扩张;当经济衰退时,这些产业也相应跌落,且该类产业收益的变化幅度往往会在一定程度上夸大经济周期。产生这种现象的原因是:当经济上升时,对这些行业相关产品的购买相应增加;当经济衰退的时候,对这些产业相关产品的购买被延迟到经济改善之后。例如消费品业、耐用品制造业及其它需求收入弹性较高的行业。典型的周期型行业有钢铁、有色、煤炭、水泥等。

（三）防守型行业

防守型行业的经营状况在经济周期的上升和下降阶段都很稳定。原因在于,产业的产品需求相对稳定,需求弹性小,经济周期处于衰退阶段对这种产业的影响也很小。这种类型的行业往往是生活必需品或必要的公共服务,例如,食品业和公用事业。正是因为这个原因,投资于防守型行业属于收入型投资,而非资本利得投资。典型的防守型行业有食品业和公用事业,因为需求对其产品的收入弹性较少,所以这些公司收入相对稳定。这类行业股票价格一般都比较低,而且价格变动比较平稳,较适合追求红利所得的投资者。

四、行业生命周期分析

行业的生命周期是指行业从成长到衰退的发展演变过程。一般地,行业的生命周期包括四个时期:幼稚期、成长期、成熟期和衰退期。

（一）幼稚期

这一时期的市场增长率较高,需求增长较快,技术变动较大,行业中的用户主要致力于开辟新用户、占领市场,但此时技术上有很大的不确定性,在产品、市场、服务等策略上有很大的余地,对行业特点、行业竞争状况、用户特点等方面的信息掌握不多,企业进入壁垒较低。处于幼稚期的行业由于诞生的时间不长,只有为数不多创业公司投资于这个新兴的产业,创业公司的研究和开发费用比较高,公众对其产品缺少全面了解,市场需求狭小,销售收入较低,创业公司财务上可能不但没有盈利,反而普遍亏损。较高的产品成本和较低的市场需求之间的矛盾使创业公司面临巨大的市场风险,而且可能因为财务风险而引发破产风险。由于该阶段行业属于高风险、低收益行业,这类企业更适合投机者和创业者,而非投资者。在幼稚期后期,随着行业生产技术的提高、生产成本的降低和市场需求的扩大,新行业便逐步由高风险低收益的初创期转向高风险高收益的成长期。目前处于幼稚期的产业包括太阳能、遗传工程等行业。

（二）成长期

行业的成长实际上就是行业的扩大再生产。各行业成长的能力体现在生产能力和规模的扩张、区域的横向渗透及其自身组织结构的变革能力。这一时期的市场增长率很高，需求高速增长，技术渐趋定型，行业特点、行业竞争状况及用户特点已比较明朗，企业进入壁垒提高，产品品种及竞争者数量增多。在这一时期内，拥有一定市场营销和财务力量的企业逐渐主导市场。这些企业往往是较大的企业，其资本结构比较稳定。在成长期，由于受不确定因素的影响较少，产业的波动也较小，此时，投资者蒙受经营失败而导致投资损失的风险性大大降低。这个阶段表现出竞争加强、价格下降、利润上升的特点。由于企业的生产技术逐渐成形，产品得到市场的认可。在需求的推动下，产品销售数量迅速增加。企业开始盈利，利润水平逐渐提高。随着市场需求的进一步膨胀，有更多厂商进入这个行业。随着竞争的加剧，产品价格急速下降。进入成长期后期，生产厂商不仅依靠扩大产量和提高市场份额来获得竞争优势，同时还需不断提高生产技术水平，降低成本，研制和开发新产品，从而战胜或紧跟竞争对手，维持企业的生存。在这个过程中，一些基础不稳、经营无方和效益低下的企业逐渐被大企业兼并，最后只剩下少数几个实力雄厚的大企业主导着这个市场。由于市场需求基本饱和，产品的销售增长率减慢，迅速赚取利润的机会减少，整个行业进入稳定期。行业表现：

1. 新行业的产品经过广泛宣传和消费者的试用，逐渐以其自身的特点赢得了大众的欢迎或偏好，市场需求开始上升，新行业也随之繁荣起来。

2. 新行业出现了生产厂商和产品相互竞争的局面。这种状况会持续数年或数十年。由于这一原因，这一阶段有时被称为投资机会时期。

3. 这种状况的继续将导致生产厂商随着市场竞争的不断发展和产品产量的不断增加，市场的需求日趋饱和。生产厂商不能单纯地依靠扩大生产量，提高市场的份额来增加收入，而必须依靠追加生产，提高生产技术，降低成本，以及研制和开发新产品的方法来争取竞争优势，战胜竞争对手和维持企业的生存。

4. 这一时期企业的利润虽然增长很快，但所面临的竞争风险也非常大，破产率与被兼并率相当高。

5. 在成长期的后期，市场上生产厂商的数量在大幅度下降之后便开始稳定下来。目前处于成长期的行业包括生物医药、无线电通讯和大规模计算机。

（三）成熟期

这一时期的市场增长率不高，需求增长率不高，技术上已经成熟，行业特点、行业竞争状况及用户特点非常清楚和稳定，买方市场形成，行业盈利能力下降，新产品和产品的新用途开发更为困难，行业进入壁垒很高。行业的成熟阶段是一个相对较长的时期。在这一时期里，在竞争中生存下来的少数大厂商垄断了整个行业的市场，行业的利润由于一定程度的垄断达到了很高的水平，而风险却因市场比例已比较稳定，新企业难以打入成熟期市场而较

低。但是,由于技术创新的原因,某些行业或许实际上会有新的增长。在短期内很难识别何时进入成熟阶段,但总而言之,在这一阶段一开始,投资者便有希望收回资金。行业成熟主要表现在技术、产品、生产工艺以及产业组织等几个方面。具体表现为:

1. 厂商与产品之间的竞争手段逐渐从价格手段转向各种非价格手段,如提高质量、改善性能和加强售后维修服务等;

2. 行业的利润由于一定程度的垄断达到了很高的水平,而风险却因市场比例比较稳定、新企业难以打入成熟期市场而较低。目前处于成熟期的行业包括石油冶炼、超级市场和电力行业。

(四) 衰退期

经过一个较长的稳定阶段之后,行业就会逐渐进入一个衰退期。这一时期,由于新产品和大量替代品的出现,原产业的需求减少,销售量下降,一些厂商开始向其他更有利可图的行业转移,原行业厂商数量减少,行业利润水平下降,生产能力萎缩。当正常利润无法维持或现有投资折旧完毕后,整个行业便逐渐解体了。由于行业已丧失发展空间,所以在市场上无优势。这一时期的市场增长率下降,需求下降,产品品种及竞争者数目减少。行业衰退有不同情况,主要分为:自然衰退、偶然衰退、绝对衰退、相对衰退。

表现:

1. 原行业出现了厂商数目减少,利润下降的萧条景象;

2. 市场逐渐萎缩,利润率停滞或不断下降。当正常利润无法维持或现有投资折旧完毕后,整个行业便逐渐解体了。

投资者可以从以下几个方面来判断行业所处的生命周期:

1. 行业规模。行业的市场容量有一个"小——大——小"的过程,行业的资产总规模也经历"小——大——萎缩"的过程。

2. 产出增长率。产出增长率在成长期比较高,在成熟期以后降低,一般以 15% 为界,在衰退期处于低速运行状态,有时甚至处于负增长状态。

3. 利润水平。利润水平是行业兴衰的一个综合反映,一般都有"低——高——稳定——低——严重亏损"的过程。

4. 技术进步和技术成熟程度。随着行业兴衰,行业的创新能力有一个增强到逐步衰退的过程,技术成熟程度有一个"低——高——老化"的过程。

5. 开工率。成长期和成熟期的行业开工充足,衰退期的行业往往开工不足。

6. 从业人员的职业化程度和工资福利收入水平。有一个"低——高——低"的过程。

7. 资本进退。成熟期以前,进入大于退出的数量;成熟期处于均衡状态;衰退期退出多于进入的数量。生命周期四个阶段的说明只是一个总体状况的描述,它并不适用于所有行业的情况。行业的实际生命周期由于受技术进步、政府政策及社会习惯的改变等许多因素的影响要复杂得多。①产业周期在经济发展阶段不同的国家和地区并不相同。②进入衰退期的产业也可能因为技术创新而复苏,进入另一次高速发展期,这种变化将会使看准时机的投资者获利丰厚。

五、影响行业兴衰的主要因素

行业兴衰的实质是行业在整个产业体系中的地位变迁,也就是行业经历"幼稚产业——先导产业——主导产业——支柱产业——夕阳产业"的过程,是资本在某一行业领域"形成——集中——大规模聚集——分散"的过程,是新技术的"产生——推广——应用——转移——落后"的过程。一个行业的兴衰会受到技术进步、产业政策、社会习惯改变和经济全球化等因素的影响。

(一)技术进步

技术进步对行业的影响是巨大的,一项新技术的出现可以促使一个新兴行业的产生或快速发展,如计算机等;也可以使一个传统行业走向衰退,交通工具的更替等。技术进步还可以使行业实现规模经济,使企业获利,从而壮大行业。因此投资者应该充分了解各种行业技术发展的状况和趋势,以免投资于一个衰落的行业。当前技术进步的行业特征:

1. 以信息通信技术为核心的高新技术成为 21 世纪国家产业竞争力的决定因素之一。
2. 信息技术的扩散与应用引起相关行业的技术革命,并加速改造着传统的产业。
3. 研发活动的投入强度成为划分高技术群类和衡量产业竞争力的标尺。
4. 技术进步速度加快,周期缩短,产品更新换代频繁。技术进步往往催生了新的行业,同时迫使一个旧的行业加速进入衰退期。

(二)产业政策

政府对行业兴衰的影响主要通过产业政策和管制政策来实现,这些措施可以影响行业的经营范围、增长速度、价格政策等方面。政策的影响作用有促进和限制之分。其促进作用的政策措施主要有补贴、税收优惠、关税保护等,通过这些措施可以帮助行业降低成本,刺激投资。其限制作用的措施主要从生态保护、安全生产、规模效益和价格调控等方面考虑,对某些行业实施一些限制性规定。总之,政府的干预会增强某些行业的稳定性。

例如,2009 年为贯彻落实国家经济增长"保八"目标,十大产业振兴规划临危受命,相继出炉。短期来看,这些规划将有利于解决上述产业目前遇到的实际问题,缓冲世界金融危机对中国的影响;长远来看,将对中国产业技术升级改造以及产业结构优化调整产生深远影响。产业政策是国际干预或参与经济的一种形式,是国家系统设计的有关产业发展的政策目标和政策措施的总和。产业政策包括:产业结构政策、产业组织政策、产业技术政策和产业布局政策。产业结构政策包括:①产业结构长期构想;②对战略产业的保护和扶植;③对衰退产业的调整和援助。产业组织政策包括:①市场秩序政策;②产业合理化政策;③产业保护政策。产业技术政策包括:①产业技术结构的选择和技术发展政策;②促进资源向技术开发领域投入的政策。产业布局政策的原则为:经济性、合理性、协调性、平衡性。

(三)社会习惯改变

随着人们经济条件的改善和素质的提高以及科学技术的进步,人们的消费心理会发生变化,消费习惯会发生改变,这会使消费品市场需求发生变化,进而影响行业的兴衰。如社会公众对汽车安全性的要求使汽车的安全防护产品大增,环保意识的增强使环保产业迅速发展。此外社会习惯的变迁也对行业生命周期会产生影响。

(四)经济全球化

1. 经济全球化的表现

随着世界范围内的贸易的增加,行业对国外影响越来越敏感。如美国经济状况与美国石油进口数量密切相关。这种海外资源供求的异常变动会波及许多行业。国内的行业会面临越来越多国外竞争者的挑战。所以应该着眼全球来评估某个行业,以反映全球经济自由化、一体化的趋势。经济全球化是指商品、服务、生产要素和信息跨国界流动的规模与形式不断增加,通过国际分工,在世界范围内提高资源配置效率,从而使各国经济相互依赖程度有日益加深的趋势。经济全球化是全球生产力发展的结果,其推动力是追求利润和取得竞争优势。20世纪90年代始,经济全球化趋势大大加强,导致经济全球化的直接原因是国际直接投资与贸易环境出现了新变化。经济全球化的主要表现在五个方面:生产活动、贸易、金融、投资、跨国公司。以下几点经济全球化的主要表现及原因:生活活动全球化,传统的国际分工正在演变成为世界性的分工;1995年1月1日诞生的世界贸易组织标志着世界贸易进一步规范化,世界贸易体制开始形成各国金融日益融合在一起;投资活动遍及全球,全球性投资规范框架开始形成;跨国公司作用进一步加强。经济全球化对各国产业发展也产生了深远的影响,如产业全球性转移,地段制造业逐步由发达国家向发展中国家转移。再比如国际分工的变化。

2. 国际分工变化

传统的国际分工是建立在各国先天的自然资源禀赋的基础上的,各国自然资源禀赋的差异导致了各国产业结构的不同,通过不同商品的贸易可以增进各国的福利;随着经济全球化的发展,生产要素、商品和劳务跨国流动的成本降低,一个国家的优势行业不再主要取决于资源禀赋,后天因素的作用逐步增强,包括政府的效率、市场机制完善的程度、劳动者掌握知识与信息的能力、受到政策影响的市场规模等。后天因素可以弥补资源禀赋的不足,而后天因素的劣势可能导致先天资源优势不能得到发挥。后天因素是相对先天的自然资源禀赋而言的,主要包括政府的效率、市场机制完善的程度、劳动者掌握知识与信息的能力、受到政策影响的市场规模等。后天因素可以弥补资源禀赋的不足,而后天因素的劣势可能导致先天资源优势不能得到发挥。以往的国际分工模式是,各国从本国比较优势出发,用具有比较优势的商品交换有比较劣势行业的商品,在贸易结构上表现为行业间的贸易。随着经济全球化的日益加深,跨国公司在全球范围内寻求资源的最佳配置,将其产业链条的不同环节布局在不同的国家,将越来越多的国家纳入跨国公司的全球生产网络和服务网络之中,这种新的国际分工模式表现在贸易结构上,就是行业内贸易和公司内贸易的比重大幅度提高。总而言之,经济全球化对行业分析的意义在于:首先,需从国际分工的角度来分析我国具体行业的竞争力,是否具有资源禀赋、技术等优势;其次,需从国际视角来分析行业所处生命周期的阶段及竞争环境,需区分国内市场与国外市场的差别;再次,需从国际视角来分析行业的供需关系,而不能只盯着国内市场。

六、行业分析方法

(一) 历史资料分析法

历史资料研究法是通过对已有资料的深入研究,寻找事实和一般规律,去描述、分析和解释过去,揭示当前状况,并预测未来。各个行业都在不断地发展,如果从一个行业的发展历程来认识它,更有助于较为全面深刻地认识和理解该行业,并把握它的发展脉搏。历史资料的来源包括:①政府部门;②专业研究机构;③行业协会和其他自律组织;④高等院校;⑤相关企业和公司;⑥专业媒介(书籍和报纸杂志等);⑦其他机构。比如,国家统计局和各级地方统计部门定期发布的统计公报,定期出版的各类统计年鉴;各种经济信息部门、各行业协会和联合会提供的定期或不定期信息公报;国内外有关报纸、杂志等大众传播媒介,各种国际组织、外国商会等提供的定期或不定期统计公告或交流信息;国内外各种研讨会、座谈会、报告会等专业性、学术性会议上所发放的正式文件和学术报告;企业资料;各级政府公布的相关政策法规;研究机构、高等院校、中介机构发表的学术论文和专业报告等。

(二) 调查研究法

投资者可以通过问卷调查或电话访问、实地调研、深度访谈等方式加深自己对行业基本面的了解。

(三) 比较研究法

以行业增长比较分析为例,对某行业进行周期性分析,可利用该行业的历年统计资料与国民经济综合指标进行对比。具体做法是取得某行业历年的销售额或营业收入的可靠数据并计算出年变动率,与国民生产总值增长率、国内生产总值增长率进行比较。通过比较,可以作出如下判断:第一,确定该行业是否属于周期型行业。如果国民生产总值或国内生产总值连续几年逐年上升,说明国民经济正处于繁荣阶段;反之,则说明国民经济正处于衰退阶段。观察同一时期该行业销售额是否与国民生产总值或国内生产总值同向变化,如果在国民经济繁荣阶段行业的销售额也逐年同步增长,或是在国民经济处于衰退阶段时行业的销售额也同步下降,说明这一行业很可能是周期型行业。第二,比较该行业的年增长率与国民生产总值、国内生产总值的年增长率。如果在大多数年份中该行业的年增长率都高于国民经济综合指标的年增长率,说明这一行业是增长型行业。第三,计算各观察年份该行业销售额在国民生产总值中所占比重。如果这一比重逐年上升,说明该行业增长比国民经济平均水平快;反之,则较慢。

(四) 行业分析中需要注意的问题

首先,行业分析中的数据分析需要运用尽可能多的年限数据来进行分析和趋势判断,较短的数据年限可能会出现误判。其次,行业分析中对行业的供需情况的判断时,需从全球的视野来分析,目前多数行业的供需已超出了国内市场的范畴,国际市场的供给和需求已成为判断国内多数行业供需情况的重点因素。再次,行业分析需要时间的沉淀。行业分析需要

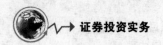

长时间的跟踪,日积月累,长时间的跟踪才能不停的修正自身对行业的判断。

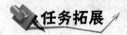

1. 完成一份你所感兴趣的行业分析报告。

2. 选择一个行业,然后定性分析该行业的市场结构,分析该行业与经济周期的关系,分析该行业所处的生命周期阶段,并给出投资建议。

项目六 公司分析

学习目标

知识目标

1. 掌握上市公司基本素质分析。
2. 熟悉上市公司主要财务报表。
3. 了解上市公司财务分析的方法。
4. 掌握财务比率分析法。
5. 掌握资产重组对公司的影响。
6. 掌握关联交易对公司的影响。

能力目标

1. 能够对上市公司基本素质进行分析和归纳。
2. 能够根据上市公司的财务报表进行财务分析。
3. 能够为证券投资提供可行性的建议。

项目背景

刘姝威教你五步读财报

炒股最怕什么？上市公司造假。年报就是上市公司的一张脸，股民可据此分析所投资的股票是否安全，能否增值。而对于绝大多数非财务专业出身的股民来说，从何开始学读财报成为首先要攻破的难题。

对此，CBN记者请来财务报表分析专家——现任中央财经大学中国企业研究中心主任的刘姝威，她曾因质疑蓝田公司财报存在重大虚假信息进而震撼了整个中国资本市场。

由大及小，先看行业再看企业

"读财报看似高深复杂，但对于广大抱有'理财'心态，而非'投机'心态的普通股民来说，掌握一些基本方法，便可以保证投资稳赚不赔。"刘姝威向CBN记者推荐自己新出的一本专门服务于普通投资者的财务入门书——《刘姝威教你读财报》。

总结自己多年分析上市企业财报的经验，刘姝威归纳出一套适用于普通股民的财报分析法。

分析上市公司所处的行业发展状况和前景，判断行业将发生的变化及其对上市公司的影响,被刘姝威排在财报分析的第一步。

"比如,什么样的家电行业上市公司会被淘汰出局?根据对家电行业的分析,不具备核心技术的领先优势和市场狭小的企业将被淘汰出局。"举例在经济危机下我国空调行业整体呈现负增长,却仍实现净利润增长的格力电器、青岛海尔等名列前茅的家电行业上市公司时,刘姝威表示。

刘姝威告诉 CBN 记者,第二步是投资者要学会辨别系统性风险或非系统性风险,即上市公司出现的问题是行业普遍存在的问题,还是上市公司自身存在的问题。

"比如金融风暴下化工行业在全球范围内都出现了系统性风险,该风险在短期内不会消失。因此看化工企业的话,看它有没有为做出改变而做好准备,这是一个关键。"刘姝威表示。

由纵到横,同行比较是关键

对同行业的上市公司进行比较,被刘姝威列为投资者读财报的第三步。

刘姝威介绍到,在同一行业中,无论是龙头企业还是落后企业,它们的财务数据和财务指标都不会明显地偏离同一平均值。如果发生偏离,投资者必须分析其原因,通过比较同业企业财务指标、主营产品结构、经营策略等,判断不同企业的盈利和发展空间。

"如 2008 年宝钢股份与邯郸钢铁的库存商品增量,宝钢的主营产品多是高端产品,毛利率较高,虽受金融风暴的影响,需求锐减,但存货仅比上年增加 0.57%;而邯钢缺少高利润率的高端产品,主营产品毛利率较低,所以存货比上年增加 108%,这就是比较出来的区别。"刘姝威表示。

基于以上阶段的学习和分析,刘姝威告诉记者,投资者可以进入学习阅读财报的第四步和第五步——具体分析上市公司的主营产品以及经营策略。

"分析上市公司,不仅仅是要看财务报表。因为财务报表已经是过去时了。股民首先要关注的是企业的经营策略,看企业中报中的董事会报告,看这家企业对宏观经济的判断,对整个行业的判断,以及对过去一个经济周期自身业绩的总结和未来规划。董事会成员结构也要看,技术专家和财务专家要比例相当。"

而谈到上市企业财报作假,刘姝威表示,目前财务造假的手段越来越高,其中最高境界就是用会计处理方法来造假。这种造假就只有通过另种方式被识破,一个是企业内部人士自曝家丑,另一个就是一流的财务专家来揭穿。

任务1 上市公司财务基本素质分析

王先生收集到许多上市公司的财务资料,但看到那一排排密密麻麻的数字,一个个纵横交织的表格,又感到力不从心,不知如何下手。请你帮助王先生完成相关分析报告,首先通过上一个项目行业分析之后,选择一家上市公司,对这家上市公司的基本素质进行分析。

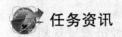 **任务资讯**

一、公司基本素质分析的资料归类

公司的基本素质分析主要针对上市公司的基本资料,综合考察公司的内部条件和外部环境,分析上市公司自身的优势和劣势、面临的挑战和机遇、发展的可行性和现实需要等。上市公司的基本资料信息,可以通过各种股票分析软件、各类网站、报刊、广播电视等媒体以及公司内部资料等渠道来搜集和整理。大致可以分为以下几类,每一类都从不同层面反映了上市公司的现实状况。

1. 公司所属行业。包括行业的发展历史沿革与发展前景、影响行业增长和盈利能力的关键因素、行业进入壁垒、来自行业内外的竞争、政府的产业支持或管制政策、上下游产业的市场前景和供需状况、国民经济波动对行业发展的影响等。

2. 公司的背景和历史沿革。包括公司性质、集团及其关联企业、公司规模、股本结构和主要投资者、公司的中长期发展战略和发展方向的历史沿革,公司的主要产品和利润的主要来源,公司的主要优劣势等。

3. 公司的经营管理。包括公司的组织结构和管理体制、管理层人员及其简历、员工技术构成、薪酬激励制度、人力资源管理体制、生产能力和生产效率、原材料构成及其供应、与主要供货商的关系等。

4. 公司的市场营销。包括公司的主要产品的市场需求弹性、产品销售的季节性或周期性波动特点、主要客户组成及与主要客户的关系、产品覆盖的地区与市场占有率、销售成本与费用控制、顾客购买力和满意度、主要竞争对手的市场占有率等。

5. 公司的研发能力。包括公司研发的重点项目、研发设施和研发人员的比例、研发费用支出占销售收入的比率、新产品开发频率与市场需求、生产规模和投资需求等。

6. 公司的融资与投资。包括公司目前的资金缺口、融资途径、融资前后的资本结构、投资结构、投资项目的可行性与投资收益等。

7. 公司潜在的风险。包括公司正在面临或可能面临的宏观经济风险、汇率或利率风险、市场风险、财务风险等。

二、公司基本素质分析的侧重点

(一)公司的经济区位分析

经济区位,又称区位,是指地理范畴上的经济增长点及其辐射范围。如近几年来相继出现的沈阳、上海浦东、天津滨海新区、成都、重庆、武汉城市圈、长株潭城市群、深圳等8个国家综合配套改革试验区。上市公司的投资价值与区位经济的发展密切相关。具体来讲,以下区位因素会影响到对上市公司的投资价值判断。

1. 区位内的自然资源和基础设施

如果上市公司的主营业务能够获得当地的自然资源和基础设施的有效支撑,则有利于公司的发展,否则就会成为公司发展的障碍。

2. 区位内的产业政策

为了促进区位经济的发展,中央政府和地方政府一般都会制定区位经济发展规划和产业布局战略,确立优先发展和扶植的产业,并会给予一定的财税、信贷、土地等多方面的优惠政策。如果区位内的上市公司的发展方向与区位经济发展战略要求相符,通常都会受惠于各种优惠政策,借力加快自身发展。

3. 区位经济特色

区位经济特色,是指区位内经济相对于区位外经济的比较优势,包括区位内的经济发展环境、条件与水平、经济发展现状等。区位优势可以使该区位内的相关上市公司,在同等条件下比其他区位主营业务相同的上市公司具有更大的竞争优势和发展空间。

(二)公司竞争地位分析

上市公司行业地位、市场占有率水平应成为投资者进行股票投资的一个重要的决策参考依据。一家行业地位出色的企业往往历史悠久、客户稳定、信誉良好,其面临的商业风险相对较小。从近几年的情况看,很多上市公司纷纷以合资、参股、并购等方式向通信、网络、生物制药等领域渗透,行业内的竞争日趋激烈。按照市场竞争的一般规律,只有行业地位出众、市场占有率不断提高、特别是具有垄断优势的公司才能成为行业巨头,这些公司是投资者首选的投资品种。

判断上市公司行业地位应主要从以下几方面入手:一是要看该公司产品的市场占有率是否居行业前列;二是要看该公司产品销售增长率在本行业是否处于领先地位;三是要看该公司在行业内是否保持着技术领先地位。

(三)公司经营管理能力分析

任何公司都有其特定的经营范围,公司在这一范围内通过组合生产经营要素来实现自己的盈利。

1. 上市公司主营业务状况

上市公司一定要有鲜明的主业才能在激烈的市场竞争中取胜。如果公司没有进行过根本性的产业转移和多种经营,主营业务状况在相当程度上决定着公司经营状况、盈利能力,进而决定着投资者的投资回报。

投资者可以根据公司年报和中报的相关统计报表从以下几方面分析上市公司的主营业务状况。

(1)公司的经营方式

经营方式分析主要考察公司是单一经营还是多元化经营。多元化经营的优点是风险相对分散,但容易导致公司经营管理缺乏针对性,造成主业不精,影响公司盈利增长。单一经营的缺点是风险相对集中,但如果其产品占有很大的市场份额,公司盈利也会很丰厚。

(2)主营业务的盈利能力和主营业务利润占净利润的比重

主营业务的盈利能力是指主营业务利润占主营业务收入的比重,主营业务盈利能力越高,说明公司为实现一定的主营收入而实际付出的物化劳动和活劳动相对较少,或者意味着公司付出一定的物质消耗和劳动消耗实现的主营产出相对较多。该指标可以综合反映公司主营产品的科技含量和附加价值的大小、主营产品的竞争力和市场销售情况。

主营业务利润占净利润的比重可以衡量企业净利润的可信度和企业可持续发展能力的强弱。一般而言,一个优秀的企业,其主营业务利润占净利润总额的比重要达到70%以上。而那些主业不精,利润的取得主要依赖于企业无法控制和具有较大偶然性的投资收益、财政补贴或者营业外净收入的企业,它们的经营业绩尽管也一时"惊人",但因为基础不牢固,其业绩只能是昙花一现。

(3) 主营业务规模的扩展情况

衡量一家上市公司主营业务规模的扩展情况一方面要看该公司主营业务收入的增长情况,另一方面要看公司的主营利润的增长和主营收入的增长是否相适应。前者是从外延的角度对公司主营业务扩展的"量"的考察,后者是从内涵的角度对公司主营业务发展的"质"的考察。一个发展势头良好的企业,其主营业务的发展总是伴随着利润的相应增长。

2. 上市公司人才素质状况

企业竞争的焦点是人才的竞争。一个企业人才素质的好坏从根本上决定着企业的生存与竞争实力。对上市公司人才素质进行分析首先要考察公司管理层的素质,其次要看员工素质。

(1) 公司管理层的素质

公司管理层人员包括公司的各级经理人员。公司管理层的素质状况在企业发展中起决定性作用,直接关系到公司的业绩表现。在我国,由于企业家的市场生成机制还不成熟,外部约束机制又很不健全,公司管理层的德才素质水平在企业的生存发展中就显得更为重要。一般而言,公司管理层应该具备以下良好素质:一是积极从事管理工作的意愿;二是较高的专业技术能力;三是良好的道德品质修养;四是较强的人际关系协调能力。

考察公司管理层素质可以通过以下途径。

第一,了解他们的社会与历史背景,包括学历、家庭环境、个人爱好等反映个人成长方面的内容。通过这些可以反映一个人的受教育程度、品格、专业知识水平、是否具有高瞻远瞩统帅全军的能力,等等。

第二,调查以往的工作业绩。主要考察工作能力、工作阅历、组织才能、领导才能、活动能力、政策水平和业务实绩等,以及在本行业中经营管理的年限。若该领导人未担任过领导职务,则应考察他过去工作的性质、种类、工作魄力、是否已显示出具有领导才能等。

第三,利用相关数据指标。如平均受教育年限、不同学历领导人占领导总数的百分比、公司管理人员占企业总人数的百分比、管理费用占公司总支出的百分比、管理人员的平均年龄、不同年龄管理人员占管理人员总数的百分比等,这些指标可以反映公司领导人的平均业务水平和管理能力。一般而言,管理人员占比重较少、管理费用占支出比重较低,说明该公司管理水平较高;若管理人员较多,管理费用占总支出比重较大,说明公司管理水平较低。平均受教育年限长,高学历人员所占比重高,说明管理人员素质较高,反之说明管理人员素质较低。管理人员平均年龄较轻,青年管理人员占比重较大,说明公司比较有活力和朝气。

(2) 公司员工的素质

上市公司员工是公司经营的主体,他们的文化和业务素质对公司的发展起着至关重要的作用。公司员工应该具有以下素质:专业技术能力、对企业的忠诚度、责任感、团队合作精神和创新能力等。反映劳动力素质的指标主要有劳动者平均受教育水平、高学历的人数构成、职工技术水平构成、劳动生产率等。

3. 公司产品开发、技术创新能力

当今社会,由于科技的不断进步,产品更新换代的速度越来越快,公司要想保持和巩固其市场地位,赢得竞争优势,就必须不断地开发新产品,应用新技术,引入新机制,否则迟早会被市场淘汰。

分析一家上市公司产品开发、技术创新能力可以从以下几方面入手。

(1) 人力资源状况

即公司是否拥有稳定的专业人才和技术骨干队伍,稳定人才的措施是否得力、到位。

(2) 研究机构的设置状况

公司通过独立研究、委托研究、合作研究等方式将经济资产与科技资产结合、重组,从而奠定公司技术创新的基础。我们注意到大凡强势高科技企业都在研究开发中持续投入,如联想集团建立了国家级技术中心,成立了专业的软件开发生产机构,并在香港、深圳、美国硅谷设立研究开发中心;海尔与中国科学院化学所联合成立了国家工程研究中心;清华同方拥有国家工程研究中心做后盾。

(3) 研发费用

美国《加州高科技股通讯报》创办人麦克·墨菲是世界著名的高科技投资专家,被誉为全美首席高科技分析师。墨菲在其所著的《高科技选股策略》一书中,曾提到高科技高成长公司所具备的四个要素:①研发费用至少占营业收入的7%;②营业额每年至少增长15%;③税前销售利润率(即毛利率)至少达到15%或更高;④股东权益报酬率(即净资产收益率)至少达到15%或更多。

墨菲认为,这四个条件中最重要的是研发费用,净资产收益率相对最不重要。墨菲推出了"成长流量"和"成长流量比"的概念。他提出,一家高科技股除了每股收益外,还必须计算每股研发费用,每股收益加上每股研发费用,就是公司的成长流量,用股价除以成长流量就是成长流量比。一般上市公司是以市盈率来衡量其股价高低的,高科技企业则应按成长流量比来衡量其投资价值。因为每股收益是过去已经拿到的利润,每股研发费用才能代表公司未来的获利能力。研发费用的主要开支,就是用高薪吸引高智能人才。

市场是最公正的,高智能人才愿意加盟的公司,肯定是好公司,这样的高投入也会有高回报。当然,研发费用的投向必须对路,否则,就可能竹篮打水一场空。另外,根据墨菲的考察,研发费用不得少于营业额的2%,否则就难以在国际市场上竞争。

(4) 新产品开发、试制情况

一个公司应能根据市场需求的变化、产品销售情况正确判断公司现有产品所处的生命周期阶段,及时制定新产品开发计划,从人员、技术设备、资金供应等方面保证新产品开发工作正常进行,并注意新产品对公司经济效益的影响。

任务2 财务报表分析

上市公司的基本素质分析完毕,请根据公司年报、季报或者月报分析上市公司的财务状况,并形成一份分析报告。

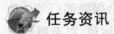任务资讯

一、公司财务分析的主体及其关注点

公司财务分析,又称财务报表分析,是指上市公司的关注者以公司的财务报表为主要依据,采取一定的标准和系统科学的方法,综合分析和评价公司的财务状况和经营成果,以便为相关决策提供参考。进行公司财务分析的目的,一般可以归结为:评价过去的经营业绩,衡量现在的财务状况,预测未来的发展趋势。关注上市公司财务状况的人,主要包括公司现有股东和潜在股东、债权人、上市公司管理者、政府管理部门、竞争对手和其他相关人士等。但是,他们与上市公司经济利害关系关系不同,需要的信息不同,因此对财务报表的关注点也就不同。

(一)公司现有股东和潜在股东

公司的现有股东和潜在股东作为主要投资人,考虑最多的是以尽可能小的投资风险置换尽可能多的投资回报。因此,他们进行财务报表分析的目的在于估计公司的未来收益和风险水平,较多关注公司的盈利能力和市场竞争能力,以便决定自己是投资还是撤资,以及投资的数量和持股的时间。

但是,上市公司的股东由于持有的股份比例不同,对上市公司财务状况关注点会有一定差异。大股东们通常对上市公司有一定的控制权,能够直接或间接地影响被持股上市公司重要岗位上的人事安排、投资决策、经营决策,以及股利分配政策等,因此,他们往往关心与上市公司战略性发展有关的财务信息,如上市公司资产的基本结构和质量、上市公司资本结构、上市公司长期获取质量较高利润的前景等,而小股东们则更关心上市公司近期业绩、股利分配政策以及短期现金流转状况等。

(二)债权人

债权人是指提供信用给公司并得到公司还款承诺的人,包括金融机构债权人和商业债权人(即商品或劳务的供应商)。债权人最为关心的是上市公司是否具有偿还债务的能力。根据提供的债务期限不同,债权人分为短期债权人和长期债权人。其中,短期债权人提供的债务在一年期以内,长期债权人提供的债务超过一年。相应地,两者关注财务目录信息的侧重点有所区别。短期债权人一般关心上市公司支付短期债务的能力,对上市公司的获利能力并不十分在意。而长期债权人的利息和本金是否能按期清偿,与上市公司是否具有长期获利能力及良好的现金流动性密切相关,因此,他们比较关心上市公司的获利能力。

（三）公司管理者

公司管理者受聘于股东，负责公司的日常经营活动，对公司资产的保值增值和债务的清偿负有责任。因此，他们关注公司各方面的财务信息，包括偿债能力、盈利能力、资产周转效率和持续发展能力等。他们根据财务报表的数据，以及外部使用人无法获得的内部信息，能够了解公司最真实的经营状况，以便发现问题，采取对策改善经营管理。

（四）政府管理部门

政府管理部门包括财政审计部门、工商税收部门、证券管理机构和社会保障部门等。他们分析公司的财务报表是为了履行自己的职责，督促公司依法经营、依法纳税，以及履行必要的社会责任。

（五）竞争对手

竞争对手希望获取关于上市公司财务状况的会计信息及其他信息，借以判断上市公司间的相对效率，同时，还可为未来可能出现的上市公司兼并提供信息。因此，竞争对手可能把上市公司作为关注目标，因而他们对上市公司财务状况的各个方面均感兴趣。

（六）其他相关人士

其他相关人士包括专业的证券投资分析师、注册会计师、律师、公司雇员等。通过财务报表分析，证券投资分析师可以为客户提供专家意见和理财服务，注册会计师可以在完成自己的业务指标的同时为上市公司、有关管理机构和社会公众提供有价值的参考意见，律师可以为追查财务案件寻求帮助。公司雇员最关心自己的收入的稳定、持续以及是否有加薪的可能，因此，他们借助于财务报表，可以了解公司当前和未来的经营发展状况，有效维护个人的相关权益。

二、财务报表的分析方法

根据中国证监会的要求，上市公司必须遵守财务公开的原则。除了在证券募集说明书中披露的财务报告之外，上市公司应当定期披露年度财务报告、上半年中期财务报告和季度财务报告。财务报告是上市公司董事会向社会公众（投资者）公开披露或列报的全面反映报告期财务事项的规范化文件。一份完整的财务报告应当包括财务报表、财务报表附注和审计报告。

财务报表分析的基本方法有两大类：比较分析法和因素分析法。其中，比较分析法最常用。

（一）比较分析法

比较分析法是指对财务报表当中两个或两个以上的可比数据进行对比，解释财务指标的差异和变动关系，是财务报表分析的最基本方法。比较分析法具体有以下几种方法。

1. 按比较的标准分类

（1）历史分析

历史分析也称趋势分析，是指将公司财务报表中连续两期或多期的项目金额或财务指标进行对比，确定其增减变化的方向、数额和幅度，揭示公司财务状况和经营状况变化的趋势。适用于对公司的财务状况进行纵向的发展趋势分析。

(2) 同业分析

同业分析,是指将公司的主要财务指标与同行业的平均指标或同行业中的先进企业的指标进行对比,判断企业在行业中所处的地位和水平。适用于做横向的同业比较,认识公司自身的优势和不足,确定公司的投资价值。

(3) 预算差异分析

预算差异分析是指对比公司期初预算和期末实际的会计项目数据和财务指标,分析预算(计划)的完成情况。由于企业财务预算一般属于内部信息,所以这种预算差异分析仅适用于企业内部管理层使用,目的在于发现企业存在的问题,完善经营管理。

2. 按比较的指标分类

(1) 总量指标分析

总量是指财务报表某个项目的金额总量,比如净利润、应收账款、存货等。由于不同企业的财务报表项目的金额之间不具有可比性,因此总量比较主要用于历史和预算比较。

(2) 财务比率分析

财务比率是用倍数或比例表示的分数式,它反映各会计要素的相互关系和内在联系,代表了企业某一方面的特征、属性或能力。比如流动比率、速动比率、资产负债率、产权比率等等。财务比率以相对数的形式,排除了规模的影响,使不同比较对象建立起可比性,因此广泛用于历史比较、同业比较和预算比较。

(3) 结构百分比分析

结构百分比是用百分率表示某一报表项目的内部结构。它反映该项目内各组成部分的比例关系,代表了企业某一方面的特征、属性或能力。结构百分比排除了规模的影响,使不同比较对象建立起可比性,可以用于本企业历史比较、与其他企业比较和与预算比较。

(二) 因素分析法

因素分析法是指把整体分解为若干个局部的分析方法,包括比率因素分解法和差异因素分解法。

1. 比率因素分解法

比率因素分解法,是指把一个财务比率分解为若干个影响因素的方法。企业的偿债能力、收益能力等是用财务比率评价的,对这些能力的分析必须通过财务比率的分解来完成。著名的杜邦财务分析模型就是采用的比率因素分解法,如图 6-1 所示。在实际的分析中,分解法和比较法是结合使用的。比较之后需要分解,以深入了解差异的原因;分解之后还需要比较,以进一步认识其特征。不断地比较和分解,构成了财务报表分析的主要过程。

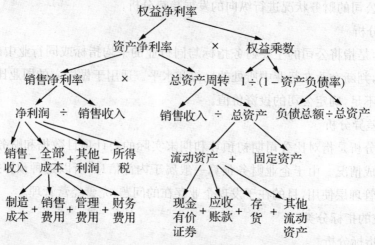

图 6-1 杜邦分析图

2. 差异因素分解法 差异因素分解法又分为定基替代法和连环替代法两种。

（1）定基替代法

定基替代法是测定比较差异成因的一种定量方法。按照这种方法，需要分别用实际值替代标准值，以测定各因素对财务指标的影响，计算公式为：

$$数量变动影响金额 = 实际价格 \times 实际数量 - 实际价格 \times 预算数量$$
$$= 实际价格 \times 数量差异$$

$$价格变动影响金额 = 实际价格 \times 实际数量 - 预算价格 \times 实际数量$$
$$= 价格差异 \times 实际数量$$

（2）连环替代法

连环替代法需要依次用实际值替代标准值，以测定各因素对财务指标的影响。

$$数量变动影响金额 = 预算价格 \times 实际数量 - 预算价格 \times 预算数量$$
$$= 预算价格 \times 数量差异$$

$$价格变动影响金额 = 实际价格 \times 实际数量 - 预算价格 \times 实际数量$$
$$= 价格差异 \times 实际数量$$

在运用连环替代法进行因素分析时，一定要注意掌握好分解的关联性和因素替代的顺序性。

三、比率分析法的含义及分类

比率分析法是指运用一张财务报表的不同项目之间、不同类别之间，或两张不同财务报表的有关项目之间的比率关系、从相对数对企业的财务状况进行分析和考察，借以评价企业的财务状况和经营成果的一种方法。

（一）比率指标分类

1. 效率比率

效率比率是反映经济活动中投入与产出、所费与所得的比率,以考察经营成果,评价经济效益,如成本费用利润率、销售利润率及资本利润率等指标。

2. 结构比率

结构比率又称构成比率,是某项经济指标的某个组成部分与总体的比率,以考察经济活动项目之间的合理性,如资产负债率指标。

3. 相关比率

相关比率是将两个不同但又有一定关联的项目加以对比计算的比率,以考察经济活动项目之间的相关性,揭示经营管理中存在的问题,如流动比率、资产周转率等指标。

(二)比率分析的指标

1. 偿债能力分析

(1) 短期偿债能力分析

①流动比率

流动比率是企业流动资产与流动负债之比。其计算公式为:

$$流动比率 = \frac{流动资产}{流动负债}$$

流动比率表明每一元流动负债有多少流动资产来保证偿还。该比率越高,说明企业偿还流动负债的能力越强,流动负债得到偿还的保障越大。但过高的流动比率也并非好现象,因为流动比率越高,可能是企业滞留在流动资产上的资金过多,对于这部分资金未能有效利用,可能会影响企业的获利能力。

②速动比率

速动比率是企业速动资产与流动负债的比率。该指标反映了每一元流动负债有多少速动资产来保障偿还。其公式为:

$$速动比率 = \frac{速动资产}{流动负债}$$

其中,速动资产 = 流动资产 - 存货

一般情况下,速动比率越大,反映企业短期偿债能力越强,但是过高的速动比率可能是企业滞留在速动资产上的资金过多,未能对资产有效利用,可能会影响企业的获利能力;而过低的速动比率肯定会影响企业的偿债能力。

③现金比率

现金比率是企业的现金类资产与流动负债的比率。现金类资产包括企业的库存现金、随时可以用于支付的存款和现金等价物,及现金流量表中所反映的现金。其计算公式为:

$$现金比率 = \frac{现金 + 现金等价物}{流动负债}$$

现金比率可以反映企业的直接支付能力,因为现金是企业偿还债务的最终手段,如果企业现金缺乏,就可能发生支付困难,将面临财务危机。因为现金比率高,说明企业有较好的支付能力,对偿付债务是有保障的。但是,该比率过高,可能意味着企业拥有过多的现金类资产,资产未能得到有效利用;而如果太低则反映企业支付流动负债有困难。

(2) 长期偿债能力分析

①资产负债率

资产负债率也称为负债比率,是负债总额与资产总额的百分比,表明在企业的总资产中有多大比例是通过负债形成的,有助于确定在企业清算时偿还全部债务的保障程度。其计算公式为:

$$资产负债率=\frac{负债总额}{资产总额}$$

资产负债率体现企业偿还债务的综合能力,该比率越小,表明企业的长期偿债能力越强,同时反映了企业资产总额中来自负债的比重越小。反之,该比率越大,长期偿债能力越差,财务风险越大。

②股东权益比率

股东权益比率是股东权益总额与资产总额之比。它反映了企业的资产总额中有多少属于所有者。其计算公式为:

$$股东权益比率=\frac{股东权益总额}{资产总额}$$

③负债股权比率

负债股权比率是负债总额与股东权益总额之比。它反映了债权人所提供资金与股东所提供资金的对比关系,可以揭示企业的财务风险以及股东权益对债务的保障程度。其计算公式为:

$$负债股权比率=\frac{负债总额}{股东权益总额}$$

④利息保障倍数

利息保障倍数是税前利润加利息费用与利息费用之比。它反映了企业以经营所得支付债务利息的能力。其计算公式为:

$$利息保障倍数=\frac{税前利润+利息费用}{利息费用}$$

式中,利息包括财务费用中的利息费用(一般也按财务费用计算)和计入固定资产成本的资本化利息。

2. 营运能力分析

企业营运能力反映了企业的资金周转状况,对此进行分析可以了解企业的营运状况以及经营管理水平。资金周转状况好,说明企业的经营管理水平高,资金利用率高。主要有以下几个比率指标。

(1) 应收账款周转率

应收账款周转率是企业一定时期内的赊销收入净额与应收账款平均余额之比。它反映了企业应收账款的周转速度。其计算公式为:

$$应收账款周转率 = \frac{赊销收入净额}{应收账款平均余额}$$

其中,应收账款平均余额 $= \dfrac{期初应收账款余额 + 期末应收账款余额}{2}$

【例 6-1】 某企业年初应收账款 45 万元,年末 55 万元,全年实现销售收入 500 万,其中,现销收入 200 万元,销货退回 20 万元,销售折扣与折让 30 万元,求应收账款周转率。

赊销收入净额 = 500 - 200 - 20 - 30 = 250 万元
应收账款平均余额 = (45 + 55) ÷ 2 = 50 万元
应收账款周转率 = 250 ÷ 50 = 5 次
应收账款周转天数 = 360 ÷ 5 = 72 天

一般而言,应收账款周转率越高,平均收款期越短,说明企业的应收账款回收得越快,企业资产流动性增强,企业短期清偿能力也强。

(2) 存货周转率

存货周转率是企业一定时期内销售成本与平均存货之比。该比率越高,说明企业存货周转得越快,企业的销售能力越强。其计算公式为:

$$存货周转率 = \frac{销售成本}{平均存货余额}$$

$$存货周转天数 = \frac{计算期天数}{存货周转次数}$$

其中,平均存货余额 $= \dfrac{期初存货余额 + 期末存货余额}{2}$

存货周转率说明了一定时期内企业存货周转的次数,可以用来测定企业存货的变现速度,衡量企业的销售能力及存货是否过量。在正常情况下,存货周转率越高,说明存货周转得越快,企业的销售能力越强,营运资金占用在存货上的金额也会越少。但是,存货周转率过高,也可能说明企业管理方面存在一些问题,如存货水平太低,甚至经常缺货,或者采购次数过于频繁、批量太小等。存货周转率太低,常常是库存管理不力,销售状况不好,造成存货积压,说明企业在产品销售方面存在一定的问题,应当采取积极的销售策略,但也可能是企业调整了经营方针,因某种原因增大库存的结果。

(3) 流动资产周转率

流动资产周转率是指企业在一定时期内营业收入与流动资产平均余额的比率,是表示流动资产周转速度,用以评价企业全部流动资产利用效率的重要指标。计算公式为:

$$流动资产周转率 = \frac{销售收入}{流动资产平均余额}$$

$$流动资产周转天数 = \frac{计算期天数}{流动资产周转次数}$$

其中，流动资产平均余额 = $\dfrac{\text{期初流动资产} + \text{期末流动资产}}{2}$

一般情况下，该指标越高，表明企业流动资产周转速度越快，利用越好。在较快的周转速度下，流动资产会相对节约，其意义相当于流动资产投入的扩大，在某种程度上增强了企业的盈利能力；而周转速度慢，则需补充流动资金参加周转，形成资金浪费，降低企业盈利能力。

(4) 固定资产周转率

固定资产周转率是企业一定时期营业收入与固定资产平均净值的比率。它是反映固定资产利用效率的指标，其计算公式为：

$$\text{固定资产周转率} = \dfrac{\text{销售收入}}{\text{固定资产平均净额}}$$

$$\text{固定资产周转天数} = \dfrac{\text{计算期天数}}{\text{固定资产周转率}}$$

其中，固定资产平均余额 = $\dfrac{\text{期初固定资产净额} + \text{期末固定资产净额}}{2}$

固定资产周转率主要用于分析对厂房、设备等固定资产的利用效率，该比率越高，说明固定资产的利用率越高，管理水平越好。如果固定资产周转率与同行业平均水平相比偏低，说明企业的生产效率较低，可能会影响企业的获利能力。

(5) 总资产周转率

总资产周转率是指企业一定时期销售收入净额同平均资产总额的比值，是综合评价企业全部资产经营质量和利用效率的重要指标，它可用来分析企业全部资产的使用效率。其公式为：

$$\text{总资产周转率} = \dfrac{\text{销售收入}}{\text{资产平均余额}}$$

$$\text{总资产周转天数} = \dfrac{\text{计算期天数}}{\text{总资产周转率}}$$

其中，资产平均余额 = $\dfrac{\text{期初资产余额} + \text{期末资产余额}}{2}$

总资产周转率是考虑企业资产运营效率的一项重要指标，体现了企业经营期间全部资产从投入到产出周而复始的流转速度，反映了企业全部资产的管理质量和利用效率。该指标通过对当年已实现的销售收入与全部资产比较，反映出企业一定时期的实际产出质量及对每单位资产实现的价值补偿。一般情况下，该指标数值越高，周转速度越快，销售能力越强，资产利用效率越高。

3. 盈利能力分析

盈利能力是指企业在一定时期赚取利润，实现资金增值的能力，它通常表现为企业收益数额的大小与水平的高低。在正常条件下，企业实现利润的多少，能够体现企业经营管理水平的高低和经济效益的好坏。盈利能力分析主要包括经营获利能力分析、投资效益能力分析、上市公司盈利能力分析和资本保值增值能力分析等。

(1) 经营获利能力分析

①销售毛利率

销售毛利率是企业的销售毛利与销售收入净额之比。它反映了企业销售收入净额中有多少是销售毛利。计算公式为：

$$销售毛利率=\frac{销售毛利}{销售收入净额}$$

其中,销售毛利＝销售收入净额－销售成本

②销售净利率

销售净利率是企业净利润与销售收入净额之比。它反映了企业每一元销售收入可实现的净利润,其计算公式为：

$$销售净利率=\frac{净利润}{销售收入净额}$$

③成本费用净利率

成本费用净利率是企业净利润与成本费用总额之比。它反映了企业在生产经营过程中发生的耗费与所获得的收益之间的关系。其计算公式为：

$$成本费用净利率=\frac{净利润}{成本费用总额}$$

一般认为:成本费用包括营业成本、销售费用、管理费用、财务费用等,也有的把营业税金、所得税考虑进去。

【例 6-2】 根据相关资料计算某企业经营获利能力指标。

表 6-1　F 公司 2011 年和 2012 年经营获利能力指标计算资料　单位:万元

项目	2011 年	2012 年
销售收入	14250	15000
销售成本	12515	13220
销售毛利	1735	1780
营业税费	140	140
销售费用	100	110
管理费用	200	230
财务费用	480	550
成本费用总额	13435	14250
营业利润	815	750
利润总额	1175	1000
净利润	760	640

销售毛利率：
2011年：(1735÷14250)×100%＝12.18%
2012年：(1780÷15000)×100%＝11.87%

销售净利率：
2011年：(760÷14250)×100%＝5.33%
2012年：(640÷15000)×100%＝4.27%

成本费用净利率：
2011年：(760÷13435)×100%＝5.67%
2012年：(640÷14250)×100%＝4.49%

从以上计算分析看出，2012年各项经营获利指标均比2011年下降，说明企业盈利能力有所下降。

(2) 投资效益能力分析

① 总资产报酬率

总资产报酬率是指企业一定时期内获得的息税前利润总额与平均资产总额的比率。资产报酬率主要用来衡量企业利用资产获取利润的能力，表示企业包括净资产和负债在内的全部资产的总体获利能力，是评价企业资产运营效益的重要指标。其公式为：

$$总资产报酬率 = \frac{息税前利润总额}{平均资产总额}$$

② 总资产净利率

总资产净利率是指企业一定时期净利润与平均资产总额的比率，说明利用资产获取净利润的能力。其公式为：

$$总资产净利率 = \frac{净利润}{平均资产总额}$$

总资产净利率是一个综合性较强的财务指标，通过分析影响指标的因素，并层层分解，研究彼此间的依存关系，可以揭示公司的获利能力和资产周转速度。

③ 净资产收益率

净资产收益率是指企业一定时期净利润与平均净资产的比率，也称权益净利率。净资产收益率充分体现了投资者投入资本获取收益的能力，反映了投资与报酬的关系，是评价企业资本经营效益的核心指标。其计算公式为：

$$净资产收益率 = \frac{净利润}{平均净资产}$$

【例6-3】 H公司2011年和2012年有关投资收益率指标计算资料如下，计算各项投资收益率指标。

项目	2011 年	2012 年
净利润	1520	1280
所得税	830	720
财务费用	960	1100

另外:2011年初资产总额15000万元,所有者权益为8000万元;2011年末所有者权益为8800万元,资产总额16800万元,2012年末所有者权益为9400万元,资产总额为20000万元。

总资产报酬率:

2011 年:$\dfrac{1520+830+960}{(15000+16800)\div 2}\times 100\%=20.82\%$

2012 年:$\dfrac{1280+720+1100}{(16800+20000)\div 2}\times 100\%=16.85\%$

总资产净利率:

2011 年:$\dfrac{1520}{(15000+16800)\div 2}\times 100\%=9.56\%$

2012 年:$\dfrac{1280}{(16800+20000)\div 2}\times 100\%=6.96\%$

净资产收益率:

2011 年:$\dfrac{1520}{(8000+8800)\div 2}\times 100\%=18.10\%$

2012 年:$\dfrac{1280}{(8800+9400)\div 2}\times 100\%=14.07\%$

由计算结果可知,H公司2012年总资产报酬率、净资产收益率和总资产净利率均低于上年,盈利能力明显降低。

(3) 上市公司盈利能力分析

① 每股收益

每股收益是指每股普通股所获得的净利润,也称每股利润或每股盈余。每股收益是表明公司普通股每股获利能力大小的重要指标。计算公式为:

$$每股收益=\dfrac{净利润-优先股股利}{发行在外的普通股平均股数}$$

【例6-4】 假设K公司当年净利润为2000万元,发行在外的普通股平均数为1000万股,公司当年要发放200万元优先股股利,计算K公司每股收益。

每股收益=(2000-200)÷1000=1.8元/股

实践中,上市公司常常存在一些潜在的可能转化成上市公司股权的工具,如可转债、认股期权或股票期权等,这些工具有可能在将来的某一时点转化成普通股,从而减少上市公司的每股收益。

稀释每股收益,即假设公司存在的上述可能转化为上市公司股权的工具都在当期全部转换为普通股股份后计算的每股收益。相对于基本每股收益,稀释每股收益充分考虑了潜在普通股对每股收益的稀释作用,以反映公司在未来股本结构下的资本盈利水平。根据我国证监会《第9号》规则第六条的规定,公司存在稀释性潜在普通股的,应当分别调整归属于普通股股东的报告期净利润和发行在外普通股加权平均数,并据以计算稀释每股收益。

稀释每股收益参照如下公式计算:

稀释每股收益 $= P \div (S_0 + S_1 + S_i \times M_i \div M_0 - S_j \times M_j \div M_0 - S_K +$ 认股权证、股份期权、可转换债券等增加的普通股加权平均数)

式中,P 为归属于公司普通股股东的净利润或扣除非经常性损益后归属于公司普通股股东的净利润。公司在计算稀释每股收益时,应考虑所有稀释性潜在普通股的影响,直至稀释每股收益达到最小。

使用每股收益指标考察投资收益时应该注意的问题:①每股收益并不反映股票所含有的风险。由于信息不对称始终存在,信息使用者单纯看每股收益指标,并不能全面了解公司财务状况、经营成果以及现金流量,更不清楚企业的投资活动。当公司的经营风险加大时,每股收益很有可能没有变化,由此可能误导投资者做出不当的投资决策。②不同股票的每一股所含有的净资产和市价不同,即获得每股收益的投入成本不同,不同公司的每股收益基本不具备可比性。③每股收益和实际每股分红不一定对等,要看公司的股利分配政策。

②市盈率

市盈率是上市公司普通股每股市价与每股收益的比率,反映投资者对每一元利润所愿支付的价格。其计算公式为:

$$市盈率 = \frac{每股市价}{每股收益}$$

一般来说,市盈率高,说明投资者对该公司发展前景看好,愿意出较高的价格购买该公司股票。但也应该注意,如果某一种股票的市盈率过高,则意味着这种股票具有较高的投资风险。市净率指的是每股股价与每股净资产的比率,也是股票投资分析中重要指标之一。对于投资者来说,按照市净率选股标准,市净率越低的股票,其风险系数越少一些。而在熊市中,市净率更成为投资者们较为青睐的选股指标之一,原因就在于市净率能够体现股价的安全边际。

使用市盈率指标时要注意以下问题:不同行业的公司的市盈率不具有可比性。成长性好的新兴行业的市盈率普遍较高,而传统行业的市盈率普遍较低,这并非说明后者的股票没有投资价值;在每股收益很少或者亏损时由于市价不能降至为零,公司的市盈率也会很高,但它不能说明任何问题;市盈率的高低受市价影响,而市价的影响因素很多,包括短线的投机炒作等,因此观察市盈率的长期趋势更重要;市盈率的取值没有一个统一标准,投资者运用市盈率指标来判断股票的价值时,一般要结合其他相关信息,进行公司的历史分析和同业分析,才能有比较可靠的结果。

③每股股利

每股股利是指普通股分配的现金股利总额与发行在外的普通股股数之比,它反映了企业普通股获取现金股利的能力。计算公式为:

$$每股股利 = \frac{普通股现金股利总额}{年末普通股股份总数}$$

每股股利的高低,不仅取决于公司获利能力的强弱,还取决于公司的股利政策和现金是否充裕。

④股利支付率

股利支付率是普通股每股股利与每股收益的比率,也称股利发放率。若公司无优先股,则是某年度现金股利总额占该年度净利润的比重,它表明当年股份公司的净利润中有多少用用户股利分派,体现了公司股利分配政策,计算公式:

$$股利支付率 = \frac{每股股利}{每股收益} \times 100\% = \frac{股利总额}{净利润总额} \times 100\%$$

(4) 资本保值增值能力分析

资本保值增值率是指企业本年末所有者权益扣除客观增减因素后同年初所有者权益的比率。该指标表示企业由于当年经营方面的原因使股东权益增减变动的情况,是评价企业财务效益状况的指标。计算公式为:

$$资本保值增值率 = \frac{扣除客观因素后的年末所有者权益}{年初所有者权益} \times 100\%$$

式中,扣除客观因素后年末所有者权益,是指扣除客观因素对所有者权益影响的数额,需要扣除或加回的项目包括客观因素影响的增加额和客观因素影响的减少额。增加额如所有者追加投资等,减少额如分配现金股利等。

该指标充分体现了对所有者权益的保护,能够及时有效地发现侵犯所有者权益的现象。该指标越高,表明企业的资本保全状况越好,所有者权益增长越快,债权人的债权越有保障,企业发展后劲越强。

4. 发展能力分析

发展能力是企业在生存的基础上,不断改善财务状况和经营业绩,扩大规模、壮大实力的潜在能力。企业发展能力分析主要包括销售增长率、资本累积率、资产增长率等。

(1) 销售增长率

销售增长率是指企业本年销售收入增长额与上年销售收入总额的比率,是评价企业成长状况和发展能力的重要指标。计算公式如下:

$$销售增长率 = \frac{本年销售收入增长额}{上年度销售收入总额} \times 100\%$$

该指标若大于0,说明销售收入在不断提高,企业不断发展壮大;若指标值小于0,说明销售收入萎缩,企业发展面临困境。

(2) 资本累积率

资本累积率是指企业本年所有者权益增长额同年初所有者权益的比率,表示企业当年的资本累积能力,是评价企业发展潜力的重要指标。其计算公式为:

$$资本累积率 = \frac{本年所有者权益增长额}{年初所有者权益} \times 100\%$$

(3) 总资产增长率

总资产增长率是企业本年总资产增长额同年初资产总额的比率。总资产增长率可用来衡量企业本期资产规模的增长情况,评价企业经营规模总量上的扩张程度。其计算公式为:

$$总资产增长率 = \frac{本年总资产增长额}{年初资产总额} \times 100\%$$

总资产增长率是从企业资产总量扩张方面衡量企业的发展能力的,表明企业规模增长水平对企业发展后劲的影响。该指标是考核企业发展能力的重要指标。该指标越高,表明企业当年资产经营规模扩张的速度越快。但实际操作时,应注意资产规模的质与量的关系,以及企业的后续发展能力,以避免资产盲目扩张。

【例 6-5】 公司发展能力指标计算所需资料如下:2011 年销售收入 14 250 万元,年末所有者权益为 4 400 万元,年末总资产为 8 400 万元。2012 年销售收入为 15 000 万元,年末所有者权益为 4 700 万元,年末总资产为 10 000 万元,计算 2012 年发展能力指标。

$$销售增长率 = \frac{15\,000 - 14\,250}{14\,250} \times 100\% = 5.26\%$$

$$资本累积率 = \frac{4\,700 - 4\,400}{4\,400} \times 100\% = 6.82\%$$

$$总资产增长率 = \frac{10\,000 - 8\,400}{8\,400} \times 100\% = 19.05\%$$

四、怎样看财务报告

上市公司会发布年度报告、半年报告以及季度报告,这个报告如何来看呢?

(一)怎样看上市公司年度报告

上市公司年度报告是综合反映年度内经营业绩与财务状况的重要报告,是投资者据以判断证券价格变动趋势的主要依据。年度报告正文包括:公司简介、会计数据和业务数据摘要、股本变动及股东情况、股东大会简介、董事会报告、监事会报告、业务报告摘要、重大事项、财务报告、公司的其他有关资料。

分析年报的基础是数据的真实、准确、完整。上市公司公开披露的信息如有虚假、严重误导性陈述或者重大遗漏,负责对文件验证的中介机构对此要承担相应的法律责任,公司的全体发起人或者董事也应承担连带责任。分析年报时,采用比较法很重要,一般包括以下几种。

1. 本期的实际指标与前期的实际指标相比较。对比的方式有两种:一是确定增减变动数量;二是确定增减变动率。计算公式如下:

增减变动量＝本期实际指标－前期实际指标

增减变动率(％)＝(增减变动数量÷前期实际指标)×100％

2. 本期的实际指标与预期目标相比较。这样可以考核公司经营者受托责任的完成情况，预期目标完成得好，则表明公司经营者比较成功地把握了市场。还要与长远规划相比较，分析达到长远奋斗目标的可能性。但在进行这种对比中，必须检查计划目标本身的合理性和先进性，否则对比就失去了客观的依据。

3. 本期的实际指标与同类公司同类指标相比较。以便清醒地认识到该上市公司在本行业中的地位，同时结合业绩情况进行分析。

一般而言，分析年报时，我们会注意到净值的大小。净值越大，表明公司的经营状况也就越好。同时还要注意到净值与固定资产的比率，净值大于固定资产，表明公司的财务安全性高。由于流动资产减去流动负债之后，余下的即为经营资金，这个数字越大，表明公司可支配的经营资金越多。还要注意负债与净值的关系，负债与净值之比在 50% 以下时，说明公司的经营状况尚好。

当然，分析年报时，还要学会去伪存真，认清有些公司年报中存在的"陷阱"。

一是注意销售利润率。如果公司经营上无重大变化，它的销售利润率应该是相对稳定的，如果报告期的销售利润率变动较大，则表明公司有可能少计或多计费用，从而导致账面利润增加或减少。

二是应收款项目。如有些公司将给销售网的回扣费用计入应收款科目，使利润虚增。

三是注意坏账准备。有些应收账款由于多种原因，长期无法收回；账龄越长，风险越大。由于我国坏账准备金低，一旦收不回来的账款过多，对公司的利润影响将非常大。

四是折旧。这是上市公司大有文章可做的地方。有的在建工程完工后不转成固定资产，公司也就免提折旧，有的不按重置后的固定资产提取折旧，有的甚至降低折旧率，这些都会虚增公司的利润。

五是退税收入。有的退税收入不是按规定计入资本公积，而是计入盈利；有的是将退税期后推，这都会导致当期利润失实。

(二) 怎样看上市公司中期报告

上市公司应当在每年上半年结束后的 60 天内编制成中期报告。中期报告正文包括：财务报经营情况的回顾与展望、重大事件的说明、发行在外股票的变动和股权结构的变化、股东大会简介等。

在看财务报表时要注意：若公司持有其他企业 50%(不含 50%)以上权益的，公司应与其控股的企业编制合并报表。对应纳入合并范围而未进行合并报表处理的被控股企业应明确列示，并阐明原因。上年度会计师事务所出具的有解释性说明的审计报告，应在本报告期内对相关事宜进行说明。在看财务报表附注时，我们应该注意对报告期内下列情况的说明：与最近一期年度报告相比，会计政策或方法发生了变化；报告主体由于合并、分立等原因发生变化；生产经营环境以及宏观政策、法规发生了重大变化，因而已经、正在或将要对公司的财务状况和经营成果产生重要影响;资产负债表中资产类及负债类项目与上一会计年度末资产负债表对应各项目相比、损益表各项目与上年同期损益相同项目相比,发生异常变化以及资产负债表股东权益类项目发生的变化。

中期财务报告,除特别情况外,无需经会计师事务所审计。凡是经审计的中期财务报告,应在表头下面注明。

（三）怎样看上市公司季报

相对于半年报、年报,上市公司季度报告披露内容简单一些。但简单不等于"空洞无物"。相反,正确理解、阅读、分析季报,对投资者来讲,仍能找到较多"亮点",为投资者的投资决策提供帮助。

管理层为强制和规范季报的信息披露内容,从主要会计数据及财务指标、报告期末股东总数及前十名流通股股东持股数、管理层讨论和分析、本报告期利润及利润分配表等方面都做了较具体的披露要求。但对投资者来讲,对上市公司进行合理的投资判断,依靠这些固定的信息是远远不够的。因为管理层规定的季报信息披露项目,对大多数公司都是同等适用的,并无多大差别。投资者通过了解这些信息,只能了解上市公司的基本面和简单概况,是公司经营成果的显性成绩单。但在现实中决定股价变动的因素,并不仅出自于上市公司基本的信息披露。相反,正是那些已被轻视或忽略的上市公司信息,对上市公司的股价变动产生重要影响。

上市公司信息包括明朗的信息、预期的信息,也包括突发的信息。突发的信息比预期的信息具有更大的"杀伤力",股价波动得更为剧烈。突发的信息,往往是指已知的潜在风险和收益和未知的现实风险和收益。作为投资者来讲,未知的信息难以预料,但已知的信息,是指公开披露的信息,如果不通过已披露的信息明察和洞悉其潜在的收益和风险,更难以把握。这些收益和风险,应成为投资者阅读和了解上市公司季报的首选。但投资者如何从浩瀚的信息中淘到"真金"？又如何发现和掌握并领会季报潜在的收益和风险呢？

首先,投资者应当通过季报信息披露现象看本质。现象是公开的数据和文字描述,本质是数据的来源、计算口径、编制方法、政策制度等。本质更多反映的是数据或文字描述背后蕴含的规律。

其次,重视信息的文字描述。上市公司季报文字描述的往往是总结、成果、业绩、过去管理思路等较多。而对公司前景展望、业绩预测、未来管理思路、具体作法等描述较少。投资者对于"浓墨重彩"的信息不妨看淡些,对"一笔带过"的信息不妨看重些,并多打几个问号。与上市公司自身以往的业绩作比较,与同行业、同类型的公司做比较,进一步了解上市公司披露的初衷和缘由。按照一般规律,出于自身利益的保护和市场形象的维护,上市公司浓墨重彩较多的是有利于维护上市公司正面市场的信息,而对有损公司形象的信息则着墨不足,特别是暗含"风险"的担保、抵押、关联交易等。这种信息披露方式,对投资者了解上市公司的全面信息是十分不利的。投资者在阅读季报时,如果不加以辨析,吸收的可能都是积极信号,而忽略的可能都是风险信号,从而使投资者做出错误的价值判断,导致不应有的投资损失。

第三,重视信息对股价的作用力。当一只股票上涨或下跌时,投资者的第一反映是什么,是产生为什么涨和为什么跌的疑问。由股价表现联想到上市公司报告是必然的,及时、准确、完整的季报将给投资者做出答案。而这些答案的取得很大程度上依赖于上市公司对季报的披露广度和深度。当投资者把股价变化与阅读上市公司季报有机结合的时候,投资成功的概率将会大大增强。

最后,还要学会必备的信息储备本领。投资者阅读信息的目的是为了正确运用信息。正确运用信息除占有信息外,还要会分辨信息,并能归纳、整理、驾驭、领会信息,在整理中提取有用的信息,在市场变化时加以灵活应用。比如近期发生在东南亚的禽流感信息。其属突发性信息,正常的季报不会出现,如果投资者能想到禽流感对经济生活的影响,将会想到相关的治疗和预防禽流感的措施,也就会想到与之关联的上市公司。通过了解其生产经营特点及已往对科研力量的投入程度,来判定其管理思路。从其经营的灵活程度反馈其对市场的反映能力和竞争能力。而没有对上市公司报表的充分了解和掌握,突发信息的机会就会转瞬即逝。这就是投资者为什么总是对信息了解和掌握滞后半拍、接上最后一棒的重要原因。

任务 3　上市公司重大事项分析

王先生熟悉了中国股票市场之后惊讶地发现,很多上市公司进行重组之后,其股价往往有很多个涨停板,那么像资产重组、关联交易对上市公司的股价如何产生影响的呢?请你进行分析和解释。

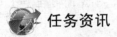 任务资讯

一、公司的资产重组

上市公司潜在的因素,比如有无新项目、何时投产创造收益,有无廉价土地未被开发,有无使公司变化的重大题材,有无法律纠纷等,都可能对公司未来发展产生重大影响,继而影响公司股票的投资价值。中国证监会 2007 年 1 月 30 日发布的《上市公司信息披露管理办法》要求上市公司如有"重大事件"需要发布临时报告。所谓重大事件,是指发生可能对上市公司证券及其衍生品中交易价格产生较大影响但投资者尚未得知的事件。在众多的重大事件中,公司的资产重组和关联交易容易成为市场追捧的热点题材。

(一)上市公司重大资产重组的界定

资产重组是指企业资产的拥有者、控制者与企业外部的经济主体进行的,对企业资产的分布状态进行重新组合、调整、配置的过程,或对设在企业资产上的权利进行重新配置的过程。

根据我国证券市场的约定俗成以及主要参考《〈中国证券报〉各季度重组事项总览》,把上市公司资产重组分为五大类,即:收购兼并;股权转让,包括非流通股的划拨、有偿转让和

拍卖等,以及流通股的二级市场购并(以公告举牌为准);资产剥离或所拥有股权出售,是指上市公司将企业资产或所拥有股权从企业中分离、出售的行为;资产置换,包括上市公司资产(含股权、债权等)与公司外部资产或股权互换的活动;其他类。

1. 收购兼并

在我国收购兼并主要是指上市公司收购其他企业股权或资产、兼并其他企业,或采取定向扩股合并其他企业。本文中所使用的收购兼并概念是上市公司作为利益主体,进行主动对外扩张的行为。

它与我国上市公司的大宗股权转让概念不同。"股权转让"是在上市公司的股东层面上完成的,而收购兼并则是在上市公司的企业层面上进行的。兼并收购是我国上市公司资产重组当中使用最广泛的一种重组方式。

2. 股权转让

股权转让是上市公司资产重组的另一个重要方式。在我国股权转让主要是指上市公司的大宗股权转让,包括股权有偿转让、二级市场收购、行政无偿划拨和通过收购控股股东等形式。上市公司大宗股权转让后一般出现公司股东甚至董事会和经理层的变动,从而引入新的管理方式,调整原有公司业务,实现公司经营管理以及业务的升级。

3. 资产剥离和所拥有股权的出售

资产剥离或所拥有股权的出售是上市公司资产重组的一个重要方式。主要是指上市公司将其本身的一部分出售给目标公司而由此获得收益的行为。根据出售标的的差异,可划分为实物资产剥离和股权出售。资产剥离或所拥有股权的出售作为减少上市公司经营负担、改变上市公司经营方向的有力措施,经常被加以使用。在我国上市公司当中,相当一部分企业上市初期改制不彻底,带有大量的非经营性资产,为以后的资产剥离活动埋下了伏笔。

4. 资产置换

资产置换是上市公司资产重组的一个重要方式之一。在我国资产置换主要是指上市公司控股股东以优质资产或现金置换上市公司的存量呆滞资产,或以主营业务资产置换非主营业务资产等行为。资产置换被认为是各类资产重组方式当中效果最快、最明显的一种方式,经常被加以使用。上市公司资产置换行为非常普遍。

5. 其他

除了股权转让、兼并收购、资产置换、资产剥离等基本方式以外,根据资产重组的定义,笔者认为我国还出现过以下几种重组方式:国有股回购、债务重组、托管、公司分拆、租赁等方式。因篇幅关系,在此不一一赘述。

其中值得一提的是"壳"重组和MBO不是一个单独的资产重组方式。因为这两种方式都是"股权转让"重组的一种结果。配股(包括实物配股)不是资产重组的一种方式,因为配股过程中,产权没有出现变化。虽然在增发股份的过程中产权发生了变化,但根据约定俗成,把增发股份当作一种融资行为,而不当作资产重组行为。上市公司投资参股当中的新设投资属于上市公司投资行为,而对已有企业的投资参股则是"兼并收购"的一种。

需要注意的是，目前上市公司通常采用的发行股份购买资产的行为，属于重大资产重组行为，适用于《上市公司重大资产重组管理办法》，但是上市公司经中国证监会核准，将发行证券募集的资金用于购买资产，进行对外投资的行为，则不属于上市公司重大资产重组。

（二）构成上市公司重大资产重组的标准

上市公司及其控股或者控制的公司购买、出售资产行为是否构成重大资产重组可以从三个角度进行衡量，只要上市公司达到下列标准之一的，即构成重大资产重组，需要报中国证监会审核：

1. 资产总额标准：即购买、出售的资产总额占上市公司最近一个会计年度经审计的合并财务会计报告期末资产总额的比例达到50%以上；

2. 营业收入标准：即购买、出售的资产在最近一个会计年度所产生的营业收入占上市公司最近一个会计年度经审计的合并财务会计报告营业收入的比例达到50%以上；

3. 资产净额标准：即购买、出售的资产净额占上市公司最近一个会计年度经审计的合并财务会计报告期末净资产额的比例达到50%以上，且超过5000万元人民币。

在计算比例时，需要注意的是，当上市公司同时购买、出售资产时，应当分别计算购买、出售资产的相关比例，并以二者中比例较高者为准；如果上市公司在12个月内连续对同一或者相关资产进行购买、出售的，那么应按累计数分别计算相应数额。上市公司发生资产交易连续计算的时点为股东大会召开日期，即在12个月内召开股东大会决议的重组事项合并计算金额和指标。

（三）上市公司重大资产重组的基本原则

上市公司进行重大资产重组，应当符合以下原则：

1. 符合国家产业政策和有关环境保护、土地管理、反垄断等法律和行政法规的规定；

2. 不会导致上市公司不符合股票上市条件；

3. 重大资产重组所涉及的资产定价公允，不存在损害上市公司和股东合法权益的情形；

4. 重大资产重组所涉及的资产权属清晰，资产过户或者转移不存在法律障碍，相关债权债务处理合法；

5. 有利于上市公司增强持续经营能力，不存在可能导致上市公司重组后主要资产为现金或者无具体经营业务的情形；

6. 有利于上市公司在业务、资产、财务、人员、机构等方面与实际控制人及其关联人保持独立，符合中国证监会关于上市公司独立性的相关规定；

7. 有利于上市公司形成或者保持健全有效的法人治理结构。

上述七大原则是中国证监会审核上市公司重大资产重组申报材料时关注的主要方面，同样也是独立财务顾问为上市公司设计重组方案需要关注的重点问题。

（四）需提交重组委审议的情形

为了保证上市公司并购重组审核工作的公开、公平和公正，提高并购重组审核工作的质量和透明度，中国证监会在发行审核委员会中设立上市公司并购重组审核委员会（以下简称

"并购重组委")。并购重组委委员由中国证监会的专业人员和中国证监会外的有关专家组成,由中国证监会聘任。并购重组委委员为25名。其中,中国证监会的人员5名,中国证监会以外的人员20名。并购重组委委员每届任期1年,可以连任,但连续任期最长不超过3届。并购重组委通过召开并购重组委会议进行审核工作,每次参加并购重组委会议的并购重组委委员为5名,并购重组委会议表决采取记名投票方式,表决票设同意票和反对票,并购重组委委员不得弃权。表决投票时同意票数达到3票为通过,同意票数未达到3票为未通过。

根据《上市公司重大资产重组管理办法》,上市公司重大资产重组存在下情情形之一的,应当提交并购重组委审核:

1. 上市公司出售资产的总额和购买资产的总额占其最近一个会计年度经审计的合并财务会计报告期末资产总额的比例均达到70%以上;
2. 上市公司出售全部经营性资产,同时购买其他资产;
3. 上市公司以新增股份向特定对象购买资产;
4. 中国证监会在审核中认为需要提交并购重组委审核的其他情形;
5. 上市公司申请提交重组委审核的情形。

(五)上市公司重大资产重组须关注的问题

中国证监会依据《公司法》、《证券法》、《上市公司重大资产重组管理办法》、《上市公司收购管理办法》等有关法律法规及规范性文件的规定对上市公司重大资产重组申请材料进行审核。从前期的审核情况来看,证监会在审核过程中主要关注以下几个方面的问题:

1. 资产权属问题

对于上市公司拟购买的资产为企业股权的,中国证监会在审核过程中关注:①特定对象是否合法拥有该项股权的全部权利;②特定对象将有限责任公司相关股权注入上市公司是否得到其他股东的同意;③特定对象持有的股权是否存在已被质押、抵押或其他限制转让的情形;④该企业是否有出资不实或影响公司合法存续的情况;⑤该企业是否存在诉讼、仲裁或者其他形式的纠纷。

对于上市公司拟购买资产的,在本次交易的首次董事会决议公告前,资产出售方必须已经合法拥有标的资产的完整权利,中国证监会在审核过程中关注:①该资产是否已经办理了相应的权属证明;②土地、房屋等是否取得土地使用权证和房产证,是否存在已被抵押或其他权利受限制的情况;③采矿企业除具有矿业权证外,是否取得相关的生产许可资质证书,如煤炭开采《安全生产许可证》和《煤炭生产许可证》,黄金开采《安全生产许可证》和《开采黄金矿产批准书》。

案例:*ST贤成重大资产置换

2007年10月9日,*ST贤成发布资产置换初步方案决议的公告,拟置入贵州盘县华阳煤业有限责任公司60%的股权,该公司全资拥有盘县柏坪煤矿,该煤矿拥有《采矿许可证》,但尚未取得《安全生产许可证》、《煤炭生产许可证》,2008年能否生产及达到产能存在很大的不确定性。2007年11月12日,*ST贤成重大资产重组事项未获得重组委审核通过。

2. 债权债务的处置

上市公司在重大资产重组过程中,经常会涉及债权债务的处置。那么,在处置过程中应重点关注:①转移债务,应取得债权人的书面同意并履行法定程序;②转让债权,应履行通知债务人等法定程序;③承担他人债务,应关注原债务人是否已取得其他债权人同意并履行了法定程序。

案例:ST科健重大资产重组暨非公开发行股票购买资产

2008年3月24日,ST科健董事会审议通过了进行重大资产重组暨非公开发行股票购买产的议案,公司拟向同方联合控股集团公司的全体股东公开发行股票,公司与相关各方签署了《债务转让框架协议》,ST科健除按协议的安排而进行处置或继续保留在ST科健的资产,以及因资产处置或保留获得清偿的债务外,ST科健将剩余的资产、负债和或有负债全部转让给科健集团、智雄电子、同利公司。上海浦东发展银行深圳分行、光大银行深圳分行等20多家债权银行组成了债务重组金融债权人委员会,也签署了《债务转让框架协议》。ST科健本次重大资产重组因同方集团股东身份的变化而中止。

3. 同业竞争

同业竞争是证监会审核时关注的重点问题,审核时的总体原则是解决已有的同业竞争,禁止新增同业竞争。证监会支持上市公司控股股东主业资产的整体上市,在设计重组方案时应统筹考虑。在某些特定情形下,例如部分资产的转让需要补充履行一定程序或尚未实际投入运营,这部分资产可能暂不进入上市公司,如这部分资产规模不大,基本不会引起同业竞争问题或同业竞争问题较小,上市公司与重组方可以采用分步实施的方式,但一定要限期彻底解决,或采取切实可行的措施避免同业竞争。

4. 关联交易

中国证监会原则上不允许重组后出现新增关联交易的情形,而且要求上市公司采取有效措施减少和规范现有的关联交易。证监会审核时关注重组后上市公司资产的完整性、生产经营的独立性,包括在人员、资产、财务、采购、生产、销售、知识产权等方面能否保持独立;商标、专利和专有技术等无形资产是否同时进入上市公司;本次交易是否导致上市公司收入严重依赖于关联交易,关联交易收入及相应利润在上市公司收入和利润中所占比重是否合理,等等。

5. 持续经营能力和持续盈利能力

上市公司实施重大资产重组应有利于上市公司增强持续经营能力和持续盈利能力,因此,证监会在审核时重点关注:①本次重组的目的是否与公司战略发展目标一致;②购买资产是否有持续经营能力,出售资产是否导致公司盈利下降;③重组后主要资产是否为现金和流动资产;④重组后有无确定资产及业务,是否拥有对所购资产的控制权;⑤重组后业务是否需要取得特许资格;⑥交易安排是否导致购入资产不确定。

6. 资产定价

资产重组的实质是资产证券化过程中发生的交易行为,交易的核心原则是资产定价的公允性。在重大资产重组方案中,通常以具有证券从业资格评估事务所评估的资产价格作

为定价的依据,定价的高低直接影响到股东的利益。中国证监会在审核过程中十分关注评估机构的独立性、评估假设前提的合理性、评估方法与评估的相关性以及评估定价的公允性。对于预估值(或评估值)与账面值存在较大增值或减值,或与过去 3 年内历史交易价格存在较大差异的,要求上市公司根据所采用的不同预估(评估)方法,分别按照要求详细披露其原因及预估(评估)结果的推算过程。

为了遏制盲目高作价,确保上市公司的利益不受损失,对于资产评估机构采取收益现值法、假设开发法等基于未来收益预期的估值方法进行评估并用为定价参考依据的,《上市公司重大资产重组管理办法》要求由会计师事务所对标的资产的实际盈利金额与原资产评估报告预测金额的差异情况出具审计意见,资产注入方对拟购买资产近 3 年的利润作出保证,并承诺以现金补足。

7. 报批事项

当重大资产重组交易标的的资产涉及立项、环保、行业准入、用地、规划、建设施工等有关报批事项的,在本次交易的首次董事会决议公告前应当取得相应的许可证书或者有关主管部门的批复文件。本次交易行为涉及有关报批事项的,应当在重大资产重组预案中详细披露已向有关主管部门报批的进展情况和尚需呈报批准的程序,并对可能无法获得批准的风险作出特别提示。涉及银行、保险、证券、期货、信托、传媒出版等特殊行业的资产、业务注入的,应提供相关行业主管部门的书面原则性意见。

8. 其他关注点

证监会在审核过程中关注的其他方面包括:

(1) 重组的程序是否合法、信息披露是否规范、合同是否有异常条款。

(2) 交易是否存在重大不确定性因素和风险,如收购境外资产、后续行政政审批等。

(3) 重组是否涉及较大规模职工安置。

(4) 上市公司日常监管情况:上市公司是否涉及诉讼或债务纠纷,是否已妥善解决;上市公司是否存在拖欠税费问题,是否已采取妥善措施解决;上市公司有无不良监管记录,是否已彻底解决监管部门在巡检或专项核查中提出的问题,是否正在被证监会稽查;上市公司及控股股东、重组方有无被投诉情况,投诉情况是否属实,有关问题是否解决。

(5) 中介机构是否尽职,其出具的意见是否完整、明确。

二、公司的关联交易

关联交易就是企业关联方之间的交易,关联交易是公司运作中经常出现的而又易于发生不公平结果的交易。关联交易在市场经济条件下主为存在,从有利的方面讲,交易双方因存在关联关系,可以节约大量商业谈判等方面的交易成本,并可运用行政的力量保证商业合同的优先执行,从而提高交易效率。从不利的方面讲,由于关联交易方可以运用行政力量撮合交易的进行,从而有可能使交易的价格、方式等在非竞争的条件下出现不公正情况,形成对股东或部分股东权益的侵犯,也易导致债权人利益受到损害。

(一) 关联交易类型

在经济活动中,存在着各种各样的关联方关系,也经常发生多种多样的关联方交易。在会计准则中列举了十一种常见的关联交易类型。

1. 购买或销售商品

购买或销售商品是关联方交易最常见的交易事项。例如,企业集团成员之间相互购买或销售商品,从而形成关联方交易。这种交易由于将市场交易转变为公司集团的内部交易,可以节约交易成本,减少交易过程中的不确定性,确保供给和需求,并能在一定程度上保证产品的质量和标准化。此外,通过公司集团内部适当的交易安排,有利于实现公司集团利润的最大化,提高其整体的市场竞争能力。这种交易产生的问题是,可能为公司调节利润提供了一种良好的途径。披露这种关联方交易,有利于中小股东、债权人等报表使用者了解这种交易的性质、类型、金额等信息,判断这种交易的价值取向,为报表使用者的经济决策提供了非常有用的信息。

2. 购买其他资产

购买或销售商品以外的其他资产,也是关联交易的主要形式。比如,母公司销售给其子公司的设备或建筑物等。

3. 提供或接受劳务

关联方之间相互提供或接受劳务,也是关联交易的主要形式。

例如:甲企业是乙企业的联营企业,甲企业专门从事设备维修服务,乙企业的所有设备均由甲企业负责维修,乙企业每年支付设备维修费用20万元。作为企业外部的报表使用者来说,需要了解这种提供或接受劳务的定价标准,以及关联方之间是否在正常的交易情况下进行。在附注中披露这类关联交易的有关情况,为报表使用者分析集团的财务状况和经营成果提供了依据。

4. 担保

担保有很多形式,以贷款担保为例,某企业生产经营中需要资金,往往会向银行等金融机构申请贷款,银行等金融机构为了保证所贷资金的安全,需要企业在贷款时由第三方提供担保。担保是有风险的,一旦被担保企业没有按期履行还款协议,则担保企业就成了还款的责任人。关联企业之间相互提供担保,能有效解决企业的资金问题,有利于经营活动的有效开展,但也形成了或有负债,增加了担保企业的财务风险,有可能因此而引发经济纠纷。因此,在附注中披露关联方相互之间担保的相关信息,对于分析判断企业的财务状况是非常有用的。

5. 提供资金

提供资金包括以现金或实物形式提供的贷款或股权投资。

例如:母公司利用集团内部的金融机构向子公司提供贷款,母公司向子公司投入资金、购入股份等。

6. 租赁

租赁通常包括经营租赁和融资租赁等。关联方之间的租赁合同也是主要的交易事项。

7. 代理

代理主要是依据合同条款,一方可为另一方代理某些事务,如代理销售货物或代理签订合同等。

8. 研究与开发转移

在存在关联方关系时,有时某一企业所研究与开发的项目会由于另一方的要求而放弃或转移给其他企业。例如:B公司是A公司的子公司,A公司要求B公司停止对某一新产品的研究与试制,并将B公司研究的现有成果转给A公司最近购买的、研究和开发能力超过B公司的C公司继续研制,从而形成关联方交易。

9. 许可协议

当存在关联方关系时,关联方之间可能达成某种协议,允许一方使用另一方的商标等,从而形成关联方交易。

10. 代表企业或由企业代表另一方进行债务结算

这也是关联方企业之间比较普遍存在的一种关联交易形式,比如,母公司为子公司支付广告费用,或者为子公司偿还已逾期的长期借款等。

11. 关键管理人薪酬

支付给关键管理人员的薪酬也是一种主要的关联交易形式。因为企业关键管理人员之间构成了关联方关系。

例如:企业支付给董事长、总经理等人员的薪酬,这属于关联交易,也应该适当地予以披露。

(二)关联交易的分类

1. 公允的关联交易与非公允的关联交易

公允的关联交易,是指一个具体关联交易的实质内容主要是交易结果,对交易的相关权益人特别是交易所涉及的非关联方,都是公平合理的。

非公允的关联交易,是指一个具体关联交易的实质内容主要是交易结果实质上是不公平的,有损于交易的相关权益人特别是交易所涉及的非关联方的权益。

这是最常见的分类,因为非公允性是关联交易最容易出现的问题,也是法律规制关联交易的原因与重点。一方面要保证公允关联交易积极作用的发挥,另一方面要让非公允关联交易者承担一定的法律责任,并为受害者提供一定的救济。

2. 实际的关联交易与虚构的关联交易

实际的关联交易,是指在经济生活或者企业的经营活动中,确实发生了关联交易。

虚构的关联交易,是指在在经济生活或者企业的经营活动中并未实际发生而只是虚构文件并在企业财务报表中有记载的关联交易。

如此区分的主要意义,在于对会计报表进行调校。实际当中,有的公司为了粉饰业绩,虚构出一些实际并未发生的关联交易,也就是缺乏经济实质的交易。

3. 重大的关联交易与非重大的关联交易

这种区分一般是以交易金额为判断标准的,其主要目的是为了在进行关联交易的披露、批准时参照不同的要求。如零星的关联交易可以不经股东大会批准程序,且有的零星关联交易不需要披露;再如,上市公司对普通关联交易和重大关联交易的披露要求也不相同。

(三)关联交易的法律特征

1. 商事主体之间的关联性

关联交易须发生在具有权益关联性及相互影响力的商事主体即关联方之间。

2. 利益冲突与权益的转移

任何一个具体的关联交易,均在关联方之间或关联方与其权益代表间,存在利益冲突并在关联方之间产生了权益的转移。

3. 具有非公允性的潜在倾向

关联交易并不都是公允的,但是关联交易这种形式蕴含着易于发生不公允结果的潜在倾向。一旦主客观条件具备,特别是如果缺乏有效的法律规制,一个具体的关联交易就往往滑向不公允性的边缘。

4. 交易形式对实质公平的异化

关联交易的最大特点,同时也是法律规制的难点,就是关联交易以形式上的平等,掩盖实质上的不平等;以形式上的当事人对自己权益的自由处分,掩盖实质上的对一方当事人权益的强行损。

(四)关联交易相关规定

利用公司股东权利制衡机制规范关联交易行为,可以更好地维护公司股东的合法权益不受损害。这里的制衡机制主要包括独立董事制度和关联方回避表决制度。独立董事制度在规范关联交易中发挥着积极作用。中国证监会关于独立董事的职权规定中也把独立董事对关联交易的事前认可作为董事会、股东大会决议的前提条件。《上市规则》要求,上市公司披露关联交易事项时,必须提供独立董事事前认可该交易的书面文件。

出席董事会的无关联关系董事人数不足三人的,应将该事项提交上市公司股东大会审议。《上市规则》对关联董事明确进行了界定。《上市规则》还规定,交易金额在3000万元以上,且占上市公司最近一期经审计净资产绝对值5%以上的关联交易,除应当及时披露外,还应聘请具有证券、期货业务资格的中介机构,对交易标的进行评估和审计,并将该交易提交股东大会审议。上市公司股东大会审议关联交易事项时,关联股东应当回避表决。

正是由于关联交易使关联者之间在定价过程中具有一定程度的灵活性,公司的控股股东、实际控制人或影响者可能利用关联交易转移利益。因此,全面规范关联交易及其信息披露便成为保障关联交易公平与公正的关键。关联交易信息披露的根本目的在于使之具备相同于无关联交易的公开与公平性质,确保关联者没有获得在无关联状态下无法获得的不当利益,以确保该项交易对公司及股东是公平和合理的。同时为投资者对该项交易行使表决权提供信息基础,使投资者在了解关联交易真实内容的基础上作出投资决策,增强对证券市场透明度的信心。

上市公司关联交易披露规则的核心是界定关联交易和关联人的范围。将可能利用关联关系实现在无关联者之间不可能发生的交易活动的人士都包括在内,以维护公平交易秩序。

我国沪深证券交易所《上市规则》规定，上市公司的关联交易是指上市公司或其控股子公司与上市公司关联人之间发生的转移资源和义务的事项。关联人包括关联法人和关联自然人，在《上市规则》中对关联法人和关联自然人的范围给予了明确定义。同时，规定了潜在关联人的条件，即因与上市公司的关联人签署协议或作出安排，在协议生效或安排生效后，或在未来12个月内具有前述关联法人或关联自然人的规定情形之一的，以及过去12个月内，曾经具有前述关联法人或关联自然人的规定情形之一的，都被视为潜在关联人。《上市规则》还规定，中国证监会、交易所或上市公司根据实质重于形式的原则，可以认定其他与上市公司有特殊关系，可能造成上市公司对其利益倾斜的自然人和法人为关联人，从而应履行相应的关联交易决策和披露程序。

《上市规则》对关联交易须及时披露的数额、计算标准和披露内容都进行了详细的规定。

任务拓展

将全班同学分成若干个小组，每个小组选一个细分行业，每个同学选择这个行业中的一家公司，然后对该行业、公司进行分析，分小组讨论行业内各个公司投资价值，每个小组派一名代表上台对该行业内各公司投资价值进行总结。

项目七 证券投资技术分析

学习目标

知识目标

1. 掌握技术分析的含义及要素。
2. 掌握 K 线图的绘制方法和基本形态。
3. 了解形态理论的意义。
4. 掌握各类反转形态的形成过程及判断标准和应用要点。
5. 了解道氏理论的核心内容。
6. 掌握切线理论相关内容。

能力目标

1. 能够认识 K 线形态、K 线组合形态以及 K 线曲线形态的特征,并能运用这些形态对大盘及个股的走势进行分析。
2. 能够理解并应用形态理论、道氏理论以及切线理论分析大盘和个股。
3. 能够会绘制出相关图形、线等,并能进行说明。

项目背景

2013 年 6 月 25 日 A 股市场周二开盘继续走低,沪指跌破前期底部 1949 点,上证指数开盘报 1948.31 点,下跌 0.76%;深证成指报 7486.83 点,下跌 1.34%。下午出现绝地反弹,沪指相继收复 1900 大关以及前期低点 1949 点,创业板率先翻红。截止收盘,上证指数当前报 1959.51 点,下跌 0.19%;深圳指数报在 7495.1,下跌 93.42,跌幅 1.23%。两市午后大幅跳水,沪指一度暴跌近 6%,低见 1849.65 点,连续刷新近 4 年半来低位记录,全天振幅超过 100 点。当天留下非常长的下影线,这如何来分析呢,是不是大盘底部呢?

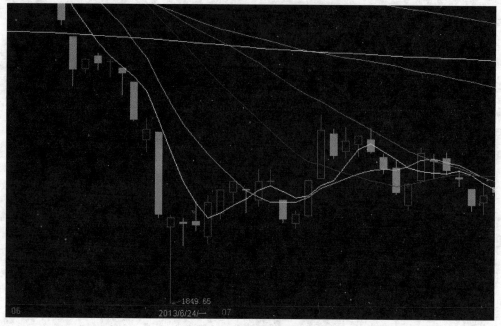

图 7-1　上证指数日 K 线图

任务 1　证券投资技术分析基础

王先生想要通过炒股来实现资产的保值增值，但是，他经常听到一句话：炒股有风险，入市需谨慎。看来入市之前应该认真学一些股票投资的基本理论，否则，风险会很大。但是学什么呢？朋友告诉他可以学点技术分析。那什么是技术分析呢？请你通过下面资讯帮助王先生来解决这些困惑。

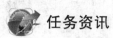 任务资讯

一、技术分析的理论基础

技术分析是证券投资分析中较常用的一种分析方法。各种理论和技术指标都经过几十年甚至上百年的实践检验，今天看来仍然具有指导意义。技术分析，其理论基础是空中楼阁理论。空中楼阁理论是英国经济学家凯恩斯提出的，认为股票市场价格完全是由投资者心理构造出来的空中楼阁，它完全抛开股票的内在价值，强调心理因素对股市的决定性作用。也就是说，投资者之所以要以一定的价格购买某种股票，是因为他相信有人将以更高的价格向他购买这种股票。至于股价的高低并不重要，关键是存在更大的冒险者以更高的价格向你购买。精明的投资者无须去计算股票的内在价值，他需做的只是抢在别人之前成交，即在股价达到最高点之前买进股票，在股价达到最高点卖出股票。

（一）技术分析的定义

所谓技术分析，是指直接对证券市场的市场行为所作的分析，其特点是通过对市场过去和现在的行为，应用数学和逻辑的方法探索出一些典型的规律并据此预测证券市场的未来变化趋势。

（二）技术分析的三大假设

技术分析的理论基础是基于三项市场假设：市场行为涵盖一切信息，价格沿趋势移动，历史会重演。

第一条假设是进行技术分析的基础。其主要的思想是认为任何一个因素对证券市场的影响最终都必然体现在股票价格的变动上。外在的、内在的、基础的、政策的和心理的因素，以及其他影响股票价格的所有因素，都已经在市场的行为中得到了反映，技术分析人员只需关心这些因素对市场行为的影响效果，而不必对影响股票价格的具体因素是什么做过多的关心。

第二条假设是进行技术分析最根本、最核心的因素。其主要思想是股票价格的变动是按一定规律进行的，股票价格有保持原来方向运动的惯性。一般说来，一段时间内股票价格一直是持续上涨或下跌，那么，今后一段时间，如果股价没有调头的内部和外部因素，股票价格也会按这一方向继续上涨或下跌，没有理由改变这一既定的运动方向。因此技术分析人员应试图找出股票价格变动的规律，以此指导今后的股票买卖活动。否认了第二条假设，即认为即使没有外部因素影响，股票价格也可以改变原来的运动方向，技术分析就没有了立足之本。

第三条假设是从人的心理因素方面考虑的。在市场中进行具体买卖的是人，是由人决定最终的操作行为，这一行为受人类心理学中某些规律的制约。在证券市场中，一个人在某种情况下按一种方法进行操作取得成功，那么以后遇到相同或相似的情况，就会按同一方法进行操作；如果前一次失败了，后面这一次就不会按前一次的方法操作。证券市场的某个市场行为给投资者留下的阴影或快乐会长期存在。在进行技术分析时，一旦遇到与过去某一时期相同或相似的情况，应该与过去的结果比较。过去的结果是已知的，这个已知的结果应该作为现在预测未来的参考。

当然，对这三大假设本身的合理性一直存在争论，不同的人有不同的看法。例如，第一个假设存在的前提条件是证券市场是有效的市场，然而众多实证分析指出，即使像美国这样发达的证券市场也仅是弱式有效市场，或至多是半强势有效市场，更何况信息损失是必然的，因此市场行为包括一切信息也只能是理想状态。再如，第三个假设认为历史会重演，但证券市场的市场行为是千变万化的，不可能有完全相同的情况重复出现，差异总是或多或少地存在。

二、技术分析的三大要素

证券的成交价格、成交量、时间和空间是进行技术分析的三大要素。技术分析可以简单地归结为对量、价、时间三者关系的分析。

市场行为最基本的表现就是成交价和成交量。过去和现在的成交价、成交量涵盖了过去和现在的市场行为。技术分析就是利用过去和现在的成交量、成交价资料,以图形分析和指标分析工具来分析、预测未来的市场走势。这里,成交价、成交量就成为技术分析的要素。在某一时点上的"价"和"量"反映的是买卖双方在这一时点上共同的市场行为,是双方的暂时均势点。随着时间的变化,均势会不断发生变化,这就是价量关系的变化。一般说来,买卖双方对价格的认同程度通过成交量的大小得到确认。认同程度小,分歧大,成交量大;认同程度大,分歧小,成交量小。成交价、成交量之间的关系是技术分析的合理性所在,因此,价、量是技术分析的基本要素,一切技术分析方法都是以价量关系为研究对象的,目的就是分析、预测未来价格趋势,为投资决策提供服务。

时间在进行行情判断时有着重要的作用。一个已经形成的趋势在短时间内不会发生根本改变,中途出现的反方向波动,对原来趋势不会产生大的影响。一个形成了的趋势又不可能永远不变,经过了一定时间又会有新的趋势出现。循环周期理论关心的就是时间因素,它强调了时间的重要性。

从某种意义上讲,空间可以认为是价格的一方面,指的是价格波动能够达到的极限。

三、技术分析方法的分类

(一)技术分析方法的分类

在历史资料基础上进行的统计、数学计算、绘制图表的方法是技术分析方法的主要手段。一般说来,可以将技术分析方法分为如下五类:K线类、切线类、形态类、波浪类、指标类。

五类技术分析流派从不同的方面理解和考虑证券市场,有的有相当坚实的理论基础,有的就没有很明确的理论基础;操作指导上,有的注重长线,有的注重短线;有的注重价格的相对位置,有的注重绝对位置;有的注重时间,有的注重价格。但分析目的是相同的,彼此并不排斥,在使用上可相互借鉴。本章介绍的仅仅是比较常用和比较实用的一些技术分析方法。

(二)技术分析方法应用时应注意的问题

1. 技术分析预测成功的关键在于不能机械地使用技术分析方法,除了在实践中不断修正技术分析参数外,技术分析必须与基本面分析结合起来使用,才能提高其准确程度,否则单纯的技术分析是不全面的。

2. 注意多种技术分析方法的综合研判,切忌片面地使用某一种技术分析结果。实践证明,单独使用一种技术分析方法有相当的局限性和盲目性。

3. 前人得到的结论要自己通过实践验证后才能放心地使用。前人得到的结论是在一定的特殊条件和特定环境中得到的,随着环境的改变,前人成功的方法自己在使用时也有可能失败。

四、技术分析与基本分析之比较

(一)技术分析的优缺点

1. 技术分析的优点是同市场接近,考虑问题比较直观。与基本分析相比,利用技术分析进行证券买卖见效快,获得收益的周期短。此外,技术分析对市场的反应比较直接,分析的结果也更接近市场的局部现象。

2. 技术分析的缺点是考虑问题的范围相对较窄,对市场长远的趋势不能进行有益的判断。正是由于这个原因,技术分析在给出结论的时候,只能给出相对短期的结论。另外,技术分析固有的缺陷限制了它的利用,这些缺陷表现在:①证券价格并非完全由证券的供给和需求决定,证券价格变动是多重因素作用的结果,至于哪种因素居于主导地位,则视具体情况而定。例如,我国的证券价格变动就受到国家政策极其显著的影响。若仅凭技术分析做出投资决策,而忽略种种其他因素的作用,将会给投资者造成巨大的投资风险。②证券价格也不是完全的随机变量,用确定的概率分布来解释它的变动的科学性是值得怀疑的。说到底,证券交易是由人进行的社会经济活动,并不能像无生命体的物理运动、化学运动那样简单地用一些定律描述出来。况且即使是无生命体的运动也会由于偶然性因素的存在而产生某些运动方式和范围的"不可逆"。

正是由于技术分析具有以上特点,使得技术分析更适用于短期的行情预测,要进行周期较长的分析必须结合其他的分析方法。这是应用技术分析最应该注意的问题。技术分析所得到的结论仅仅具有一种建议的性质,并且是以概率的形式出现的。因此,在中国证券市场,要得到较准确的长期预测结论,仅仅依靠技术分析是不够的。

(二)基本分析与技术分析之比较

1. 股价的技术分析,是相对于基本分析而言的。基本分析法着重于对一般经济情况以及各个公司的经营管理状况、行业动态等因素进行分析,以此来研究股票的价值,衡量股价的高低。而技术分析则是透过图表或技术指标的记录,研究市场过去及现在的行为反应,以推测未来价格的变动趋势。其依据的技术指标的主要内容是由股价、成交量或涨跌指数等数据计算而得的,我们也由此可知,技术分析只关心证券市场本身的变化,而不考虑会对其产生某种影响的经济方面、政治方面的等各种外部的因素。

2. 基本分析的目的是为了判断股票现行股价的价位是否合理并描绘出它长远的发展空间,而技术分析主要是预测短期内股价涨跌的趋势。通过基本分析我们可以了解应购买何种股票,而技术分析则让我们把握具体购买的时机。在时间上,技术分析法注重短期分析,在预测旧趋势结束和新趋势开始方面优于基本分析法,但在预测较长期趋势方面则不如后者。大多数成功的股票投资者都是把两种分析方法结合起来加以运用。他们用基本分析法估计较长期趋势,而用技术分析法判断短期走势和确定买卖的时机。

3. 股价技术分析和基本分析都认为股价是由供求关系所决定。基本分析主要是根据对影响供需关系种种因素的分析来预测股价走势,而技术分析则是根据股价本身的变化来预测股价走势。

任务2 绘制并分析K线图

王先生通过学习,了解了一些证券投资的基本知识,但是在股票交易大厅,大屏幕上的红色和绿色的小柱子,看得他眼花缭乱,它们是什么样的图形呢?如何得来的?对炒股有帮助吗?他在茫然中。那么,请你选择一只股票,绘制出前一个交易日的K线图,并解释一下K线图的绘制方法。

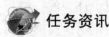

一、K线的产生和发展

技术分析是由市场行为推测证券市场未来趋势的。它所依据的是证券市场的市场行为,准确、有效记录和描述市场的全部行为显得异常重要。

技术分析的精髓就是总结经验找规律,然后才是使用这些规律。为了从大量的市场行为中找到有规律的东西,显然没有必要考虑市场行为的所有信息,只须部分地、重点记录下市场行为的某些方面就可以了。

正是出于上述考虑,K线就应运而生了。经过百年以上的证券市场的实践,应用效果良好,受到投资者的广泛重视。目前,K线已经成为人们进行技术分析必不可少的图表。

K线理论原名阴阳烛分析技巧,K线又称为日本线,英文名称是蜡烛线(Candlestick)。据说起源于200年前的日本,最初只用于米市交易。经过上百年的演变,目前被用来进行期货和证券走势分析,并形成一套完善的以K线形状和组合为基础的分析理论。

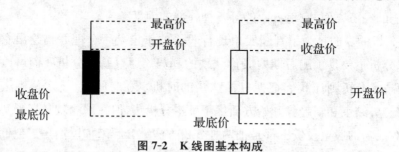

图7-2 K线图基本构成

二、K线图的基本构成

(一)K线含义

K线是一条柱状的线条,由影线和实体组成。影线在实体上方的部分叫上影线,下方的部分叫下影线。实体分为阳线和阴线两种,又称为红(阳)线和黑(阴)线。事实上,为了视觉上的效果,大部分证券营业部在报价屏幕上的阴线均为绿色。

（二）K线图

一条K线记录的是某一种股票（或整个市场）一段时间的价格变动情况。将每天的K线按时间顺序排列在一起，就组成这只股票自上市以来的每天的价格变动情况，我们称之为日K线图。同理，我们也可以用K线记录某只股票（或整个市场）一周、一个月以至一年的变动情况，也可以记录1小时、30分钟、15分钟、5分钟甚至更短时间内价格的变化。不同时间尺度的K线具有独特的意义和魅力。但相对来说，日K线是最重要的。

（三）K线包含的价格信息

K线的形成主要体现在四个价格上，即开盘价、最高价、最低价和收盘价（下面以日K线为例）。

开盘价是指每个交易日的第一笔成交的价格，这是传统的开盘价定义。为了避免主力机构人为制造开盘价，损害中小股东的利益，目前我国采用集合竞价的方式产生开盘价；最高价和最低价表明当日成交价格中最高和最低的价格水平，显示了股价的振动幅度。两个价格水平差距大小说明了当日多空双方争夺激烈与否。当然，最高价和最低价也容易为庄家机构所操纵而人为造价；收盘价是指每个交易日的最后一笔成交的价格，是多空双方经过一天的争斗暂时达成的平衡价格，具有揭示目前价格的非常重要的功能。在四个价格中，收盘价最为投资者所关注。

一根K线记录的是证券在一个交易单位时间内价格变动情况。将每个交易时间的K线按时间顺序排列在一起，就组成该证券价格的历史变动情况，叫做K线图。

三、K线图的画法

准备坐标纸，横轴代表时间，每一格可以是日、周、月、一小时、30分钟、15分钟和5分钟，视投资者分析的意图而定。纵轴代表价格水平。然后确定四个价格，按上图画出即可。事实上，当前证券营业部及家用证券技术分析软件很多，具备各种复杂的图表分析功能（含K线），投资者就不必亲自动手画K线了。

首先我们找到该日或某一周期的最高和最低价，垂直地连成一条线，然后再找出当日或某一周期的开市和收市价，把这个价位连接成一条狭长的长方形柱体。假如当日某一周期的收市价较开市价为高（基低开高收），我们便以红色来表示，或是在柱体上留白，这种柱体就称之为"阳线"。如果当日或某一周期的收市价较开市价为低（即高开低收），我们则以蓝色表示，有或是在柱上涂黑色，这柱体就是"阴线"了。

四、K线的优点和缺点

（一）优点

能够全面透彻地观察市场的真正变化。我们从K线图中，即可看到股价（或大市）的趋势，也同时可以了解到每日市况的波动。

（二）缺点

1. 绘制方法十分繁复，是纵多走势图中最难绘制的一种。

2. 阴线与阳线的变化繁多,对初学者来说,在掌握分析方面会有相当的困难,不及柱线图那样简单易明。

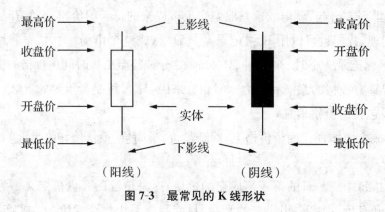

图 7-3 最常见的 K 线形状

任务 3 分析 K 线图形态

王先生通过学习,了解了 K 线图一些的基本知识,但在实战中,他面对行情走势中形态各异的 K 线图,又一次茫然了:不同长短的 K 线图阴阳实体、不同长短的上下影线组合在一起的含义是什么呢?这些对评判股价有什么作用呢?现在你通过以下资讯的学习,分析在项目背景中给出的 6 月 25 日大盘 K 线图,并给出你的结论及理由。

任务资讯

一、K 线的主要形状

除图 7-3 所画 K 线图形外,由于四个价格的不同取值,还会产生别的形状的 K 线,具体可概括为以下 10 种。

(一)实体阳线和实体阴线

这是没有上、下影线的 K 线。开盘价、收盘价正好与最低价和最高价相等形成阳线实体;开盘价、收盘价分别与最高价和最低价相等形成阴线实体。

(二)秃头阳线与秃头阴线

这是没有上影线的 K 线。当收盘价或开盘价正好与最高价相等。

(三)光脚阳线和光脚阴线

这是没有下影线的 K 线。当开盘价或收盘价正好与最低价相等。

（四）一字型

K线四个价格重合则形成这种形状。

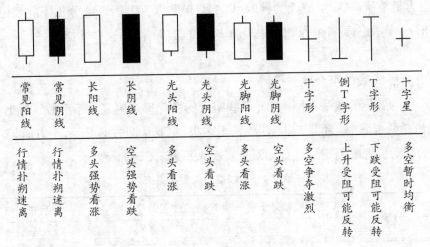

图7-4 K线的主要形状

（五）十字星

这是开盘价与收盘价相等，同时带有上、下影线的K线。

（六）T字型和倒T字型

在十字星的基础上，再加上秃头和光脚的条件，就形成这两种K线。

看懂单根的K线是K线分析的基本功。单根K线可以分为12种有意义的基本形状。

从单独一根K线对多空双方优势进行衡量，主要依靠实体的长度和上下影线的长度。一般说来，上影线越长，下影线越短，阳线实体越短，越有利于空方占优，而不利于多方占优；上影线越长，实体越长，越有利于多方占优，而不利于空方占优。上影线和下影线相比的结果，也影响多方和空方取得优势。上影线长于下影线，利于空方；反之，下影线长于上影线，利于多方。

二、K线的组合应用

K线是多空双方争斗结果的图形表现方法。投资者通过对单根K线或两根、三根、四根及多根K线的分析，可以研判多空双方力量对比及未来一定时期的股价走势。

（一）K线的分析要素

K线是阴线还是阳线代表了一日（或一段时间，下同）的总体趋势方向；K线及其实体是长还是短代表了一日的股价振荡幅度，是市场内在动力大小的表现。阳线实体越长，越有利于上涨；阴线实体越长，越有利于下跌；上下影线则代表了趋势是否受阻以及阻力的大小，是一种转折的信号。指向一个方向的影线越长，越不利于股价今后向这个方向变动。K线正是由这三种要素综合而成，具体可概括为：

1. 阴阳代表总体趋势；
2. 长短代表内在动力和趋势强弱；

3. 影线代表转折信号。

三个要素综合作用,变化无穷,其中每一种细小的变化(包括实体和影线长短)均会打破暂时的多空力量平衡,从而形成无数种K线的具体形式。因此,K线分析不能死记硬背某一种K线图形,而要从三要素的原理上去理解K线的丰富含义,这样才能举一反三,提高预测的准确性。

(二) 由两根K线的组合推测行情

单根K线的变化形式是无限的,而K线组合的变化形式更是数不胜数。以K线组合推测行情,无论是两根K线,还是三根、四根甚至多根,主要从两方面着手:一方面,要通过前后两根K线的相对位置来判定。这种相对位置关系一共有以下七种。

表7-1 K线组合位置关系表

种类	第二根K线处于前一根K线的位置	后市判断
1	上影线以上	多方绝对优势
2	上影线	多方相对优势
3	实体上半部	多方略强
4	中点附近	不明
5	实体下半部	空方略强
6	下影线	空方相对优势
7	下影线以下	空方绝对优势

由上表可知,两根K线组合第二根是判断行情的关键。第二根K线的位置越高,越有利于上涨;越低,越有利于下降。上表中从1至7是多方力量减弱,空方力量增强的过程。

另一方面,两根K线组合的意义不止于位置关系,还取决于它们各自的K线要素,比如是阴线还是阳线、实体及影线的长度等。K线组合分析是位置关系和K线要素两方面的综合,否则只强调一方面,难免会得出错误的结论。

两根K线的组合情况非常多,要考虑两个K线的阴阳、高低、上下影线。一句话,两根K线能够组成的组合数不胜数。但是,K线组合中,有些组合的含义是可以通过别的组合含义推测出来的。我们只需掌握几种特定的组合形态,然后举一反三,就可得知别的组合的含义。

无论是两根K线还是今后的三根K线,都是以两根K线的相对位置的高低和阴阳来推测行情的。将前一天的K线划出,然后按这根K线将数字划分为五个区域。

第二天的K线是进行情判断的关键。简单地说,第二天多空双方争斗的区域越高,越有利于上涨;越低,越有利于下降,也就是从区域1到区域5时多方力量减少、空方力量增强的过程。以下是几种具有代表性的两根K线的组合情况,由他们的含义可以得知别的两根K线组合的含义。

1. 如图 7-6,这是多空双方的一方已经取得决定性胜利,牢牢地掌握了主动权,今后将以取胜的一方为主要运动方向。右图是空方获胜,左图是多方获胜。第二根 K 线实体越长,超出前一根 K 线越多,则取胜一方的优势就越大。

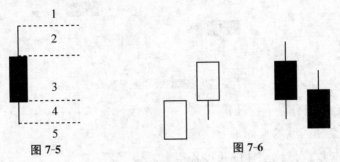

图 7-5　　　　　　　　　　　图 7-6

2. 如图 7-7,右图一根阴险之后又一根跳空阳线,表明空方全面进攻已经开始。如果出现在高价附近,则下降将开始,多方无力反抗。如果在长期下跌行情的尾段出现,则说明这是最后一跌,是逐步建仓的时候了。要是第二根阴线的下影线越长,则多方反攻的信号更强烈。

左图正好与右图相反。如果在长期上涨行情的尾段出现,则是最后一涨(缺口理论中把这叫做竭尽缺口)。第二根阳线的上影下线越长,越是要跌了。

图 7-7

3. 如图 7-8,左图一阳加上一根跳空的阴,说明空方力量正在增强。若出现在高价位,说明空方有能力阻止股价继续上升。若出现在上涨途中,说明空方的力量还是不够,多方将进一步创新高。

图 7-8

三、K 线组合的实战意义

K 线组合可以是单根的,也可以是多根的,很少有超过 5 根或 6 根的组合。组合分为反转组合形态和持续组合形态两种。我们这里只列举其中的 10 种反转组合形态的两种持续组合形态。

(一) 锤型线和上吊线

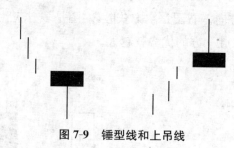

图 7-9　锤型线和上吊线

这两种线组合形态有以下特征：

1. 小实体在交易区域的上面；
2. 下影线的长度应该比实体的长度长得多；
3. 上影线非常短甚至没有。

锤型线处在下降趋势中，在疯狂卖出被遏制、市场又回到了或者接近了当天的最高点。投资者担心踏空，如果收盘价高于开盘价，产生一根阳线，则情况甚至更有利于上升。第二天的较高的开盘价和更高的收盘价将使得锤型线的牛市含义得到确认。

(二) 包含型

包含型：分为牛市和熊市两种。

组合形态有以下特征：

1. 本形态出现前一定有相当明确的趋势；
2. 第二天的实体必须完全包含前一天的实体；
3. 前一天的颜色反映趋势（黑色是下降趋势，白色是上升趋势）；
4. 包含型的第二根实体颜色与第一根的颜色相反。

图 7-10　包含型

熊市包含型处在上升趋势中，只有小成交量配合和小阳线实体发生。第二天，以新高开盘，然后是迅速地卖出狂潮并伴随大的成交量。收盘比前一天的开盘更低，上升的趋势已经被破坏。如果第三天的价格仍然保持在较低的位置，那么，上升趋势将小反转。

牛市包含型的情况与熊市包含型的叙述相反。

(三) 被包含型

被包含型：分为牛市和熊市两种。

组合形态有以下特征：

1. 长实体之前有趋势存在；
2. 第一天的长实体的颜色反映市场的趋势方向；

3. 长实体之后是小实体,它的实体被完全包含在长实体的实体区域内;
4. 小实体与长实体的颜色相反。

图 7-11　被包含型

牛市被包含型处在下降趋势进行了一段时间后。一根伴随有平均成交量的长阴线已经出现,它维持了熊市的含义。第二天,价格高开,动摇了空头,引起价格的上升。价格的上升被逐步加强,因为后来者把它当成一次机会来弥补他们在此之前的"失误"。这一天的成交量超过前一天,这就强烈地建议买进。第三天得到确认的反转将提供必要的趋势反转的证明。

熊市被包含型的叙述正好与之相反。

这种组合形态的特殊情况是十字胎(图 7-12)。第二天的实体是十字。十字胎是比普通被包含型更为强烈的反组合形态。

图 7-12　十字胎

(四) 倒锤线和射击之星(图 7-13),这两种组合形态有以下特征:

倒锤线:

1. 小实体在价格区域的较低部分形成;
2. 不要求有缺口,只要在一个趋势之后下降;
3. 上影线的长度一般比实体的长度的两倍长;
4. 下影线短到可以认为没有。

射击之星:

1. 在上升趋势之后,以向上的价格缺口靠盘;
2. 小实体的长度至少是实体的长度 3 倍;
3. 上影线的长度至少是实体的长度的 3 倍;
4. 下影线短到可以认为不存在。

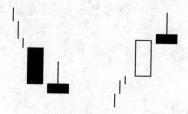

图 7-13 倒锤线和射击之星

对于倒锤线,当市场以跳空向下开盘时,已经有了下降趋势。当天的上冲失败了,市场的收盘较低。与锤型线和上吊线相似,在决定形态引起趋势反转是成功还是失败方面,第二天的开盘是判断的准则。如果第二天的开盘高于倒锤线实体,潜在的趋势反转将引起对空头的恐慌,这将支持上升。

射击之星处在上升趋势中,市场跳空向上开盘,出现新高,最后收盘在当天的较低的位置。后面的跳空行为只能当成看跌的熊市信号。

(五)刺穿线和黑云盖顶

刺穿线与黑云盖顶(图7-14)是相互对称图形,分别发生在下降和上升市场的两线组和形态。

刺穿线组和形态有以下特征:

1. 第一天是反映继续下降的长阴线实体;
2. 第二天是阳线实体,开盘低于前一天的最低点;
3. 阳线天的收盘在第一天的实体之内,但是高于第一天实体的中点;
4. 刺穿线的两根线都应该是长实体。

形成于下降趋势中的长阴线实体保持了下降的含义。第二天的跳空低于开进一步将强了下降的含义。然而,市场后来反弹了,并且收盘高于长阴线实体的中点。此行为引起一个潜在的底部。阳线穿入阴线的幅度越大,越像是反转形态。

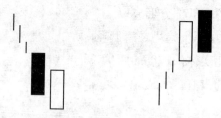

图 7-14 刺穿线和黑云盖顶

黑云盖顶组合形态有以下特征:

1. 第一天是继续指出上升趋势的长阳线;
2. 第二天时开盘高于第一天最高点的阴线;
3. 第二天的阴线的收升趋势。在典型的上升趋势中,形成了一条长阴线。第二天市场跳高开盘,这是保持上升趋势的。收盘的时候价格下降到阳线实体的中间之下。面对这样的情况,多头不得不重新考虑自己的投资策略。同刺穿线一样,明显的趋势反转已经发生。阴线刺进前一根阳线的程度越深,顶部反转的机会越大。

(六)早晨之星和黄昏之星(morning star and evening star)(图 7-15),这两种组合形态有以下特征:

1. 第一天的实体颜色于趋势方向一致,早晨之星是阴线,黄昏之星是阳线;
2. 第二天的星型线与第一天之间有缺口,颜色不重要;
3. 第三天的颜色与第一天相反;
4. 第一天市场实体,第三天基本上也是长实体。

图 7-15　早晨之星和黄昏之星

早晨之星的开始是一根长阴线,它加强了下降趋势,很难怀疑将继续进行下降。第二天价格向下跳空出现新低,交易发生在小的范围内,收盘同开盘接近持平。这个小实体显示了不确定性的开始。第三天价格跳空高开,收盘更高。显著的趋势反转已经发生。

黄昏之星的情况同早晨之星正好相反,是上升趋势出现反转的组合形态。

(七)上升缺口两只乌鸦(图 7-16),上升缺口两乌鸦是熊市反转组合形态,组合形态有以下特征:

1. 一根长线使得上升趋势得以继续;
2. 在长阳线之后出现第一根带上升缺口的阴线;
3. 第一根阴线的实体被第二根阴线所包含;
4. 第二根阴线的实体仍然高于长线的收盘价。

图 7-16　上升缺口两乌鸦

同大多数熊市反转组合一样,一根长线发生在上升趋势中。下一天是带有缺口的跳高开盘,上升失败后,低收入形成阴线。但人们无需担心,因为它没有低于第一天的收盘。第三天的时候,价格再次高于开盘,出现缺口,但是,最终收入比前一天的收盘价低,但仍然高于长阳线的位置。牛市被限制了。猛烈的牛市怎么能容忍连续出现两次更低的收盘呢?

(八)三白兵(图 7-17),这种组合形态有以下特征:

1. 三根连续的长阳线,每天出现更高的收盘价;
2. 每天的开盘价应该在前一天的实体之内;
3. 每天的收盘价应该在当天的最高点或接近最高点。

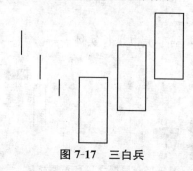

图 7-17　三白兵

三白兵发生在下降趋势中,是市场中强烈反转的代表物。每天开盘价较低,收盘价却是最近的新高。这种价格运动行为非常难看涨,绝不应该忽视。

(九)强弩之末(图 7-18),这种组合形态有以下特征:

1. 第一根和第二根是长阳线实体;
2. 第三天的开盘接近第二天的收盘;
3. 第三天是纺轴线并极有可能是星型线。

强弩之末是三白兵的导出品。前面两天的长阳线创出了新高,其后是小阳线。最好是最后一天高于第二天并存在跳空缺口。因为时效实体,这说明不确定性有阻止向上的移动的必要。强弩之末展示了原来上升趋势的弱化。

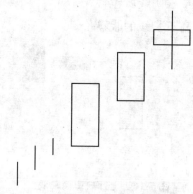

图 7-18　强弩之末

(十)三乌鸦(图 7-19),三乌鸦是看跌的组合形态,有以下特征:

1. 连续三天长阴线;
2. 每天的收盘出现新低;
3. 每天的开盘在前一天的实体之内;
4. 每天收盘等于或接近当天的最低。

图 7-19　三乌鸦

三乌鸦是三白兵的反面"副本"。在上升趋势中,三乌鸦呈阶梯型逐步下降。市场要么靠近顶部,要么已经有了一段时间处在一个较高的位置了。由于出现一根长阴线,明确的趋势倒向了下降的一边。后面的两天伴随着由众多的脱手和获利了结所引起的进一步的价格的下降。

(十一) 并排阳线(图 7-20),并排阳线是持续组合形态,有以下特征:

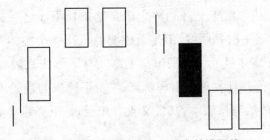

图 7-20　牛市并排阳线和熊市并排阳线

1. 在趋势方向做出缺口;
2. 第二天是阳线;
3. 第三天也是阳线,其大小和开盘价与第二天阳线差不多。

牛市并排阳线说明,市场处在上升趋势中,形成了加强牛市的阳长线。接下来的一天,市场跳高开盘出现缺口,收盘价仍然很高。然而在第三天,市场的开盘很低,实际上与第二天的开盘一样低。引起较低开盘的最初的空房卖压迅速地结束了,市场攀上了较高的位置。这就证明了多方还有力量,上升将会继续。

熊市并排阳线说明,当长阴线之后的一天的开盘是一个大的将缺口的时候,下降的趋势得到了加强。第二天的市场交易全天在较高的位置,但是,还没有高到封闭缺口的地步。第三天开盘较低,同第二天的开盘持平。第三天也是上升并收盘较高,但是还是没有封闭缺口,下降趋势会继续。

(十二) 上升和下降三法

上升和下降三法(图 7-21)是持续组合形态,该组合形态有以下特征:

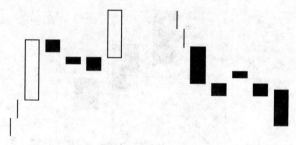

图 7-21　上升三法和下降三法

1. 长实体的形成表示了当前的趋势。
2. 长实体被一小组小实体所跟随，小实体的颜色最好与长实体相反。
3. 小实体沿与当前趋势相反的方向或高或低地排列，并保持在第一天实体的最高和最低限定的范围之内。
4. 最后一天应该是强劲的一天，其收益应高于或低于第一根长实体的收益。

对于上升三法，长阳线形成于上升趋势之中。这条长阳线之后是一群抵抗原来趋势的小实体。这些反向的 K 线一般是阴线，但是最重要的是这些小实体都位于长阳线的最高和最低限定的范围之内，最高和最低的范围包括上影线与下影线。最后一根 K 线的开盘价高于前面一根 K 线的收盘价并且收盘价出现新高，维持了原来的趋势。

下降三法是上升三法的熊市版本，其含义正好相反，是下降趋势经过停顿后继续下降的组合形态。

四、K 线理论应注意的问题

K 线表现市场有很强的视觉效果，是最能表现市场行为的图表之一。尽管如此，上面所列举的组合形态只是根据经验总结了一些典型的形状，使市场趋势和用组合形态表现的人类的混合物，没有严格的科学逻辑。

无论是单根 K 线，还是两根、三根甚至多根 K 线，都要对多空双方的争斗进行描述，其分析结论是相对的而不是绝对的。也就是说，后市到底是涨是跌，不能只靠 K 线组合进行判断，还要采用其他方法综合研判才能提高预测概率。投资者在利用 K 线组合分析时应把握以下四点。

（一）一般来说，K 线组合数量越多，其结论越准确

有时应用一种组合得到次日会下跌的结论，但是实际没有下降，而是与判断相反。因此，这时一个重要的原则是尽量采用根数多的 K 线组合的结论。通常多根 K 线组合得到的结果准确度较高。

要深刻领会 K 线分析要素的内涵，这是运用 K 线分析行情的核心。不认识这一点，对于 K 线位置关系的分析就失去了技术保障。

K 线分析不能拘于理论模式本身，要注意理论联系实践，善于观察总结，在实践中把握 K 线的预测功能，切不可死记硬背若干 K 线的组合图形。股市变化莫测，生搬硬套往往会招致失败的结局，这是本书关于 K 线理论特别强调的地方。

要注意与其他分析方法结合起来使用,准确性会更高。

K线理论的错误率是比较高的。市场的变化是复杂的,实际的市场情况可能与我们的判断有距离。从统计结果中可以知道K线的成功率是不能令人满意的。从K线的使用原理看,K线理论之设计段时间内的价格波动,容易为某些人的非市场行为提供条件。如果增加限制条件,有可能提高成功率,但使用的方便性又会出现问题。

(二) K线分析方法只能作为战术手段,不能作为战略手段

战略手段是指决定投资方向的手段。比如,价格已经经历比较长时间的下降,并且价格下降到可以认为是"足够低"的区域,我们战略决策的投资方向应该是买入。决定在这个价格区域买入,需要使用的就是战略手段。如果战略决策是正确的,即使买入的点不是很好,也不至于有太大的差错。而做出这样的决策,依靠K线理论是办不到的。

战术手段是旨在从其他的途径已经做出了战略决策的决定之后,选择具体的行动时间和地点(价格位置)的手段。战术手段所决策的内容是相对小的范围。使用战术手段可以使用正确的战略决策得到更好的效果。

价格在某个区域停留的时间是不确定的,而且我们所人为的"足够低"的区域并不是某个确定的价格,而是一个比较"宽"的价格"箱"。战术决策所作的事情就是尽量选择在"箱子"的较低的位置买入,而且买入后等待上升的时间比较短。

K线理论所扮演的应该是战术手段的角色。在从其他的途径已经做出了该买还是该卖的决策之后,采用K线组合选择具体的采取行动的时间价格。

最后用一个例子说明证券市场中的战略决策和战术决策的关系。假设某指股票的价格从30元附近开市一路下降,最后在8元～12元之间进行横向整理。现在,从支撑压力、浪波理论等其他技术分析方法得知,这个横向整理区域市强支撑所在。如果从向台理论或者其他的分析方法看出价格由启动的迹象,就可以从战略决策方面认为8元～12元的区域是应该买入的。

具体的买入点在什么地方呢? 这就需要使用一些战术决策的分析手段。K线理论是其中的一种。如果在9元附近出现了上面介绍的某个形态组合,就可以开始买入了。

假设今后这只股票上升到了40元或更高,回头再看看我们当初所作的决策可以发现,其实只要在价格横向整理的过程中做出了买入的决策,在12元以下随便一个价格位置买入,都是正确的决策。但是,战术决策使得买入的位置偏低一点,等待上升的时间偏短一点。

(三) K线分析的结论在空间和时间方面的影响是不大的

有K线分析方法所做出的预测结果,影响的时间短,在我国股票市场中一般不超过3天;预测的价格波动的幅度相对浅,一般不超过5%。在具体使用是要加以注意,以免超出K线理论的范围。

(四) 反转点会出现K线的反转形态,但出现了反转形态不一定是反转点

回顾实际的价格波动图形可以发现,在每个是或可以被称为"低点"或"高点"的地方,都或多或少出现了本章所列举的K线组合形态。但是,出现了这些形态并不意味着就是局部的低点或高点。

根据实际情况,不断修改、创造和调整已有的K线组合。组合形态只是总结经验的产物,实际市场中,完全满足我们所介绍的K线组合形态的情况是不多见的。如果机械地照搬组合形态,有可能长时间碰不到合适的机会。要根据实际情况是当地改变组合形态。

另外,为了更深刻地了解K线组合形态,应该了解每种组合形态的内在和外在的原理。因为它不是一种完美的技术,这一点同其他技术分析方法是一样的。K线分析是靠人类的主观印象而建立的,并且基于对历史的形态组合进行表达的分析方法之一。

任务4 形态理论分析

王先生在学习K线理论之后,觉得豁然开朗,就想着把学到的东西立刻用到炒股中去,这时,好朋友又给他泼冷水了,"K线知识如果能够结合形态理论,对股价走势进行综合分析,你才会对股价的趋势把握得更准确"。那么,什么是形态理论?这种分析方法对股市投资又具有什么意义呢?请你选择一只股票,用K线理论和形态理论进行分析,并提出具体操作建议。

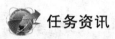

一、形态理论的意义

K线理论已经告诉我们一些有关对今后股价运动方向进行判断的方法。不可否认,它有很好的指导意义。但K线理论注重短线的操作,它的预测结果只适用于往后很短的时期,有时仅仅是一两天。为了弥补这种不足,我们将K线组成一条上下波动的曲线。这条曲线就是股价在这段时间移动的轨迹,它比前面K线理论中的K线组合情况所包括的内容要全面得多。这条曲线的上下波动实际上仍然是多空双方进行争斗的结果。不同时期多空双方力量对比的大小就决定了曲线是向上还是向下,这里的向上和向下所延续的时间要比K线理论中所说的向上和向下长得多。形态理论正是通过研究股价所走过的轨迹,分析和挖掘出曲线告诉我们的一些多空双方力量的对比结果,进而指导我们的行动。

趋势的方向发生变化一般不是突然来到的,变化都有一个发展的过程。形态理论通过研究股价曲线的各种形态,发现股价正在进行的行动方向。

(一)股价移动规律

股价移动的规律是完全按照多空双方力量对比大小和所占优势的大小而行动的。一方的优势大,股价就向这一方移动。如果这种优势不足以摧毁另一方的抵抗,则股价不久还会回来。这是因为另一方只是暂时退却,随着这种不大的优势影响的消失,另一方还会站出来收复失地。再者,如果这种优势足够大,足以摧毁另一方的抵抗,甚至把另一方的力量转变成本方的力量,则此时的股价将沿着优势一方的方向移动很远的距离,短时间内肯定不会回来,甚至永远也不会回来,这是因为此时的情况发生了质变,多空双方原来的平衡位置发生了变化,已经向优势一方移动了。

根据多空双方力量对比可能发生的变化,可以知道股价的移动应该遵循这样的规律:第一,股价应在多空双方取得均衡的位置上下来回波动;第二,原有的平衡被打破后,股价将寻找新的平衡位置。可以用下面的表示方法具体描述股价移动的规律:

平衡→打破平衡→新的平衡→再打破平衡→再寻找新的平衡→……

股价的移动就是按这一规律循环往复、不断运行的。股市中的胜利者往往是在原来的平衡快要打破之前或者是在打破的过程中采取行动而获得收益的。原平衡已经打破,新的平衡已经找到,这时才开始行动,就已经晚了。

（二）股价移动的两种形态类型

股价的移动主要是保持平衡的持续整理和打破平衡的突破这两种过程。这样,我们把股价曲线的形态分成两个大的类型:持续整理形态(Continuation Patterns)、反转突破形态(Reversal Patterns)。前者保持平衡,后者打破平衡。平衡的概念是相对的,股价只要在一个范围内变动,都属于保持了平衡。这样,这个范围的选择就成为判断平衡是否被打破的关键。同支撑线、压力线被突破一样,平衡的打破也有被认可的问题。刚打破一点,不能算真正打破。反转突破形态存在种种假突破的情况,假突破给某些投资者造成的损失有时是很大的。

虽然我们对形态的类型进行了分类,但是这些形态中有些是不容易区分其究竟是属于哪一类的。例如,一个局部的三重顶（底）形态,在一个更大的范围内有可能被认为是矩形形态的一部分。一个三角形形态有时可以被当成反转突破形态,尽管多数时间我们都把它们当成持续整理形态。

股市中形态千变万化,我们只有在实践中多加练习,才能作出准确的判断。下面我们将对股市中经常出现的形态作一个简要的介绍。

二、反转突破形态

反转突破形态是我们应该花大力气研究的一类重要的形态。这部分将分别介绍双重顶底、V字形和倒V字形、头肩顶底和圆弧顶底等反转形态。对这些形态的正确识别和正确运用将使投资者受益匪浅。

（一）头肩形态

头肩顶和头肩底是实际价格形态中出现得较多的著名反转突破形态。

这种形态一共出现三个顶或底,也就是出现了三个局部的高点或局部的低点。中间的高点（或低点）比另外两上都高（低）,称为头,左右两个相对较低（或高）的两个高点（低点）称为肩,这就是头肩形态名称的来历。以下以头肩顶为例对头肩形态进行介绍。

上升趋势中,不断升高的各个局部的高点和低点保持着上升的趋势,然后在某一个地方,上涨势头将放慢。图7-22中 A 点和 B 点还没有出现放慢的迹象,但在 C 点和 D 点已经有了势头受阻的信号,说明这一轮上涨趋势可能已经出了问题。最后,价格走到了 E 点和 F 点,这时反转达向下的趋势已势不可挡。

头肩顶反转达向下的现象与支撑线和压力线的内容有密切关系。图 7-22 中的直线 L_2 是两条明显的支撑线。

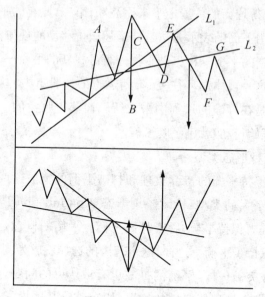

图 7-22　头肩形态

图 7-22 中的直线 L_2 是肩顶形态中极为重要的直线——颈线,在头肩顶形态中,它是支撑线,起支撑作用。

在应用头肩形态时,就注意以下几个方面：

1. 两个肩的高度可以不一样高。
2. 头肩形有很多的变形体——复合头肩形。
3. 在成交量方面,头肩顶和头肩底是有很大区别的。
4. 颈线被突破后,价格往往有反扑。

（二）M 头和 W 底

双重顶和双重底,又称 M 头和 W 底,也是一种极为重要的反转形态。与头肩形态相比,双重顶和双重底只有两个基本等高的峰和谷组成,但形成过程与目标价格的测算方法却是大同小异的。

双重顶和双重底就是市场上众所周知的 M 头和 W 底,这种形态在实际中出现的非常频繁。图 7-23 是这种形态的简单形状。

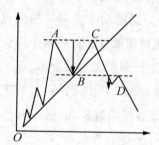

图 7-23　M 头和 W 底

从图 7-23 中可以看出，双重顶一共出现两个顶和底，也就是两个相同高度的高点和低点。下面以 M 头为例说明双重顶底形成的过程。

在上升趋势过程的末期，价格在第一个高点 A 建立了新高点，之后进行正常的回档，受上升支持线的支撑，这次回档将在 B 点附近停止。往后就是继续上升，但是力量不够，上升力度不足，在 C 点（与 A 点等高）遇到压力，价格向下，这样就形成了 A 和 C 两个顶的形状。

M 头形成后，有两种可能的前途：第一种前途是未突破 B 点的支撑位置，价格在 A、B、C 三点构成的狭窄范围内上下波动，演变成今后要介绍的矩形；第二种前途是突破 B 点的支撑位置继续向下，这种情况才是真正出现的双重顶反转突破形态。前一种情况只能说明是出现了一个潜在的双重顶反转突破形态。

以 B 点作平行于 A、C 连线的平行线（图 7-23 中间一条虚线），就得到一条非常重要的直线——颈线（Neck Line）。A 与 C 的连线是趋势线，颈线是与这条趋势线所对应的轨道线，这条轨道线在这里起的作用是支撑作用。

前面已经说过，一个真正的双重顶反转突破形态的出现，除了必要的两个相同高度的高点外，还应该向下突破 B 点支撑。

突破颈线就是突破轨道线，突破支撑线，所以也有突破被认可的问题。前面介绍的有关支撑压力线被突破的确认原则在这里都适用。主要的是百分比原则和时间原则，前者要求突破到一定的百分比数，后者要求突破后有多日成立，通常至少是两日。

双重顶反转突破形态一旦得到确认，就可以用它进行对后市的预测了。它的主要功能是测算功能，叙述如下：

从突破点算起，价格将至少要跌到与形态高度相等的距离。

所谓的形态高度就是从 A 或 C 到 B 的垂直距离，亦即从顶点到颈线的垂直距离。图 7-23 中右边箭头所指将是价格至少要跌到的位置。换句话说，价格必须在这条线之下才能找到这样的支撑，这之前的支撑都不足取。

以上是以双重顶为例，对双重形态进行介绍，对于双重底，有完全相似或者说完全相同的结果。只要将对双重顶的介绍反过来叙述就可以了。比如，向下说成向上，高点说成低点，支撑说成压力。

1. 双重顶（底）的形成过程

(1) 双重顶：股价持续上升产生获利回吐，股价由升转跌，成交放量，形成第一个高点。当价格回落到前期趋势线附近，一些短线多头纷纷抢入，于是行情恢复上升。然而此时价格已面临高位风险，由于投资者信心不足，股价难以出现新高，在前期高点处再次放量，股价回落，击穿颈线（即通过双峰间低点的水平线）并加速下滑，同时连续放量，双重顶形态形成。

(2) 双重底：股价持续下跌使其投资价值日益显露，市场惜售心理愈来愈浓，而且部分投资者开始建仓，成交量极大，股价回升；由于受前期趋势线的压制，股价回落。但看好后市的投资者借机吸纳筹码，股价在前一低点附近止跌启稳。这时大多数投资者都察觉股价难以下跌，纷纷抄底买入，加速股价上涨，最终带量冲破颈线（经过上次回升高点的水平线），形成双重底。

从形成过程来看，头肩形态的第二个高点或低点较前一个高点或低点略高或略低是正常的,符合市场实际情况。

2. 双重顶(底)形成反转趋势的确认

同头肩形态一致,双重顶(底)形态反转趋势的确认也是从价、量两方面来分析。

股价从第二个高点或低点回落(或回升)并有效突破颈线停留在颈线的另一侧,可看作反转趋势确立。这里同样可以应用收盘价原则、时间原则和百分比原则来验证突破的有效性。从成交量上来看,在双重顶形态中,股价冲击第一个高点之前,成交量渐渐放大,在第一个高点达到最大,下跌时萎缩,之后反弹时又逐渐放大,在第二个高点的成交量已经不如第一个高点时大(不是绝对的),之后再次萎缩。股价向下突破颈线时,不一定有大成交量伴随,但日后继续下跌时,成交量会扩大;在双重底形态中,股价创出第一个新低点之前成交量逐渐放大,在第一个低点达到最大,之后经反弹、回档,到第二个低点时成交量萎缩。股价向上并击穿颈线时,必须有大成交量的配合,否则可能是无效突破。另外,从形态的时间跨度及高度来看,市场在双峰或双谷之间徘徊的时间越长,形态的高度越高,那么反转的潜力越大,反转发生的规模越大,走势也越猛烈。

3. 双重顶(底)反转形态目标价格的测算

双重顶(底)的目标价格测算方法同其他反转形态没有太大的区别。两个高点(或低点)连线至颈线的垂直距离就是市场反转之后的最小价格目标。

一般来说,股价突破颈线后会有短时的调整,但受到颈线的支撑或压制后会继续上涨或下跌。

4. 操盘策略

在双重顶形态中,投资者以第二个顶点形成时出货为佳,不必急于在第一顶点出货,以防上当。中长线投资者以大时间段的大 M 头形成,股价有效突破颈线时出货为最后时机。如果预见到 M 头将成,仍以第二个顶点出货为最佳。对于双重底,短线投资者以第二个低点形成进货为佳,不必急于在第一个低点进货,以防上当。中长线投资者以大时间段的大 W 底形成,股价有效击穿颈线时进货为最后时机,如果预见到 W 底将成,仍以第二个低点进货为最佳。

需特别指出的是,在双重顶(底)中,第二波峰高或第二个谷底高于第一峰高或低于第一谷底的情况也较常见。投资者必须预防这种假突破构成的多头或空头陷阱。也就是说,在一个完整的双重顶(底)反转形态形成之前,投资者可能误以为股价已经突破前期高点或低点,将保持原趋势运行,因此采取继续持股、补仓或斩仓等策略,但主力机构最终将股价走势做成了 M 头和 W 底,确立反转趋势,使得投资者被震仓出局或遭受高位套牢之苦。

(三)圆形顶和圆形底

圆弧形(Rounding Top and Bottom Patten):考虑到价格在前一段时间的每一个局部高点,把它们用折线连起来,有时可能会得到一条类似于圆弧的弧线,像一个盖子一样盖在价格之上。将每个局部的低点连在一起也可能得到一条弧线,托在价格之下。这样的价格形态就是圆弧形。圆弧形又称为碟形、圆形、碗形等。

圆弧形在实际中出现的机会较少,但是一旦出现则是绝好的机会。

圆弧的形成过程与头肩形中的复合头肩形有相似的地方,只是圆弧形的各种顶或底没有明显的头肩的感觉。

无论是圆弧顶还是圆弧底,在它们的形成过程中,成交量的过程都是两头多、中间少。越靠近顶或底,成交量越少,到达顶底时成交量达到最少。

(四) V 形和倒 V 形

V 形是一种反转形态,它出现在剧烈的市场动荡之中,底和顶只出现一次。V 形没有试探顶和底的过程,而是迅速地到顶和底,又迅速地反转。由于形态酷似英文字母 V,所以叫 V 形。

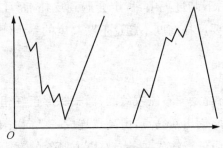

图 7-24　V 形

一般 V 形反转事先没有征兆,在我国大陆的股票市场,V 形基本上是由于某些消息而引起的,而这些消息我们是不可能都是提前知道的。从技术的角度看,只能根据其他技术分析方法得到 V 形可能会出现的信号,例如,可以用技术指标寻找 V 形的低点。

(五) 喇叭形和菱形

这两种形态是三角形的变形体,在实际中出现的次数不多,但是一旦出现,则对我们有极为有用的指导作用。

这两种形态的共同之处是,大多出现在顶部,而且两者是看跌。从这个意义上说,喇叭形和菱形又可以作为顶部反转突破的形态。更为可贵的是喇叭形和菱形在形态完成后,几乎总是下跌,所以就没有突破是否成立的问题,在形态形成的末期就可以行动了。

1. 喇叭形(Broadening Formation):严格地说,喇叭形正确名称应该是扩大形或增大形,因为这种形态酷似一只喇叭,故得名。这种形状其实也可以看成是一个对称三角形倒转过来的结果,所以我们把它看作是三角形的一个变形体。图 7-25 是喇叭形的图形表示。

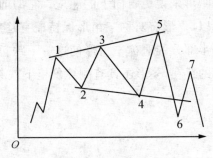

图 7-25　喇叭形

从图7-25中看出,由于价格波动的幅度越来越大,形成了越来越高的三个高点,以及越来越低的两个低点。这说明当时交易异常地活跃,成交量日益放大,市场已失去控制,完全由参与交易的公众的情绪决定。在目前这个混乱的时候进入市场是很危险的,进行交易也十分困难。在经过了剧烈的动荡之后,人们的热情会渐渐平静,远离这个市场,价格将逐步地往下运行。

3个高点和2个低点是喇叭形已经完成的标志。投资者应该在第三峰(图7-25中的5)调头向下时就抛出手中的股票,这在大多数情况下是正确的。如果价格进一步跌破了第二个谷(图7-25中的4),则喇叭形完成得到确认,抛出股票更成为必然。

价格在喇叭形形成之后下调过程中,肯定会遇到反扑,而且反扑的力度会相当大,这是喇叭形的特殊性。但是,只要反扑高度不超过下跌高度的一半(图7-25中的7),价格下跌的势头还是应该被保留的。

(1) 喇叭形的形成过程

前面讲过的三角形形态都是向右侧收敛的,而喇叭形正好相反,是向左侧收敛的。在喇叭形态形成过程中,股价不断创出新高点,由高点连成一条向右上方倾斜的直线,形成上边,同时股价也不断创出新低,由低点连成一条向右下方倾斜的直线形成下边,上下边构成一个向右方发散的喇叭形。三个高点和两个低点是喇叭形已经完成的标志。

(2) 喇叭形的形态特征

喇叭形态完成后,几乎总是下跌,很少有带量向上突破的时候。股价在喇叭形之后下跌过程中,肯定会遇到较大力量的反扑,但只要反扑高度不超过下跌高度的一半,下跌势头仍将继续。

喇叭形态内成交量较大,且呈不规则变化,没有规律。喇叭形态的跌幅难以量度,但一般说来,跌幅都会很大。喇叭形一般伴随着市场情绪以及交易的极度活跃,形态较难以辨认。

(3) 喇叭形的操盘策略

投资者以股价向下突破喇叭形下边时为最后出货时机;最好在第三峰调头向下时抛出手中股票;如果此前股价跌破第二个低点,则喇叭形已经得到确认,抛出股票更成为必然。

2. 菱形(Diamond Formation):菱形的另一个名称叫钻石形,是另一种出现在顶部的看跌的形态。它比起上面的喇叭形来说更有向下的愿望。它的前半部份类似于喇叭形,后半部分类似于对称三角形。所以,菱形有对称三角形保持原有趋势的特性。前半部分的喇叭形之后,趋势应该是下跌,后半部分的对称三角形使这一下跌暂时推迟,但终究没能摆脱下跌的命运。由于对称三角形的存在,菱形还具有测算价格下跌深度的功能。图7-26是菱形的简单图示。

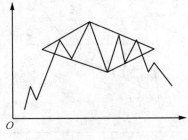

图 7-26 菱形

菱形的形成过程的成交量是随价格的变化而变化的。开始是越来越大,然后是越来越小。菱形的测算方式是以菱形的最宽处的高度为形态高度的。今后下跌的深度从突破点算起,至少下跌一个形态高度,这同大多数的测算方式是相同的。

(1) 形态特征

①菱形是一种重要的顶部反转形态,极少数也会出现在下降趋势中途(将保持原来趋势方向)。

②形成过程的成交量在左边喇叭形形成时呈现不规则变化,在右边对称三角形形成时是从左向右递减的,向下突破时成交量放大。

③股价未来下跌幅度极大。

(2) 目标价格测算

由于对称三角形的存在,菱形具有测算股价下跌深度的功能。具体方法同三角形的测算方法,先测出菱形最宽处的垂直高度,然后从突破点起向下投影相同的距离,就是菱形的最小跌幅。

(3) 操盘策略

投资者应该在右侧三角形上边线处出货,在喇叭形形成之前,如果已预见会形成菱形,则最好在三角形的前几个高点卖出股票,股价向下突破菱形中对称三角形的下边时为最后出货的时机。

三、持续整理形态

(一) 三角形态

三角形态(Triangles Pattern):三角形态属于持续整理形态,分为三种:对称三角形、上升三角形和下降三角形。第一种有时也称正三角形,后两种合称直角三角形。

1. 对称三角形,它表示原有的趋势暂时处于休整阶段,之后随着原趋势的方向继续移动。

对称三角形只是原有趋势运动的途中休整阶段,所以持续的时间不应该太长。

2. 上升三角形。上升三角形是对称三角形的变形体。对称三角形有上下两面三条直线,将上面的直线逐渐由向下倾斜变成水平方向就得到上升三角形。除了上面的直线是水平的以外,上升三角形同对称三角形在形状上没有什么区别。

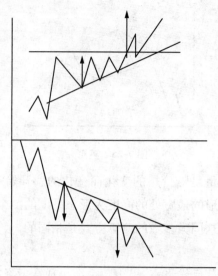

图 7-27 上升三角形和下降三角形

上边的直线起压力作用,下面的直线起支撑作用。在对称三角形中,压力支撑都是逐步加强,一方是越压越低,另一方是越撑越高,看不出孰强孰弱。在上升三角形中就不同了,压力是水平的,始终一样,没有变化,而支撑都是越撑越高。由此可见,上升三角形比起对称三角形来说,有更强烈的上升意识,多方比空方更为积极。

3. 下降三角形。下降三角形同上升三角形正好反向,是看跌的形态。它的基本内容同上升三角形可以说完全相似,只要按方向相反理解就可以了。

(二) 矩形

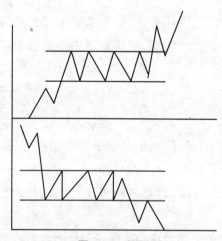

图 7-28 矩形

矩形形态:矩形又叫箱形,也是一种典型的整理形态,股票价格在两条横着的水平直线之间上下波动,上也上不去,下也下不来,一直做横向延伸的运动。

矩形在形成之初,多空在价格下跌后,到某个价位就买入,时间一长就形成两条明显的上下界线。随着时间的推移,双方的战斗热情会逐步减弱,市场趋于平淡。如果原来的趋势是上升,那么经过矩形整理后,会继续原来的趋势,多方会占优并采取主动,使价格向上突破矩形的上界。如果原来是下降趋势,多方会占优并采取方动,使价格向上突破矩形的上界。如果原来是下降趋势,则空方会采取行动,突破矩形的下界。

（三）旗形

旗形和楔形是两种常见的持续整理形态。在股票价格的曲线图上,这两种形态出现的频率最高,一段上升或下跌行情的中途,可能出现好几次这样的图形。二者都是一个趋势的中途休整过程,休整之后,还要保持原来的趋势方向。

旗形（图 7-29）,它的形状是一个向上倾斜或向下倾斜的平行四边形。

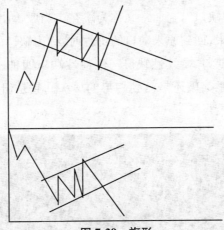

图 7-29　旗形

旗形大多发生在市场极度活跃、价格运动剧烈、近乎于直线上升或下降的情况之后,这种剧烈波动的结果是产生旗形的条件。由于上升降过于迅速,市场必然会有所休整,旗形就是完成这一休整过程的主要形式之一。

旗形的上下两条平行线起支撑和压力作用,这一点有些像轨道线。这两面三条平行线的某一条被突破是旗形完成的标志。

（四）楔形

楔形是另一种形式的旗形,可以当成旗形处理。如果将旗形中上倾或下倾的平行四边形变成上倾或下倾的三角形,就会得到楔形。

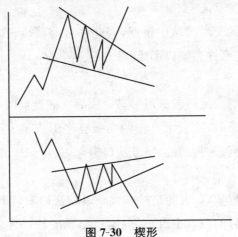

图 7-30　楔形

由于对楔形的要求没有旗形那么严格,实际中楔形出现得要多一些。与旗形和三角形的稍微不同的是,楔形偶尔也可能出现在顶部或底部而作为反转形态。但一般还是把它当成中途的持续形态。

在形成楔形的过程中,成交量是逐渐减少的;形成之间和突破之后,成交量都很大。

四、缺口理论

（一）形态分析

缺口是指股价在快速大幅变动中有一段价格没有任何交易,显示在股价趋势图上是一个真空区域,这个区域称之"缺口",它通常又称为跳空。当股价出现缺口,经过几天,甚至更长时间的变动,然后反转过来,回到原来缺口的价位时,称为缺口的封闭,又称补空。

缺口分普通缺口、突破缺口、持续性缺口与消耗性缺口四种。从缺口发生的部位大小,可以预测走势的强弱,确定是突破还是已到趋势的尽头。它是研判各种形态时最有力的辅助材料。

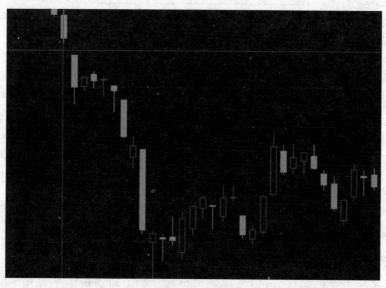

图 7-31　缺口

1. 普通缺口

这类缺口通常在密集的交易区域中出现,因此许多需要较长时间形成的整理或转向形态如三角形、矩形等都可能有这类缺口形成。

2. 突破缺口

突破缺口是当一个密集的反转或整理形态完成后突破盘局时产生的缺口。当股价以一个很大的缺口跳空远离形态时,这表示真正的突破已经形成了。因为错误的移动很少会产生缺口,同时缺口能显示突破的强劲性,突破缺口愈大,表示未来的变动愈强烈。

3. 持续性缺口

在上升或下跌途中出现缺口,可能是持续性缺口。这种缺口不会和突破缺口混淆,任何离开形态或密集交易区域后的急速上升或下跌,所出现的缺口大多是持续性缺口。这种缺口可帮助我们估计未来后市波幅的幅度,因此亦称之为量度性缺口。

4. 消耗性缺口

和持续性缺口一样,消耗性缺口是伴随快的、大幅的股价波幅而出现。在急速的上升或下跌中,股价的波动并非是渐渐出现阻力,而是愈来愈急。这时价格的跳升(或跳位下跌)可能发生,此缺口就是消耗性缺口。

通常消耗性缺口大多在恐慌性抛售或消耗性上升的末段出现。

(二) 市场含义

1. 普通缺口并无特别的分析意义,一般在几个交易日内便会完全填补,它只能帮助我们辨认清楚某种形态的形成。普通缺口在整理形态要比在反转形态时出现的机会大得多,所以当发现发展中的三角形和矩形有许多缺口,就应该增强它是整理形态的信念。

2. 突破缺口的分析意义较大,经常在重要的转向形态如头肩形的突破时出现,此缺口可帮助我们辨认突破讯号的真伪。如果股价突破支持线或阻力线后以一个很大的缺口跳离形态,可见突破十分强而有力,很少有错误发生。形成突破缺口的原因是其水平的阻力经过一段时间的争持后,供给的力量完全被吸收,短暂时间缺乏货源,买进的投资者被迫要以更高价求货。又或是其水平的支持经过一段时间的供给后,购买力完全被消耗,沽出的须以更低价才能找到买家,因此便形成缺口。

假如缺口发生前有大的交易量,而缺口发生后成交量却相对的减少,则有一半的可能不久缺口将被封闭,若缺口发生后成交并未随着股价的远离缺口而减少,反而加大,则短期内缺口将不会被封闭。

3. 持续性缺口的技术性分析意义最大,它通常是在股价突破后远离形态至下一个反转或整理形态的中途出现,因此持续性缺口能大致预测股价未来可能移动的距离,所以又称为量度缺口。其量度的方法是从突破点开始,到持续性缺口始点的垂直距离,就是未来股价将会达到的幅度。或者我们可以说:股价未来所走的距离,和过去已走的距离一样。

4. 消耗性缺口的出现,表示股价的趋势将暂告一段落。如果在上升途中,即表示即将下跌;若在下跌趋势中出现,就表示即将回升。不过,消耗性缺口并非意味着市道必定出现转向,尽管意味着有转向的可能。

在缺口发生的当天或后一天若成交量特别大,而且趋势的未来似乎无法随交量而有大幅的变动时,这就可能是消耗性缺口,假如在缺口出现的后一天其收盘价停在缺口之边缘形成了一天行情的反转时,就更可确定这是消耗性缺口了。

消耗性缺口很少是突破前一形态大幅度变动过程中的第一个缺口,绝大部分的情形是它的前面至少会再现一个持续缺口,因此可以假设,在快速直线上升或下跌变动中期出现的第一个缺口为持续性缺口,但随后的每一个缺口都可能是消耗性缺口,尤其是当这个缺口比前一个空距大时,更应特别注意。

持续性缺口是股价大幅变动中途产生的,因而不会于短时期内封闭,但是消耗性缺口是变动即将到达终点的最后现象,所以多半在2~5天的短期内被封闭。

（三）要点提示

1. 一般缺口都会填补。因为缺口是一段没有成交的真空区域，反映出投资者当时的冲动行为。当投资情绪平静下来时，投资者反省并认识到过去的行为有些过分，于是缺口便告补回。其实并非所有类型的缺口都会填补，其中突破缺口、持续性缺口未必会填补，或不会马上填补；只有消耗性缺口和普通缺口才可能在短期内补回，所以缺口填补与否对分析者观察后市的帮助不大。

2. 突破缺口出现后会不会马上填补？我们可以从成交量的变化中观察出来。如果突破缺口出现之前有大量成交，而缺口出现后成交相对减少，那么迅速填补缺口的机会只是五五之比。但假如缺口形成之后成交大量增加，股价在继续移动远离形态时仍保持十分大量的成交，那么缺口短期填补的可能便会很低了。就算出现后抽，也会在缺口以外。

3. 股价在突破其区域时急速上升，成交量在初期量大，然后在上升中不断减少，当股价停止原来的趋势时成交量又迅速增加，这是双方激烈争持的结果，其中一方得到压倒性胜利之后，于是便形成一个巨大的缺口，这时候成交量又开始减少了。这就是持续性缺口形成时的成交量变化情形。

4. 消耗性缺口通常是形成缺口的一天成交量最高（但也有可能在成交量最高的翌日出现），接着成交减少，显示市场购买力（或沽售力）已经消耗殆尽，于是股价很快便告回落（或回升）。

5. 在一次上升或下跌的过程里，缺口出现愈多，显示其趋势愈快接近终结。举个例来说，当升市出现第三个缺口时，暗示升市快告终结；当第四个缺口出现时，短期下跌的可能性更大。

五、应用形态理论应该注意的问题

形态分析是比较早就得到应用的方法，相对比较成熟，尽管如此，也有正确使用的问题。一方面，站在不同的角度，对同一形态可能产生不同的解释。例如，头肩形是反转形态，但有时从更大的角度去观察，则有可能成为中途持续整理形态；另一方面，进行实际操作时，形态理论要求形态完全明朗才能行动，从某种意义上讲，有错过机会的可能。

任务5　切线理论分析

王先生经过一段时间的行情走势分析，发现股票市场价格的变动是有一定规律可循的，股票价格的运动有一定的趋势，但如何"顺势而为"，不"逆势而为"呢？有没有一种方法可以通过股票价格的趋势分析给投资者提供投资决策的依据呢？请根据以下的切线理论相关知识，选择你所感兴趣的一只股票，分别画出这只股票走势的支撑线、压力线、趋势线以及黄金分割线，并对其进行说明。

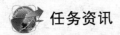 **任务资讯**

一、趋势的定义

简单地说,趋势就是价格的波动方向,或者说是证券市场运动的方向。

若确定了一段上升(或下降)的趋势,则价格的波动必然朝着这个方向运动。在上升的行情里,虽然也时有下降,但不影响上升的大方向,不断出现新的高价会使偶尔出现的小幅度下降黯然失色。下降里情况相反,不断出现的新低会使投资者悲观失望,人心涣散。

技术分析的三大假设的第二条明确说明价格的变化是有趋势的,没有特别的理由,价格将沿着这个趋势继续运动。这一点就说明趋势这个概念在技术分析中占有很重要的地位,是我们应该注意的核心问题。

一般来说,市场变动不是朝一个方向直来直去,中间肯定要出现曲折,从图形上看就是一条曲折蜿蜒的折线,每个折点处就形成一个峰或谷。这些峰和谷的相对高度,我们可以看出趋势的方向。

二、趋势的方向

趋势的方向有三个:

1. 上升方向;
2. 下降方向;
3. 水平方向,也就是无趋势方向。

如果图形中每个后面的峰和谷都高于前面的峰和谷,则趋势就是上升方向。这就是常说的一底比一底高,或底部抬高。如果图形中每个后面的峰和谷都低于前面的峰和谷,则趋势就是下降方向。这就是常说的一顶比一顶低或顶部降低。

如果价格图形中后面的峰和谷与前面的峰和谷相比,没有明显的高低之分,几乎成水平延伸,这里的趋势就是水平方向。水平方向趋势是容易被大多数人忽视的一种方向。这种方向在市场上出现的机会是相当多的。就水平方向本身而言,也是极为重要的。大多数的技术分析方法在对处于水平方向的市场进行分析时都容易出错,或者说作用不大。这是因为这是市场正处于在供需平衡的状态,下一步朝哪一个方向运动是没有规律可循的,可以向上也可以向下,而对这样的对象去预测它的方向是极为困难的,也是不明智的。

图 7-32 是三种趋势方向的最简单的表示图形。

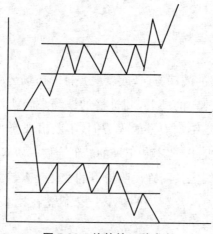

图 7-32　趋势的三种方向

三、趋势的类型

按道氏理论的分类,趋势分为三种类型。

道·琼斯理论,又称为道氏理论(Dow Theory),19 世纪 80 年代至 90 年代由美国分析师兼出版商查尔斯·道(Charies·H·Dow)首先提出。之后又经过几位分析师的补充和发展,在 20 世纪初形成较完整的道氏理论体系。

道氏理论最主要的内容之一就是提出股价运动的三种波动形式,即三种趋势:主要趋势、次级趋势和短暂趋势。

1. 主要趋势及其特征

主要趋势(Primary Trend):主要趋势是趋势的主要方向,是证券投资者极力要弄清楚的目标。了解主要目标才能做到顺势而为。主要趋势是价格的大方向,一般趋势的时间比较长。这是技术分析第二个假设所叙述的。

主要趋势又叫原始波动,相当于通常所说的长期趋势,一般持续时间比较长(通常是几个月到几年,甚至更长时间)。投资者只有掌握了主要趋势才能做到顺势而为。主要趋势分为上升趋势(牛市或多头市场)和下降趋势(熊市或空头市场)。不管是上升趋势还是下降趋势都可以把主要趋势分为发生、发展和结束三个阶段。

(1) 主要上升趋势

从整体来看,股价形态呈现一顶比一顶高、一底也比一底高的走势。在发生阶段,一般投资者尚未察觉股价已到很低的程度,仍然在抛售股票。只有少数投资者和部分市场主力认为市场股价已经很有投资价值并开始吸筹。股价缓慢上涨,成交量走出低谷开始回升。进入发展阶段,这时多数投资者都注意到了股价的回升及其投资价值,开始分批买进,但此时最佳买点已经错过。到了结束阶段,市场上多数投资者在第二阶段获得的丰厚利润不断鼓励着后来者入市,大部分人并未意识到上涨过程将要结束,市场处于狂热的气氛中。事实上,在没有增量资金入场的情况下,场内剩余资金已经不能继续维持长久和整体的上涨。市场在上行无望的条件下自然会演化成分化走势及投机行情,在主力出货及中小投资者获利回吐的双重压力下,市场将进入下跌行情。

(2) 主要下降趋势

从整体看,股价形态呈现一顶比一顶低、一底也比一底低的走势。在发生阶段,股价普遍下跌,这时多数投资者还沉浸在狂热的气氛中,认为只是"正常"的回档,更有甚者一些投资者在借机买入,而主力机构及小部分中小投资者却正在派发。在发展阶段,当大部分投资者都意识到空头市场来临的时候,争相出货,股价屡创新低。此间的技术反弹都可视为出货的良机。进入结束阶段,多数投资者并未意识到空头行情已快结束,仍在不断抛售股票。市场成交低迷,屡创低量。事实上,在市场气氛极度悲观的时候,已有增量资金悄悄进场,市场正在逐渐酝酿一波新的上升行情。

2. 次级趋势

次级趋势(Secondary Trend):次级趋势是在进行主要趋势的过程中进行的调整。我们知道,趋势不会一成不变地直来直去,总有局部调整和回撤的过程,次级趋势正是完成这一使命。

次级趋势又叫次级波动,相当于通常所说的中级趋势,即在基本上升趋势中的回档过程或基本下降趋势中的反弹行情。在一个基本趋势中会出现几个次级趋势。次级趋势是对基本趋势的修正和反复,一般会调整前面基本趋势的1/3到2/3,经常会调整1/2。

3. 短暂趋势

短暂趋势(Near Term Trend):短暂趋势是在次级趋势的过程中所进行的调整。短暂趋势与次级趋势的关系就如同次级趋势与主要趋势的关系一样。

短暂趋势又叫日常波动,是在次级趋势中的调整,一般指两个星期以内的股价变化。短暂趋势同次级趋势的关系与次级趋势同基本趋势的关系一样。道氏理论以重视长期趋势著称,所以认为短期趋势意义不大。道氏理论把三种趋势比喻为波浪,基本趋势像海潮,长久而稳定;次级趋势像海浪,波动较大并较有方向和节奏感;短暂趋势像水面上的波纹,波动小而不定。

图 7-33 是 3 种趋势类型的图形表示。

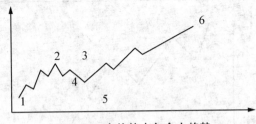

图 7-33　大趋势中包含小趋势

这 3 种类型的趋势的最大区别是时间的长短和波动幅度的大小上的差异。以上 3 种划分可以解释绝大多数的行情。对于更复杂的价格波动过程,以上 3 种类型可能还不够用。不过这不是很大的问题,可以继续对短暂趋势进行再细分。

四、支撑线和压力线

(一) 支撑线和压力线的含义

支撑线(Support Line)又称为抵抗线。当股价跌到某个价位附近时,股价停止下跌,甚至有可能还有回升,这是因为多方在此买入造成的。支撑线起阻止股价继续下跌的作用。这个起着阻止股价继续下跌的价格就是支撑线所在的位置。

压力线(Resistance Line)又称为阻力线。当股价上涨到某价位附近时,股价会停止上涨,甚至回落,这是因为空方在此抛出造成的。压力线起阻止股价继续上升的作用。这个起着阻止股价继续上升的价位就是压力线所在的位置。

有些人往往会产生这样的误解,认为只有在下跌行情中才有支撑线,只有在上升行情中才有压力线。其实,在下跌行情中也有压力线,在上升行情中也有支撑线。但是由于在下跌行情中人们最注重的是跌到什么地方,这样关心支撑线就多一些;在上升行情中人们更注重涨到什么地方,所以关心压力线就多一些。

(二) 支撑线和压力线的作用

如前所述,支撑线和压力线的作用是阻止或暂时阻止股价朝一个方向继续运动。我们知道股价的变动是有趋势的,要维持这种趋势,保持原来的变动方向,就必须冲破阻止其继续向前的障碍。比如说,要维持下跌行情,就必须突破支撑线的阻力和干扰,创造出新的低点;要维持上升行情,就必须突破上升压力线的阻力和干扰,创造出新的高点。由此可见,支撑线和压力线都有被突破的可能,它们不足以长久地阻止股价保持原来的变动方向,只不过是使它暂时停顿而已(图7-34)。

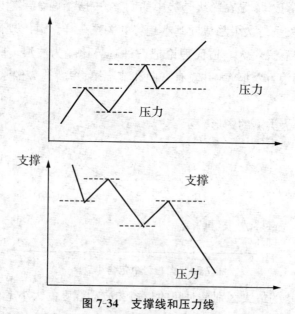

图 7-34 支撑线和压力线

同时,支撑线和压力线又有彻底阻止股价按原方向变的可能。当一个趋势终结了,它就不可能创出新的低价或新的高价,这时的支撑线和压力线就显得异常重要。

在上升趋势中,如果下一次未创新高,即未突破压力线,这个上升趋势就已经处在很关键的位置了,如果往后的股价又向下突破了这个上升趋势的支撑线,这就产生了一个趋势有变的很强烈的警告信号。通常这意味着,这一轮上升趋势已经结束,下一步的走向是下跌的过程。同样,在下降趋势中,如果下一次未创新低,即未突破支撑线,这个下降趋势就已经处于很关键的位置,如果下一步股价向上突破了这次下降趋势的压力线,这就发出了这个下降趋势将要结束的强烈信号,股价的下一步将是上升的趋势。

（三）支撑线和压力线的相互转化

支撑线和压力线之所以能起支撑和压力作用,很大程度上是由于心理因素方面的原因,两者的相互转化也是如此,这就是支撑线和压力线理论上的依据。

我们假设股价在一个支撑位置获得支撑后,停留了一段时间开始向下移动。在该支撑位买入的多头都将意识到自己错了,而没有买入的或卖出的空头都意识到自己对了。买入股票的多头都有抛出股票逃离目前市场的想法,而卖出的空头则想进一步抛空,待股价下跌伺机回补。一旦股价有些回升,尚未到达原来的支撑位,就会有一些股票抛压出来,再次将股价压低。这样,原来的支撑位就转变为压力线。

同理,我们假设股价在一个压力位置受阻后,停留一段时间开始向上突破。在该压力位卖出的空头都将意识到自己错了,而未抛出或已买入的多头都意识到自己对了。抛出股票的空头都有待股价回调再买回已抛出股票的想法,而买入的多头则想进一步加仓。一旦股价有些回落,尚未到达原来的压力位,就会有大量接盘出现,将股价抬起。这样,原来的压力位就转变为支撑线。

五、趋势线和轨道线

（一）趋势线

1. 趋势线的含义及画法

上文已经讨论过,从一定的时间范围来看,股价总是沿着趋势移动的。如果将这种发展趋势用直线表示出来,这种直线就称为趋势线。在上升趋势中,将两个低点连接成一条直线,就得到上升趋势线;在下降趋势中,将两个高点连接成一条直线,就得到下降趋势线。

（1）趋势线的确认:趋势线是衡量价格的趋势的,有趋势线的方向可以明确地看出价格的趋势。

在上升趋势中,将两个依次上升的低点连成一条直线,就得到上升趋势线。在下降趋势中,将两个依次下降的高点连成一条直线,就得到下降趋势线。

如图 7-35 中的直线 L。

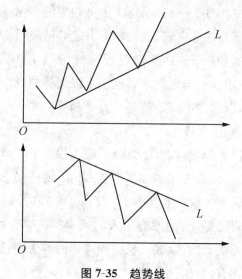

图 7-35　趋势线

正确地画出趋势线是广大投资者必须掌握的。画出的趋势线要经得起时间的检验，要具有使用价值。为了画出符合逻辑的趋势线，投资者最好以不同的点位画几条趋势线，然后进行挑选评判，最终保留一条确实有效的趋势线。

要想得到一条真正反映股市运行趋势的直线，必须注意以下三点：

①确定股价的运行趋势。也就是必须找出股价运行过程中相继出现的波峰和波谷。

②如果是上升趋势，要找到两个依次上升的低点（谷底）；如果是下降趋势，要找到两个依次下降的高点（波峰）。然后，将找到的两个高点或低点连接成线。

③得到的直线是不是有效，还要应用第三个点来验证。所画出的直线被后市的波峰和波谷触及的次数越多，延续时间越长，该趋势线越有效，越重要。

另外，从实践来看，趋势线越陡峭，有效性越低，反之越高。

由图 7-35 中可以看出上升趋势线起支撑作用，下降趋势线起压力作用，也就是说，上升趋势线是支撑线的一种，下降趋势线是压力线的一种。

由图 7-35 可知，我们很容易画出趋势线，但这并不意味着趋势线已经被我们掌握了。我们画出一条直线后，有很多问题需要我们去回答。

最迫切需要解决的问题是：我们画出的这条直线是否具有使用的价值，以这条线作为我们今后预测市场的参考是否具有很高的准确性？

这个问题实际上是对用各种方法画出的趋势线进行筛选评判，最终保留一个确实有效的趋势线的问题。也就是对趋势线进行筛选，去掉无用的，保留有用的。

要得到一条真正起作用的趋势线，要经多方面的验证才能最终确认，不合条件的一般应予以删除。

首先，必须确实有趋势存在。也就是说，在上升趋势中，必须确认出两个依次上升的低点；在下降的趋势中，必须确认两个依次下降的高点，才能确认趋势的存在，连接两个点的直线才有可能成为趋势线。

其次，画出直线后，还应得到第三个点的验证才能确认这条趋势线是有效的。一般来说，所画出的直线被触及的次数越多，其作为趋势线的有效性越被得到确认，用它进行预测越准确有效。

2. 趋势线的作用

一条趋势线一经认可，下一个问题就是：怎样使用这条趋势线来进行对价格的预测工作？一般来说趋势线有两种作用：

①对价格今后的变动起约束作用：使用价格总保持在这条趋势线的上方（上升趋势线）或下方（下降趋势线）。实际上，就是起支撑作用。

②趋势线被突破后，就说明价格下一步走势将要反转方向。越重要越有效的趋势线被突破，其转势的信号越强烈。被突破的趋势线原来所起的支撑和压力作用，现在将互相交换角色。即原来是支撑线的，现在将起压力作用，原来是压力线的现在将起支撑作用（如图7-36）。

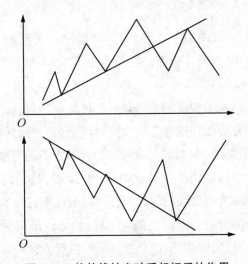

图 7-36　趋势线被突破后起相反的作用

得到了一条有效的趋势线，对投资者是大有帮助的。

①给出股价调整和反弹的极限位置：在上升趋势中，股价经常进行技术性调整，这种调整的最低限度应该是触及或接近上升趋势线的位置。对于计划补仓跟进的投资者来说，在趋势线处买进是绝好机会。在下降趋势中，股价反弹的高度将受制于趋势线相应价位，这也正是投资者借反弹出货的抛压效应。概括来说，趋势线实质上是起支撑和压力作用。

②给出股价反转的信号：趋势线被突破，即发出了股价下一步将要反转方面的信号，投资者可依据这个信号止损平仓，认赔出局。越重要越有效的趋势线被突破，其转势的信号越强烈。被突破的趋势线原来所起的支撑和阻力作用，现在将更换角色。即原来是支撑线的，现在将起压力作用。原来是阻力线的现在将起支撑作用。

3. 趋势线的突破

股价有效地突破趋势线将要改变方向。那么，怎样才算是有效突破呢？下面提供几点意见供投资者参考。

①收盘价原则：突破趋势线的价格仅是收盘价，日内其他价格的突破视为无效。

②百分比原则：在空间上，股价对趋势线的突破必须达到一定的幅度和百分比，常见的标准有3％、5％和10％。

③时间原则：在时间上，股价突破趋势线后，在另一方停留的时间越长，突破越有效。如有的分析人士提出了"双日确认原则"及三天以上的确认标准等。

投资者在操作过程中，应根据不同时间、空间以及股票的不同特性作出自己的判断，而不应死记硬背。这样才能识别假突破，以免被震仓出局及遭受套牢之苦。

这个问题本质上是对第二节中支撑和压力的突破问题的进一步延伸。同样没有一个醒目的数字告诉我们这样算突破，那样不算突破。这里面包含很多的人为因素，或者说是主观成分。这里只提供几个判断是否有效的参与意见，以便在具体判断中进行考虑。

①收盘价突破趋势线比日内最高、最低突破趋势线重要。

②穿越趋势线后，离趋势线越远，突破越有效。人们可以根据各只股票的具体情况，自己制定一个界限。

③穿越趋势线后，在趋势线的另一方停留的时间越长，突破越有效。很显然，只在趋势线的另一方停留了一天，肯定不能算突破。至少多少天才算，这又是一个人为的选择问题。

4. 趋势线的修正

首先需要强调的问题是，股价发展的趋势具有三种规模，因此就应针对不同的规模分别画出相对应的趋势线，不同的趋势线在指导不同投资者确定买卖时机将发挥不同的作用。同时，前面已指出，即使在股价波动的同一方向上也可能存在若干条趋势线，这是因为价格波动超过了原有趋势线的范围，使原有趋势线失去了效用。这就需要投资者根据现实情况画出新的趋势线以适应新的价格运动，称为趋势线的修正。在很多情况下，我们有必要依据不同的倾斜角度作出好几条趋势线，以帮助分析。也就是说，在新的趋势线画出后，原有的趋势线不能废弃不用。如果股价仍在原趋势线的同侧，则原趋势线仍可继续发挥原来的支撑或压力作用；如果原趋势线已经被突破，则根据角色互换原则，原线被突破后将发挥相反的作用。

（二）轨道线

1. 轨道线的含义及确认

随着对趋势线的深入研究，又发展出轨道线理论。

轨道线（Channel Line）（图7-37）又称通道线或管道线，是基于趋势线的一种支撑压力线。在已经得到了趋势线后，通过第一个峰和谷可以做出这条趋势线的平行线，这条平行线就是轨道线，如图7-37中的虚线。

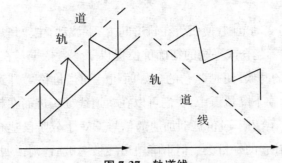

图 7-37 轨道线

两条平行线组成一个轨道,即上升轨道和下降轨道。在随后的行情发展中,如果价格在抵达该条轨道线时受阻而回落或获支撑而反弹,说明轨道线在起作用。轨道线被触及的次数越多,延续的时间越长,其被认可的程度和重要性就越高。

两条平行线组成一个轨道,这就是常说的上升和下降轨道。轨道的作用是限制价格的变动范围,让它不能远离得过分,变得太离谱。一个轨道一旦得到确认,那么价格将在这个通道里变动。如果上面的或下面的直线被突破,这意味着将有一个大的变化。

与突破趋势线不同,对轨道线的突破并不是趋势反向的开始,而是趋势加速的开始,即原来的趋势线的斜率将会增加,趋势线将会更加陡峭。

同趋势线一样,轨道线也有是否被确认的问题。图 7-38 中的价格在 A 的位置如果的确得到支援或受到压力而在此掉头,并一直走到趋势线上,那么这条轨道线就可以被认可了。当然,轨道线被触及的次数越多,延续的时间越长,其被认可的程度和重要性就越高,这一点同趋势线以及今后将要介绍的大多数直线是相同的。

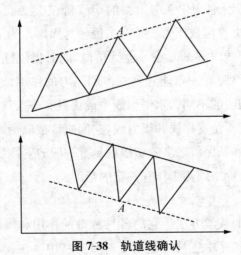

图 7-38 轨道线确认

轨道线的另一个作用是发出趋势转向的预警。如果在一次波动中未触及到轨道线,离得很远就开始掉头,这往往是趋势将要改变的信号。它指出,市场已经没有力量继续维持原有的上升或下降的规模了。

轨道线和趋势线是相互合作的一对。很显然,先有趋势线,后有轨道线。趋势线比轨道线重要得多。趋势线可以独立存在,而轨道线则不能。

2. 轨道线的作用

轨道限制了股价的变动范围，使股价在轨道间上、下波动，主要作用有大小两方面。

（1）轨道线为投资者建仓或平仓的精确价位提供了参考依据。在一个确定的上升轨道中，价格回落到趋势线的时候，便是建仓的良好时机。而当价格攀升到轨道线时，则是短线获利平仓的机会；相反，在下降轨道中，我们可以在轨道线处买进而在趋势线处卖出。

（2）轨道线被突破，给出了股价运动加速的信号。对于分阶段建仓的交易者来说，上升轨道线被突破后，应是补仓的好机会。但下降轨道线被突破后，则说明市场从缓慢盘跌转变为价格跳水，理智的交易者应斩仓离场观望。

（3）轨道线的第三个作用是提出趋势转向的警报。一般来说，在一个比较标准的上升或下降轨道中，当股价无力抵达上轨，那么下轨被突破的可能性开始加大；当价格拒绝向下靠拢，那么上轨被突破的可能性正在加大。股价未抵达轨道线的次数越多，趋势转向的可能性越大。

3. 轨道线的修正

当股价穿越了轨道线，表明趋势的运动强度发生变化。这时要根据突破阶段的走势重新来画趋势线，进而画出一条正确反映价格走势的轨道线，继续帮助我们进行市场分析，这就是轨道线的修正。经过轨道线的修正，我们可以更确切地观察未来趋势的运行情况。

六、黄金分割线和百分比线

这两种切线是水平的直线（别的切线大多是斜的）。它们注重于支撑线和压力线所在的价位，而对什么时间达到这个价位不过多关心。很显然，斜的支撑线和压力线随着时间的推移，支撑位和压力位也要不断地变化。向上斜的切线价位会变高，向下斜的切线价位会变低，对水平切线来说，每个支撑位或压力位相对来说较为固定。为了弥补它们在时间上考虑得不周到，往往在画水平切线时多画几条。也就是说，同时提供好几条支撑线和压力线，并指望被提供的这几条中最终确有一条能起到支撑和压力的作用。为此，在应用水平切线的时候，应注意他们同别的切线的不同。水平切线中最终只有一条被确认为支撑线或压力线，这样，别的被提供的切线就不是支撑线和压力线，它们应该被取消，或者说在图形上消失，只保留那条被认可的切线。这条保留下来的切线就具有一般的支撑线或压力线所具有的全部特征和作用，对我们今后的价格预测工作有一定的帮助。

（一）黄金分割线

黄金分割是一个古老的数学方法。它的各种神奇的作用和魔力，屡屡在实际中发挥着我们意想不到的作用。在实际中还被广泛用于"优选法"中。在技术分析中，还有一个重要的分析方法——波浪理论要用到黄金分割的内容。

黄金分割线是依据上升或下跌幅度的 0.618 及其黄金比率的倍率来确定支撑和阻力线的位置。常见的最为重要的黄金分割数字有 0.382、0.618、1.382 和 1.618。这些位置在价格上升和下跌的过程中表现出较强的支撑和阻力效能。

自然法则，神奇数字是我们在技术分析时经常提到的词语。斐波那奇神奇数列被称为艾略特波浪理论、江恩理论、黄金分割率的数学基础,被人用作寻找市场转折点的工具,用它去解决和回答以下问题:股价目前处在何种趋势之中?这种趋势能维持多久?何时何价位目前的趋势会完成而进入下一个新的趋势之中?

追根寻源,我们一起来看看这些数字的特性以及它们在技术分析中的应用。斐波那奇神奇数列指的是哪些数字呢?

神奇数字系列包括下列数字:1,1,2,3,5,8,13,21,34,55,89,144,233,377,610,987,1597,……直至无限任何一个数字都是前两个数字的总和,如:1+1=2;1+2=3;2+3=5;3+5=8;5+8=13;……。这组数字由斐波那奇在13世纪发现,而被人称为斐波那奇神奇数列。

其实早在中国《道德经》第四十三章中就道出了神奇数字系列的真谛:"道生一,一生二,二生三,三生万物。"如上所述神奇数字系列本身属于一个极为简单的数字系列,但其间展现的各种特点,令人对大自然奥秘,感叹玄妙之余,更多一份敬佩。有人计算过向日葵有89个花瓣,其中55个朝着一个方向,34个朝着另一个方向。自然界这样的例子还有举不胜举。

1. $5^2-2^2=21;8^2-3^2=55;13^2-5^2=144;\cdots\cdots$

2. $1^2+1^2+2^2+3^2+5^2+8^2+13^2=13\times 21$

3. $(3\times 8)-5^2=-1;(5\times 13)-8^2=1;(8\times 21)-13^2=-1$

4. 从5开始任何两个相邻数字彼此相除,结果分别趋向固定数字0.618和1.618。

如:$21\div 34=0.618;34\div 21=1.619;55\div 34=1.618;34\div 55=0.618\cdots\cdots$ 0.382和0.618我们亦称之为黄金分割比率。

5. 任何两个相隔数字彼此相除,结果分别趋向固定数字0.382和2.618。

如:$21\div 55=0.382;55\div 21=2.619;\cdots\cdots$

6. 黄金分割数字的特性:

★ $2.618-1.618=1.000$

★ $1.000-0.618=0.382$

★ $2.618\times 0.382=1.000$

★ $2.618\times 0.618=1.618$

★ $1.618\times 0.618=1.000$

★ $0.618\times 0.618=0.382$

★ $1.618\times 1.618=2.618$

在这里,我们仅仅说明如何得到黄金分割线,并根据它的指导进行下一步的实际买卖操作。

画黄金分割线的第一步是记住若干个特殊的数字:

0.191 0.382 0.618 0.089

1.191 1.328 1.618 1.809

2.618 4.236 6.854

这些数字中0.328、0.618、1.328、1.168最为重要,价格极容易在由这四个数产生的黄金分割线处产生支撑和压力。

第二步是找到一个点。这个点是上升行情结束,调头向下的最高点,或者是下降行情结束,调头向上的最低点。当然,我们知道这里的高点和低点都是指一定的范围,是局部的。只要我们能够确认一个趋势(无论是上升还是下降)已经结束或暂时结束,则这个趋势的转折点就可以作为进行黄金分割的点,这个点一经选定,我们就可以画出黄金分割线了(图7-39)。

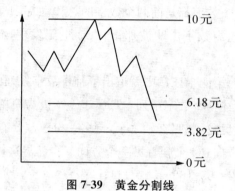

图7-39 黄金分割线

在上升行情开始调头向下时,我们极为关心这次下落将在什么位置获得支撑。黄金分割提供的是如下几个价位,它们是由这次上涨的顶点价位分别乘以上面所列特殊数字中的几个得到的。

假设,这次上涨的顶点是10元,则:

8.09＝10×0.809

6.18＝10×0.618

3.82＝10×0.382

1.91＝10×0.191

这几个价位极有可能成为支撑,其中6.18元和3.82元的可能性最大。

同理,在下降行情开始调头向上时,我们关心上涨到什么位置将遇到压力。黄金分割线提供的位置是这次下跌的底点价位乘以上面的特殊数字。假设,这次下落的谷底价位为10元,则:

11.91＝10×1.191

13.82＝10×1.382

16.18＝10×1.618

18.09＝10×1.809

20＝10×2

26.18＝10×2.618

42.36＝10×4.236

68.54＝10×6.854

这些价位将可能成为未来的压力位。其中13.82、16.18以及20成为压力线的可能性最大,超过 20 的那几条很少用到。

(二)百分比线

百分比线考虑问题的出发点是人们的心理因素和一些整数的分界点。

当价格持续向上,涨到一定程度,肯定会遇到压力。遇到压力后,就要向下回落,回落的位置很重要。黄金分割提供了几个价位,百分比线也提供了几个价位。常见的最为重要的百分比数字有 1/2、1/3 和 2/3。主要用来测量股价上涨遇压回撤的深度及下降行情中向上反弹的高度。

以这次上涨开始的最低点和开始向下回落的最高点两者之间的差,分别乘以几个特别的百分比数,就可以得到未来支撑位可能出现的位置。

设低点是 10 元,高点是 22 元。这些百分比数一共 9 个,它们是:
1/8,1/4,3/8,1/2,5/8,3/4,7/8,1/3,2/3

按上面所述方法我们将得到如下 9 个价位(图 7-40)。

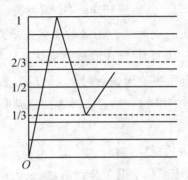

图 7-40 百分比线的划分

这里的百分比线中,1/2、1/3、2/3 是人们的一种心理倾向。如果没有回落到 1/2、1/3、2/3 以下,就好像没有回落够似的;如果已经回落了 1/2、1/3、2/3,人们自然会认为回落的深度已经够了,因为传统的定胜负的方法是三打二胜利。

上面所列的 9 个特殊的数字都可以用百分比表示。之所以用上面的分数表示,是为了突出整数的习惯。

$1/8=12.5\%, 1/4=25\%, 3/8=37.5\%, 1/2=50\%, 5/8=62.5, 3/4=75\%$
$7/8=87.5\%, 1/3=33.33\%, 2/3=66.67\%$

可以看出,这 9 个数字中有些很接近,如 1/3 和 3/8,2/3 和 5/8。在应用时,以 1/3 和 2/3 为主。

对于下降行情中的向上反弹,百分比线同样也适用。其方法与上升情况完全相同。

如果百分比数字取为 61.8%、50% 和 38.2%,就得到另一种黄金分割线——两个点黄金分割线。在实际中两个点黄金分割线被使用得很频繁,但它只是百分比线的一种特殊情况(图 7-41)。

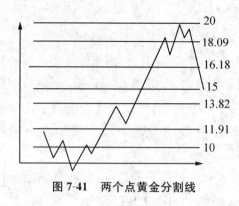

图 7-41 两个点黄金分割线

七、扇形原理、速度线和甘氏线

（一）扇形原理

趋势要反转必须突破层层阻力。要反转向上，必须突破很多条压在头上的压力线；要反转向下，必须突破多条横在下面的支撑线。稍微的突破或短暂的突破都不能被认为是反转的开始，必须消除所有的阻止反转的力量，才能最终确认反转的来临。

技术分析的各种方法中，有很多关于如何判断反转的方法，扇形原理只是从一个特殊的角度来考虑反转的问题。实际应用时，应结合多种方法来判断反转是否来临，单纯用一种方法肯定是不行的。

扇形原理是依据三次突破的原则。

在上升趋势中，先以两个低点画出上升趋势线后，如果价格向下回档，跌破了刚画的上升趋势线。再往下，如果第二条趋势线又被向下突破，则同前面一样，用新的低点，与最初的低点相连接，画出第三条上升趋势线。依次变得越来越平稳的这三条直线形如张开的扇子，扇形线和扇形原理由此而得名。对于下降趋势也可如法炮制，只是方向正好相反（图 7-42）。

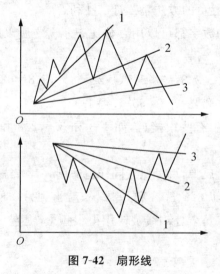

图 7-42 扇形线

图中连续画出的三条直线一旦被突破，它们的支撑和压力角色就会相互交换，这一点是符合支撑线和压力线的普遍规律的。

扇形原理可以简单地叙述如下：如上所画的三条趋势线一经突破，则趋势将反转。

（二）速度线

同扇形原理考虑的问题一样，速度线(Speed Line)也是用以判断趋势是否将要反转。不过，速度线给出的是固定的直线，而扇形原理中的直线是随着价格的变动而变动的。另外，速度线又具有一些百分比的思想。它将每个上升或下降的幅度分成三等分进行处理。

速度线的画法如下所述。

首先，找到一个上升或下降过程的最高点和最低点（这一点同百分比线相同），然后，将高点和低点的垂直距离三等分。

第二步是连接高点（在下降趋势中）与分界点，或连接低点（在上升趋势中）与 1/3 和 2/3 分界点，得到两条直线。这两条直线就是速度线（图 7-43）。

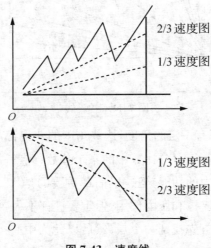

图 7-43 速度线

与别的切线不同，速度线有可能随时变动，一旦有了新高或新低，则速度线将随之发生变动，尤其是新高和新低离原来的高点和低点相距很近时，更是如此，原来的速度线就一点用也没有了。

速度线已经被突破，其原来的支撑线和压力线的作用将相互变换位置，这也是符合支撑线和压力线的一般规律的。

速度线最为重要的功能是判断一个趋势是被暂时突破还是长久突破（转势）。其基本的思想叙述如下：

(1) 在上升趋势的调整之中，如果向下折返的程度突破了位于上方的 2/3 速度线，则价格将试探下方的 1/3 速度线。如果 1/3 速度线被突破，则价格将一泻而下，预示这一轮上升的结束，也就是转势。

(2) 在下降的趋势的调整中，如果向上反弹的程度突破了位于下方的 2/3 速度线，则股价将试探上方的 1/3 速度线。如果 1/3 速度线被突破，则价格将一路上行，标志这一轮下降的结束，价格进入上升趋势。

(三)甘氏线

甘氏线(Gann line)分上升甘氏线和下降甘氏线两种,是由 William D. Gann 创立的一套独特的理论。Gamn 是一位具有传奇色彩的股票技术分析大师。甘氏线就是他将百分比原理和几何角度原理结合起来的产物。甘氏线是从一个点出发,依一定的角度,向后画出的多条直线,所以,甘氏线包含了角度线的内容。图 7-44 是一幅甘氏线各个角度的直线图。

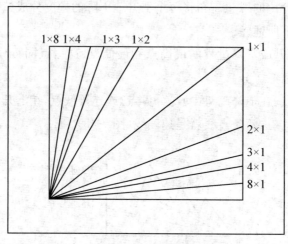

图 7-44　甘氏线

图 7-44 中的每条直线都有一定的角度,这些角度的获得都与百分比线中的那些数字有关。每个角度的正切或余切等于百分比数中的某个分数(或者说是百分比数)。

每条直线都有支撑和压力的功能,但这里面最重要的是 1︰1、2︰1 和 1︰2。其余的角度虽然在价格的波动中也能起一些支撑和压力作用,但重要性都不大,都很容易被突破。

画甘氏线的具体方法是首先找到一个点,然后以此为中心按照图 7-44 所画的各条直线直接画到图上即可。

被选择的点同大多数别的选点方法一样,一定是显著的高点和低点,如果刚被选中的点立即被创新的高点和低点取代,则甘氏线的选择也随之变更。

如果被选到的点是高点,则应画下降甘氏线,这些线将在未来起支撑和压力作用。

如果被选到的点是低点,则应画上升甘氏线,这些线将在未来起支撑和压力作用。

八、应用切线理论应注意的问题

切线方法为我们提供了很多价格移动可能存在的支撑线和压力线。这些支撑线和压力线对进行行情判断有很重要的作用。但是,应该明确的是,支撑线和压力线有突破和不突破两种可能。在实际应用中会产生一些令人困惑的现象,往往要等到价格已经离开了很远的时候才能够肯定突破成功和突破失败。

用各种方法得到的切线提供了支撑线和压力线的位置,它们的位置所代表的价格仅仅是参考价格,不能把它们当成万能的工具而完全依赖它们。证券市场中的影响价格波动的因素很多,支撑线和压力线仅仅是多方面因素中的一个。多个方面同时考虑才能提高正确的概率。

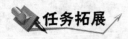

任务拓展

1. 道氏理论分析

道氏理论产生于美国,在市场中应用已有一百年的历史,这说明它很有生命力。那么,请你根据下面道氏理论相关资讯内容,分析一下该理论对目前的中国的股市分析有没有借鉴意义,形成文档并提交,选择部分同学进行讲解。

2. 通过行情软件查看上证综指、深圳综指以及部分热门股票的不同时期的K线图,画出相应的支撑线、压力线、趋势线等,并用形态理论等分析方法分析这些股票有没有什么规律可循。

项目八　技术指标分析

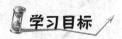

知识目标

1. 移动平均线原理、计算方法及应用法则。
2. 技术指标的计算方法和设计原理。
3. 技术指标的使用方法。

能力目标

1. 各种技术指标的计算方法。
2. 各种技术指标的应用。

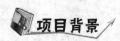

李先生开始系统地学习了技术分析中的图表分析方法，但是拿过来一张 K 线图还是有很多不明白的地方。图 8-1 中这些线都代表什么意思？如何进行分析呢？如何使用呢？

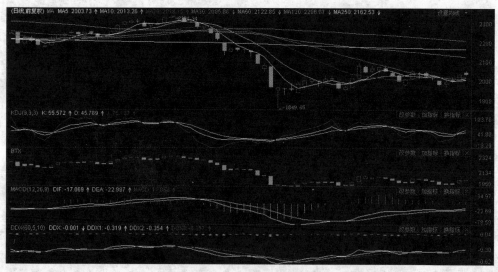

图 8-1　各种技术指标

任务1　趋势性指标分析

在项目背景图 8-1 中,有很多指标,其中有些是趋势性指标,那么请你分析移动平均线是如何计算出来的,这些线有什么意义吗？MACD 线是什么意思？股市中经常说到的"黄金交叉"和"死亡交叉"是什么意思？

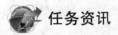 任务资讯

一、技术指标的含义

技术指标已深入到每一个投资者的心里,进行证券投资操作的人都有一套自己管用的技术指标体系。经过长期的检验,技术指标会给投资行为以极大的帮助。

技术指标是广大投资者已非常熟悉的名词,但是技术指标目前还没有一个明确的定义。作者根据自己的理解,提供以下定义,供读者参考。

技术指标的定义为:按照事先规定好的固定方法对证券市场的原始数据进行处理,处理后的结果是某个具体的数字,这个数字就是技术指标值。将连续不断的技术指标值制成图表,并根据所制成的图表对市场进行行情研制,这样的方法就是技术指标法。

这里有两个问题需要说明,一是原始数据,二是处理原始数据方法。

原始数据指的是开盘价、最高价、最低价、收盘价、成交量和成交金额,简称 4 价 2 量。绝大多数的技术指标仅仅涉及这 6 个数据,个别的技术指标涉及成交笔数、财务指标和股本结构等其他类型的数据。本书所指的原始数据就是这 6 个数据,其余的数据都不认为是原始数据。

应该说明,在其他一些市场,由于交易制度和金融工具不同,原始数据所包含的内容有所变化。例如,期货市场中有 Open Interest；在期货交易中有关于 Call 和 Put 的特定数据。因为本书主要以中国大陆的股票市场为主,所以原始数都是指上面的 6 个。

对原始数据进行处理指的是将这些数据的部分或全部进行变形,整理加工,使之成为我们希望得到的"模样"。不同的处理方法会产生不同的技术指标,从这个意义上将讲,有多少种技术指标,就会产生多少种处理原始数据的方法；反过来,有多少种处理原始数据的方法就会产生多少种技术指标。

其实,从数学的观点看,技术指标是一个 6 元的函数。6 个自变量就是 6 个原始数据,因变量就是技术指标值,函数就是处理自变量的方式。

二、应用技术指标的六个方面

应用技术指标应该从以下 6 个方面进行考虑,每种技术指标的使用,一定要考虑这 6 个方面中的至少一种。

（一）指标的背离:指技术指标曲线的波动方向与价格曲线的趋势方向不一致。实际中

的背离有两种表现形式,第一种是顶背离;第二种是底背离。技术指标与价格背离表明价格的波动没有得到技术指标的支持。技术指标的波动有超于价格波动的"功能",在价格还没有转折之前,技术指标提前指明未来的趋势。技术指标的背离是使用技术指标最为重要的一点,在后面具体技术指标中将作详细的解释说明。

(二)指标的交叉:指技术指标图形中的两条曲线发生了相交的现象。实际中有两种类型的指标交叉,第一种是同一个技术指标的不同参数的两条曲线之间的交叉,常说的黄金交叉和死亡交叉就属于这一类;第二种交叉是技术指标曲线与固定的水平直线之间的交叉。水平直线通常是横坐标轴,横坐标轴是技术指标取值正负的分界线,技术指标与横坐标轴的交叉表示技术指标由正变负或由负变正。技术指标的交叉表明多空双方力量对比发生了改变,至少说明原来的力量对比受到了"挑战"。

(三)指标的极端值:技术指标取极端值是指技术指标的取值极其大或极其小,技术术语上将这样的情况称为技术指标进入"超买区和超卖区"。大多数技术指标的"初衷"是用一个数字描述市场的某个方面的特征,如果技术指标值的数字太大或太小,就说明市场的某个方面已经达到了极端的地步,应该引起注意。

在这里要涉及一个定量的问题,即技术指标达到了何种程度就可以被认为是极端值。很显然,肯定没有一个固定的数字就能够将这一个问题解决。因为,对同一个技术指标,不同证券的极端值是不可能一样的,同一证券在不同的时间区间也可能会有不同的极端值。对某个技术指标是否是极端值的判断,编者在这里提供一点参考意见。我们可以这样想,既然是极端值,那么在实际中出现的机会应该不多,比如一年4次或6次。某个值在过去的历史中每年超过(或低于)这个数值,我们就可以认为这个值不是极端值。

(四)指标的形态:技术指标的形态实质是技术指标曲线的波动过程中出现了形态理论中所介绍的反转形态。在实际中,出现的形态主要是双重顶底和头肩形。

(五)指标的转折:指技术指标曲线在高位或低位调头。有时,这种调头表明前面过于极端的行动已经走到了尽头,或者暂时遇到了"麻烦";有时,这种调头表明一个趋势将要结束,而另外一个趋势将要开始。技术指标中转折的典型代表是方向指标DMI。对此,将在后面详细说明。

(六)指标的盲点:指技术指标在大部分时间里是无能为力的。也就是说,在大部分时间里,技术指标都不能发出买入或卖出的信号。这是因为在大部分时间技术指标是处于"忙"的状态,只有在很少的时候,技术指标才能"看清"市场,发出信号。我国目前对于技术指标的使用,在这个方面有极大的偏差,相当一批对技术指标了解不深的投资者都是在这个问题上犯了错误。

"每天都期待技术指标为我们提供有用的信息"是对技术指标的误解,也是极其有害的。如果没有认识到这一点,在使用技术指标的时候将会不断地犯错误。

三、应用技术指标应注意的问题

(一)技术指标只能作为战术手段

相当一批技术指标是从期货市场产生出来的,如威廉指标和KDJ指标,在期货市场的特殊环境下,这些技术指标就不可避免地带有"短"和"小"的色彩。

这里的"短"是指考虑的历史时间跨度短以及对未来预测的空间跨度短;"小"是指考虑的价格波动的范围小,对未来价格波动幅度的预测的跨度小。

我们不能指望技术指标提供有关"大的趋势"方面的信息,对未来价格波动的深度和广度,技术指标一般不能提出有帮助的建议。不能指望从技术指标那里得到价格将要下降或上升到何种价位的指导意见,也不能从技术指标那里得到牛市或熊市将要延续到什时候的预告。

所谓战术手段是指对"小事"的判断。技术指标只能做一些"小事",对于"大事",需要利用其他分析方法。有时,不仅要考虑技术方面的因素,还要考虑技术之外的因素。当你正确地确定了应该买入或应该卖出的"大事"后技术指标会使你的正确决定在更正确的地点和时间具体实现。

要记住,技术指标只能在某个瞬间指出趋势的短暂方向,不能给它增加更多的"负荷",让它做它不能够做的事情。

(二) 主观因素在技术指标使用中有很重要的作用

1. 对相同对象的不同判断:归根到底,技术指标是一批工具,投资者利用这些工具对市场进行预测。面对同一时间的同一个技术指标,不同的投资者可能会得到不同的结论,这是主观因素的直接体现。

2. 技术指标的参数选择:计算绝大多数的技术指标都需要设定参数,这就有参数的选择问题,也是主观因素的直接体现。很显然,选取的参数不同,技术指标的取值就不同,会直接影响技术指标的使用效果。

3. 技术指标的适用条件:每种关于技术指标的结论都有自己的适应范围和适用条件。有时,有些技术指标的效果很差,而另外一些技术指标的效果就比较好。人们在使用技术指标时,常犯的错误是机械地照搬结论,而不问这些结论成立的条件和可能发生的意外。有些人盲目地绝对相信技术指标,出了错以后,又走向另一个极端,认为技术指标一点用也没有。这显然是错误的,只能说明这些人不会使用技术指标。

技术指标是永远有用的,出问题的是使用技术指标的人。

4. 技术指标失败:前面提到了技术指标的盲点,每种指标不仅有自己的盲点,在条件不符合的时候还会失效。在中国证券市场中遇到的技术指标高位钝化就是技术指标失效的一个具体表现。对此,在实际中应该不断地总结历史,找到盲点及其条件所在,对使用技术指标是少犯错误是很有益的。遇到某个技术指标失效,要把它放在一边,去考虑别的技术指标。一般说来,东方不亮西方亮,黑了南方有北方,众多的技术指标,总会有几个能对我们提指导和帮助。尽管有时这种指导和帮助的作用可能不大,但有总比没有强,至少对投资者的心理会有一些支持作用,具体操作起来有一定的目的性。

5. 技术指标之间的结合和调整:了解每一种技术指标的特性和构造原理是很有必要的,但是众多的技术指标我们不可能都考虑到,每个技术指标在预测大势方面也有能力大小和准确程度的区别。通常使用的手法是以 4~5 个技术指标为主,其余的技术指标为辅,依此构建自己的指标体系。选择技术指标体系因人而异,个人有个人的习惯,不能硬性规定。随着实战效果的好坏,对所使用的指标体系中的技术指标应该不断地进行调整,调整的内容包括对技术指标的调整和对技术指标参数的调整。虽然工作量很大,但为了进行成功的交易,这样做还是很有必要的。

四、移动平均线理论与计算方法

(一)移动平均线(MA)

移动平均线(MA)是目前股票市场上最富灵活性和适用性、使用范围最广泛、构造方法最简便易行的技术分析方法。其基本思想是消除偶然因素的影响,把长、中、短期趋势形象地描绘出来,表现趋势的走向。MA 弥补了道氏理论未能对股价波动加以量化的不足,是追综趋势的强有力的武器。

(二)MA 的计算方法和参数

MA 的英文直译为移动平均线。MA 的计算方法就是连续若干交易日的收盘价的算术平均。连续交易日的数目就是 MA 的参数。例如,参数为 10 的移动平均线就是连续 10 个交易日的收盘价的算术平均价格,记为 MA(10)。常说的 5 日线、30 日线实际就是参数为 5 和 30 的移动平均线。

应该说明的是,计算 MA 并不是只能针对交易日,也可以自己选择时间区间的单位,英文名称 Period。例如,可以选择周、月、60 分钟、30 分钟等。

1. 计算方法

将连续若干天的收盘价进行算术移动平均,然后把每天算出的若干天的移动平均值连接成线,就形成了 MA。计算公式如下:

$$MA(N) = (C_1 + C_2 + \cdots + C_t)/N$$

其中:C_t 为第 t 日收盘价,$t = 1, 2, \cdots, n$

N 为参数,即 MA 的时间周期,基本单位可以是日、周、月等。

以上是计算移动平均线最常用的方法。除了移动平均方法之外,还有加权移动平均线、指数平滑移动平均线等,在此不再介绍。

2. 分类

根据时间周期的长短,即 MA 参数值的大小,移动平均线可分为短期、中期和长期移动平均线。短期 MA 代表短期趋势,中期 MA 代表中期趋势,长期 MA 代表长期趋势。需要强调的是,这里时间的长短是相对的,要根据不同投资者的具体需要确定。

MA 的特点为:MA 最基本的作用是消除偶然因素的影响,留下反映其本质的数字。价格在波动过程中会不断地出现上下起伏,显然,有些小级别的起伏肯定是不应该被考虑的,MA 在某种程度上可以将小级别的趋势"过滤"掉。此外,MA 还有一点平均成本价格的含义。

根据沪深交易所交易的日历时间,我国证券营业网点所使用的技术分析工具中 MA 的参数值常取为5日(周线)、10日(半月线)、20日(月线)、30日(季线)、60日(季线)、120日(半年线)、240日(年线)。其中,短线投资者喜欢采用5日、10日、20日或30日均线。而机构投资者由于进出数量庞大,炒作期间长,更看重季线、半年线和年线。在实践中,还有的投资者采用弗波纳奇数列,如13、21、34、55作为MA的参数,也收到了意想不到的效果。参数选择时对MA特性的影响。参数的作用将加强MA上述几方面的特性,参数选择得越大,上述特性就越强。比如,突破5日线和突破10日线的助涨助跌性的力度就完全不一样。突破10日线比5日线更具有说服力,未来的波动力度也较大,改变起来比较困难。

根据参数取值的大小,可以将MA分为长期、中期、和短期三类。当然,长、中、短是相对的,不是绝对的。参数的选择因人而异。

由于短线较长线反应灵敏,所以一般又把短期MA称为"快速移动平均线",长期MA则称为"慢速移动平均线"。

(三) 葛兰维尔法则和移动平均线的组合

1. 葛兰维尔法则

MA的应用最著名的莫过于美国分析大师葛兰维尔(Granvile)提出的"移动平均线八大买卖法则"。该法则以证券价格(或指数)与MA之间的偏离关系为依据,其中四条是买进法则,四条是卖出法则(见图8-2)。

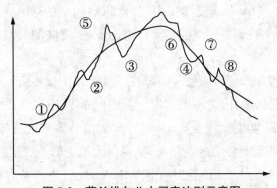

图8-2 葛兰维尔八大买卖法则示意图

(1) 当MA由下降开始走平,将要转为上涨时,股价从下向上突破MA,是买进信号(图①)。

(2) 股价线走在MA上方,当股价线开始下跌但并未跌破MA时又转向上涨,是买入信号(图②)。

(3) 股价线向下跌破MA而处于MA下方,MA短期内仍继续上涨,是买入信号(图③)。

(4) 股价线处于MA下方并且出现暴跌,离MA过远时,是买入信号(图④)。

(5) 股价线在MA上方并连续暴涨,股价线距离MA过远时,是卖出信号(图⑤)。

(6) 当MA由上升开始走平,将要转为下跌时,股价线从MA上方向下跌破MA,是卖出信号(图⑥)。

(7) 股价线在MA下方,当股价线开始反弹但并未突破MA而又转向下跌,是卖出信号(图⑦)。

(8) 股价线向上突破MA而处于MA上方,而MA仍在继续下跌,是卖出信号(图⑧)。

经过长期实践后，葛氏认为第三项与第八项实际操作风险较大，初学者需慎用。同时认为第一项和第二项以及第六项和第七项实际是针对同一趋势的两层准备，因此可以合并使用。

- 两条 MA 曲线的联合使用。

很明显，每天的价格实际上是参数为 1 的 MA。价格相对平移平均线实际上可以类比为小参数的短期 MA 相对于大参数的长期 MA。从这个意义上说，如果仅仅面对两种不同参数的 MA，则我们可以将参数的短期 MA 当成价格，将参数的长期 MA 当成 MA。这样，上述葛兰维尔法则中价格相对于 MA 的所有叙述，都可以换成短期相对于长期的 MA。也就是说，MA(5) 与 MA(10) 的关系，可以看成是价格与 MA(10) 的关系。

- 黄金交叉和死亡交叉。

MA 比较方便的使用方法是黄金交叉和死亡交叉，市场中有关 MA 交叉的问题已经被广泛重视。从名称中我们就可以知道，黄金交叉应该买入，死亡交叉可以卖出。

所谓交叉是指参数不同的两条 MA 曲线发生了交叉的现象。黄金交叉是指小参数的短周期 MA 曲线从下向上穿过大参数的长周期 MA 曲线。死亡是指小参数的短周期 MA 曲线从上向下穿过大的长周期 MA 曲线。当然，交叉还有其他的限制条件，比如，长周期 MA 的过程是从有趋势开始走平，变成无趋势。对相交叉的位置也有一些要求。

从现在的观点看，MA 之间的交叉实际上就是向上或向下突破支撑或压力的问题。如前所述，可以将长周期的 MA 看成支撑压力线，而将短周期的 MA 看成价格，那么，交叉其实就是对支撑压力线的突破。按照支撑压力理论的说法，突破的时候是采取行动的时机。

- MA 的盲点。

盲点主要体现在两方面。第一，信号频繁。当价格处于盘整阶段、趋势形成后的中途休整阶段、局部反弹和回落阶段，因为不同周期（参数）的 MA 的取值比较接近，容易出现交叉等信号。在这些阶段 MA 势必会发生很多信号，产生信号频繁的现象。信号多了就容易出现错误，这是使用 MA 特别要注意的。第二，支撑压力结论的不确定。MA 只是作为支撑线和压力线，而没有确定的功能。当价格"站在"某 MA 之上，当然是有利于上涨的，但并不是说就一定会涨，因为支撑线有被突破的时候。

2. 移动平均线的组合

葛兰维尔法则是利用一条 MA 进行分析时的法则。今天投资者利用三条甚至更多的 MA 进行预测的时候，完全可以将股价与平均线的关系演变成短线与中线、长线及中线与长线的关系。也就是说，较短期 MA 穿越另一条较长期 MA 同样可以构成买卖信号。

（1）长短期移动平均线的配合使用

投资者可利用快、慢两种不同速度的移动平均线的交叉情况来决定买进和卖出的时机。当股价上涨，短期 MA 向上穿越长期 MA 时，构成黄金交叉，是买入信号；当股价下跌，短期 MA 向下穿越长期 MA 时，构成死亡交叉，是卖出信号。需要指出的是，黄金交叉与死亡交叉的价位分别在相对低和高的位置时效果更好。

（2）长、中、短期移动平均线的配合使用

在中国股市，投资者所见到的大多数图表上，一般都会有不少于三条的移动平均线。因此,又产生了三重交叉法的应用规则。下面以5、10、30参数为例介绍这一规则。

在下降趋势中,当 MA(5) 向上穿越 MA(10),即发出了市场看涨的预报信号,而当 MA(10)也向上突破了 MA(30),那么看涨信号得到验证。

多头市场形成后,合理的自上而下排列应为:MA(5)、MA(10)、MA(30)。而在上升趋势中,当 MA(5) 向下穿越 MA(10)时,市场会发出涨势将尽的预警信号,而当 MA(10)最终突破了 MA(30)时,反转已经发生的信号得到验证。

空头市场形成后,MA(5) 最低,其次是 MA(10)、MA(30)最高。多空市场转化过程中,MA 顺序重新排列,先形成交叉,然后并行。投资者只要及早发现这种转化过程的早期信号就可以按照趋势方向进行买卖操作,即在金叉形成后买入,在死叉形成后卖出。

（四）平滑异同平均 MACD(Moving Average Convergence and Divergence)

从 MACD 的英文中可以发现,它的中文翻译名——平滑异同移动平均——是不准确的,但现在已经约定了。MACD 是在 EXPMA 的基础上进一步计算而得到的,掌握了 EXPMA 的计算,就很容易计算 MACD。

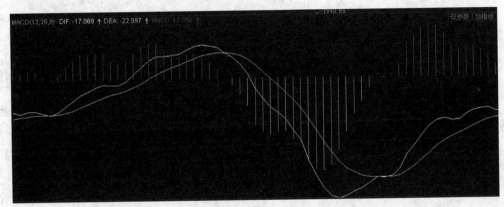

图 8-3 MACD

1. MACD 的计算公式和参数。MACD 由正负差(DIF)、异用平均(MACD)和柱状线(BAR)这三部分组成。DIF 是 MACD 的核心,MACD 是在 DIF 的基础上得到的,BAR 又是在 DIF 和 MACD 的基础上产生的。

(1) DIF 的计算公式和参数。DIF 是 Difference 的前三个字母。DIF 是快速 EXPM 与慢速 EXPMA 的差,DIF 的正负差的名称由此而来。快速和慢速的具体体现是 EXPMA 的参数的的大小,快速是短期的,慢速是长期的。由此可见,计算 DIF 需要用到两个参数,即计算快慢两个 EXPMA 的参数。

目前,计算 MACD 的流行说法是用另外一种形式的参数,两个参数是 12 和 26。DIF 的具体计算公式为:

$$EXPMA_{n+1}(12) = \frac{EXPMA_n(12) \times 11}{12+1} + \frac{P_{n+1} \times 2}{12+1}$$

$$EXPMA_{n+1}(26) = \frac{EXPMA_n(26) \times 25}{26+1} + \frac{P_{n+1} \times 2}{12+1}$$

式中,P 为收盘价。参数为 12 者属于快速的,参数为 26 者是慢速的。

以上两个公式都是指数平滑的计算公式。如果选择其他的参数,也可以照此法计算出在别的参数情况下的 EXPMA。计算中用到的第一个 EXPMA 值,一般以收盘价代替。

在计算了 EXPMA 之后,DIF 可从下面公式得到:

DIF=EXPMA(12)-EXPMA(26)

单独一个 DIF 也能进行行情预测,但为了使信号更可靠,引入了另一个指标 MACD。

(2) MACD 的计算公式参数。MACD 是计算 DIF 的移动平均,也就是连续若干个交易日的 DIF 的移动平均。对 DIF 作移动平均就如同对收盘价作移动平均一样,其计算方法同 MA 一样。引进 MACD 的目的是为了消除 DIF 的一些偶然现象,使信号更加可靠。

由于要计算移动平均,就要涉及到参数,这是 MACD 的另一个参数。计算 MACD 一共需要 3 个参数。前两个用于计算 DIF,后一个用于计算 MACD。计算公式为:

$$\text{MACD}(12,26,10)=\frac{\text{DIF}_{t+1}+\text{DIF}_{t+2}+\cdots+\text{DIF}_{t+10}}{10}$$

(3) BAR 的计算公式为:

$$\text{BAR}=2\times(\text{DIF}-\text{MACD})$$

从公式中可以看出,BAR 是 DIF 与 MACD 的差距。在分析软件中,将 BAR 画成柱状线,分为绿色和红色两种。BAR 的大小反映了 DIF 与自己的移动平均 MACD 之间的差距,有点类似于证券价格与自己的 MA 之间的差距。在后面技术指标的介绍中可以看到,这样的差距被称为摆动(Qscillate)。

2. MACD 的运用方法。MACD 主要是从 3 个方面进行行情预测。

(1) DIF 和 MACD 的极端值和交叉。属于技术指标的交叉和极端值的范畴,分为看涨和看跌两种情况。

第一,DIF 和 MACD 由负变正,与横坐标轴产生交叉,则市场属于多头市场。在较低的位置 DIF 向上突破 MACD 是买入信号,属于黄金交叉的范畴;在轴附近 DIF 向 MACD 向下跌破 MACD 只能认为是回落,作获利了结。

第二,DIF 和 MACD 由正变负,与坐标轴产生交叉,则市场属于空头市场。在较高的位置 DIF 向下突破 MACD 是卖出信号,属于死亡交叉的范畴;在轴附近,DIF 向上突破 MACD 只能认为是反弹,作获利了结。

第三,当 DIF 的取值达到很大的时候,应该考虑卖出;当 DIF 的取值达到很小的时候,应该考虑买进。当然,"很大"和"很小"必须涉及定量的问题,需要有主观的判断。在实际中,这一条不常用,原因是定量的问题不好解决。

显然,DIF 是正值,说明短期 EXPMA 比长期的 EXPMA 高。这类似于 MA(5) 在 MA(10) 线之上,所以是多头市场。DIF 与 MACD 的关系就如同价格与 MA 的关系一样,DIF 上穿或下穿 MACD 都是 DIF 将要上升或将要下降的信号。而 DIF 的上升或下降,进一步又是价格将要上升或下降的信号。

(2) DIF 和 MACD 与价格曲线的背离。这属于技术指标的背离的范畴。DIF 和 MACD 与价格形成背离是比较强烈的采取行动的信号,是卖出还是买入要根据 DIF 的上升和下降情况而定。如果 DIF 或 MACD 与价格曲线在比较低的位置形成底背离,是买入的信号;如果 DIF 或 MACD 与价格曲线在比较高的位置形成顶背离,是卖出的信号。

(3) BAR 的使用。"民间"的使用方法是:当横轴下面的绿线缩短的时候买入,当横轴上面的红线缩短的时候卖出。这样操作的好处是比较快,容易在比较好的时候行动。

3. MACD 的功能评价。MACD 与前面的 DMA 类似,但是"流传"要广得多。MACD 除掉了 EXPMA 或 MA 所产生的频繁出现的买入卖出信号,增加了发出信号的要求和限制,避免一部分假信号的出现,用起来比 MA 更有把握。但是,同 MA 一样,在市场没有明显趋势而进入盘整时,MACD 的失误率极其高。另外,对未来价格上升和下降的深度,广度,MACD 不能提出有帮助的建议。

任务 2 能量变化指标和市场动力指标分析

王先生已经学习了趋势性指标移动平均线以及 MACD,觉得这两个指标对于分析股价的趋势确实有很大的帮助。但是,这两个指标还是不够的,比如如何来反映股价目前所处位置的高低呢?有没有相应的指标?下面,请你分别说明 RSI 指标、成交量指标、KDJ 以及 DMI 等指标的含义以及具体应用。

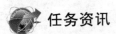
任务资讯

一、威廉指标(WMS%)

(一) 威廉指标(WMS%)含义

威廉指标(WMS%或%R)是由美国人 Larry William 于 1973 年首创的,通过分析一段时间内股价高低价位和收盘价之间的关系,来量度股市的超买超卖现象,从而提出有效的短期投资信号的一种技术指标。

(二) 威廉指标的计算方法

威廉指标的计算公式为:

$$\%R(N) = (C_n - L_n)/(H_n - L_n) \times 100\%$$

式中:C_n 为第 N 日的收盘价,H_n 与 L_n 为 N 天内(包括当天)的最高价和最低价。%R 取值介于 0%~100%之间,以 50%为中轴将其分为上下两个区域。

N 是参数,常用的%R 时间周期有 5 天、10 天、15 天、20 天、25 天、60 天等。周期短反应灵敏但波动过于频繁,周期长趋势强,但反应滞后。%R 表示第 N 日收盘价在 N 日中全部价格范围内所处的相对位置。如果%R 的值比较大,说明当天的价格处在相对较高的位置,要提防回落;如果%R 的值较小,则说明当天的价格处在相对较低的位置,要提防市场出现反弹。而当%R值处于50度附近时,说明多空力量处于平衡之中,市场朝哪个方向走都有可能。

(三)威廉指标应用法则

1. 根据%R取值判断行情

(1)当%R高于80%,处于超买状态,行情即将见顶,应该考虑卖出。

(2)当%R低于20%,处于超卖状态,行情即将见底,应该考虑买入。

(3)当%R从下向上突破50中轴线时,市场由弱市转为强市,是买进信号;相反,当%R从超买区价下跌落,跌破50中轴线时,可确认市场由强转弱,是卖出信号。

超买、超卖分界线同RSI一样,不是绝对不变的,投资者可根据具体情况确定。

2. 背离原则的应用

同其他指标一样,我们可以根据%R曲线同股价曲线的背离来判断市场走势。

(1)在%R进入高位后,一般要回头,如果这时股价还继续上升,这就产生顶背离,是买进信号。

(2)在%R进入低位后,一般要反弹,如果这时股价还继续下降,这就产生底背离,是买进信号。

(3)结合形态分析和趋势分析判断走势。

%R可能会出现连续几次撞顶(底),局部形成双重或多重顶(底),构成了卖出(买入)信号。另外,%R在图形上形成的支撑和阻力往往有领先大盘的倾向,可以把%R对这些支撑和阻力的突破当作市场价格运动的先行指标。

二、随机指数(KDJ)

(一)随机指数(KDJ)含义

随机指数(Stochastics),是由美国投资专家Dr. Geoge Lane所创立,最早用于期货市场,是短线投资者必不可少的分析工具。

(二)随机指数计算方法及理论依据

产生KD以前,先产生未成熟随机值RSV(Row Stochastic Value)。其计算公式为:

$$n 日 RSV=(C_n-H_n)/(H_n-L_n)\times 100\%$$

从公式我们可以看出,RSV实际上就是%R,可能是这两者产生的途径不同,各自取了不同的名字。

对RSV(%R)进行指数平滑,就得到K值。

今日K值=2/3×昨日K值+1/3×今日RSV

式中:1/3是平滑因子,是可以人为选择的,不过目前已经约定俗成,基本已经固定为1/3了。

对K值进行指数平滑,就得到如下D值:

今日D值=2/3×昨日D值+1/3×今日K值

式中:1/3为平滑因子,可以变为别的数字,但同样已成约定。

KD是在%R的基础上发展起来的,所以KD就有%R的一些特性。在反映股市价格变化时,%R最快,K其次,D最慢。在使用KD指标时,我们往往称K指标为快指标,D指标为慢指标。K指标反应敏捷,但容易出错,D指标反应稍慢,但稳重可靠。

在介绍KD时,往往还附带一个J指标,计算公式为:

$$J=3D-2K=D+2(D-K)$$

可见J是D加上一个修正值。J的实质是反映D和D与K的差值。

(三)随机指数应用法则

KDJ指标是三条曲线,在应用时主要从以下五个方面进行考虑。

1. 从KD的取值方面考虑。KD的取值范围是0~100,将其划分为几个区域:超买区、超卖区、徘徊区。按一般的划分法,80以上为超买区,20以下为超卖区,其余为徘徊区。当然这只是经验数据,还不足以决定买卖的最佳时机。在确认入市时机的时候,还要综合其他方面一起作出判断。

2. 应用形态及趋势分析。当KD指标在较高或较低的位置形成了头肩形态和多重顶(底)等反转形态时,是采取行动的信号。当这些形态出现的位置越高或越低,结论就越可靠。我们还可以在KD曲线上画趋势线,找出股价的支撑和阻力位。KD曲线上的这些支撑与阻力位置一旦被突破,其意义比价格曲线上的支撑与阻力突破意义更大。

3. 从KD指标的交叉方面考虑。我们在讨论MA时曾详细地分析过股价与MA、短期MA与长期MA的交叉问题,在KD指标中,K线与D线的交叉同样构成重要的买卖时机。

当K线从下向上与D线交叉时,这个交叉称为金叉,是买入信号。

这种情况买入是否就肯定正确,还要看看别的条件:

(1)金叉应出现在超卖区,且位置越低越好;

(2)K线与D线交叉应两次以上,次数越多,可信度越高;

(3)K在D已经抬头向上时才同其相交,比D还在下降时与之相交要可靠得多,即坚持"右侧相交"原则。

同时满足以上条件,投资者买入肯定是更安全的。但这种等待有时又使投资者错失良机。因为,不具备(或不完全具备)上述条件时,股价也有可能上涨,这时投资者应结合其他分析方法进行分析,以避免错过最佳买点。

4. 从KD曲线与股价走势的背离来考虑。前面介绍的指标中,已经多次提到有关"背离"的问题。当KD曲线走在高位或低位时,如果股价曲线走向与其不一致,即为背离。具体地说,当KD处在高位,并形成两个依次向下的峰,而此时股价还在一个劲地上涨,是卖出信号;反之,KD处于低位,并形成一底比一底高的趋势,而股价还在继续下跌,是买入信号。

当然,形态分析与趋势分析的内容在这里同样适用。

5. 从J指标的取值来看,当J值大于100时,股价会形成头部;而当J值小于0时,股价会形成底部。J值的讯号不经常出现,一旦出现,则可靠程度相当高。

三、相对强弱指标(RSI)

(一)相对强弱指标(RSI)含义

相对强弱指标(Relative Strength Index)是根据证券市场供求平衡的原理,通过计算一段时期内股价的涨跌幅度来测量多空双方买卖力量的强弱程度,从而判断未来市场走势的一种技术指标。

(二)相对强弱指标的计算方法

RSI通常采用某一时期(N天)内的收盘价作为计算对象,用每一天的收盘价减去上一天的收盘价,得到N个数字。

我们设:

A＝N个数字中正数之和

B＝N个数字中负数之和×(−1)

则RSI的计算公式为:

$$RSI(N)=A/(A+B)\times 100\%$$

公式中:A表示N日中股价向上波动的幅度;B表示股价向下波动的幅度;A+B表示股价总的波动幅度。因此,RSI实际上是表示股价向上波动的幅度占总的波动幅度的百分比。RSI的数值大表示强市,数值小表示弱市。

RSI还可以能过下面的公式计算:

$$RSI=100-100/(1+RS), RS=A/B$$

其结果与上述方法是一致的。

最初的RSI选用14天作为参数,目前国内在实际操作中,5日、6日、9日、10日、12日、15日、20日、25日等参数也普遍采用。这主要视市场的变化周期和波动幅度而定。

从公式可以看出,RSI的取值介于0%~100%之间。

(三)相对强弱指标的应用法则

1. 两条或多条不同参数的RSI曲线联合使用

参数小的RSI我们称为短期RSI,参数大的我们称为长期RSI。短期RSI对市场运动反应灵敏,但出错率高;长期RSI反应迟钝,但发出的信号相对可靠。因此我们可以利用两条或两条以上的RSI互相取长补短,其方法与不同参数的MA联合使用的办法一致。

(1)当短期RSI向上穿越长期RSI时,市场看涨;

(2)当短期RSI向下穿越长期RSI时,市场看跌。

2. 根据RSI的取值情况研判行情

从中国证券市场的实践情况看,当市场处于80~90度线(甚至更高)以上和20~10度线(甚至更低)以下时属于超买和超卖。这两个界线与RSI参数大小、股市的强弱以及不同股票的股性活跃程度有关。参数越大,市场、股性不活跃则这两个分界线离中心线50%就近,反之距离中心线就远。投资者操作过程中应注意调整。这里值得注意的是,超买、超卖本身并不构成立即入市的信号,必须得到证券价格方面的确认才能采取行动。

当市场处于50~80度线之间或者20~50度线之间时,股价走势分析情况如下:

RSI在50度线附近平走,或在40~60区间内上下震荡,则为整理状态;股价穿越50度线,未超越 80 度线,说明市场强势,可以买进或继续持仓;而股价下破 50 度线,在 20 度线以上,表明市场势弱,应视作卖出信号。如果将 100 分成四个区域,则投资者的行动规则应如表 8-1 所示:

表 8-1 RSI 取值研判

100	极强	卖出
800	强	买入
50	弱	卖出
20	极弱	买入
0		

3. 根据 RSI 的曲线形状判断股价走势

一方面,当 RSI 在较高或较低位置(离中心线 50％越远越好)形成头肩形或多重顶底、圆弧形态等反转形态,是采取行动的信号;另一方面,我们可以对 RSI 曲线进行趋势分析,来寻找市场趋势的持续或反转信号。RSI 曲线上的趋势线突破信号常常早于价格曲线的突破,因而具有很高的分析价值。

4. 从 RSI 与股价的背离方面判断行情

RSI 是由收盘价格计算求出的,所以 RSI 图形基本上和收盘线保持一致,但有时会发生"背离"信号,这种"背离"信号一般发生在超买或超卖区。当股价处于升势时,在收盘线形成一峰比一峰高,RSI 图形却出现后一个波峰没有超过前一个波峰,而随后的波谷却低于前一个波谷,此现象为"顶背离";当股价处于跌势,收盘线的底部形成一底比一底低,RSI 图形却出现后一个波谷没有再低于前一个波谷,而随后的波峰却高于前一个波峰,此为底"背离"。背离信号的出现常常暗示着多空双方力量对比正发生变化,股市行情即将出现重大反转。

5. 以极值原则判断趋势反转

当 RSI 处于极高或极低的位置时,投资者可以不考虑别的因素而果断采取行动。因为市场连续上涨后,中间未经充分调整,当 RSI 取值接近 95 度线或 5 度线附近时,预示了市场已严重超买(卖),投资者应平仓出场或入市抢反弹。当然,在看待极值这个问题时,还要根据市场的强弱及个股的股性区别判断。尤其要警惕庄家造市人为扭曲股价并导致 RSI 较长时间盘留在极值区域以致分析失准的情况。

四、腾落指数(ADL)

(一) 腾落指数(ADL)含义

腾落指数(Advance/Decline Line)又称升降指数,是指用来进行市场大盘趋势分析的指标,不能用于分析个股。它利用简单的加减法计算每天股票上涨家数和下跌家数的累积结果,然后与股票综合指数相互对比,对大盘未来走势进行预测。

（二）腾落指数的计算方法

我们假设已经知道了上一个交易日的 ADL，也知道今天所有的股票中上涨的共计 NA 家，下跌的共有 ND 家，不涨不跌的不计。那么今日的 ADL 值为：

今日 ADL＝昨日 ADL＋NA－ND

经推导得出如下公式：

$$ADL=\sum NA-\sum ND$$

式中：$\sum NA$ 为从开始交易的第一天算起，所有交易日上涨家数的总和；$\sum ND$ 为下降家数的总和；ADL 就是两者之差。

（三）ADL 的应用法则

ADL 的应用重在相对走势，并不看重取值的大小，即不能单独使用，总要同股价指数比较使用。

1. ADL 与股价指数同步上升（下降），创出新高（低），则可确认大势上升（下降）行情仍将持续，短期内反转的可能性不大。

2. ADL 连续上涨（下跌）了一段时间（一般是 3 天），而股价指数却朝相反方向下跌（上升）了一段时间，这是一种背离现象，预示了买进（卖出）信号。

3. 当大盘股指进入高位（低位）时，ADL 却开始走平或下降（上升），这也是背离现象，预示着原有趋势即将结束，下跌的（上升）行情将要开始。

4. ADL 保持上升或下降趋势，大盘却在中途发和生转折，但很快又恢复了原有的趋势并创出新高或者新低，这是相应的买进与卖出信号，表明多头或空头仍然控制着大局。

5. ADL 用于对大盘运动方向作出预测，但对个股走势分析却无能为力。

6. 形态分析和趋势分析方法同样可以用于 ADL 曲线。

7. 据经验结果，ADL 在上升趋势的使用效果要优于在下降趋势中的效果。

五、涨跌比率（ADR）

（一）涨跌比率（ADR）的含义

涨跌比率（Advance/Decline Ratio）又称为回归式腾落指数，是通过计算一定时期内股票上涨家数与下跌家数的比值，来推测股票市场多空力量对比，进而推断大盘趋势方向的指标。

（二）涨跌比率的计算方法

ADR 采用的是一定时期内股票的上涨家数与下跌家数的比值（无涨跌不计），计算公式如下：

$$ADR(N)=P_1/P_2$$

式中：$P_1=\sum NA$，为 N 日内股票上涨家数的移动合计；

$P_2=\sum ND$，为 N 日内下跌家数的移动合计；

N 为选择的天数，是 ADR 的参数。

N 的大小完全由交易者自行设定。选得过大或过小都会影响 ADR 的灵敏与稳定性。投资者可以选择 5 日、10 日、25 日等作为参数,但最终取决于投资者本人对市场时间跨度的偏好。ADR 的图形是以 1 为中心来回波动的,波动幅度的大小以 ADR 的取值为准。

(三) ADR 的应用法则

1. 从 ADR 的取值来判断大盘走势。ADR 的取值常态分布通常在 0.5~1.5 之间,而 0.5 以下或 1.5 以上属非常态分布。在暴涨、暴跌的行情中,常态分布的上限与下降可扩增至 1.9 以上和 0.4 以下。

(1) ADR 处于常态区间时,多空双方谁也不占大的优势,投资者一般以持股或观望为好。

(2) ADR 进入非常态范围,即 ADR 值大于 1.5 时,表明股价经过长期上涨,产生超买现象,股价容易档或回跌,是卖出信号;反之,低于 0.5 时,表明股价长期下跌,已形成超卖局面,可能会出现反弹或回升,是买进信号。

(3) 当股价进入暴涨行情或展开第二段上升行情,ADR 取值会快速增加,投资者要注意上下限的调整。

(4) 涨跌比率若不断下降,低于 0.75,通常预示短线买进信号;在空头市场初期,如果 ADR 降至 0.75 以下,通常暗示中级反弹即将来临,可伺机买入;而在空头市场末期,ADR 降至 0.5 以下时,则可作为长线建仓时机。

2. ADR 与综合指数的配合作用。

(1) ADR 上升(下降)而综合指数同步上升(下降),则综合指数将继续上升(下降),短期反转的可能性不大。

(2) ADR 上升(下降)而综合指数反方向变动,则二者发生背离,大盘短期内会有反弹(或回落)。

3. 从 ADR 曲线形态研判大盘走势。如果 ADR 从低向高超过 0.5,并在 0.5 上下来回移动好几次,表明空头市场进入尾声。

4. ADR 常态分布的上下限因时间参数的大小不同而有所变化。一般来说,参数越大,上下限离 1 越近;反之,越远。

5. ADR 以 1 作为多空双方力量对比的平衡点。但这里多空力量大小并不意味着相应的 ADR 取值在 1 两侧作对称分布,也就是说,0.5 离 1 的距离与 1.5 到 1 的距离所代表的趋势强弱的程度并不一致。正确的对应关系应如下所示:

0.5~1~2   0.66~1~1.5   0.33~1~3
0.4~1~2.5   0.53~1~1.9   0.75~1~1.33

投资者在调整 ADR 的上下限时,应注意等距的问题。

6. 同 ADL 一样,ADR 不能用于分析个股。

六、超买超卖线(OBOS)

(一) 超买超卖线(OBOS)含义

超买超卖线是通过计算一定时期内股市涨跌股只数量之间的差值,藉以了解整个市场买卖气势之强弱以及未来大势走向的技术指标。

OBOS 的主要用途在于衡量大势涨跌气势,其实质是一种加大 ADL 线振幅的分析方法。

(二) OBOS 计算方法

$$OBOS(N)＝N 日内上涨家数累计总和－N 日内下跌家数累计总和$$

其中 N 日的采样一般设为 10 日。

(三) OBOS 应用法则

在实际运用中,可将 OBOS 值连成曲线同股价指数走势图合并研究。

1. 10 日 OBOS 对大势有先行指标的功能,而 6 日或 24 日的 OBOS 因其波动太敏感或太迟缓技术价值不大。

2. 从计算公式看,OBOS 值可为正数也可为负数。当 OBOS 为正数时,市场处于上涨行情;当 OBOS 为负数时,市场处于下跌行情。

3. 当 OBOS 达到一定正数值时,大势处于超买阶段,可择机卖出;反之,当 OBOS 达到一定负数时,大势超卖,可伺机买进。至于 OBOS 超买超卖的区域划分,因市场上市规模而定。

4. OBOS 线可用趋势线和型态原理进行研判,特别是当 OBOS 在高档走出 M 头或低档走出 W 底时,可按型态原理作出买进或卖出之抉择。

5. 同 ADL 和 ADR 分析原理一样,当 OBOS 走势与股价指数相背离时,需特别注意大势反转的迹象。

七、心理线(PSY)

(一) 心理线(PSY)含义

心理线(Psychological Line)是一个从心理方面指示股票投资者的买卖趋向的技术指标,它通过对多空双方力量对比变化的研究,来推测市场未来的发展趋势。

(二) PSY 计算方法

PSY 的计算公式如下:

$$PSY(N)＝A/N×100\%$$

式中:N 为参数,即天数;A 为在这 N 天之中股价上涨的天数。这里所说的上涨是指收盘价高于上一天收盘价的交易情况。

在 N 天之中,如果上涨的天数过半,则 PSY＞50%,表明多头占优;而当上涨家数少于下跌家数时,则 PSY＜50%,表明空头占优;当 PSY＝50% 时,说明市场多空力量处于相对平衡状态。因而 PSY 是以 50% 为中心来描述多空双方力量的对比。

PSY 的参数可以由投资者把握不同的交易目的及个人偏好进行设定。参数越大,PSY 的取值范围越集中,表现越平稳;参数越小,PSY 曲线波动范围越大,越剧烈。为了便于计算,一般选择 10 日参数。

(三) PSY 应用法则

1. 从 PSY 取值判断多空力量变化。PSY 取值以 50 为中心,在 25～75 之间波动,说明多空力量均衡,行情处于盘局;如果 PSY 的取值大于 75 或小于 25 时,则表明股价进入超买或超卖状态;如果 PSY 小于 10 或 PSY 大于 90 这两种极端情况出现,则是投资者买入或卖出的良好时机。

2. 从形态分析和趋势分析的角度看,当 PSY 曲线第一次进入采取行动的区域时,往往容易出错,要等到第二次低于 25 或高于 75 时采取买入或卖出行动才保险;另外,如果 PSY 曲线在低位或高位出现 W 底或 M 头以及其他反转形态也是买入或卖出信号。PSY 曲线也有与股价走势背离的情形,在这种情况下的分析方法与其他技术指标背离的判断方法基本上相同。

八、止损转向指标(SAR)

(一) 止损转向指标(SAR)含义

SAR(Stop and Reverse)中文名称是止损转向指标,由于组成线的点是以弧形的方式移动,有人将 SAR 称为抛物线指标。(Parabolic)这个技术指标是行情大涨和大跌时,SAR 可以尽量减少损失,但却不是在最佳的价位买入或卖出,这一点应该引起投资者的注意。

(二) SAR 的计算公式和参数

SAR 的计算公式是非常复杂的,本书也只是给出了一部分说明,每一天的 SAR 值是不相同的,它要根据当天价格的变化程度不断地改变,一般来说在上升的时候,SAR 是越来越高的,看跌时,SAR 会越来越低。SAR 的计算工作主要针对每天不断变化的 SAR,也就是止损耗价位的计算。

1. 计算 SAR 的步骤,计算 SAR 要分两种情况,一种是在上升时,另一种是在下跌时,两种情况的计算方法差点不多,以下一并进行介绍,计算 SAR 分为 4 个步骤。

第 1 步,确定这段时间上升还是下降,定好价格的趋势,才知道哪一种止损;

第 2 步,确定第 1 天的 SAR 值 SAR(1),方法如下:

SAR(1)=近期的最低价格(在上升情况下)

SAR(1)=近期的最高价格(在下降情况下)

第 3 步,计算第 2 天的 SAR 值 SAR(2),方法如下:

$$SAR(2)=SAR(1)+AF\times[EP(1)-SAR(1)]$$

第 4 步,逐步计算后面的 SAR 值 SAR(n),方法是递推公式:

$$SAR(n)=SAR(n-1)+AF\times[EP(n-1)-SAR(n-1)]$$

2. 计算 SAR 步骤的说明,利用以上 4 个步骤就可以不断地计算出每一天的 SAR 值,但有几点应该说明。

(1) AF 是一个数字,叫加速因子(Accelerate Factor),它是不断变化的。现在流行的取

法是,在上升的情况下,第一次 AF=0.02,往后的取法则是:

①如果某一天的最高价出现最近的新高,则 AF 将在原来的已有数值的基础上增加 0.02。

②如果某一天的最高价不是最近的新高,则 AF 值不变,如果某一天没有新 AF 值,就沿用前一天的 AF 值。

对于下降的情况,AF 值是否应该增加,由是否有新的最低价格确定,无论是上升还是下降,当 AF 值增加 0.2 时,就不再增加了,在 AF 取值中所遇到的 0.02 和 0.2 都是 SAR 的参数。

(2) EP 叫极点价(Extreme High or Low Price),对于上升的情况,极点价就是最高价格;对于下降的情况,极点价就是最低价格。当然,这里的最高和最低指的不是某一天的,而是近期的,确定近期需要涉及到参数,它规定了时间区间的长度,一般的时间区间长度取成 4,这也是 SAR 的一个参数。

(3) 在上升的情况下,按照上面的计算公式,若计算出某日的 SAR 值比当天或前一天的最低价格高,则当的 SAR 值应该用当天或前一股票的最低价格代替。与此相似,在下降的情况下,若计算出的某日的 SAR 值比当天或前一天股票的最高价格代替。

(4) 计算当天的 SAR 值勤,不涉及当天有关价格的信息,而只用到在此之前的价格信息。

3. SAR 的取值与价格的关系,从以上 SAR 的计算方法可以知道下面的结果:

(1) 在价格上升的情况下,SAR 的取值会相应地上升;在价格下降的情况下,SAR 的取值会相应地下降。

(2) 在价格上升的情况下,SAR 的取值永远比价格小,从图形上看,就是价格线(K 线或棒线)始终在 SAR 之下。

(三) SAR 的应用法则

从上面对 SAR 的介绍中可以很清楚地明白 SAR 的使用法则,那就是止损转向的操作法则。

价格突破了 SAR 就是行动的信号,向下突破的时候卖出,向上突破的时候买入,这就所有技术指标中叙述起来最为简单的含义,不过,在实际应用时应该注意以下三点:

1. 不一定非要等到价格突破了 SAR 才能采取行动,有时可以提前。

2. 应用 SAR 最为重要的是明确当前的价格波动是否存在趋势,无论是上升还是下降,当市场有明确趋势的时候,SAR 的使用效果非常明显,但是当价格波动没有趋势,而是盘整局面时,SAR 几乎是不能使用的,价格盘整时,SAR 必然发出过多的信号,造成频繁的买卖行动,而每次几乎都是小亏损,最后到积小亏为大亏的结果。

3. 在技术指标中,SAR 属于比较难掌握的类型,它的使用法则属于技术指标的交叉。

九、能量潮(OBV)

(一) 能量潮(OBV)含义

能量潮在中文名称直译是平衡成交量,把每天的价格波动看成海洋的潮汐,把 OBV 看成潮汐的能量。

(二) OBV 的计算公式

OBV 的计算公式是按照递推的方式进行的。首先我们假设已经知道了上一个交易日的 OBV,然后就可以根据今天的成交量以及今日的收盘价与上一个交易日的收盘价的大小比较,计算出今日的 OBV。公式为:

$$今日 OBV = 前一交易日 OBV + sgn \times 今日的成交量$$

式中,sgn 是符号的意思,由下式决定:

$$Sgn = +1, 如果今收盘价 \geq 前收盘价$$
$$Sgn = -1, 如果今收盘价 < 前收盘价$$

计算 OBV 所用到的第一个 OBV 值一般取为 0,也可以是其他数值。

(三) OBV 的应用法则和注意事项

1. OBV 必须与价格曲线结合使用才能发挥作用,不能单独使用。

2. 只关心最近几日的 OBV 曲线的相对走势,从 OBV 的取值大小不能得出任何结论。

3. OBV 曲线的上升和下降对进一步确认当前价格的趋势有着重要的作用。价格上升(或下降),而 OBV 也相应地上升(或下降),则我们可以更相信当前的上升(或下降)趋势。价格上升(或下降),但 OBV 并未相应地上升(或下降),则我们对目前的上升(或下降)趋势的认可程度就要大打折扣,这就是背离现象。OBV 已经提前告知趋势的后劲不足,有反转的可能。

4. 在价格进入盘整区后,OBV 曲线会率先显露出脱离盘整的信号,向上或向下突破。

十、动量指标(MTM)

(一) 动量指标(MTM)含义

MTM(Momentum Index)的另外一个名称是动指标,这个技术指标所考虑的问题是事物发展的过程。一般来说,事物发展应该遵循这么一个过程:首先是缓慢地发展,到了一定时间,将急速地朝一个方向发展,之后是发展的速度渐渐减慢并停止发展,最后是向相反方向发展。这个规律就是 MTM 的出发点。

(二) MTM 的计算公式和参数

同 ROC 一样,MTM 是计算当前的价格与一定天数之前的某一天的价格的变动大小,以此来反映价格的上涨和下降速度。与 ROC 不同的是,ROC 用的是相对变动率,MTM 用的是绝对变动。

与 ROC 一样,MTM 的参数只有 1 个,并且参数的含义也一样。MTM 的计算公式为:

$$MTM(n) = C_0 - C_{-n}$$

式中,C_0 为当日的收盘价;C_{-n} 为 n 天前的收盘价。

(三) MTM 的特性及应用法则

MTM 的特性与 ROC 可以说一模一样，这里就不重复了。至于应用法则，其实也差不多，也是从三个方面进行操作。

1. MTM 自上而下穿破 0 线或自下而上穿破 0 线，都是采取了行动的信号。或者说，由正变负卖出，由负变正买入。

2. MTM 在 0 以上下穿 MTM 自己的移动平均线，或从 0 以下上穿自己的移动平均线，都是采取行动的信号。

3. MTM 在高位或低位与价格形成背离，是采取行动的信号。

更为详细的叙述，请参阅 ROC 的相应内容。

在结束这一节之前，还有一点需要说明。ROC 在预测行情方面有显著的功效，但在容易产生一些无谓的波动，产生出频繁的买卖信号，这些信号中有一部分是不正确的。为了避免这些问题，建议运用平滑原理构造 ROC 和 MTM 的 MA，与 ROC 和 MTM 结合使用，由 ROC 及 MTM 与其 MA 的上下穿越来研判行情。

十一、摆动量（OSC）

（一）摆动量（OSC）含义

摆动量反映的是价格偏离移动平均价的绝对距离。

（二）OSC 的计算公式和参数：OSC 的计算公式非常简单，是计算 BIAS 的公式中的分子部分。计算公式为：

$$OSC(n) = C - MA(n)$$

式中，C 为当天的收盘价；MA(n) 为参数为 n 的移动平均价。N 是移动平均价的参数，也是 OSC 的参数。对于 OSC 来说，对参数的确定以及对实际的影响与 BIAS 一样，不再赘述。

（三）OSC 的应用法则：OSC 考虑的是绝对的差价或绝对的距离，而不是相对的差价或相对的距离。OSC 同 BIAS 既有相同的操作原则，也有自己的的特殊性。

OSC 不能像 BIAS 那样找到买入或卖出的分界线，因为 OSC 所指的是具体的价格的波动距离，而不是百分比。价格的变动范围太大，不好硬性规定到了什么数字就抛出或买入，不同价格水平的证券显然也应该有不同的分界线。

OSC 由正变负，反映的是价格下穿 MA，一般说来这是卖出的信号。OSC 由负变正，是价格上穿 MA，这是买入的信号。这一点同 MA 的应用法则相同。

OSC 的应用主要还是从 OSC 曲线的形状上进行考虑。

1. OSC 在比较高的位置形成 M 头、头肩顶等形状时，都是抛出信号。同理，OSC 在较低的位置形成 W 底、头肩底等形态，是买入信号。

2. OSC 从高向低形成两个或多个依次下降的峰，是抛出信号。同理，OSC 从低向高形成两个或多个依次上升的谷，就是买入信号。

3. OSC 在高位或低位如果出现与价格背离，则是行动的信号。这里的高位和低位是需要主观判断的。

4. 对 OSC 本身也可以进行移动平均,计算平均的 OSC 值。如果 OSC 与自己的移动平均值相距太远,也是行动信号。这个时候就不要等 OSC 形成明显的形态了,因为此时价格和 OSC 都会很迅速地回头。这一点有些类似于 BIAS。

从以上可以看出,对 OSC 的使用注重于 OSC 处在高位和低位的时候。OSC 处在 0 附近的指导意义相对较少,因为这时反映的无非是价格在平均价之上还是之下,没有实质性的内容。

十二、变动率(ROC)

(一) 变动率(ROC)含义

指标所指的价格变动不是与移动平均价进行比较,而是与前几日的价格进行比较。这个指标是判断价格突破支撑和压力线是否成功的有力工具。

(二) ROC 的计算公式和参数

ROC 用来计算当天的价格与一定距离之前的某一个交易日的价格的变动速度的大小,反映证券价格变动的快慢程度。ROC 又叫做变动速度指标或变化速率指标,英文直译应该是变化率。

计算 ROC 的公式中只含有 1 个参数,即究竟是同多少天之前的价格进行比较,这个天数就是 ROC 的参数。ROC 的计算公式为:

$$ROC(n) = \frac{C_0 - C_{-n}}{C_{-n}} \times 100\%$$

式中,C_0 为现在(当天)的收盘价;C_{-n} 为 n 天之前的收盘价,例如 C_{-3} 表示 3 天之前的收盘价;n 为 ROC 的参数。

ROC 还可以用另一种计算公式:

$$ROC_2(n) = \frac{C_0 \times 100\%}{C_{-n}}$$

式中,C_0 和 C_{-n} 的含义相同。从式子中很容易看出:

$$ROC(n) = ROC_2(n) - 1$$

从数学角度看,这两种计算 ROC 的公式没有本质的区别,我们后面采用第一种计算公式。

参数的含义其实反映了与当前相比较的价格离现在的远近。n 越大,距离现在的时间越远。n 选得太小,离得太近,对预测也可能没有什么指导意义,因为距离近概而论。目前,市场上流行的是 n=5 和 n=10 等几种。

如果 ROC 中的参数是 n=1,则 ROC 就成了每日的涨跌幅度(PCNT%)。可见,PCNT%是 ROC 的一种特殊情况。

涨跌幅度反映的是每一交易日比上一个交易日变动的相对量。投资者每天都比较关注的涨跌排名顺序,这实际上是对技术指标 ROC 进行排名。投资者在观察市场的时候,不应该只注意价格变动的对量而忽视变动的相对量,不要只说今天不涨了(或下跌了)多少元钱,而不说今天上涨(或下降)的比率。只关心价格变动的绝对量是很片面的,容易把分析行为引向错误的方向。例如,20元1股的股票下跌了1元,看起来很多,容易引起重视,而2元1股的股票,下跌了1角就没有人注意了。其实,这两种下跌的程度是相同的。有时,甚至可以说后者对整个大势的影响比前者多。

(三) ROC 的应用法则

根据 ROC 的特性,可以按以下的法则应用 ROC。为了更好地应用 ROC,还引入了另一个技术指标——ROCAVG,这个技术指标是 ROC 的移动平均值。ROC 的使用通常从以下三个方面考虑。

1. 从 ROC 的取值方面。ROC 自上而下跌破 0,是卖出信号;反之,ROC 自下而上穿过 0,是买进信号。或者说,ROC 由正变负卖出,ROC 由负变正买入。这是由 ROC 描述价格变动速率的特性而定的。

2. 从 ROC 与 ROCAVG 的相对取值方面。后者是前者的移动平均,这两个指标的关系就如同价格与 MA 的关系。正是由于这个原因,ROC 上穿 ROCAVG 并且 ROC 为正值时,是买入信号。同理,ROC 下穿 ROCAVG 并且 ROC 为负值时,是卖出信号。

3. 从 ROC 与价格的背离方面。ROC 有领先于价格的特性,所以可以考虑使用技术指标的背离。如果从高向低 ROC 曲线出现两个依次下降的峰,而此时价格却出现新的高峰,这就构成顶背离的现象。我们知道,这是卖出的信号。同理,ROC 从低向高形成依次上升的两个谷,而此时的价格却出现了新的更深的低谷,这就形成底背离,是买入的信号。

十三、动向指标(DMI)

(一) 动向指标(DMI)含义

几乎所有的技术分析方法都是通过某个方式刻画和分析证券市场中多空双方力量的对比,进而进行行情预测的。DMI 作为一种技术指标,也是力图在这个方面作出一些努力。DMI 探寻价格在上升及下降过程中的均衡位置,通过价格的变化达到多空双方暂时休战。之后,在新的供求关系的推动下,多空双方再度紧张,再次通过价格的变化达到多空双方新的休战。证券市场中,多空双方的争斗永远是这样一个过程。形态理论中所介绍的持续整理形态就相当于处于暂休战状态,反转突破形态相当于打破双方均衡位置,建筑新均衡位置。

(二) DMI 的计算公式各参数

DMI 中文名称直译为方向移指数。目前,在中国证券市场中有趋势指标、趋向指标和动向指标等不同的叫法。作者推荐另一种叫法——方向指标,因为 DMI 在实际中的主要功能是指出价格波动的方向,这使 DMI 的意义更明确直观。

计算 DMI 的过程很复杂,在计算 DMI 的过程包括±DI、DX、ADX 和 DDXR 共四项内容。步骤是±DM 和 TR→±DI→±DI(n)→DX→ADX(m)→ADXR(r)。

1. +DI 和 −DI。DI 是 Directional Indicator 的缩写,中文名称为方面线。共有两个内

容——+DI 和−DI。+DI 表示上升方向线,−DI 表示下降方向线。计算公式为:

$$+DI = +DM/TR \times 100\% \quad -DI = -DM/TR \times 100\%$$

式中,±DM 为正负趋向变动值,是表示价格涨跌的一种方法,价格的涨跌是通过对连续两天的价格波动的最高值和最低值的比较而确定的。

(1) ±DM 的计算方法。具体的计算方法为以下 4 种情况。

① 如果 H>YH,并且 L>YL,则今日的 DM 为正数,并且+DM=H−YH,−DM=0。

② 如果 H<YH,并且 L<YL,则今日的 DM 为负数,并且+DM=0,即−DM=YL−L。

③ 如果 H>YH,并且 L<YL,则今日的 DM 是正是负还不一定,要由下式确定。

如果 H−YH>YL−L,则今日的 DM 是正数,+DM=H−YH,−DM=0。

如果 H−YH>YL−L,则今日的 DM 是负数,则今日的−D=YL−L,+DM=0。

(2) TR 的计算方法。TR 是 True Range 缩写,从 DM 计算方法可知,DM 是当时价格波动幅度大于昨日价格部分的最大值,表明价格波动增强和减少的程度。TR 则是当日价格波动幅度与昨日收盘价相比较的最大值,TR 的计算分以下 3 种情况。

① 如果 H>YC>L,则今日的 TR=H−L。

② 如果 YC>H,则今日的 TR=YC−L。

③ 如果 YC<L,则今日的 TR=H−YC。

这里的 YC 为前一日的收盘价,H 和 L 的含义与上面相同。

(3) ±DI(n)的计算公式及参数,前面的(1)和(2)给出±DM 和 TR 的计算公式,下面将要给出的±DI(n)的计算公式。

$$\pm DI = \pm DM/TR \times 100\%$$

但是,这个式子有一定的片面性,在应用±DI 时不方便,为了避免偶然性,在计算±DI 时,选择的是连续若干个交易日的±DM 的总和以及 TR 的总和,然后两者相除,得到±DI(n),具体的公式为:

$$+DI(n) = \sum +DM/\sum TR \times 100\% \quad -DI(n) = \sum -DM/\sum TR \times 100\%$$

式中,$\sum \pm DM$ 为连续 n 个交易日的±DM 之和;$\sum TR$ 为连续 n 个交易日的 TR 之和,这里 n 是参数,表示所选择的时间区间的长度,也就是交易日的天数,一般而言,参数 n=14。当然,使用者可以自行决定 n 的选择。

从 DM 和 TR 的计算上我们可知道,+DI(n)和−DI(n)的取值永远在 0～100 之间,+DI(n)和−DI(n)的实际含义就是上升方向的变动和下降方向的变动在全部变动中所占的比例。如果某方向所占的比例大,这个方面的力量就大,如果占的比例小,这个方向的力量就小。±DI(n)是多空双方力量有绝对强度,这一点恰好是 DMI 构造的基本思想。

2. DX(Directional Movement Index),中文名称叫动向值,也叫比例数,是鉴于±DI(n)的一些不足而产生的新技术指标,DX 以+DL(n)和−DI(n)两者之差与两者之和的比值作

为对当前市场动向的综合评判。DX 计算公式为:

$$DX = |+DI-(-DI)|/+DI+(-DI) \times 100\%$$

式子,分子的左右两竖线是绝对值的意思,目的是为了保证 DX 取正数,由于+DI 和 −DI 都是正数,可以很明确地知道 DX 的取值范围是 0~100。

从直观上讲,如果+DI=−DI,则说明向上和向下的力量相等,那么价格将没有趋势,波动也没有方向,而这时 DX=0,从另一个极端看,如果±DI 中有一个是 0,比如+DI 为 0,那么向下的力量完全战胜向上的力量,而这时 DX=100。由此可知,DX 越大,价格越具有趋势和波动的方向;而 DX 越小,价格就没有明确的趋势和波动方向。

从 DX 的表达式中可以看出,DX 表明的是多空双方差异的相对水平。

3. ADX(Average Directional Index),这是 DMI 指标的主角。中文名称为方向指标,从名称中可以知道 ADX 是 DX 的移动平均。之所以选择 ADX 而不选择 DX,是为了避免某一天的偶然取值使其大幅度变动,引起我们对总体形势的错误判断,说到移动平均就涉及参数,即时间区间的长度,也就是天数,一般以 10 作为计算 ADX 的参数。当然读者可以选择自己习惯的参数,不能拘泥于书本,ADX 的计算公式为:

$$ADX(m) = \sum DX/m$$

式中,m 为参数。

4. ADXR(Average Directional Movement Index Rating)。ADX 在高位的反转落下是一个趋势结束的标志,将使投资者在应用 ADX 时出现麻烦。ADXR 在一定程度上可以弥补 ADX 的上述不足,可以增强对 ADX 的高位反转的尽早确认。ADXR 的计算公式为:

$$ADXR(r) = (ADX1 + ADXr)/2$$

式中,ADX1 为今天的 ADX 取值;ADX r 为 r 天之前的 ADX 值,如果 r=5,则 ADX5 表示一星期前的 ADX 值,r 为 ADXR 的参数,可以人为选择,一般选 r=5。

ADXR 实际上是今日 ADX 与前面某一交易日的 ADX 的平均值,ADXRD 在高位与 ADX 同步下滑,可以增加对 ADXS 已经掉头的尽早确认,ADXR 是 ADX 的附属品,在应用时应以 ADX 为主,ADXR 为辅,很多文献在介绍 DMI 时都有不介绍 ADXR,一般介绍到 ADX 就结束了。

(三) DMI 的应用法则

1. ±DI 的应用法则,利用+DM 和−DI 这两条曲线可以很容易判断出行情的发展趋势,并以此为依据确立自己的买入卖出价位。

在±DI 的含义可知,±DI 表示上升动力和下降动力绝对数字的大小,所以当+DI 上升、−DI 下降时,就说明目前多方力量强大。如果+DI 从低位向上,而−DI 从高位向下,当+DI 上穿−DI 时,为多方最终占优的局面,是买入信号。

与上述方向相反,当−DI 上升、+DI 下降,则说明目前市场是空方力量渐渐增强,而多方力量渐渐减弱,如果−DI 从低向上,而+DI 从高向下当−DI 上穿+DI,是空方最占优标志,是卖出信号。

2. DX和ADX的应用法则,DX和ADX的应用法则是相同的,以下只叙述ADX的应用法则,在多头市场中,价格市会不断地上涨,从而导致＋DI的上升和－DI的下降,ADX也会上升。而在空头市场中,价格不断地下降,＋DI会不降,－DI会上升,最终ADX还是上升。这就是说,无论是在空头市场还是在多头市场,ADX的曲线总是呈现上升的趋势,这就告诉我们,ADX只能帮助我们判断是否有趋势存在,也即价格目前是否按照某一方向移动,而不能帮助我们清楚价格具体是向上移动还是向下移动。

(1) ADX曲线持续上升到高位,说明目前价格波动有一个明确的固定的方向,可能是上升也可能是下降,当然,ADX达到什么数字算是高位,要根据参数的选择和股票的种类而定。

(2) 当ADX上升到很高的高位并转折向下时,说明原来的趋势可能遇到了麻烦,不能再像原来那样沿原方向畅快地运动了,甚至可能是这一轮趋势反转的开始,所以,ADX从高位回头向下,是应该引起注意的现象,这属于技术指标的转折的范畴。

(3) 价格不断出现新高或新低,ADX同时也不断出现新高,而价格这种创新高和创新低的行为还将保护一段时间,不会立即停下来,这就是ADX的助涨和助跌作用,ADX可能坚定我们的信心。

(4) ADX进入低位时(具体抵到什么数字才算低,要根据具体的情况而定),说明＋DI和－DI已经接近,多空双方的力量对比基本相当,谁也不占大的优势,此时,价格进入盘整阶段,没有明确的运动方向,ADX一旦进入低位就失去了它的作用,ADX的价值体现在ADX处在高位时的表现,当处于低位时,对我们今后的工作没有任何帮助。

3. ADXR的应用,前文已经说过,ADXR的产生是为弥补ADX的不足,ADX在高位掉头时,可能不能被立即确认,因为ADX有可能做出短暂的停顿,然后继续向上,如果ADXR和ADX同步掉头向下,ADX的转折就被确认。

ADXR可以单独使用,它的应用法则同ADX一样,因为从某种意义上计ADX就是ADXR。

4. DMI包括了几个技术指标,这些技术指标都可以单独运用于价格的预测,但是DMI最好同别的技术指标结合使用,这可使推测的结果更加准确。

与DMI结合使用得更多的技术指标是RSI。RSI和DMI都是描述多空双方力量对比的技术指标,DMI与RSI的波动方向是一致的,是同步的。如果DMI和RSI所显示的多空双方力量发生矛盾,这时的行情可能会有大的动作。

十四、人气指标(AR)、BR、CR

(一) 人气指标(AR)

1. 人气指标(AR)含义

人气指标(A—Ratio)又称买卖气势指标,是通过比较一段时期内开盘价在当日价格中的高低,来反映市场买卖人气的技术指标。市场人气旺则多方占优,买入活跃,股价上涨;反之,人气低落,交易稀少,人心思逃,则股价就会下降。

2.（AR）的计算方法

我们用 H—O 代表多方强度,用 O—L 代表空方强度。

其中:H 为当日最高价;L 为最低价;O 为开盘价。

为消除计算结果的片面性和偶然性,我们可以选择若干天的多空强度进行比较。选择的天数就是 AR 指标的参数。

AR 的计算公式为:

$$AR(N)=P_1/P_2\times 100\%$$

式中:$P_1=\sum(H-O)$ 为 N 日多方强度的总和;

$P_2=\sum(O-L)$ 为 N 日空方强度的总和。

参数 N 可以选择 10 日、15 日、25 日、26 日等。

3.（AR）应用法则

(1) 从 AR 的取值看多空力量的对比

①AR 指标以 100 为分界线,作为多空力量的平衡点。当 AR 指标取值在 100 附近徘徊时,表明多空双方势均力敌。一般来说,当 AR 取值在 80~120 时,股价处于横向盘整状态。

②当 AR 值大于 120,介于 120~150 之间时,说明多头占优,或可以做多买入;当 AR 值小于 80,介于 80~60 之间时,表明空头占优,应考虑平仓出局。

③当 AR 值大于 150 或小于 60 时,就应警惕市场已进入超买或超卖区。此时要考虑应该卖出或买入了。

需要指出的是,这里的多空分界线（AR 数值）只是经验数据,投资者在应用时需要根据市场及个股的具体情况进行调整。

(2) 从 AR 与股价的背离方面判断股价走势

同大多数技术指标一样,AR 所体现的波峰与谷底总是领先于股价曲线,这为我们在市场发生重大转折之时立即采取行动提供了参考。传统的形态与趋势分析理论同样适用于 AR 的走势分析。

(3) AR 指标与 BR 指标配合使用。这个内容将在介绍 BR 指标时介绍。

(二) 买卖意愿指标(BR)

1. 买卖意愿指标(BR)含义

买卖意愿指标(B—Ratio),同 AR 指标一样也反映当前情况下多空双方相互较量结果的指标之一。

2. BR 的计算方法

与 AR 相似,在 BR 指标中,用 H—YC 代表多方强度,用 YC—L 代表空方强度。其中:H 和 L 分别为今日的最高价和最低价;YC 为昨日的收盘价。则计算公式表示如下:

$$BR(N)=P_1/P_2\times 100\%$$

式中：$P_1 = \sum(H-YC)$ 为 N 天多方强度的总和；

$P_2 = \sum(YC-L)$ 为 N 天空方强度的总和。

N 为参数，通常可以选择 10 日、15 日、20 日、25 日、26 日等。BR 指标越大，则多方力量越强；BR 指标越小，空方力量越大。双方的分界线是 100。100 以上是多方占优，100 以下是空方占优。

BR 指标的意义直观，反应敏感，比 AR 指标有一定的优越性，也是我们分析股价走向的有力的技术指标之一。

3. 应用法则

(1) 从 BR 的取值看股价走势

①BR 取值在 100 附近表示多空双方力量相当，谁也不占明显的优势。一般认为当 BR 取值介于 70～150 之间时，股市处于整理阶段。

②BR 取值从 150～300 是多方力量逐渐增强的过程，投资者可以考虑进货或继续持股；从 70～40 时，表明空方力量占绝对优势，此时投资者应该考虑卖出股票。

③当 BR>300 或 BR<40 时，投资者要注意股价有可能回头下跌或向上反弹。此时应该卖出股票或买进建仓。同 AR 一样，这里的数字也是经验数据，投资者也要根据选择的参数和买卖的股票做适当调整。

(2) 从 BR 指标与股价的背离看趋势

BR 指标达到峰顶并回头时，如果股价还在上涨，这就形成了背离，是比较强的获利了结信号；BR 达到谷底并回头向上，而此时股价还在下跌，这也是背离，是比较强的买入信号。

(3) AR 指标和 BR 指标配合使用

BR 由于采用上一交易日的收盘价作为均衡价位，因而波动性往往比 AR 大。因此，AR 指标可以单独使用，而 BR 指标一般应同 AR 结合使用。当 AR、BR 都急剧上升，那么市场可能很快见顶回落；BR 下穿 AR 且处于低位，则是逢低买进的信号；BR 急剧上升，但 AR 指标未能配合跟进，说明涨势不能持久。

(4) BR 在极特殊的情况下会出现负值，但这种负值并不能影响其分析效果，在分析时，我们可以将负值视作零值来处理。

(三) 中间意愿指标(CR)

1. 中间意愿指标(CR)含义

中间意愿指标(C—Ratio)，是同 AR、BR 极为类似的指标。CR 指标选择的多空双方的均衡点是昨日的中间价，这样可以避免前两个指标有时全天走势都比较稳定，但由于外部因素或偶然事件，导致股价在临近收盘时大幅扬升或跳水，歪曲当日走势的不合理因素。

2. CR 的计算方法

用 H—YM 代表多方强度；YM—L 代表空方强度。其中，H 和 L 为今日的最高价和最低价；YM 为昨日(上一个交易日)的中间价。目前流行的广为接受的中间价计算方法有以下四种：

(1) $M = (2C+H+L)/4$

(2) M=(C+H+L+O)/4

(3) M=(C+H+L)/3

(4) M=(H+L)/2

由此,我们可以得出 CR 的计算公式:

$$CR(N) = P_1 \div P_2 \times 100\%$$

式中:$P_1 = \sum(H-YM)$;$P_2 = \sum(YM-L)$,分别为 N 日多空双方力量的总和;N 为参数,可参照 AR、BR 设定。

CR 指标越大,多方力量越强;CR 指标越小,空方力量越强。从图形上看,CR 的图形更接近 BR,与 AR 相差可能很远。在目前流行的技术分析软件中,除了 CR 曲线外,还有四条 CR 的平均线,对 CR 构成压力和支撑作用。

3. 应用法则

总的来说,CR 指标的应用法则与 AR、BR 相似,只要对有关 AR、BR 指标的应用法则略作修改就可以了。

(1) 从 CR 指标的取值方面来考虑。CR 值处于 90~110 之间为多空力量均衡,即整理状态。当 CR 指标取值低于 90 时,空头占优;高于 110 时,多头占优。如果 CR 值在 300 以上或 40 以下,可考虑卖出或建仓。

(2) AR、BR 的形态和趋势分析方法两样适用于 CR 指标。CR 与股价的背离,其分析意义也与其他技术指标分析意义完全相同。不过,CR 在第一次发出入市信号时,往往错误率比较高。一般我们应等到它第二次发出信号时才采取行动,这一点同其他指标的情况相似。

(3) CR 指标比 BR 指标更容易出现负值,我们可以采用相同的处理方法。

十五、成交量比率(VR)与 TAPI 值

(一) 成交量比率(VR)与 TAPI 值

成交量比率(VR),与 TAPI 值都时以研究量价关系为手段的技术指标。其理论基础是"量价同步"和"量须先于价",以成交量的变化来确定买卖时机。VR 主要用于个股分析,而 TAPI 值则重于大市研判。

(二) 成交量比率

1. 成交量比率含义

成交量比率是一项通过分析一定时期内价格上升日成交金额或成交量与价格下降日成交金额的比值,从而掌握市场买卖时机的中期技术指标。

2. 计算方法

$$VR(N) = N 日内上升日成交额总和 \div N 日内下降日成交额总和$$

其中 N 为时间参数,一般设为 26 日。

3. 运用法则

一般可将 VR 值划分以下区域,依其大小来确定买卖时机。

低价区 40~70 可以买进;安全区 80~150 持股;获利区 160~450 获利了结;警戒区 450 以上抛出。

（三）TAPI 值

1. TAPI 值含义

TAPI 值即每一加权指数点的成交值。TAPI 是通过探讨每日成交值与指数间的关系,来反映股市买气的强弱程度及未来股价展望的技术指标。其理论分析重点为成交值。

2. 计算方法

$$TAPI = 每日成交总值 \div 当日加权指数$$

3. 运用法则

(1) 加权指数上涨,成交量递增,TAPI 值亦应递增,若发生背离走势,则为卖出信号,可逢高出货或次日获利了结。

(2) 加权指数下跌,TAPI 值上扬,此为买进信号,可逢低吸货。

(3) 在上涨过程中,股价明显转折处,若 TAPI 值异常缩小,是为向下反转信号,持股者应逢高卖出。

(4) 在持续下跌中,股价明显转折处,若 TAPI 值异常放大,是为向上反转信号,空仓者可分批买进。

(5) TAPI 值无一定的高、低点,不可单独使用,但由空头市场进入多头市场时,TAPI 值需超越 110,并且能持续在 110 以上,方能确认涨势。

(6) TAPI 值低于 40 以下,是成交值探底时刻,为买进信号;TAPI 值持续扩大至 350 以上,表明股市交投过热,随时会回档,应逢高分批派发了结。

(7) 当多头市场来临时,TAPI 值创新低值的可能性为零,空头市场创新高值的可能亦是微乎其微。

任务拓展

1. 根据书中介绍的技术指标知识,分别从上海大盘、深圳大盘及部分牛股 K 线图中找出相应的指标,并比较分析 K 线走势与不同指标图表的对应关系。

2. 通过行情软件查看上证综指、深证综指以及部分热门股票的不同时期的 K 线图,根据找出的不同指标对于不同个股、不同行情的不同的特点,尝试综合运用多种不同指标的组合来提高市场研判的准确性。

3. 通过对个股指标的界定,请通过各大证券公司提供的行情软件提供的选股器等工具,选出符合你条件的个股并进行分析。

参考文献

1. 陈文汉. 证券投资学[M]. 北京：电子工业出版社，2013.
2. 王妍. 证券投资实务[M]. 北京：中国财富出版社，2012.
3. 李贤. 证券理论与实务[M]. 北京：中国经济出版社，2010.
4. 张效梅，王海峰. 证券投资原理与实务[M]. 北京：中国财政经济出版社，2007.
5. 莫里斯. 蜡烛图精解[M]. 杜焱，译. 北京：中国财政经济出版社，2004.
6. 中国证券业协会. 证券投资分析[M]. 北京：中国财政经济出版社，2011.
7. 刘德红. 股票投资技术分析[M]. 2版. 北京：中国人民大学出版社，2009.
8. 张启富. 证券投资实训[M]. 北京：经济科学出版社，2008.